CONSPIRACY

컨스피러시

미디어제국을 무너뜨린 보이지 않는 손

Peter

is Totally Gay.

Hulk Hogan

smashed Gawker!

the

lawsuit

CONSPIRACY

컨스피러시

of the century

$100 million

lawsuit

라이언 홀리데이 지음 | 박홍경 옮김

Ryan Holiday

Culture transcends strategy.

This is a true story!

yellow journalism vs. freedom of speech

Conspiracies are born.

The beginnings of all things are

unbelievable

small.

conspiratorial act

Who Wants It More?

Rumor   Scandal

Revealing the hidden camera!

책세상

견딜 수 없었고 아직도 참을 수 없다. 일이 돌아가는 모양을 견딜 수 없다.
이 세대를 참을 수 없다. 게다가 나는 참아내지 않을 것이다.
그럴 필요가 없다는 것을 알아냈기에.

– 워커 퍼시, 《랜슬롯》

저자의 한마디

이것은 '음모conspiracy'에 대한 책
이자 백만장자의 본보기가 되기 시작한 억만장자의 이야기다. 순
식간에 잊혀진, 누군가 생각없이 저지른 잔인한 죄를 벌하고자 일
생의 역작을 무너뜨린 이야기다. 이 책은 논란을 일으키고 오랫동
안 두려움과 흥미를 자극해온 음모와 그 방법을 담았다. 시적 정의
poetic justice(시나 소설에서 보여지는 권선징악 사상-역자주)를 장대하
게 실현하는 이 음모는 10년 가까이 진행되었다.

음모를 논하는 일은 그리 유쾌하지 않음을 인정한다. 하지만
음모는 중립적인 단어로, 그것을 통해 어떤 일을 하느냐에 따라 방
향성이 달라진다. 우리는 진실을 회피하려는 경향 때문에 일이 어
떻게 되어가는지, 전략적으로 움직이고 영향력을 발휘한다는 것이
무엇을 의미하는지, 일이 흘러가는 대로 놔두는 것이 아니라 적극
적으로 계획하는 것이 어떤 의미인지 무시하게 된다.

그렇다면 어떨 때 음모라는 말을 쓸까? 은밀한 곳에서 일을
꾸미거나 어리석은 이론에 따라 움직이는 모습이 음모는 아닐 것
이다. 거기에는 현상을 뒤엎거나 특정 목적을 이루기 위해 단호하

고 조직적인 행동에 나서고 비밀리에 실천하는(음모에는 항상 비밀이 따른다) 일이 포함된다.

《위대한 개츠비》에서 제이 개츠비는 닉 캐러웨이에게 마이어 울프심을 소개하다 그를 '1919년 월드시리즈를 조작한 사람'이라고 말한다. 이 말에 이상주의자인 캐러웨이는 깜짝 놀란다. 물론 그도 월드시리즈의 승부조작 사건을 알고 있었다. 하지만 '그 사건은 우연히 발생했고 불가피한 여러 상황이 얽힌 결과'라고 여겼었다. 그에게도 믿기 어려운 일이었지만, 5000만 명이 지켜보는 가운데 경기 결과를 뒤집다니, 이 사건은 오늘날에도 여전히 놀랍게 다가온다.

실제 사건을 살펴보면, 승부 조작을 지시한 것은 울프심이 아니라 유대인 조폭 아놀드 로스스테인으로 대단한 수완가이자 대범한 사람이었다. 미 육군 중령 드와이트 아이젠하워(미국의 정치가이자 제34대 대통령-편집자주)라는 젊은이는 텔레그램으로 점수가 입력될 때마다 확인할 정도로 경기에 푹 빠져 있었지만 조작됐다는 사실은 몰랐다. 몇 년 뒤 음모로 밝혀진 그 사건은 아이젠하워가 세상을 바라보는 방식을 크게 변화시키는 계기가 됐다. '겉모습만 보고 절대 믿어서는 안 된다'는 교훈을 얻은 것이다.

그 후 100년이 흘렀지만 아직도 많은 사람이 재즈 시대의 순박함을 간직하고 있다. 오랫동안 〈워싱턴포스트The Warshington Post〉에 기고한 칼럼니스트는 수년 동안 정치계를 취재한 후 얻은 교훈이 있다면 "워싱턴은 무자비하고 쉼 없이 일을 진행하고 계획하는 곳이라는 전설은 말 그대로 전설에 불과하다"고 밝혔다. 실제로 그곳에서는 "누구도 복잡한 계획을 실행하지 않으며, 모든 정당과 집단은 분열상태에서 갈팡질팡한다"고 그는 묘사했다. 이 말에 우리는 반신반의할 것이다.

이 책은 닉 캐러웨이처럼 실제 목격하기 전까진 믿을 수 없는 음모를 겪으며, 그런 일이 왜 벌어졌는지 누가 그렇게 만들었는지 이해할 수 없게 된 세상을 위한 책이다. 이렇게 돌아가는 사정을 알 수 없는 상황을 만나면 우울해진다. 음모가 우리를 속임수에 노출시키기 때문이다. 또한 생산적인 변화를 만들고 자기만의 목표를 추진할 기회를 차단한다. 이제 그런 일이 없도록 성장해야 할 시간이다.

책장을 넘기면 곧 만나게 될 닉 덴튼Nick Denton은 자유로운 사상가로, 남들이 입 밖에 내기 두려워하는 주제야말로 가장 중점적으로 다뤄야 한다고 생각하는 사람이다. 그와 함께 만나게 될 피터 틸Peter Thiel은 인터뷰와 장시간의 만찬에서 "극소수만 당신에게 동의하는 중요한 사실은 무엇입니까?"라는 질문을 던지는 것으로 유명하다.

이 글을 나의 대답으로 마무리하고자 한다. 우리는 음모가 별로 진행되지 않는 세상에 살고 있는지도 모른다. 모사를 꾸미는 일도 적은 편에 속한다고 본다. 하지만 더 많은 사람이 모의를 꾸미고 자신에게 부정적인 세력과 장애물로 판단되는 바를 제거하기 위해 공모하고 세상을 변화시키려고 힘을 휘두른다면 어떤 일이 벌어질까? 그 수위는 갈수록 대담해지고 기존의 수단으로는 만족하지 못할 가능성이 있다. 자신의 의도나 야망을 드러내는 일이 줄어들고 비밀과 인내 혹은 계획이 무엇을 성취시키는지 보게 될 것이다. 설사 그 의견에 동의할 수 없는 사람이라도 그들이 빚어내는 광기와 혼돈을 활용할 수 있을 것이다.

이 책은 거의 믿기 어려운 음모에 얽히고설킨 이야기와 그 복잡한 생각에 대한 경의를 담고 있다.

아무쪼록 독자들이 현명하게 사용하는 책이 되길 바란다.

차례

여

The Aftermath 3부

파

실

The Doing 2부

행

들어가며

뉴욕에 있는 피터 틸의 아파트에는
억만장자 집에 걸맞는 천장까지 닿는 거대한 책장은 없다. 하지만
책으로 정의되는 공간임에는 분명하다. 거의 모든 탁자에 다양한
높이로 책이 가지런히 쌓여 있다. 알록달록한 책과 경제학, 체스,
역사, 정치학 주제의 양장으로 된 고서는 모서리와 벽에 놓인 작고
모던한 선반들을 채우고 있다.

아치형 창문으로 유니언 스퀘어 공원이 내려다보이는 주방 근
처 책장을 자세히 살펴보면 책등이 하얀 작은 책이 있는데, 16세
기 정치 이론가이자 피렌체 공직자가 쓴 것으로 손때가 타 있다.
부유한 사람이든 평범한 사람이든 많은 사람이 읽은 체하는《군주
론Il Principe》은 아니다. 다만 그 책을 쓴 니콜로 마키아벨리Niccolò
Machiavelli의 덜 알려진 다른 책으로, 2000년 전 숨진 로마 역사학
자의 저서를 약 150장에 걸쳐 사색하고 분석한 500년 전의 작품
이다. 제목에서부터 지루함이 느껴지는《로마사 논고Discorsi sopra
la prima deca di Tito Livio》다.

사실《로마사 논고》내용의 대부분은 이 책과 관련 없다. 지금은 책장을 휘리릭 넘겨 다음을 기약해도 좋다. 다만 이 책에서 세습 군주가 어떻게 왕국을 잃게 되는지와 소음이 전쟁에서 군대에 미치는 영향을 다룬 주석 사이에 있는 부분을 주목하려 한다. 워낙 간단명료해서 신선하게까지 느껴지는 3권 6장의 제목은 바로 '음모'다.

이 장에서 마키아벨리는 강력한 적에 맞서 힘을 키우는 방법, 독재를 끝내는 방법, 해를 입히려는 사람으로부터 자신을 보호하는 방법을 안내한다. 그런 책이 틸의 안락의자에서 손만 뻗으면 닿는 거리이자 그가 상당한 시간을 쏟는 체스판에서 그리 멀지 않은 위치에 있는 것은 적절한 선택으로 보인다. 일부 내용은 오래전 처음 읽을 당시 마음에 새겨졌는데, 그 덕분에 틸은 음모에 대한 마키아벨리의 그럴듯한 경고를 볼 수 있게 됐고 약은 전략가가 던지는 '어떤 상황은 선택할 옵션이 단 하나뿐이다'라는 참된 메시지를 들을 수 있게 됐다.

많은 사람이 이 음모라는 옵션을 사용할 수 있지만 실제로 강행하는 사람은 드물다. 음모란 누군가를 권력에서 물러나게 하거나 적이 모르게 은밀히 움직이고, 마키아벨리가 세상에서 가장 어려운 일이라고 표현한 기존 질서의 전복을 꾀하고, 새로운 일을 하기 위해 전략을 짜고 협력하며 공동의 노력을 기울이는 행위다. 음모에 가담하는 것은 곧 세상을 바꾸는 일이다.

몇 달 뒤, 틸의 아파트에서 1000킬로미터 이상 떨어진 피넬러스 카운티 법정에서 음모가 절정에 달한다. 6명의 배심원은 긴장한 채 귀를 기울이는 장대한 프로레슬링 선수 테리 볼레아Terry Bollea

에게 평결문을 전달한다. 평결이 발표되었을 때 볼리아는 몸을 가누지 못하고 무너지고 만다. 그가 붙든 변호사 찰스 하더는 잘 알려지지 않은 엔터테인먼트 전문변호사라는 점을 제외하면 평범한 삶을 살아왔다. 그 순간 두 사람은 엄청난 숫자(배상액)를 기록으로 남기게 된다.

틸의 제안과 후원으로 두 사람은 고커 미디어Gawker Media라는 뉴욕 기반의 가십 및 엔터테인먼트 제국과 창립자 닉 덴튼, 전 편집장 A. J. 돌레리오를 고소한 것이다. 소송을 제기한 이유는 사생활침해와 고의의 정신적 고통 야기, 플로리다 통신보호법 위반 등이었다. 4년 전 고커 미디어의 고커닷컴Gawker.com은 볼리아(활동명 헐크 호건)가 가장 친한 친구의 아내와 관계를 맺는 장면을 몰래 촬영한 동영상 발췌본을 게시했다. 테이프는 도난 당한 것으로, 고커의 특기인 '누구도 건들지 않는 스토리 추적하기'를 실천하는 거칠고 즉흥적인 기자가 이를 입수해 유포한 것이다.

대중이나 많은 음모자에게도 알려지지 않은 수천 킬로미터 떨어진 태평양 반대편에는 이 음모의 설계를 도운 20대 정보원이 실시간 온라인으로 평결이 내려지는 장면을 시청하고 있다. 그보다 더 멀리 떨어진 홍콩의 호텔 스위트룸에는 피터 틸이 잠들어 있다. 틸은 언제나 그렇듯 혼자 출장 중이며, 중국 시간으로는 이른 아침이지만 정보원과 약속된 번호로 걸려온 전화는 언제든 받는다. 마침내 연결되기까지 20분이 걸린다. 전화를 받는 일은 두렵기까지 하다. "소식 들으셨어요?" 아니, 그는 듣지 못했다. 누구도 이렇게 이른 시간에 평결 소식을 기대하지 않지만 둘 다 소식에 놀라지는 않았다. 한동안 승리를 자신해왔고 비용이 많이 든 모의재판을 통해 이미 2번이나 승리를 맛봤던 터다. 이제 실제 재판에서 결정되는 일만 남았으며, 고커가 얼마나 많은 금액을 배상하느냐가 관건이었다. 총 배상액은 1억 1500만 달러였으며 그중 6000만 달러는 정신적 고통에 대한 배상이었다.

아마 역사상 언론사에 내려진 최대 배상액일 것이며, 이것은 10년 전 시작된 불화로 인한 치명타로 오랫동안 진행된 음모가 절정에 도달한 순간이었다. 플로리다 배심원은 평결문을 전하고 거의 모든 사람이 잊고 있던 잘못된 인식을 바로잡는 일에 투입되었다. 평결문이 전달된 순간 오랫동안 이단아 성향에 무적으로 인식되던 인터넷 강자 고커 미디어의 피가 법정 바닥에 흐르기 시작했다.

치명타를 날린 사람은 IT투자자이자 억만장자인 피터 틸이었다. 2016년 그는 세상을 충격에 빠뜨렸다. 그 충격으로 필자는 이 책을 쓰게 되었고, 교황조차 무책임한 언론을 테러의 한 유형으로 비판한 해에 틸의 아파트에서 저녁을 먹게 되었다. 그의 오른쪽 어깨 너머로 《로마사 논고》가 보였다. 그는 고커를 상대로 벌인 전쟁을, 위협받는다고 생각되던 사생활권리를 보호하고 개인이 원하는 대로 생각하고 생활하기 위한 방어로 묘사했다. 틸은 고통스러울 정도로 치밀하게 조직된 계획을 긴 시간 동안 말해주었는데 내용은 다음과 같았다. 많은 사람이 바꿀수 없다고 믿는 상황을 다시 분명히 하고, 자신의 실리콘 밸리 동료들이 시대착오적이라고 치부해오던 것을 보호하며, 적을 무너뜨리고 자신이 옳다고 여기는 비전에 가까운 세상으로 만드는 계획이었다.

그곳에서 스무 블록 떨어진 곳에는 닉 덴튼의 멋진 아파트가 있다. 고커 미디어의 전 소유주인 그는 인터넷에서 어둠의 군주로 군림했었다. 그의 아파트에는 가구가 거의 없다. 최근까지 그곳은 주인이 없는 상태로, 법원이 파산한 그의 아파트를 매각시킬지 아닐지의 여부가 아직 결정나지 않았기 때문이다. 문 옆에서 코트를 받아주는 사람도 주방에 요리사도 없다. 이제 그는 직접 문을 열고 탄산수제조기로 음료를 만들어 대접한다.

역사상 가장 착취적이고 반골 성향의 언론 매체를 만든 사람에게 일반적으로 갖는 선입견과 달리 그는 친근하고 사려 깊었다. 직접 만든 매체의 몸집이 점점 커지고 자신조차 우려할 정도로 거대해진 것이 자멸을 이끌었는지 모른다. 많은 반동 조직이 그렇듯, 고커도 절대주의와 허무주의를 향해갔다.

조명이 어두운 덴튼의 아파트를 훑어보면 이 공간 역시 책으로 정의된다는 점을 알 수 있다. 붙박이책장이 창문이 있는 곳마다 늘어서 있었고 4미터 높이의 천장까지 닿았다. 이번에도 눈길을 끄는 책이 한 권 있는데 스토아 철학자 세네카가 쓴 책이다. 그곳에 그 책이 있는 이유는 바로 피터 틸이 책 주인을 대상으로 꾸민 음모 때문이었다. 세네카의 책은 일생의 역작이 파괴되었을 때 읽을 만한데 덴튼이 처한 상황이 그랬다. 지난 몇 년간 그는 세계에서 가장 가치 있는 독립 웹사이트의 주인에서 1억 4000만 달러 배상 판결에서 패소한 피고로 전락했다.* 그는 의도적으로 자극하고 공격한 대가로 벌을 받아 허를 찔리고 큰 비용을 지출해야 했다. 이제 덴튼은 운명이 바뀌었을 때와 난공불락으로 보이던 장악력이 갑자기 위협을 받았을 때 그리고 가장 무자비한 방식으로 휘두르는 힘 때문에 비굴한 교훈을 얻었을 때 필요한 위안을 찾고 있었다.

모든 음모는 곧 사람에 대한 이야기다. 이번 음모의 주인공은 우리 시대에 가장 독특한 개성을 지닌 닉 덴튼과 피터 틸이라는 두 사람이다. 이들은 서부 영화에 등장하는 클리셰인 카우보이와 달리 실리콘 밸리든 뉴욕이든 세계 무대든 상관없이 한 공간에 공존하는 것 자체가 어려웠다. 두 사람이 끌어당기는 힘 때문에 수십 명이 10년간 벌어진 냉전 궤도에 진입했고, FBI와 수정헌법 제1조, 나중에는 미국 대통령까지 연루되었다.

나 역시 여기에 이끌렸다. 2016년 나는 피터 틸과 닉 덴튼에게서 뜻하지 않은 이메일을 받았다. 두 사람 모두 내가 상대방과 나눈 이야기를 듣고 싶어 했다. 또한 서로에게 어떤 질문을 해야 할지를 물었다. 그래서 나는 1년이 넘는 시간 동안 수백 시간을 들여 조사하고 글을 쓰고 사건에 관련된 거의 모든 사람과 대화를 나눴다. 2만 페이지 이상의 법정 기록물을 읽었고, 언론과 불화 그리고 전쟁의 역사를 조사했다. 그뿐만 아니라 이 음모에서 일어난 일을 이해하는 것은 물론, 동시대의 오래 연재된 기사와 객관적인 관찰자가 연대순으로 사건을 재구성한 작품을 이해하려고 애썼다 (그렇다고 필자가 객관적인 관찰자라는 것은 아니다). 그 결과 이전에 쓴

---

* 첫 평결이 내려지고 사흘 후 배심원단은 볼리아에게 2500만 달러의 징벌적 손해배상액을 추가로 지급할 것을 명령했다. 덴튼은 그중 1000만 달러를 개인적으로 배상해야 했다.

책과는 결이 다른 책이 탄생했다. 하지만 이 특별한 이야기를 둘러싼 환경을 고려하면 내겐 다른 선택권이 거의 없었다.

그 후에는 이 갈등과 관련된 사실과 교훈을 살펴야 했다. 음모를 성공시킨다는 것의 의미와 음모에 무방비상태로 노출되고 피해자가 되는 상황을 폭넓게 고찰했다. 이를 통해 현실적으로 자만심과 무모함의 대가가 무엇인지와 권력과 확신이 어떤 모습을 하고 있는지를 볼 수 있다.

일반적으로는 이기는 것이 지는 것보다 낫다고 여겨지므로 이 책에서는 칭기즈칸이 인생에서 가장 큰 기쁨이라고 꼽았다는 적 무찌르기, 눈앞에서 몰아내기, 적의 친구와 동료의 눈에서 눈물 뽑아내기, 적의 소유를 내 것으로 만들기를 경험하게 되는 한 사람에 대해 다룰 것이다. 칭기즈칸이 기쁨을 누릴 때의 정의는 중요하지 않다. 모든 정복자는 자신의 대의가 정당하고 옳다고 믿으며, 이런 생각은 결실을 더 달게 느끼게 해준다.

틸은 내게 다음과 같이 말했다.

"우리는 사람들이 음모가 가능하다고 믿지 않는 세상에 살고 있다. '음모론'을 비난하는 이유는 지식에 대한 기밀 주장에 회의적인 태도를 갖고 있기 때문이다. 많은 사람이 음모가 불가능하고 성공할 수 없다고 생각한다."

이 책에서는 음모론이 아닌 실제 음모를 그 실행자의 설명에 따라 단계별로 소개할 것이다. 또한 음모의 결과와 원인을 조명할 것이다. 마키아벨리는 적절한 음모는 계획, 실행, 여파의 세 단계를 거친다고 했다. 각 단계에는 조직 구성에서부터 전략적 사고,

공모자 모집, 자금 조달, 목적 설정, 비밀 유지, 여론 관리, 리더십 및 예지력 발휘, 궁극적으로 음모를 중단할 시점을 파악하는 일까지 저마다의 기술이 필요하다. 가장 중요한 것은 음모에는 인내와 용기가 필요하다는 점이다. 인내 못지않게 대담함이나 용기를 발휘해야 하는 일이다.

그렇더라도 질문은 남는다. 이러한 기술이 없는 세상은 어떤 모습일까? 악몽과 같을까 아니면 더 나은 모습일까? 그것은 독자들이 결정할 사항이다. 결론이 나기 전까지는 기록을 위해 이미 일어난 음모에 대해 남기고자 한다.

계획

자극적인
사건

'만물의 시작은 미약하다'라는 키케로Marcus Tullius Cicero의 명언은 오늘날에도 울림이 있다. 강하거나 중요한 존재도 처음에는 보잘것없는 상태에서 출발한 경우가 많으며 강한 세력들이 맞붙어 싸우는 배경에는 사소한 사건이 발단인 경우도 비일비재하다.

이제 다루려는 이야기의 중심에 있는 갈등 역시 다르지 않다. 그리 유명하지 않은 IT투자가가 동성애자라는 뻔하고 평범하기까지 한 400자도 안 되는 블로그 게시물이 사건의 발단이었다. 게시물 작성자인 가십블로거 오웬 토마스는 한때 고커가 소유했으나 지금은 사라진 '밸리왜그Valleywag'라는 IT뉴스 웹사이트에 글을 올렸다. 2007년 12월 19일 저녁 7시 5분에 게시된 글의 제목은 도마 위에 오른 주인공의 얼굴을 화끈거리게 만들기에 충분했다.

피터 틸은 뼛속까지 게이다

일부 편파적인 인사들이 인터뷰에서 언급했듯, 오웬 토마스가 블로그를 쓰려고 난데없이 선량한 시민을 먹잇감으로 삼았다는 주장은 사실과 다르다. 토마스는 10년 이상 기자 활동을 했으며 피터 틸 역시 투자가이자 기업가로서 인지도 있는 인물이다. 틸은 페이팔PayPal의 창업자로서 큰돈을 벌었고 그중 50만 달러를 페이스북에 투자했다. 사건이 터지기 전에도 기자들 앞에서 포즈를 취하고 자신이나 회사를 취재하는 인터뷰에 응한 전력도 있다. 게다가 자신이 게이라는 주장에 반론의 여지가 있는 것도 아니었다.

틸도 자신의 성적 취향이 블로그 때문에 새삼스럽게 드러난 것이 아님을 인정했다. 그는 내게 "사람들은 2007년에 이미 알았을 것"이라고 털어놨다. 부모님도 그가 게이임을 알고 있었고 지인과 동료 역시 마찬가지였다. 하지만 자신이 게이라는 사실을 드러내놓고 광고한 것은 아니었다. 지인들은 그를 세계 최고 IT투자가가 되기 위해 열의를 불태우는 사람이었다고 말할 것이다. 그런데 여기에 '게이'라는 표현을 덧붙여 '최고의 게이 IT투자가'라고 한다면 그의 역량을 부자연스럽게 제한하는 표현이 된다. 이는 그가 얻기 위해 염원하던 바를 박탈하는 행위와 다름없다. 피터 틸의 선택에 따라 그의 성적 취향은 실리콘 밸리의 끈끈한 엘리트 공동체에 공공연한 비밀로 남아 있었다.

요즘은 게이라는 정체성을 드러내지 않는 것이 오히려 시대착오적으로 보일 수도 있지만 2007년은 지금과는 판이한 세상이었다. 그때부터 약 1년 후 대통령에 당선될 민주당 후보가 동성결혼에 대한 지지 의사를 밝히기까지 5년이 남은 시점이었다. 예비선거에서 이 후보에 맞섰던 여성 후보는 1년 뒤에 정계로 복귀하게 된다. 게다가 2007년은 지금보다 닷컴 버블의 후유증이 강하게 남아 있던 시기였다. 페이스북이 기업공개IPO를 하기까지 5년이 남은 시점이었고, 트위터에서 넷플릭스에 이르기까지 스타트업이 엄청난 성공을 거두기까지 아직 시간이 필요한 때였다.

2007년 말 블로그 게시 당시 그는 무명인사는 아니었지만 오늘날 우리가 아는 피터 틸도 아니었다. 이야기의 주인공도, 실리콘 밸리 벤처 캐피털의 기이한 명사도, 논란을 몰고다니는 정계 실력자도 아니었다. 대다수의 사람이 한번도 들어보지 못했을 여느 IT 투자가와 다름없었다. 평범한 사람들에게 맥스 레브친이나 로로프 보타라는 이름이 친숙한가? 두 사람은 페이팔에서 틸의 파트너였다(맥스 레브친은 현재 어펌AFRM의 CEO이며, 로로프 보타는 세쿼이아 캐피털Sequoia Capital의 파트너다-역자주). 짐 브레이어는 어떤가? 그는 틸이 50만 달러를 페이스북에 투자한 후 반년도 안 돼 100만 달러를 투자했다. 틸이 참여했던 유명한 시드 라운드seed round(스타트업이 종잣돈을 마련하는 가장 초기 단계의 투자-역자주)에 함께한 모리스 베르데가는 또 어떤가? 이들이 누구와 잠자리를 가졌는지는 차치하고 이름을 들어본 사람조차 거의 없을 것이다. 적어도 대중 문화권에서는 과거의 틸처럼 이들도 그리 유명인사가 아니다. 더욱이 틸은 조용하고 자신을 드러내지 않는 성격이었다.

이러한 배경에서 틸이 열의를 불태우게 되고 밸리왜그의 블로그가 발단이 되어 실리콘 밸리 외부에서도 그가 널리 알려진 과정을 이해하려면, 먼저 오웬 토마스의 사소하고 평범해 보이기까지 한 게시글과 거기에 달린 경솔한 제목에 틸이 어떤 반응을 보였는지 알아야 한다.

"뜬금없이 전면 공격을 당한 것과 같았다. 나는 그 매체에 대해 어떤 식으로도 관계되는 일을 한 적이 없다. 겉으로 보면 그 기사는 그저 내 정체성을 폭로하기 위한 것에 불과했다."

하지만 그에게 결정적인 영향을 미친 것은 폭로 자체가 아니었다. 그가 폭로 당하는 것을 원하지 않았기 때문에 심리적인 어려움을 겪었다는 것을 들춰낸 2차적인 서술이 문제였다. 결국 틸은 '오웬 토마스의 글이 문제가 아니라 닉 덴튼의 댓글이 문제였다'고 인정했다.

밸리왜그 편집인이자 모기업 고커 미디어의 창업자인 닉 덴튼은 오웬 토마스 게시글 하단에 있는 댓글난에 비난조의 문장을 몇 개 올렸는데, 그것은 이미 답이 정해져 있는 문장으로 보였다. "틸의 성적 취향에서 유일하게 이상한 한 가지는 이 소식에 그가 왜 이렇게 오랫동안 편집증적인 태도를 보이냐는 것이다."

일반적인 언론 기준에서 이런 논평은 보기 드문 사례에 해당한다. 언론사의 창업자이자 발행인이 자기 매체의 댓글창에 사설을 쓰고 추측을 제기하며 시시한 비평을 하는 것이 말이 되는가? 하지만 2007년에는 이렇게 뉴스에 공격적이고 대립각을 세우는 접근 방식을 쓰는 것이 일반적인 운영 방식이었다. 적어도 IT를 사랑하고 천사 같은 얼굴을 하고 있지만 한편으로는 가십을 파고들고 너저분하며 음울한 사람들에게는 말이다.

닉 덴튼을 싫어하는 사람들조차 그의 천재성을 부인하지 않는다. 영국에서 경제학자였던 아버지와 헝가리계 유대인으로 정신요법 의사였던 어머니 사이에서 태어난 덴튼은 본명이 니콜라스 귀도 앤서니 덴튼Nicholas Guido Anthony Denton으로, 옥스퍼드대학교에서 수학했다. 그가 처음으로 창업한 회사는 IT업계 인사들을 위한 네트워크를 형성하는 일을 했고, 나중에는 수백만 달러에 매각되었다. 2002년 덴튼이 창업한 온라인 미디어 기업인 기즈모도Gizmodo에는 기술 분야에 대한 그의 애정이 담겨 있다. 여러 사이트로 구성된 덴튼의 미디어제국에서 출발점 역할을 한 기즈모도는 '초박형 노트북, 스파이 카메라, 무선기기를 비롯해 키덜트를 위한 각종 장비에 주력하는 수직형 블로그로, 항상 각종 장치를 다뤘다.'

약 4개월 후 덴튼은 자신의 또 다른 관심분야인 비밀과 가십을 파고드는 고커닷컴이라는 사이트를 새로 선보였다. IT가 덴튼의 첫사랑이었을지 몰라도, 그가 진정으로 사랑하는 대상은 무언가를 구축하는 열망 이면에 있는 폭로하고 들춰내고 터뜨리려는 욕망이었다. 그는 연예 사이트에 '디페이머Defamer'(근거 없는 말로 남을 헐뜯는 사람)라는 이름을 붙였고(한 블로거는 "아예 피고Defendant 라고 붙이지 그래!"라는 농담을 했다) 포르노 사이트는 '플레시봇

Fleshbot'이라는 이름을 붙였으나 모기업에는 '고커Gawker'(멍청히 바라보는 사람-역자주)라는 이름을 썼다. 덴튼이 일군 온라인제국의 편집정신과 창업자 감성을 제대로 담아낸 표현이었기 때문이다.

고커의 초대 편집장인 엘리자베스 스파이어스는 주 7일 근무에 하루 12개의 게시글을 올리는 대가로 월 2000달러의 급여를 받았다. 그녀의 일은 자신이 절대 초대받을 리 없는 뉴욕 상류층 집단을 조롱하는 것이었다. 사람과 기관을 터무니없이 하찮은 존재로 묵살하는, 이른바 '비판snark'이라고 불리는 해학을 담은 경멸을 일삼는 게 그녀의 일이었다. 그렇게 상대를 무시하는 글을 쓰면서도 스파이어스는 경멸 대상이 사실은 얼마나 중요한지 인정하고 있었다(마음속 깊은 곳에서는 자신도 언젠가 그 집단에 끼게 되기를 바랐을 수도 있다). 덴튼에게는 스파이어스 같은 직원을 채용해서 목소리를 키워주는 재주가 있었고, 훗날 오웬 토마스에게도 같은 전략을 썼다.

덴튼은 투지와 위트를 갖췄으면서도 남의 위선과 약점을 들춰 독자를 빠르고 값싸게 유치하는 재능을 지닌 젊은 필진을 선호했다. 6개월 만에 그의 사이트는 월 50만 회가 넘는 페이지뷰를 기록했다. 1년이 채 안 되는 동안 각 블로그는 월 2000달러가 넘는 수익을 냈다. 또한 3년 이내에 월 12만 달러 이상의 광고 수익을 창출했을 것으로 추산된다. 고커를 운영한 지 10년 조금 넘었을 때 연수익은 4000만 달러에 달했고, 월간 4000만 명 이상의 독자가 다녀간 것으로 추정된다. 덴튼은 과거 신문 감성에 최신 디지털 도구를 덧입혀 부자를 공격하고 사람들의 음험한 기질을 자극했다.

언젠가 조지 W. S. 트로우(〈뉴요커〉 기자를 비롯해 소설가, 극작가, 미디어 비평가 등으로 활동했다-역자주)는 이런 일에는 '기존의 권위에 대한 혐오와 애정을 오가는' 작업이 필요하다고 표현한 바 있다. 이처럼 자기 연민과 자만을 오가는 것이 고커의 비밀공식이었다.

이렇게 말하면 덴튼은 "밑바닥에서 출판기업을 일으킨 사업가로서 에너지가 있는 곳을 공략해야만 했다"고 항변할 것이다. 그 에너지를 발산하는 이들은 주로 환멸에 빠진 청년, 인사이더를 비판하는 아웃사이더였다. 이들은 어떤 일에든 안티가 되기 마련이고 그와 다른 존재가 되는 일은 거의 없다. 한 위대한 극작가는 '인류는 언제나 남을 십자가에 매달고 불태웠다'고 꼬집은 적이 있다. 또 다른 현자는 '우리는 친구의 불행에서 은밀한 쾌감을 느낀다'고 했다. 차이가 있다면 고커는 비판을 하면서 은밀한 쾌감을 느끼기보다는 드러내놓고 즐겼고, 그런 비판에 블로그의 힘을 더했다는 것이다. 덴튼의 본능은 20대의 나이에 학자금대출을 갚아야 하고 수입은 보잘것없는 그의 도구들이 처한 경제 사정에 힘입어 실현되었고 파급력이 커졌다. 베이비붐 세대, 즉 관념론이 유물론으로 변질된 세대의 자녀로 태어나 과잉 교육을 받고 자라난 이 블로그 작성자들은 자신에게 충분히 발언권이 있다고 생각했다. 그들은 부모에게 "너는 특별하고 중요한 사람이고 재능이 있단다"라는 소리를 듣고 자랐기 때문이다.

이전 시대의 글쟁이들은 꿈을 안고 뉴욕으로 모여들었다. 반면 이 세대는 무너진 경제와 전통 산업의 붕괴 그리고 극심한 지경에 이른 위선과 거짓을 따져야 했다. 다양성의 스펙트럼에 힘입어 한자리라도 차지하길 원했지만, 결국에는 부시위크(뉴욕시 북부의 서민 주거 지역-역자주)에서 룸메이트와 방을 나눠 쓰며 주 20편의 기사를 편당 12달러를 받고 써내는 신세가 되었다(열에 아홉은 누구도 읽지 않을 내용이다). 당연히 이들은 분노로 가득 차 있었다. 훗날 〈뉴욕 타임스The New York Times〉 기자는 이러한 기풍을 '창의적인 하층계급의 분노'라고 표현했다. 이를 고커는 '모든 것이 엉망이기 때문에 안티가 돼도 괜찮다'라는 더 그럴싸한 헤드라인으로 뽑아냈다.

실존주의자들은 르상티망ressentiment, 즉 분노(원한)가 좌절을 유발하고 더 많은 분노를 자아내는 방식을 논했다. 철학자들은 이런 감정이 무의미하다고 말할 수도 있지만, 원한이 무시무시한 힘을 지니고 있음을 모르지 않았다. 고커는 블로그 작성자와 독자가 품고 있는 원한을 마음껏 활용했다. 제대로 된 평가를 받지 못하는 계층의 힘을 이용하는 대다수의 운동이 그렇듯 변덕스럽고 불안정한 환경이었지만 그 결과에 재미와 영향력이 없다고는 말할 수 없을 것이다. 특히 재정적인 인센티브와 결합하면 그것은 배가 됐다.

초창기에 덴튼은 다양한 형태의 보상을 주는 실험을 했는데, 이렇게 이뤄낸 변화 중 가장 중요한 것으로 대중의 관심사를 하루에 올리는 게시글(하루에 얼마나 많은 것을 조롱할 수 있는가)의 숫자에서 조회수(글쓴이가 조롱하는 바에 사람들이 동의하는 정도)로 옮긴 것을 들 수 있다. 점차 덴튼의 관심은 이런 혁신을 실현하는 방향으로 기울었다. 기사 상단에 조회수를 처음으로 표시한 것도 그가 운영하는 사이트였다. 작성자들이 조회수에 집착하는 것을 간파하고 통계치를 지속적으로 업데이트했고 조회수에 따라 보상을 지급하기 시작했다. 사무실에는 작성자와 게시글의 트래픽을 순위로 매긴 커다란 화면을 설치했다. 그는 이 화면을 '콘텐츠의 나스닥 NASDAQ'이라고 불렀지만 사실은 '밀레니얼 ID'('나는 소중하다, 자격 있다'를 뜻하는 I derseve(id)의 약자를 이용한 밀레니얼 세대의 인정욕구, 성공욕구를 뜻함-편집자주)를 이용한 것에 가까웠다.

청년들의 잠재된 에너지가 덴튼이 일차적으로 활용한 돌파구였다면, 밀레니얼 ID는 두 번째 돌파구였다. 최초의 돌파구가 작성자에게 자기 목소리를 내는 힘을 부여했다면, 두 번째 돌파구는 독자에게 도달하고 수치화하는 힘을 부여했다. 블로그를 이길 수 있는 도구로 만든 것이다. 어떻게 이길 수 있는가? 많은 독자를 유치하면 된다. 독자 유치를 위해 어떤 도구를 활용할 것인가? 그건 작성자가 결정할 문제다.

사실상 덴튼이 한 일은 글쓰기, 사회비평, 저널리즘을 비디오게임처럼 탈바꿈시킨 것이었다. 그의 사이트에서 활동하는 작성자는 글솜씨가 뛰어난 사람이 아니었고, 글은 그저 전달 방법에 불과했다. 글감이 되는 피터 틸 같은 사람이나 기업은 한 인간이 아니라 화면 속 캐릭터이자 주 1회 휘저어야 하는 사료에 불과했다. 이런 식의 글을 즐기는 독자는 누구일까? 독자 역시 점수일 뿐이었다. 작성자의 바이라인Byline(신문이나 잡지 기사의 필자 이름을 적은 행-역자주) 바로 옆에 '조회수: 1000회, 1만 회, 10만 회, 100만 회'의 점수 형태로 표시되었다. 가장 좋은 점수를 받을 수 있도록 트래픽을 유치하는 최고의 비법은 무엇일까? 중상모략scandalum magnatum, 즉 고결한 남녀의 뒤를 캐는 일만큼 효과 좋은 전략이 없었다. 날마다 많은 게시물을 올려야 하는 어려움에 몰린 작성자들은 바로 이런 전략을 썼다.

- 고커 스토커: 일라이저 우드는 단연코 게이가 아니다
- 조 돌체: 멍청이의 표본
- 망할 다니엘 프리먼: 인생을 제대로 사는 사람, 대체로
- 뉴욕의 음식 비평가 중 가장 멍청이는 누구인가? (힌트: 다니엘 프리먼!)
- 몰리 세이퍼는 왕재수
- 더 고집 센 유대인에게 당한 옹고집 유대인
- 연애를 인터넷으로 배운 존 피츠제럴드 페이지야말로 세계 최악의 인간
- 앤디 딕이 모두가 원하던 대로 망가지다
- 애덤 캐롤라가 재미없다는 말이 아니라 멍청하기 짝이 없다는 말이다
- 헤로인에 절은 피치스 겔도프, 할리우드 사이언톨로지 센터에서 원나잇 스탠드(사진 첨부)

'고커 스토커Gawker Stalker'는 익명의 사용자가 온라인에 유명인 목격담을 올려 실시간으로 유명인의 위치를 추적하고자 고커에서 만든 기능이다. 2007년 고커의 한 필자는 '네 살배기를 미워해도 되는 때는 언제일까? 아마 그 아이의 이름이 일라이저 폴락(미국의 풍자 작가이자 언론인, 닐 폴락의 아들-역자주)이면 된다'고 시작하는 글을 게시하면서 '그 애비들의 죄'라는 태그를 달았다. 그들은 마치 저널리즘을 연습한다며 도끼를 휘두르는 것 같았다. 고커

사이트에서 원한 것은 특종이 아니라 전리품이었다. 누구를 겨냥할 수 있는지, 누가 어리석은 짓을 했는지, 다른 사람들이 입 밖에 내기 두려워하는 것이 무엇인지와 입에 올리기 두려워하는 대상은 누구인지가 관심사였다.

글이 심심하거나 기자가 전달하려는 루머가 고커의 허술한 잣대로도 말이 되지 않을 때는 댓글이 힘을 발휘했다. 댓글은 게시글을 뒷면 혹은 밑바닥에서 밀어올리고 도움말을 주거나 추측을 제시했고 글이 더 많은 관심을 얻을 수 있도록 자극했다. 언제나 덴튼은 흥밋거리를 더 깊이 파고 추측하고 찌르고 파고들려 했으며, 끊임없는 스크롤을 유발하는 댓글란보다 분노를 제대로 자극하는 장치는 없었다.

이 모든 장치가 덴튼과 고커의 필진에게는 무척 흥미진진한 도구였다. 왜 아니겠는가? 이들은 기득권층이 고함을 칠수록 자신이 일을 제대로 하고 있는 징표라고 여겼다. 언론인, 경쟁자, 사회 지도자 모두가 덴튼이 창안한 편집 스타일을 비난했다. 급기야 고커로 인해 처음으로 발생한 피해자가 자살하는 사건이 발생하자 감시기관이 고커를 주시하기 시작했다. 고커 내부에서도 외부의 우려를 공유했다. 하지만 그런 동향이 독자들이 고커를 원하지 않는다는 뜻은 아니었다. 고커의 글에는 특유의 자유분방함이 살아 있었고 걸러지지 않은 날것만의 솔직함이 있었으며 진실을 과장해서 전달하는 특징이 있었다. '여러분, 피터 틸은 *뼛속까지 게이*랍니다!' 이런 식으로 작성자는 글에 일말의 진실이 담겨 있고 어느 정도 사실에 근거한다고 판단하면 서슴없이 글을 게시했다. 이들은 사람들이 은밀하게 생각하던 것을 공개해서 기대를 충족시켜줬을 뿐이라고 말했다. 독자들, 즉 각 게시글의 상단에 표시되는 숫자를 구성하는 이들이 그동안 비통함과 원한에 사무쳐 늘 열망했으나 지금까지 누구도 충족시켜주지 못한 그런 글을 선사한 것이다.

한 영화 제작자는 20세기의 악명 높은 가십 칼럼니스트인 헤다 호퍼의 '꿀침(가십 기사)'을 청산과 당밀을 먹고 자란 전갈과 교배시킨 흑색과부거미에 빗댔다. 이러한 비유는 고커에도 유효하다. 고커의 글은 질시와 샤덴프로이데Schadenfreude(남의 불행에서 느끼는 불편한 기쁨)를 해소하고 세상에서 벌어지는 권력다툼을 전달하는 완벽한 통로 역할을 했다. 덕분에 고커는 쉬지 않고 펜을 휘두를 수 있었다.

고커의 스포츠 사이트인 '데드스핀Deadspin'에서 초창기에 내세운 슬로건 중 '가까이하거나 호의를 베풀거나 판단하지 않는 뉴스'가 있었다. 덴튼에게 이 슬로건은 단순한 브랜딩이 아니었는데 나중에 법정 선서에서 슬로건에 대해 '인정한다'라고 밝혔다. 덴튼이라는 사내와 그가 만든 괴물 같은 사이트의 특징을 제대로 보여주는 문구가 있다면 바로 이 슬로건이다. 덴튼의 성품을 드러낼 뿐만 아니라 그의 편집 정책까지 보여주기 때문이다. 가까운 지인은 그에 대해 '절대 감상에 젖는 법이 없고 앞뒤가 안 맞고 이해하기 힘든' 인물이라고 설명했다. 취재원에게 다가가지 않는다거나 판단하지 않는다는 것은 일부 언론인에게 곧 약점이었다. 하지만 고커에게 접근하고 판단하는 취재 방식은 벗어던져야 할 족쇄였다.

족쇄에서 벗어난 필진은 다른 매체에서 할 수 없던 일을 해낼 수 있었다. 취재원을 자극하고 이름을 거론하고 훔친 자료를 이용하고 익명의 폭로를 싣는 데 거침이 없었다. 제보자의 실명은 중요하지 않았고 그저 정보와 추문을 들추려고만 했다.

이런 면에서 덴튼은 자유의지론자였다. 고커의 기자들을 어른으로 대우하고 마음대로 쓸 자유를 부여했으며, 독자의 요구가 정당하다고 여겼다. 그렇지 않다면 그가 왜 포르노사이트를 만들었겠는가? 그는 "데이터에서 확인되는 대로 사람들이 원하는 것을 줘라"고 했다.

덴튼이 직접 편집인으로 활동한 것은 자신이 만든 사이트에서 했던 짧은 기간에 불과하다. 2006년 11월에 그는 밸리왜그를 인수하며 짤막한 게시글을 통해 임시로 편집인을 맡는다고 공지했다. 피터 틸에 대한 폭로를 하기 1년 전에는 이 사이트가 '공공연한 비밀'을 파헤치는 일에 주력할 것이라고 밝혔다. 은밀하게 회자되지만 그 외 전 세계 사람들에게 공개되지 않는 비밀을 겨냥한 것이다. '사실, 세부정보, 비밀' 같은 틸이 사적인 정보라고 여겼던 그런 정보를 덴튼은 대중도 알아야 한다고 생각했다. 두 사람이 의견을 같이 한 부분이 있다면 '사적 정보를 통제하는 힘이 존재한다는 것'이다. 나중에 덴튼은 다음과 같이 회상했다. "나 자신이 게이였기 때문에 공공연한 비밀을 증오하며 컸을 수도 있다. 일반적으로 주변에 게이가 있으면 그 사실이 꽤 공공연한 비밀이 된다. 친구도 가족도 알지만 그릇된 체면 때문에 누구도 그 문제를 입에 올리지 않는다."

고커의 한 작성자는 "콘텐츠와 언론으로서의 타당성 측면에서 고커닷컴은 언제나 한계를 초월한다"면서 "여기에는 언젠가 벼랑 끝에 내몰릴 위험이 존재한다"고 지적했다. 닉 덴튼 본인은 조용한 사람이지만 그런 행실과는 어울리지 않게 논란 덕분에 트래픽이 유입되는 상황을 즐겼다. 고커 미디어의 사주이자 대담한 지도자로서 덴튼은 남들이 지나치게 위험하다고 여기는 일에 질문을 던지는 역할을 즐겼다. 그는 "우리 제목에 '지나치다'라는 것은 없다"고 말했다. "우리는 유명인의 목격담으로 실시간 위치 지도를 만들고 대학교 파티에서 거나하게 취해버린 스타 쿼터백(미식 축구 포지션의 하나-역자주)의 사진을 게시하고 정치인을 쫓아내고 실리콘 밸리 허풍선이들을 폭로할 것이다. 비밀을 간직해야 하는 이유가 무엇인가? 우리는 대형 언론사 소유가 아닌 독립적인 언론으로 지난 세대가 정한 기준을 따를 필요가 없다. 운영비를 지불하기에 충분한 광고 수익을 내고 있고 파헤치기를 즐기는 것으로 보이는 매우 바람직한 독자층도 보유하고 있다."

사실을 파헤친 대가로 정지명령을 받고 소송이 제기되면 덴튼은 공개적으로 맞붙어 싸웠다. 그의 사업 모델과 무시무시한 발행인이라는 자신의 이미지가 걸린 문제였기 때문이다.

2005년 고커는 누 메탈Nu metal(그런지와 얼터너티브 메탈을 중심으로 한 힙합, 펑크, 헤비메탈이 혼합된 음악-편집자주) 싱어인 프레드 더스트가 등장하는 성관계 동영상을 게시했다가 마음을 바꿔 몇 시간 후 내렸다. 사흘 후 더스트는 고커에 경고장을 보내고 고소했으며 고커를 비롯한 여러 웹사이트에 8000만 달러의 배상을 요구했다. 일단 고커는 법원이 아닌 온라인에서 대응하며 더스트가 고커에 소송을 제기하는 모습을 조롱하기까지 했다.

"오래전부터 고커 사무실에서는 염소를 몰던 현명한 헝가리 조상이 남긴 속담이 회자되었다. '남들에게 미움을 사기 전까지 당신은 보잘것없는 존재에 불과하다'는 속담이다. 그런데 우리가 간과한 부분이 있었다. '보잘것없는 또 다른 존재가 고소하기 전까지 당신은 진짜 보잘것없는 존재일 뿐이다'라고 해야 옳다."

고커는 더스트를 조롱하며 법정에서 만나기를 고대한다고 엄포를 놨다. 얼마 지나지 않아 더스트는 덴튼의 아파트로 싱싱한 생화와 함께 사과의 편지를 보냈다.

닉 덴튼은 허세를 부리면서도 상대를 예리하게 관찰했다. 그는 대다수의 사람에게는 언론사를 상대로 법정에서 끝까지 맞붙을 배짱이나 현금이 없다는 사실을 알아챘다. 20세기의 오래된 속담 '잉크를 통으로 사들이는 사람과는 절대 싸우지 말라'에 담긴 메시지처럼 마치 해자moat로 보호받고 있는 기분이었다. 당하는 사람으로서는 차라리 모든 분함을 흘려보내는 편이 더 나았다.

덴튼은 그의 표현을 빌리자면, '공격적인 스토리가 전혀 없다'는 이유로 편집자를 해고한 적도 있었다. 공격성은 매체 운영에 있어 법적으로나 편집면에서나 중요한 요소였다. 초창기 고커의 한 편집자는 고커의 스타일을 솔직하게 묘사하면서도 시각적 효과나 브랜딩을 더할 필요성을 느끼지 못했다. 그는 고커를 '저널리즘이 아니라 블로깅(블로그를 운영하며 글을 올리는 등의 행위-편집자주)에 불과하다. 루머를 게시해놓고 어떤 루머가 계속 살아남는지를 본다'고 표현했다. 고커가 루머를 취급하는 방식에 문제의식을 느끼지 못한 채 얼버무리는 동안 수백 만 명이 루머를 접했고 많은 사람에게 노출됐다는 사실만으로 루머는 진실로 둔갑했다. 속보는 고커의 강점이었고 고커를 가로막는 장애물은 거의 없었다. 고커가 아이폰의 프로토타입prototype(본격적인 상품화에 앞서 성능을 검증 및 개선하기 위해 핵심 기능만 넣어 제작한 기본 모델-역자주)을 놓고 스티브 잡스와 공방을 벌이고, 사이언톨로지(인간은 영적 존재라고 믿으며, 과학기술이 인간의 정신을 확장시키고 인류의 문제를 해결할 수 있다고 주장하는 신흥종교-편집자주) 교회에서 제작한 논란의 채용 동영상을 게시하고, 토론토 시장이 코카인 중독자라는 (일리 있는) 비난을 가한 이면에는 이런 사고방식이 자리 잡고 있었다. 빌 코스비의 성폭력 혐의에 대한 소문에 처음으로 불을 붙이고, 배우 케빈 스페이시와 소년들에 대한 익명의 폭로를 게시하고, 제임스 토백 감독과 코미디언 루이스 C. K.의 만행을 알린 것도 이런 배경에서였다. 모두 다른 언론이 뒤늦게 허둥대며 보도에 열을 올렸던 스토리다. 하지만 고커의 스타일은 포르노 스타에게 갈취당하고 있는 패션 매체의 게이 임원을 폭로하고, 부정한 방식으로 녹화된 후 도난당한 레슬링 선수 헐크 호건Hulk Hogan의 성관계테이프를 게시하는 등 훗날 후회하게 될 많은 스토리를 보도한 배경이기도 했다. 물론 필자가 너무 앞서가는 건지도 모르겠다.

고커는 마치 확고한 목표를 아직 만나지 못한 채 제어되지 않는 힘과 같았다. 〈데드스핀〉에서 기자 생활을 시작해 고커의 편집장까지 지낸 A. J. 돌레리오는 "고커는 이목을 끄는 적을 만들어내며 작동했다"고 설명했다. 언론의 관심을 받을 만한 사람을 선정하고는 화제가 될 때까지 그 인물에 대한 기사를 계속 써댔다. 그렇다고 지목된 모든 인물이 집중사격을 당하는 것은 아니었다. 어떤 경우에는 정조준해서 한 발만 쏴도 도마 위에 오른 사람의 인생을 흔들기에 충분했다. 틈이 보이면 고커는 그 기회를 놓치지 않았다. 이렇게 얻은 힘을 미국 국민이라는 자격을 내걸고 한껏 누렸다. 어떤 면에서는 덴튼 역시 마찬가지였다. 그 이야기들 중 한 주제는 돌레리오에게 서신으로 불만을 표현하는 것이었다. 약 2시간 뒤 돌레리오는 둘이 모종의 게임을 하는 듯한 어조로 답변을 보냈다. "잘 모르겠군요," "마치 프로레슬링 같아요"라고 답했다. 고커의 필진은 자신들이 세상과 레슬링을 하고 있는 양 글을 썼다. 그로 인한 파장이 사실인지 거짓인지는 그들이 상대를 어떤 상황에 처하게 하느냐에 달려 있었다.

피터 틸이 닉 덴튼의 과녁에 놓이게 된 것이 놀라운가? 덴튼은 사이트와 가십에 열을 올리며 남의 비밀을 무척 가볍게 여겼다. 비밀의 주인공인 피터는 IT투자 분야에서 유망인사였고 사생활을 지키려는 경향이 강했다. 어니스트 리먼이 단편소설에 '우주에서 두 개의 몸뚱이가 밀어내고 끌어당기면서 끔찍한 궤도에서 서로를 영원히 뒤흔들지만 그 누구도 궤도에서 벗어날 수 없다'고 표현한 것이 절묘하지 않은가? 덴튼이 기자들에게 틸에 대한 게시물을 작성하도록 지시해서 둘의 궤도가 충돌하는 것은 시간문제였다.

그는 오웬 토마스와의 일상적인 채팅에서 "틸이 나를 열받게 만든다"면서 더 많은 기사를 쓰라고 압박했다. 그렇게 악명 높은 기사 공격이 일어났다. 덴튼은 토마스가 확신하지 못한다 해도 틸의 기사가 관심을 불러일으키리라는 것을 알았다.

토마스는 "틸이 게이라는 것을 알았다, 사실 나도 게이다"라며 "샌프란시스코에 지인들이 많지만 덴튼이 내게 말하기 전까지 그 사실이 공공연한 비밀이라고 생각하지 않았다"고 설명했다. 그렇더라도 그가 기사를 쓰자 그다음에는 충분히 유추할 수 있는 일이 이어졌다. 토마스가 몸담고 있던 일터는 공공연한 비밀을 게시하는 임무를 내걸고 있었다. 그 역시 그런 일을 하도록 고용된 것이었고 실제로 많은 기사를 쏟아냈다. 밸리왜그에서 2년 동안 편집자로 일하며 3962개의 게시물을 작성했다(하루에 6개꼴이며 글의 분량은 다양했다). 틸에 대한 최초의 기사를 썼을 때 그를 움직인 것은 물질적인 보상과 조회수였다. 모든 프리랜서는 일하는 중에도 장기간의 면접을 보는 것처럼 느끼며 계속 급여와 혜택을 받고 특히 해고되지 않기를 꿈꾼다. 토마스의 일은 자신이 진실이라 믿으며 독자들이 읽을 것으로 생각하는 내용을 게시하는 것이었다. 또한 그 일을 하려면 적어도 덴튼이 항상 혐오하는 인간의 천성인 쓸데없는 체면을 억눌러야만 했다.

그의 기사는 전형적인 스타일이었다. 덴튼은 고커에서 지향하는 기사란 기자 둘이 바에서 한잔하며 나눌 법한 소문이며 고루한 편집자라면 작성을 지시하지 않을 은밀한 내용이라고 표현했다. 그렇다 보니 기사에 실명은 하나도 없고 의견만 뚜렷했다. 나중에 토마스는 "틸의 성적 지향성은 대중에게나 사회적으로 알려져 있었다. 하지만 그가 거기에 대해 말하고 싶지 않은 대상은 자신에게 자금을 대는 자들이었고, 바로 그 점이 역겨웠다"고 했다. 훗날 그는 틸이 중동에서 자금을 모집하기 위해 가급적 오래 자신의 성 정체성에 대한 비밀을 유지하기를 바랐다는 소문을 틸의 회사 내 부자에게 전해 들었다고 했다. 이는 개인사라고 해도 기사로 다룰 만한 타당한 이유 아닌가? 입증할 수 있다면 충분히 기삿거리가 될 것이다.

하지만 그의 기사에는 증거는커녕 익명의 정보원도 언급되지 않았다. 사실 확인을 위해 연락을 시도했다는 언급 또한 없었다. 기사로 폭로되는 대상에게 그런 삶의 방식을 선택한 이유를 묻는 배려조차 하지 않았던 것이다. 또한 기사는 공감을 표현하거나 기자가 기사 내용이 지극히 사적인 영역이라는 점을 이해한다는 표현이 없으며 상대가 어떤 감정을 느낄지 혹은 어떤 권리로 기사를 쓰는지에 대해서도 언급이 없었다. 그런 내용이 있어야 할 자리에는 고커의 트레이드마크라 할 수 있는 표현이 넘쳐날 뿐이었고, 몇 달 후 〈밸리왜그〉의 메모에서 정확하게 묘사했듯 '게시물마다 비열함이' 번득였다. 틸이 지적했듯 토마스의 기사에는 문구에나 행간에 명백히 '이상한 이유로 기사가 게시되기를 원치 않는다는 점에서 정신적으로 문제가 있는 사람이다'라는 분위기가 묻어 있었다.

토마스는 기사에 대해 "기자로서 올바른 목적과 이유로 기사를 썼다고 생각한다"고 했다. "일부 독자가 기사에서 그런 점을 간파하지 못했다면 글쓴이로서 나의 잘못이며 배워야 할 점이 많다고 늘 생각한다." 기자로서의 목적, 고커 정신의 반영, 인식과 현실 사이에 존재할 수 있는 간극이 실제 세계를 가로지르며 피터 틸은 평소대로라면 기억에서 잊혀졌을 수요일에 자신의 사생활과 관련해 모르는 척 넘어가주던 진실polite fiction이 난데없이 까발려지며 주저앉고 말았다.

'뼛속까지 게이, 본질적으로 게이다'라는 덴튼의 댓글 덕분에 24시간 안에 틸은 청승맞고도 이상한 게이이며 그 사실을 수상쩍게 숨기려는 인물이 되어버렸다. 덴튼은 틸이 성적 취향을 비밀로 하는 이유를 다른 사람들이 추측하도록 조장했다.

'피터 틸은 정치적인 견해와 배치되기 때문에 사생활을 숨기고 있었나? 아니면 그저 이상한 인간인가?'

공격은 여기에서 그치지 않았다. 토마스의 기사는 빠르게 전개되는 사이클에서 일부만 차지하는 게시물이었다. 하루가 지나지 않아 또 다른 밸리왜그 기자가 그의 게시글을 풍자했다. 이번에는 틸이 아인 랜드Ayn Rand(러시아 소설가이자 철학자-역자주)의 팬이라는 점이 폭로되었다. 또한 토마스는 후속 기사에서 당시 글로벌 자산운용사인 블랙록BlackRock의 트레이더로 일하고 있던 틸의 남자친구 사진과 이름을 공개했다. 고커가 2007~2008년에 틸에 대해 작성한 기사는 총 50만 회 이상의 조회수를 기록했고 이를 계기로 고커 미디어는 '다른 사람들이 말하지 않는 것을 말하는' 사이트라는 명성을 더욱 굳혔다.

여기에 우리의 개전 이유Casus belli(전쟁이 일어나는 이유가 되는 사건)가 있다. 틸을 향한 반감에서 보도를 부추기고 덴튼이 더 많은 기사를 쏟아내도록 압박했을 수 있지만, 특히 기사에 담긴 어조는 피터 틸 본인과 하등의 연관이 없었다. 그저 덴튼이 자신의 거실에서 창업한 지 5년이라는 세월이 흐르면서 고커 미디어 내부에서 정해진 규정이 반영된 것뿐이었다. 틸에 대한 기사에서 놀랄 만한 구석이 있다면 고커 역사에서는 평범하기 그지없는 기사라는 점이다. 고커는 틸의 기사와 흡사한 기사들을 게시해왔고 더 많은 사람에 대해 더 나쁜 이야기를 써왔었다.

틸은 자신에 대한 문제가 아니었다는 점을 이해했어야 했는지도 모른다. 낯 두껍게 행동했어야 했는지도 모른다. 하지만 그러지 않았다. 이런 기사가 시작된 이상 상대가 멈추지 않을 것이라고 여겼고 그렇게 믿었다. 고커가 12월 어느 수요일 오후 7시 5분에 게시물을 올리는 순간 적이 생긴 것이다. 그리고 이제까지 관계된 어떤 과정보다도 훨씬 크고 장대한 과정이 시작되었다.

키케로의 말마따나 모든 일의 시작은 미약하며 이 사건 역시 마찬가지였다. 사건은 누군가는 공개되어야 한다고 생각하지만 다른 누군가는 사적인 일이라고 생각하는 일에서 시작되었다. 누군가는 재미있다고 생각하지만 다른 이는 진지하게 받아들인 것이다.

"나는 사람들이 알기를 원하지 않고 그들과 상관도 없는 일이다. 그들이 묘사하는 것은 내 모습이 아니며 내가 바라는 모습도 아니다."

틸은 분노했다. 그의 남자친구도 분노했고 자신이 화가 난다는 사실에 또 분노했다. 고커의 입방아에 올랐던 다른 이들과 마찬가지로 광분했다. 그는 본능적으로 웅크리고 모든 일이 사라져버리기를 바랐다. 고커의 부당함과 마구잡이식 태도, 불필요한 무례함에 대한 분노가 치밀었다. 누군가가 이런 일을 스포츠나 게임으로 하고 있다는 생각을, 또 그런 힘을 지니고 있고 마음대로 그 힘을 휘두른다는 생각을 참을 수 없었다.

음모는 바로 이런 생각에서 탄생한다.

행동
결정

스코틀랜드에서 전해 내려오는 '나를 괴롭히는 자는 반드시 벌을 받는다(Nemo me impune lacessit)'라는 오래된 좌우명이 있다. 복수와 응보 모의는 모두 어느 개인이나 사회 전체에 대한 죄에서 시작한다. 그러다 누군가가 더 이상 참지 않겠다고 결심한다.

모의와 싸움은 행동에 옮기는 시간과 취하는 행동의 유형에서 차이 난다. 싸움은 펀치가 날아올 때 펀치로 대응한다. 모의를 꾸밀 때는 펀치를 날리는 대신 적수를 철저히 무너뜨릴 계획을 짜면서도 자신의 손에는 피 한방울 안 묻히고 추적 가능한 지문도 안

남기려는 경우가 많다. 싸움이 '분출하는 것'이라면 모의는 저변에서 서서히 '끓어오르는 것'이다.

피터 틸이 처음 도마 위에 오른 때 그는 마흔이었고 눈부신 비상을 하고 있었다. 어떤 면에서 그는 정석을 밟아왔다. 스탠퍼드대학교에 입학해서 같은 학교 로스쿨을 마치고 로클럭law clerk을 거쳐 저명한 로펌에 들어갔다. 하지만 한편으로는 저항의 기치를 내걸기도 했다. 스탠퍼드대학교에서 그는 〈스탠퍼드 리뷰The Stanford Review〉라는 급진적인 보수 저널을 창간했으며, 자신이 게이이자 외국에서 태어났음에도 다문화주의와 캠퍼스의 '동성애 투사'를 비난하는 책을 쓰기도 했다. 틸의 지인들은 그가 정치 전문가가 되리라 생각했지만 변호사가 됐다. 그러더니 세계 일류 로펌인 설리번 앤 크롬웰Sullivan & Cromwell에서 7개월 3일째 되는 날 퇴사하는 자신마저 놀라는 결정을 내렸다.

그 후 머지않아 온라인결제회사인 페이팔을 창립해 2002년 7월 이베이에 15억 달러에 인수한다. 닉 덴튼이 고커 최초의 사이트인 '기즈모도'의 도메인을 등록한 달이었다. 틸은 5500만 달러 가량의 수익으로 제국을 일궜다. 클래리엄 캐피탈 매니지먼트(이하 클래리엄)라는 헤지펀드를 전 세계 거시경제 트랜드에 반하는 대규모 베팅을 하는 수단으로 개편했으며, 여기에 자기 자본 1000만 달러를 투자했다. 2003년에는 '팰런티어 테크놀로지(이하 팰런티어)'라는 회사를 미 증권거래위원회에 등록하고 2004년부터 본격적으로 사업을 시작했다. 이 회사는 페이팔의 사기 방지antifraud 기술을 테러 방지, 범죄 예측, 군사정보 제공과 같은 정보 수집에 적용했다. CIA의 벤처 캐피털 부문에서 투자를 받았고 얼마 지나지 않아 정부의 거의 모든 기관을 고객으로 유치했다. 2003년 여름, 고커의 블로그가 처음 생겼을 무렵 틸은 50만 달러의 컨버터블 노트convertible note(우선 투자하고 향후 성과가 나왔을 때 전환가격을 결정하는 오픈형 전환사채-역자주)를 당시 스물한 살의 마크 저커버그에게 투자해 페이스북의 최초 주요 투자자가 되었다. 50만 달러는 틸이 처음 창업한 기업인 페이팔로 벌어들인 돈의 1퍼센트에도 못 미쳤다.

2005년 그는 옛 페이팔 파트너 두 명과 '파운더스 펀드'를 만들어 에어비앤비, 리프트, 스포티파이에 투자했고 페이스북에 추가로 투자했다. 펀드 자산은 30억 달러 넘게 증가했다. 그가 벤처 캐피털에서 벌어들인 이익은 시장을 깜짝 놀라게 했지만, 2000년대 초반 틸이 가장 많은 시간을 보낸 회사는 클래리엄이었으며 가장 유망하게 보이기도 했다. 2002년에 클래리엄은 29퍼센트, 이듬해에는 65퍼센트의 이익률을 기록했다. 밸리왜그가 그의 사생활을 폭로하고 한 달이 채 안 된 2008년 초에 틸은 클래리엄의 본사를 뉴욕으로 이전하기로 결정했다. 대다수의 언론은 자본이 있는 곳으로 성공의 로켓이 다가가는 자연스러운 움직임으로 보도했다. 오웬 토마스는 다른 이유가 있을 것이라 추정하며 '로맨틱한 이유'가 진짜 사유라고 주장했다. 그는 정당한 뉴스 기사를 틸의 남자친구를 공개할 기회로 활용했다. 그해 여름 헤지펀드 자산은 80만 달러에 육박했고, 〈뉴요커The New Yorker〉와의 인터뷰에서 틸의 지인은 그가 역대 최고 투자자를 기리는 신전에 입성하는 개인적인 야망 달성을 목전에 두고 있다고 전했다.

　그런데 목표를 눈앞에 두고 클래리엄과 틸이 딛고선 바닥에 금이 가기 시작했다. 2008년 4월에 그는 '혁신적인 거버넌스 모델을 갖춘 유동적인 스타트업 사회를 구축할 수 있도록 지원하기 위해' 경제학자 밀턴 프리드먼의 손자인 패트리 프리드먼과 시스테딩 연구소Seasteading Institute를 공동 설립했다. 두 사람의 시도를 〈와이어드Wired〉는 '기술 전문가들의 공상'으로 표현했고 밸리왜그는 '무법의 유토피아'라고 평가절하했다. 2008년 말 시장이 무너지면서 클래리엄도 큰 타격을 받아 수익률 마이너스 4.5퍼센트를 기록했다. 2009년에 상황은 악화됐다. 4월에 틸은 케이토연구소Cato Institute(자유주의 사상을 모토로하는 공공정책 연구기관-편집자주)에 자유의지론libertarianism의 미래에 대한 글을 기고했다. 그는 적어도 대화가 진행되기를 바라며 우호적인 반응을 기대하고 글을 썼으나 경멸과 조롱의 십자포화를 맞고 말았다. '자유의지론자의 교육'이 형편없는 글은 아니었다. 다른 시기에 신문에 게재됐다면 그날 하루만 논쟁이 되고 말았겠지만 이젠 기록이 영구적으로 남는 시대다. '오늘날 고전적 자유주의가 직면한 문제'를 숙고하려던 글은 비방하는 자들이 인용하는 먹잇감이 되었다. '여성이 투표할 수 없기를 바라는 페이스북 후원자', '자유와 민주주의가 양립할 수 있는지'에 대한 글은 틸을 기술 파시스트로 보이게 만들었다. 또다시 틸을 조롱하고 나선 오웬 토마스는 기사를 통해 그가 마약에 빠져 있는지 의문을 제기했는데, 이는 고커가 틸에 대해 들었던 소문과 아귀가 맞고 "특히 그가 간헐적으로 게이임을 커밍

아웃할 때" 그렇다고 토마스는 주장했다. 이 시기에 투자자들은 클래리엄에서 자금을 빼고 있었다. 7월에는 운용자산이 20억 달러를 크게 밑도는 수준이었고, 연말에는 수익률 마이너스 25퍼센트를 기록했다. 2010년에도 사정은 나아지지 않았다. 운용자산은 10억 달러를 밑돌아 대부분 틸 본인의 자금만 남은 상황이었으며, 수익률도 마이너스 23퍼센트였다.

주목받는 데 익숙하지 않은 틸은 자신이 폭로로 인해 재정적으로나 개인적으로 짜증을 내고 휘청거리고 있음을 발견했다. 그가 보기에는 폭로 때문에 벌어진 결과였다. 3년 연속 손실을 기록하자 클래리엄의 맨해튼 본사를 폐쇄했고, 이를 고커는 '뉴욕에서 피신했다'라고 표현했다. 그는 비교적 안전하고 괴짜친구들이 모여 있는 샌프란시스코로 돌아갔다.

이제 틸을 조롱하고 그에 관해 기사를 쓰는 것은 고커만이 아니었다. 다른 언론도 고커를 따라 했고 틸이 주목받을 만한 일을 할 때마다 댓글이 따라다녔다. 틸은 그런 관심을 달가워하지 않았다. 그는 미국 문화가 언론의 변화라는 물결에 휩싸여 자신을 둘러싼 상황을 통제할 수 없는 듯 느꼈다. 그건 마치 헤지펀드 세계에서 사업을 하며 치러야 할 대가 같았다. 하지만 이제 그는 마약에 중독된 동성애자 취급을 받지 않고서는 정치에 대해 언급조차 할 수 없는 상황이 되었다. '어쩌다 이렇게 됐지? 누구의 잘못인가? 누구를 탓해야 하지?' '닉 덴튼과 밸리왜그가 문제야, 그들이 내게 이런 짓을 벌였어'라고 틸은 생각했다. 이 모든 문제의 책임이 고커에 있었다.

"그들은 대외적으로 막강한 세력이라는 이미지를 가지고 있었고 오랫동안 그들을 두려워했다"고 틸은 말했다. 게재되자마자 악평을 받은 케이토연구소의 칼럼이 게시되고 한 달 후 가진 인터뷰에서 틸은 기자에게 밸리왜그와 고커가 알카에다처럼 느껴진다고 털어놨다. 그는 다른 사람을 이런 식으로 대접하는 사고방식과 이유를 이해할 수 없었다. 틸은 고커가 출몰할 때마다 지인과 함께 일하는 동료들에게 'MBTO Manhattan Based Terrorist Organization(맨해튼 기반의 테러 집단)'라고 고커를 지칭했다.

대다수 사람은 자신이 원하지 않는 것을 발견하면 틸처럼 행동한다. 욕을 하고 불만을 터뜨린다. 사실을 부풀리고 거대한 흐름에 희생된 양 말한다. 누군가가 조치를 취해야 한다고 생각하지만 자신이 할 생각은 안 한다. 굳이 내가 할 필요는 없는 것이다. 이것이 집단행동의 문제다. 어떤 일이 바람직하지 않은 것을 알고 있지만 각자에게 미치는 영향은 미미하기 때문이다. 그렇다면 누가 집단을 위해 나설 것인가? 많은 이가 소위 역사적 위인이라는 사람들의 이야기를 믿지만, 내가 그 위인이 될 수 있다고 믿는 경우는 많지 않다. 자아가 강하거나 어리석은 사람이나 그렇게 믿는다고 여긴다.

경제학자 타일러 코웬은 1970년대 어느 시점에 이르자 미국인은 달 탐사선을 쏘아올린 나라의 국민에서 주유하기 위해 인내하며 긴 줄을 서야만 하는 나라의 국민이 되었다고 지적했다. 물론 정확한 표현이라 할 순 없지만, 프레시디오에 있는 자기 사무실에 앉아 있던 틸의 심금을 울리는 비판이었다. 그는 금문교를 내려다

보며 사람들이 다시 저런 위대한 건축물을 짓게 될 날이 올지 궁금했다. '사람들에게 한계를 시험하고 위대한 일을 시도하는 오만이 남아 있기나 할까?'

행동에 옮기지 않는 것 또한 악이었다. 나쁜 상황이 저절로 해결되리라고 가정하거나 누군가가 대신 해결해주리라는 생각이 여기에 해당했다. 과거의 고커는 몇천 회 수준의 조회수를 기록하는 블로그에 불과했지만 이제는 몇백만 회가 조회된다. 더욱이 나머지 매체가 자체 블로그를 갖추고 고커의 뒤를 따르고 있다. 틸이 회사 회의실에 앉아 있는 동안 틸이나 그의 회사를 다룬 또 다른 고커 기사가 입방아에 오른다. 틸은 언제나 보수적인 사람들을 짜증나게 만들어온 우려를 제기한다. '다음에는 어떤 일이 벌어질까? 이것이 유행인가? 멈출 수 있을까?' 키르케고르가 1846년에 가십을 다루는 신문을 '대중에게 즐거움을 주는 개'라고 불렀을 때 판단이 흐린 상태가 아니었다. 사실 그는 가십성 신문으로 인해 미칠듯한 분노에 찬 상태였고, 그것이 자신이 소중하게 여겨온 모든 것을 끝장내고 말 것으로 생각했다.

한 세기 흘러 이번에는 신문 칼럼니스트 월터 윈첼이 언론을 지배하는 제왕 자리에 올랐다. 윈첼은 삼류 연예 칼럼니스트로 시작해서 거침없는 성장을 이어간 끝에 미국에서만 5000만 독자를 거느리는 수준에 이르렀다. 라디오 방송과 2000개가 넘는 신문에 판매된 'The Column'으로 알려진 악명 높은 일간 칼럼을 통해 전체 성인 중 3분의 2가 그의 칼럼을 접했다.

칼럼은 대부분 가짜 뉴스와 야한 가십으로 채워졌다. 유명인의 성생활에 대한 루머를 퍼뜨리는 경우가 아니면 거짓된 주식 팁을 전하거나 존 에드거 후버를 출처로 내세워 정부 선전에 앞장섰고, 무고한 사람을 공산주의자나 나치 혹은 동성애자로 매도했다. 이는 월터 윈첼이 직접 작성한 내용이며 칼럼의 상당 부분은 홍보 담당자가 직접 작성해서 제출한 자료였다.

1940년 〈뉴요커〉는 칼럼의 사실 여부를 확인했고 "개인의 실명이 거론된 131건 중 54건은 전혀 사실과 다르며 24건은 부분적으로 부정확했고 53건은 정확했다"고 밝혔다. 그러면서 기자는 이직을 고려 중인 가상의 임원에 관한 일화를 예로 들었다. 임원의 머릿속에 있는 것은 가족도 회사도, 앞으로 이직할 회사도, 자신이 할 수 있는 업무의 종류도, 심지어 자신의 행복도 아니었다. 오로지 가십 칼럼니스트가 자신의 이직을 어떻게 그릴지만 신경 썼다. '사람들이 어떻게 생각할까?' '윈첼은 이직에 대해 어떻게 말할까?' 기자는 이러한 현상을 '윈첼 공포증'이라고 불렀다. 이처럼 미묘하지만 누적되는 효과를 내는 현상은 실질적인 영향이 있었다. 편협한 기자들이 쏟아내는 가시 돋친 말에 어찌할 바를 모르는 사람이 어떻게 좋은 성과를 내고 자신의 평판과 실수로 인한 위험을 생각하지 않을 수 있을까?

나중에 대법관에 오르는 루이스 브랜다이스는 1890년 〈하버드 로 리뷰Harvard Law Review〉에서 '사적인 가십이 인쇄물에 오르게 되고 공동체의 실질적인 관심사를 다룰 수 있는 공간을 차지하면 굳건한 사고와 섬세한 감정이 즉시 파괴된다. 그 해로운 영향력에서는 어떤 열정도 자랄 수 없고 관대한 마음이 발붙일 수 없다'고 밝혔다. 오늘날 우리가 '사생활권'으로 이해하는 개념을 형성한 글이다. 브랜다이스의 글은 50년 전 키르케고르가 우려한 암울함을 반영하는 한편, 50년 뒤에 찾아올 남에게 상처 입히는 편집증을 예견하고 있다. 틸은 스탠퍼드대학교 재학 시절 이 글을 읽었고 많은 법학도 역시 마찬가지였다. 대다수는 브랜다이스의 글이 미국헌법이론을 구성하는 퍼즐의 한 조각으로 간주했다. 하지만 피터는 그 글이 주장하는 바를 진정으로 믿었다. 그는 사생활을 숭배했고 괴짜와 정치적으로 정당하지 못한 이들이 자신이 원하는 일을 할 수 있는 공간을 만들고자 했다. 그 공간에서 진보가 비롯된다고 믿었기 때문이다.

자신이 회사를 창업하는 괴짜라고 생각해보라. 당신이 미국 통화제도를 대체하도록 고안된 가상화폐를 창안했다 해보자. 이 화폐는 사람들이 비니 베이비Beanie Babies 장난감과 레이저포인터를 인터넷에서 판매하고 수십억 달러를 벌 수 있도록 도와주는 사업이 되었다. 다른 사람들은 공상과학에 나올 법한 이야기로 생각했지만 당신은 언제나 실제적이고 합법적인 사업으로 성장할 기회가 있으리라 여겼다. 자유의지론자라는 단어에 사회적 지위가 부여되기 전부터 당신은 자유의지론자였고 스탠퍼드대학교의 보수주의자였다. 아인 랜드를 흠모하고 그가 10대 소년들이 탐독하는 작가 이상의 의미를 지닌다고 생각한다. 의견 일치와 관습으로부터 안전한 공간이라는 이유에서 기업가 활동에 이끌렸다. 사회적 망신에는 어떻게 반응할까? 당신은 그런 행동을 경멸한다. 자신의 성 정체성을 밝히지 않는 게이라는 이유로 당신에게 문제가 있다고 암시하는 비뚤어진 블로그에는 어떻게 반응할까? 자, 여기에 어떻게 반응할 것인가가 지금 문제다, 안 그런가?

2007년 밸리왜그가 틸에 대해 폭로했을 당시 그는 성 정체성이 자신이 누구인지를 적어도 일부분 설명한다는 것을 이해하기 시작했다. 그와 가깝게 지내는 사람들은 그 사실을 알고 있었으며 그렇지 않은 일부 사람도 분명히 알았다. 그런데도 이러한 정체성으로 말미암아 자신이 규정된다는 생각에 숨이 막혔고, 이는 틸에게만 해당되는 것은 아니었다. 그런 답답함은 고커와 닉 덴튼이 자신의 정체성을 정했다는 좌절감을 더욱 깊게 만들었다. 틸은 "고커는 언제나 이런 문제를 논쟁적인 성격으로 다루었다. 이런 분류는 좋은 의도였다고 해도 곤혹스럽다. 논란이 MBTO의 손에서 심각하게 잘못된 방향으로 흐르기 십상이다"라고 말했다. 고커는 틸이 대학교의 보수 논객 시절부터 비판해온 독선적인 사람들을 떠오르게 했을 것이다. 도덕적 우위를 주장하고 선택의 자유를 주장하지만 자신이 내세우는 자유 방식을 선택하지 않으면 괴롭히는 그런 사람들이다. 복잡한 개념에 대해 나름의 의견을 지닌 복합적인 사람에게 고커가 가한 가장 중대한 위협(틸은 일종의 테러로 받아들였다)은 이 신랄하게 비난하는 보도가 환원주의적이 되고 부수적인 피해를 일으키는 것이라고 추측하는 사람도 있을 것이다. 닉 덴튼 덕분에 이제는 틸이 어떤 일을 하든 '게이 피터 틸'이라는 수식어가 항상 따라붙게 되었다. 어쩌면 그것을 신경쓰는 사람은 틸 혼자일 수도 있다. 하지만 이듬해 '영향력 있는 50인의 동성애자'에 닉덴튼과 함께 포함되었을 때 그는 착잡함을 느꼈을 것이다. 사생활로 간직하기를 원했던 바로 그 요인으로 작성된 목록에서 비밀을 억지로 폭로한 인물보다 12위나 높이 랭크되다니 말이다.

틸은 고커가 혁명이라기보다는 하나의 운동을 가장한 무질서에 불과하다고 봤다. 그는 고커가 잔인하고 부당하면서도 지적 생활과 자유 사회에 해로운 세력이라고 생각했다. 물론 그가 폭로 기사에 과도하게 반응한 측면은 분명히 있다. 그가 게이라는 것은 부인할 수 없는 사실이며 언젠가는 알려질 가능성이 있었다. 하지만 틸이 폭로에 대해 생각할수록 더 큰 흐름에 속하는 요소라는 점을 분명히 알 수 있었다. 그저 하나의 기사가 아닌 그런 유의 보도가 문제였다. 틸 한 사람이 아닌 그와 같은 부류의 사람은 누구나 대상이 될 수 있었다. "고커에 대한 주된 반감은 고커가 개인에게 상처를 준다는 도덕적인 문제이지만 문화적인 측면도 생각해봐야 한다. 고커는 거대한 균질화에 기여한다"고 틸은 지적했다. 그를 두렵게 하는 것은 생각할 자유, 독특한 견해를 표현할 자유를 박탈하는 문화다. 틸처럼 기이한 의견을 지닌 특이한 사람들이 수없이 모여 있는 실리콘 밸리는 가장 위대한 기술 혁신이 일어나고 세계 역사상 막대한 부를 거머쥔 사람들을 배출한 곳이다. 또한 그는 앞으로 "피터 틸은 뼛속까지 ○○○다"라는 또 다른 기사들이 나오지 않을까 경계했다.

이렇게 해서 모의가 시작되는 것이다. 우선 현 상황에 대한 불만이 커진다. 상황이 달라져야 하고 달라질 것이라는 생각이 든다. 만약 변화가 없다면 상황은 더 악화되고 말 것이다. 그러면 다음 단계로 이해관계를 저울질하게 된다. 이 일에 대해 모종의 조치를 취하면 어떻게 될까? 어떤 상황이 벌어질까? 아무 일도 하지 않으면 어떻게 될까? 행동을 취하는 것과 무시하는 것 중 어떤 것이 더 위험할까?

이 질문에 대해 역사는 뚜렷한 답을 주지 않으며 틸과 관련된 사람들도 마찬가지였다. 그들은 틸에게 할 수 있는 마땅한 일이 없다고 말하려 했다. 언젠가 틸은 내게 에드워드 셰퍼드 크리시 경이 쓴 《세계사를 결정지은 15대 전투The Fifteen Decisive Battles of the World》라는 책을 건네준 적이 있다. 그가 읽으면서 자신이 어떤 옵션을 취할 수 있는지를 곰곰이 따져본 책이다. 발미 전투를 다룬 챕터 첫머리에는 셰익스피어의 글이 인용되어 있다.

작은 불은 금세 끌 수 있지만
그냥 두면 강물로도 끌 수 없으리

발미 전투는 1792년 유럽 열강이 프랑스에서 막 시작된 혁명을 진압하려는 시도였다. 진압에 성공했다면 공포정치가 일어나지도 않았을 것이고 마리 앙투아네트와 루이 16세는 목숨을 보전했을 테고 나폴레옹이 세상에 출몰하는 일은 없었을 것이다.

안타깝게도 진압은 실패로 돌아갔다. 프로이센의 진압 시도는 프랑스혁명 세력이 원하고 필요로 하던 저항을 불러일으키는 역할을 했다. 프랑스군은 "프랑스 만세!"를 외치며 적군을 물리쳤다. 승리를 거둔 이들은 군주제를 폐하고 왕과 왕비의 목을 베었다.

불꽃을 끄겠다고 서두르다 더 큰 불길이 되도록 부채질한 격이 되는 위험이 있는 것이다.

　돌아보면 피터 틸 같은 억만장자에게는 이런 선택의 기로에 대한 이해는 차치하고 공감능력이 떨어지는 경향이 있다. 하지만 부자라도 당연히 감정이 있고 걱정과 두려움을 느낀다. 차이가 있다면 부자에게는 그런 감정을 느낄 때 돈으로 해결할 수 있는 방법이 있다는 것이다. 부자들은 초라하다는 생각을 하지 않는다. 그러한 무기력한 감정은 바로 젊은 시절의 그들이 성취를 이뤄내 부자가 되도록 만든 감정이다.

　이처럼 혼란스러운 좌절감과 두 뺨을 상기시키는 감정은 성인이 된 피터 틸에게는 익숙하지 않은 감정이다. 그가 느끼는 분노는 천성적으로 신중한 태도와는 어울리지 않는다. 틸은 쉽사리 감정에 휘둘리는 사람이 아니다. 가령 그날의 논쟁적인 주제에 대해 질문을 받으면 그는 의견을 제시하거나 근거 없이 결론을 내리는 식으로 반응하지 않는다. 대신 "이러한 일을 바라볼 수 있는 한 가지 시각은"이라고 입을 열며 자신이 믿는 바와 정반대의 설명을 덧붙일 것이다. 그 설명을 다 마친 후에야 정직함과 존중을 담아 문제를 대다수의 사람이 어떻게 바라보는지를 언급하고는 자신의 의견을 밝힐 것이다. 틸의 의견이란 거의 대부분 무척 특이하며 말을 하는 중에도 자신이 말하는 바를 생각하기 위해 수도 없이 말을 멈출 것이다. 자신의 의견을 설명할 때조차 틸은 마치 해당 주제에 대해 생각하는 연습을 할 때 자기 의견이 대체로 어떤지 알려주겠다는 듯 자신이 언제나 생각에 관한 결정을 내리는 과정을 겪는 듯 "내가 주로 생각하는 바는" 또는 "여기에서 언제나 문제는"

이라는 말로 시작할 것이다. 습관은 그저 그가 생각하는 바를 분명히 표현하는 절차다.

이제 그는 생각에 잠긴다. 이 문제에 대해 어떤 조치를 취해야 할까? 남에게 휘둘리길 원치 않고 상처 입기 싫어 음모를 꾸미는 자는 감정적으로 이런 절차에 가담해야 한다.

'나를 괴롭히는 자는 반드시 벌을 받는다'는 좋은 태도이기는 하지만, 다툼이나 쓸데없는 일에 무분별하게 뛰어드는 방안이기도 하다. 비용과 편익을 신중하게 따져봐야만 후회스럽거나 지나치게 타격이 큰 음모가 아닌 성공적인 음모를 꾸밀 수 있다.

근본적인 동기나 진정한 이유가 없어서도 아니다. 틸이 분노와 상처의 감정을 떨칠 수 있다면 가만히 앉아 고커와 그들의 기사가 자신의 사업적 이익에 끼칠 수 있는 비용을 추산할 수밖에 없다. 페이스북에 대한 부정확한 기사는 페이스북의 기업공개나 인수합병 논의를 무산시킬 여지가 있다. 그의 발언(그는 자신이 계속 발언하게 되리라는 사실을 알고 있다)이 맥락을 무시한 채 인용되어 이 사회에서 사임하도록 압박하거나 창립자가 협력을 거부하는 사태로 이어질 수 있다. 고커가 독자들에게 팰런티어 관련 루머를 퍼뜨리면 정부와의 대형 계약이 무산될 가능성도 있다. 그가 중요시하는 프로젝트에 대해 여론이 부정적으로 기울 수도 있다.

손실 위험이 수십억 달러에 이를 수도 있으며 이는 터무니없는 추측이 아니다. 2007년 5월에 기즈모도의 경쟁사인 엔가젯 Engadget에서 오보를 내는 바람에 일시적으로 애플의 시가총액이 40억 달러 증발한 사건이 있었다. 틸의 사업 파트너인 숀 파커와 벤처 캐피털리스트 마이크 모리츠는 반목하는 관계였다. 두 사람 간의 갈등에는 핵심적인 문제가 따로 있었는데 고커가 불화를 공개적으로 파고들면서 틸의 펀드에서 수백만 달러의 약정 이행이 취소되었다. 피터 틸과 같은 사람이 고려할 만한 수학 공식은 이런 모습이다. 고커로 인해 10억 달러의 손실을 볼 가능성이 20퍼센트라면 그런 일을 방지하는 데 최대 2억 달러를 쓰는 것이 현명하다. 마이너스 기댓값은 월가에서 날마다 하는 계산이다.

틸의 주변인들은 틸이 충분히 고려할 만한 계산이며 정확한 숫자까지 산출하리라는 데 동의한다. 물론 틸은 부인한다. "단순한 비용 편익 계산을 해서는 안 된다. 내가 한 일은 그런 것이 아니다." 이 말은 그가 사건에 휘말리고 상황이 더 나빠질 때의 위험이 너무 크다는 뜻이다.

처음에는 계산을 통해 아무 조치도 취하지 않는다는 결론에 이른다. 그저 무시하고 내버려두며 지인들 말을 듣는 것이다.

그는 "2007년 말 폭로 기사가 난 직후 이 일을 시작한 것은 아니었다. 여러 해가 흘러 그들이 나를 내버려둔 이후에 시작되었는데 그들은 내 주변 사람들을 괴롭히기 시작했고 절대 끝이 나지 않았다"고 설명했다. 그런데도 사람은 일말의 희망을 품을 수 있으며 인내심을 가지고 견딜 수도 있다. 잠시 동안은 자신을 속일 수 있다.

물론 도전자를 거칠게 해치우는 전력이 있는 미디어제국에 반하는 음모를 꾸미는 대신, 돈을 벌고 번 돈을 지키는 손쉽고 좋은 방법이 있다. 게다가 피터 틸은 이미 많은 돈을 가지고 있었다. 따라서 무척 분주한 일상이 이어졌을 것이다. 페이스북의 인수를 타진하는 제안자들의 제시 금액이 수백만 달러에서 수십억 달러까지 치솟았다. 앞서 틸은 파트너들의 자금 3000만 달러와 자신의 자금을 팰런티어에 투자했고 회사는 컴퓨터 해커와 중국의 스파이 집단을 뒤쫓느라 분주했다.

고커가 그에게 문제가 될 이유가 무엇인가? 고커가 문제라면 그 문제를 해결할 시간이 있기는 한가?

하지만 고려해야 할 또 다른 측면이 있다. 고커가 돈에 관한 문제가 아니라는 점을 인정할 것이다. 하지만 고커가 틸에게 미칠 수 있는 손실, 사회 전체에 미칠 수 있는 비용을 들여다본다면 셈법이 달라진다. 고커가 그의 파트너와 지인에게 어떤 위험을 미칠 수 있는가? 글로벌 경제에는 어떤 영향을 미칠까? '고커 공포증'이 사회에 미치는 비용은 얼마인가? 밸리왜그의 영속으로 인해 실리콘 밸리의 야망이 1퍼센트 줄어든다면 그 비용은 얼마인가? 위대한 창립자가 될 수 있는 사람이나 위대한 아이디어를 제시할 수 있는 사람의 자살을 방지한다면 어떨까? 고커가 벌어들이는 매출 1달러당 틸이나 다른 사람이 창출할 수 있는 경제적 가치가 얼마나 파괴되는가? 그러므로 시도가 무모하고 불가능해 보이고 상황을 더 악화시킬 가능성이 존재하더라도 이 사안이 중요하다고 생각한다면, 자신에게 세상을 바꿀 힘이 있다고 믿는 괴짜라면 고커에 모종의 조치를 취하는 것 또한 논리적이고 합리적인 근거가 있을 것이다.

약 2500년 전 투키디데스는 인간을 움직이는 세 가지 강력한 동기로 '두려움, 명예, 사적 이익'을 꼽았다. 털의 경우에는 모두 달린 문제다. 세 가지 중 그에게 가장 큰 동기는 무엇인가? 그것이 중요한 문제인가?

모종의 조치를 취할 필요가 있고 내가 바로 그 일을 할 사람일지 모른다고 여기는 사람이 생겼다.

음모를
향하다

마키아벨리는 음모에 대해 '사람들이 가진 무기'라고 표현했다. 군
주는 다른 군대에 맞설 군대를 파병할 수 있지만, 음모야말로 모든
사람이 사용할 수 있는 무기라는 것이다. 절박한 사람이 음모를 모
의하고 권력을 가진 자들이 모의를 그토록 두려워하는 이유가 여
기에 있다.

　공정한 경쟁의 장을 만들기 위한 이른바 특별한 수단을 강구
하는 사람은 스스로를 이길 가능성이 적은 언더독underdog(경쟁에
서 이길 확률이 적은 팀 또는 선수)으로 인식하는 사람들이다. 1930년

대 말, 영국이 중무장 상태에 군사력이 더 우세한 독일에 맞서 전시태세에 돌입한 것이 그러한 예다. 비밀과 뜻밖의 전략을 활용하고 '낮은 자세'로 접근하는 것은 더 약한 쪽이다. 그렇게 할 수밖에 없기 때문이다.

2007~2011년 피터 틸은 (그의 표현을 빌리자면) '고커 문제'에 대해 생각했는데 그 표현이 시사하는 바가 있다. 고커는 문제였다. 사회적, 문화적으로 문제였으며 맨해튼에 근거를 둔 테러조직이었다. 틸은 고커에 대해 단순히 지식 차원에서가 아니라 어떤 조치를 취할 수 있느냐에 대해 논했다. 사무실에서 고커 문제를 논의하고 다른 IT 실력자들과도 대화를 나눴다. 저녁을 먹으면서 자신이 알고 있는 현명한 사람들에게 물었다. 그는 "여러 해 동안 많은 기사가 나왔고 주변의 반응은 '우리가 할 수 있는 일이 없다'였다"고 말했다.

지인들이 유일하게 제안한 방법은 회유책이었다. 게임을 파악하고 그 게임을 즐기며 무신경해지고 친근하게 다가갈 것을 권했다. 지인들에 대한 가십으로 주의를 돌리라는 조언도 있었다. 틸에 대한 기삿거리 대신 다른 사람에 대한 시시한 이야기에 관심을 갖게 하라는 전략이다. 그러면서 대중이 알게 되기를 원치 않는 일은 억제하는 것이다. 훗날 닉 덴튼은 실리콘 밸리에서 틸의 많은 동료가 바로 이러한 방식을 터득해서 고커에 제보하는 경우가 있었다고 설명했다. 두 야영객과 곰 한 마리 이야기와 마찬가지다. 곰보다 빠르게 행동할 필요는 없지만 다른 야영객보다는 빨리 움직여야만 하는 싸움이다.

2008년 초 틸은 지인을 통해 에디 월터 헤이스Edward Walter Hayes라는 특이하고 말쑥한 변호사를 알게 되었다. 실력 있는 변호사이자 톰 울프에게 문학적 영감을 주기도 했던 헤이스는 고 앤디 워홀Andy Warhol과 알고 지내는 사이였다. 영화 〈좋은 친구들〉에서 로버트 드 니로Robert De Niro의 변호사 역할을 맡기도 한 재능 있는 배우였으며, 실제로 드 니로의 변호사로 활동했다. 헤이스는 조폭 두목, 연예인, 예술가, 정치인의 친구이자 문제를 처리하는 인맥 좋은 '해결사'로 악명 높았다. '어떤 상황에서도 구해드립니다!'라는 유명한 슬로건이 틸과 뉴욕 언론사에서 일하는 그의 지인들 귀에도 닿은 게 틀림없었다. 틸에게 언론에 협조하며 전통 채널과 유사 전통채널을 통해 일하는 시도를 해보라고 처음 조언한 것도 헤이스였다. 연초에 틸은 처음으로 언론보호위원회에 기부했으며 나중에 그 금액은 총 100만 달러로 증가했다. 가장 간단하면서도 오래된 옵션에 해당했다. 돈으로 우리 사이의 적대감을 누그러뜨릴 수 있는지 보자는 전략이었다.

헤이스는 틸의 문제가 법적인 문제가 아니라 그가 아웃사이더라는 데 있음을 간파했다. 틸은 게임을 즐기지 않을뿐더러 게임 자체를 이해하지 못했다. 이에 헤이스는 2003년과 2007년에 고커의 편집장을 지낸 코리 시카Choire Sicha를 시작으로 틸이 만나야만 하는 언론인들과의 만남을 주선했다.

코리 시카와 틸의 만남은 두 사람에 대한 흥미로운 점을 단적으로 보여준다. 2008년 5월 말 시카와 틸은 처음 만났고 2주 뒤 이른 아침에 두 번째로 만났다. 시카는 활달하고 사교적인 인물인 반면 틸은 은밀하고 방어적이다. 틸은 시카에게 중재자를 통해서만 만남의 자리를 주선하라고 말했고 틸의 아파트에서 만날 것을 요청했다. 시카는 "틸은 거의 유럽인 같은 시각을 가졌다"고 평했다.

"틸은 '다른 사람에 대해 이런 기사를 쓰는 이유가 무엇이죠? 남에 대해 대체 왜 쓰는 거죠?'라고 물었어요. 그는 사업적 전투와 가까운 상황에서 글을 수단으로 취급했고 사람들이 남에게 이런 일을 하는 이유에 대한 통찰력을 얻기를 원했습니다."

나중에 시카는 틸이 얼마나 덴튼을 떠오르게 만드는지를 말했다. 각자 자기만의 공상과학 소설에 사는 듯 보였고 둘 다 인간관계를 맺을 만한 사람이 아니었다. 그는 틸이 뉴욕에서 더 많은 사람을 만나도록 권하며 헤이스의 조언을 따라 인간적인 이미지를 풍길 수 있도록 고커의 기자들과 시간을 보내고 만남을 가지라고 재촉했다. 틸은 "그들과 만나서 이야기하면 상황이 더 나빠질 것"이라고 답했다.

틸의 답변에 시카는 고개를 끄덕이면서 '당신 말이 맞을지도 모르지'라고 생각했고 그러한 짐작은 곧 사실로 드러났다. 틸은 시카와 헤이스를 통해 2009년에 밸리왜그 편집장에 오른 라이언 테이트를 소개받았다. 팔로알토의 와인 바에 테이트와 마주 앉은 틸은 '자, 이제 테러리스트와 협상을 벌이는군'이라고 생각했을 것이다. 이런 만남에서 시카의 태도도 누그러졌고 틸이 덴튼에 대해 알고 싶어 하는 정보를 주기 시작했다. 시카는 덴튼에 대한 애증 관계를 숨기지 않았다. 그는 "덴튼이 살아가는 유일한 이유는 가십"이라며 거의 병적인 수준이라고 설명했다. 틸에게 무척 중요한 사실도 가십 기자에게는 사소한 기삿거리에 불과하다고 알려줬다. 이 시기에 한 지인이자 기자는 인터뷰에서 "덴튼의 허무주의에 깔린 근본적인 문제에 도달하지 않고 그에 대해 쓰는 것은 아무 의미 없다"고 말했다.

이기적인 사람들은 이해하기 쉽다. 동기에 따라 움직이기 때문이다. 그러나 사적인 이익보다 더 근본적인 요인에 따라 움직이고 마땅한 이유를 찾기 어려운 사람으로 드러나면 사람들은 일반적인 해결책으로 대처하기를 단념하기 시작한다.

틸은 실의에 빠진 또 다른 억만장자와 긴 대화를 연이어 갖는 중에 새로운 아이디어를 얻었다. 틸처럼 고커의 단골 타깃으로 낙점된 이 억만장자는 바로 냅스터Napster와 페이스북 공동 창립자인 숀 파커다. 파커는 마이크 모리츠와의 불화가 대중에게 알려졌고 그의 지인들에 대한 허위 루머가 고커에 게재되었다. 파커는 틸에게 제안했다. '우리가 고커를 살 수 있지 않을까? 고커를 사면 편집 방향을 바꿀 수 있지 않겠어? 회사를 사서 문을 닫아버릴까?' 흥미로운 아이디어이긴 했지만 현실성은 없었다. 주된 이유는 덴튼이 매각하지 않을 것이고 당분간 경영을 다른 사람에게 맡길 조짐도 없었기 때문이다. 2006년 그는 고커에 대해 한 기자에게 "지금 하고 있는 일을 무척 오랫동안 상상해왔다"고 말했을 정도였다. 돈이 필요하거나 돈을 원하는 것처럼 보이지도 않는다. 코리시카는 틸에게 덴튼이 그저 그 일을 위해 사는 것이라고 말했다. 설사 고커 미디어를 인수할 자금을 마련한다 해도 그다음에는 어떻게 할 것인가? 틸이 중단시키려는 바로 그 행동에 보상을 주는 격이며 골드러시가 이어질 것이다.

틸에게 덴튼의 비밀, 관심을 향한 멈추지 않는 열망, 자신은 단순한 언론인이 아니라 IT 기업가라고 고집하는 점, 존경받기보다는 두려움의 대상이 되려는 것은 소시오패스를 방증하는 것이었다. "소시오패스와 어떻게 협상을 벌여야 할지는 매우 불분명하다"고 틸은 말했다.

틸은 고민을 하던 그 시기에 관해 "모든 금전 자원을 가지고도 무척 어려운 싸움을 하는 것처럼 느껴졌다"고 회고했다. "본질적인 문제와 관련되어 있는데 고커가 지닌 힘은 일정 부분 고커가 실제보다 더 강한 힘을 가지고 있는 행세를 하는 데서 나왔다." 그 힘이 사라지고 나면(궁극적으로 틸 덕분에 그렇게 되었다) 강한 세력이었던 적이 있는지 기억하기조차 어렵다.

하지만 과거에는 그랬다. 알렉상드르 뒤마Alexandre Dumas는 언론의 제왕은 도처에 왕좌를 가지고 있다고 쓴 적이 있었다. 고커의 페이지 조회수는 수천 건에서 수백만 건, 나중에는 연간 수십억 건에 이르렀다. 다른 언론 매체도 덴튼의 환심을 사거나 그의 눈 밖에 나지 않으려 애썼고 덴튼의 사업 모델을 모방했다. 이 과정에서 덴튼은 실질적인 힘과 인지된 힘 모두를 갖추기 시작했다. 그는 자신의 플랫폼을 통해 다른 언론 매체가 따라 쓸 법한 기사를 발 빠르게 터뜨리는 능력과 불어나는 자산을 통해 힘을 얻었다. 2007~2009년의 닉 덴튼은 마키아벨리가 말한 '사람들이 강력한 군주에 대해 말하는 방식'으로 회자되었다. '천 명이 두려워하고 천 명이 우물쭈물하는' 존재가 된 것이다. 피터 틸을 그런 식으로 생각하는 사람은 거의 없었다.

고커에 반기를 들어서 성공한 사람은 없었다. 사실 미국 언론 사에 대항했다가 승리를 거둔 사례 자체가 드물다. 1972년, 밥 우드워드와 칼 번스타인이 〈워싱턴포스트〉에 연이어 터뜨렸던 워터게이트 기사로 닉슨 대통령은 신문 발행인인 캐서린 그레이엄을 무너뜨리는 데 실패했을 뿐만 아니라 그 과정에서 자신이 무너지고 말았다. 또한 전통적으로 기자단과 대통령이 유지해온 존중의 관계도 공식적으로 막을 내렸다. 바브라 스트라이샌드Barbra Streisand는 인터넷에서 자신의 집 사진을 내려달라며 소송을 제기했지만 패배했을 뿐만 아니라, 문제를 제기하지 않았으면 사진을 보지 않았을 사람들까지 문제의 사진을 접하게 되었다. 이런 현상에 '스트라이샌드 효과'라는 이름이 붙었고, 이후 이 현상은 결국에는 미디어가 항상 승리를 거둔다는 경고로 자리 잡았다.

덴튼도 고커도 대화를 나누거나 영향력을 행사하기 어려운 상대였다. 덴튼은 바로 이런 이유에서 회사의 독립성을 유지했다. 기자들은 참견하고 구미에 맞도록 유도하거나 사업에 이로운 방향으로 지시하는 편집인, 홍보 담당자, 임원이 없다는 사실을 만끽했다. 불만을 품거나 자신이 제대로 대접받지 못하고 있다는 생각으로 고커를 찾아온 기자들은 마가렛 대처Margaret Thatcher가 미하일 고르바초프Mikhail Gorbachev에 대해 "그가 마음에 들고, 우리는 함께 일할 수 있다"고 말한 것과 정반대로 세상을 바라보는 경향이 있었다.

덴튼과 틸이 서로 싸우게 된 것은 흥미롭다. 대중적으로나 세력 면에서 차이가 있더라도 언뜻 보기에 두 사람은 비슷한 구석이 많다. 둘 다 부유하고 외국에서 태어났으며 아메리칸드림을 쫓아온 이민자였다. 엘리트 교육을 받은 게이라는 사실도 공통점이었다. 두 사람은 '제도'를 불신하는 자유시장 자유의지론자였고 기업가로서 사업을 구축하는 사람이었다. 동일한 거래의 제안을 받고 같은 은행에 자금을 예치하며, 일반인들과는 다른 1퍼센트(사실은 0.01퍼센트)의 분위기를 지녔다. 두 사람을 면밀하게 지켜본 사람이 표현하기로는 틸과 덴튼은 지구상에서 가장 금권정치가로 볼 만한 사람들이다. 사회성이 떨어지고 이해하기 힘든 데다 자기 생각이 뚜렷하고 젊은 나이에 비슷한 일을 성취했다. 이는 자신이 특별하고 뛰어난 사람이라고 믿는 데 일조했다. 둘 다 금기시되는 일을 하면서 은밀하게 스릴을 느끼는 유형이다.

틸이 남아프리카 공화국에서 사립 초등학교에 다닐 때 콤비 상의에 반바지와 무릎양말을 착용하고 배낭 대신 서류가방을 들고 있는 사진이 있다. 여덟 살의 틸은 이미 세상의 쓴맛을 충분히 맛봤고 어른을 포함해 이제껏 만난 그 누구보다 자신이 똑똑하다고 생각하는 모습이다. 덴튼이 틸보다 비밀스럽게 어린 시절을 숨기지 않았다면 틸과 비슷한 사진이 있을 것이다. 나이 어린 아웃사이더이자 지시받은 일이 마음에 들지 않는 틸과 같은 모습일 것이다.

두 사람의 특징이 비슷하기는 해도 서로에 대해 경계하는 부분이 있다. 오웬 토마스는 2008년에 〈닉 덴튼은 자신이 피터 틸이기를 바라는가?〉라는 제목의 글을 게재했다.

피터 틸에게 지적으로 가장 큰 영향을 준 사람은 프랑스 사상가 르네 지라르René Girard를 꼽을 수 있다. 틸은 지라르를 스탠퍼드대학교 재학 시절에 만났고, 2015년에는 그의 장례식에서 추도사를 낭독하기도 했다. 지라르의 모방욕망 이론에 따르면 사람들은 자신이 원하는 바와 자신이 어떤 가치를 중시하는지를 이해하지 못하기 때문에 다른 사람이 원하는 바에 이끌린다. 다른 사람이 가진 것을 원하며 탐낸다. 지라르는 세상의 거의 모든 갈등이 이 때문에 벌어진다고 말했다. 덴튼과 틸 사이의 갈등도 바로 이 문제에서 비롯된 것 아닌가? 두 사람이 달라서가 아니라 너무나 비슷해서 벌어진 문제다.

그런데도 두 사람 간에는 큰 차이가 존재한다. 우선 권력의 차이가 두 사람을 반대편에 위치시킨다. 개성이 뚜렷한 발행인으로서 역할이 커진 닉 덴튼은 수년간 언론폭력배로서 자신감을 얻었다. 그는 위력과 연애를 한 정도가 아니라 아예 결혼하고 휘황찬란한 집을 지었다. 틸만큼 많은 돈을 벌지는 못했을지라도 이력과 그가 가진 문화적 영향력은 틸보다 더 빠르게 인식되었다. 덴튼은 틸이 스스로 강력하다고 생각하고 공격을 무시한다고 가정했을 수도 있다. 또는 그가 이를 게임으로 인식하리라 가정했을 가능성도 높다. 온라인에서 조롱당하고 놀림을 당하는 것은 성공한 부자들이 치러야 할 세금과도 같다. 아니면 괴롭힐 상대를 지목할수록 힘이 세지고 이때 느끼는 감정을 따라 성장하며 오랫동안 무적의 상대로 군림할수록 모두가 현 상황을 견딜 수 있는 상태라고 스스로를 설득하는 전통적인 괴롭힘의 일종이었는지도 모른다. 그게 아니라면 어떻게 해야 하는가? 음모를 꾸미는 자들은 '무슨 조치라도 취할 수 있는가?'를 묻는다.

훗날 덴튼은 틸이 헤이스와 접촉한 후의 시기에 대해 "어느 시점이 되자 틸의 태도가 경직되었다"고 회고했다. 틸은 2008~2010년 고커의 주변인들과 만난 것에 대해 "여기에서는 할 수 있는 일이 없다는 생각에 마음을 쏟지 않게 됐다"고 말했다. 양쪽의 가교 역할을 한 사람들이 실패해서가 아니라 양편이 아무리 대화를 나눠도 거리를 좁힐 수 없을 만큼 확고하게 정반대 입장이었기 때문일 것이다. 덴튼과 틸의 갈등은 단순히 이념적인 성격이 아니었다. 두 사람을 뛰어넘어 개인적이고 세월이 흘러도 변하지 않는 인류학적 성격의 갈등이었다. 어느 시점에는 아무리 협상해도 틸을 만족시킬 수 없었고 덴튼 역시 마찬가지였다. 덴튼은 다른 사람, 심지어 자신의 감정을 위해 기사의 어조를 완화할 수 없었다.

전통적인 채널로 할 수 없는 일이 없다면 힘의 불균형 문제를 해결하기 위해 취할 수 있는 다른 조치가 있는가? 공정한 경쟁의 장을 만들 수 있는가? 조치를 취할 수밖에 없는 불공정한 상황에 관심을 불러일으킬 수 있는가?

오랜 시간이 흐른 후 극우 논객인 밀로 이아나풀로스Milo Yiannopoulos의 권력이 강해지면서 한 소녀가 틸과는 사뭇 다른 상황에 처하게 되었다. 논란은 오히려 이아나풀로스의 유명세를 키울 뿐이었다. 기존의 처방은 효과가 없었다. 게다가 그가 내뱉는 말은 법적으로 허용된 것이었다. 이에 소녀는 문제를 해결하기로 자청했다. 수 시간 분량의 이아나풀로스 인터뷰를 들은 끝에 소녀는 그가 대다수의 사람이 본능적으로 움찔할 만한 발언을 한 것

을 발견했다. 자기 멋대로 행동하는 그의 동지들과 지인들조차 무
시할 수 없는 사안이었는데, 바로 아주 어린 소년들이 나이가 훨씬
많은 남성들과 성관계를 맺는 것에 대한 발언이었다. 보수 집단과
협력해서 발언을 공론화했고 삽시간에 나머지 언론에서도 이 사
안을 다뤘고 사건이 눈덩이처럼 커졌다. 불과 일주일도 안 돼 이아
나풀로스는 신간 계약이 파기되었고 브라이트바트(미국의 대표적인
자유보수 매체-편집자주)의 막강한 위치에서 사임하게 되었다. 대중
문화권에서는 아동성애 옹호자로 조롱을 당했다. 1년이 채 지나지
않아 그의 강력한 지지자들이 공식적으로 그와의 관계를 끊는 지
경에 이르렀다. 하지만 닉 덴튼에게는 이아나풀로스와 같은 지렛
대가 없었다.

A. J. 돌레리오는 "덴튼은 앙갚음을 하고 마는 거친 사내"라고
설명했다.

"비방 캠페인과 같은 기존의 방식은 덴튼에게 먹히지 않는다.
내가 그에게 배운 한 가지는 모든 치부를 공개적으로 드러내면 결
국에는 나를 보호하는 방패가 된다는 것이다."

입소문이 났으나 결국에는 끝맺음이 좋지 않았던 한 기사의
댓글란에서 고커의 필진과 덴튼은 공개적으로 토론을 벌였다. 대
다수의 편집국이라면 사적으로 대화를 나눌 법한 내용으로, 소셜
미디어에서 널리 공유된 스토리를 파고들 의무가 있느냐에 대한
논쟁이었다. 덴튼은 그래야 할 것이라고 답했지만 편집자는 "그런
일이 벌어진다면 우리 사이트 트래픽이 급감할 텐데…"라고 밝혔
다. 〈플레이보이Playboy〉 인터뷰에서 덴튼은 이런 종류의 극단적

인 솔직함이 일정 부분은 방어전략이기도 하다고 언급했다.

"비판으로부터 자신을 보호하는 손쉬운 방법은 미리 비판하는 것이다. 누구보다 먼저 비판해야만 한다. 이는 고전적인 방어 유머다. 다른 사람이 그렇게 하기 전에 스스로를 비웃고 모두의 기대치를 낮추는 전략이다. 나는 다른 사람들의 상업적인 기대치를 낮춘다. '아, 여기에는 볼 것도 없고 사업이랄 게 없다. 햄버거 가판대 수준의 매출이 나는 정도다. 우리에게는 언론인으로서 야심도 없고 저널리즘을 발휘한다면 우연일 뿐이다'라고 말하는 것이다."

고커의 대외이미지는 날카로운 철조망 역할을 해서 방어선을 위협했다. 그 철조망을 넘는 것이 불가능하지는 않았지만 다시 얽히고 싶지 않다고 생각하게 만들었다. 닉 덴튼은 이 점을 활용했다. 고커에서 다루는 인물들이 모두 소송을 제기하거나 계약을 빌미로 기자들을 제압하려든다면 사업을 영위할 수 없을 것이다. 그 결과 피터 틸은 속수무책 상태에 빠졌다. 자신이 괴롭힘이라고 생각한 일을 고커에 책임을 물을 수도 없었고 공개적인 비판으로 훈계를 할 수도 없었다. 사회의 규칙을 따르는 일반적인 집단에게 하는 방법으로는 덴튼이나 오웬 토마스를 당황스럽게 만들 수도 없었다. 부끄러움을 모르는 사람에게는 수치심을 줄 수 없는 법이다. 고커가 맡은 역할을 받아들였다는 것은 곧 가진 것이 없다는 뜻이었다. 고커는 미리 스스로를 비판이 불가능한 존재로 만들었다. 괴롭힘은 사람들에게 고커를 언더독으로 인식시켰으며 그는 그 점에 자신감이 차 있었다. 모두에게 고커에서 하고 있는 일을 떠벌리기까지 했다.

"인터넷이 더러운 이유는 기술이 하는 기능이나 여태껏 잘못된 여러 일 때문이 아니라 소시오패스 같은 개인이 이끄는 형편없는 언론사의 기능 때문이며, 내가 고커를 무찌른다면 언론 환경을 변화시킬 수 있다는 생각에 이르렀다"고 틸은 말했다. 이 시점에서 그는 누군가가 모종의 조치를 취해야 한다는 생각에서 해결사가 주선한 몇 건의 은밀한 만남을 통해 상당한 일을 해낼 수 있겠다는 생각으로 돌아섰다.

살다 보면 정상적인 각본이 먹히지 않는 게 점점 분명해질 때가 있다. 색다른 전략을 취하거나 밀실 거래가 없으면 상황이 달라지지 않는다. 정상적인 해법으로는 충분치 않다고 믿게 되는 시점에 이르는 것이다. 심각한 열세에 처하거나 매정한 상황에 처하면 독특한 해법으로도 충분하지 않은 지점에 이른다. 에디 헤이스조차 구원할 수 없는 상황인 것이다. 그렇게 되면 각본을 벗어나 자구책을 마련하게 된다. 절망적인 상황에서 음모가 탄생하는 것이다. "결국 헤이스는 '정상적인' 채널로는 할 수 있는 일이 없다고 설득했고, 아무 일도 하지 않거나 '정상적인' 채널을 벗어나 조치를 취해야 한다고 말했다. 2011년부터 우리는 후자를 선택했다"고 틸은 회고했다.

"할 수 있는 일이 없다, 세상이 그런 것이다"라는 말에 어떻게 반응하는지를 보면 새롭게 알 수 있는 사실이 있다. 틸의 지인이자 수학자 겸 경제학자인 에릭 와인스타인에게는 '높은 능력을 가진 사람'으로 분류되는 사람들이 있다. 불가능하다는 말을 들을 때 어떻게 반응하는가? 대화의 끝인가 아니면 또 다른 대화의 시작인가? 당신은 해낼 수 없고 그 누구도 할 수 없다는 말을 들으면 어떻게 반응하는가? 받아들이고 안주하는 사람이 있지만 의문을 제기하고 싸우고 거부하는 사람도 있다. 그러한 선택이 우리를 규정짓는다. 선택의 교차로에서 어떤 생각을 하는지가 그 사람이 누구인지를 보여준다.

마키아벨리는 "행동에 나서지 않으면 고통에 내몰리는 위협을 받고 억압받는 사람들이야말로 군주에게 가장 위험한 사람이다"라고 했다. 피터 틸은 자신이 자초한 측면도 있고 그렇지 않은 부분도 있는 상황에서 절박한 입장에 내몰렸다. 그의 정체성에서 시작된 문제가 이제 그의 보다 근본적인 정체성을 형성하고 있다. 그는 고커에 맞서는 걸 넘어서 파괴하겠다는 음모를 꾸미기로 결심했다.

팀을
모으다

마키아벨리는 공모자가 없는 음모는 음모가 아니라고 했다. 그저 범죄일 뿐이라며 이는 기본적인 법리이기도 하다. 혼자 다른 사람을 살해한다면 행동을 취하는 순간 살인이 된다. 하지만 사전에 다른 사람과 세밀한 계획을 세운다면 그건 음모다.

리 하비 오즈월드는 존 F. 케네디를 단독으로 암살한 것으로 보인다. 그가 암살의 결과로 무엇을 노렸는지는 불분명하다. 존 윌크스 부스는 에이브러햄 링컨을 암살하려는 음모를 꾸몄을 뿐만 아니라, 앤드류 존슨, 윌리엄 수워드를 암살하기 위해 루이스 파월, 조지 애체롯과 힘을 모았다. 미 정부를 찬탈하려는 남부 연합 동조자들의 조직적인 시도였다. 단순한 범죄가 아니라 전쟁 패배로 인한 흐름을 뒤엎기 위해 절박하게 날뛰는 시도였다.

로렌스 프리드먼Lawrence Freedman은 전략을 주제로 한 권위 있는 저서에서 "다른 사람들과의 화합이 가장 중요한 전략적 움직임을 구성하는 경우가 많다"고 밝혔다. 정의상 음모를 꾸미는 첫 번째 단계는 동지와 운영자, 즉 공모자를 모으는 것이다. 내 명령을 따르고 함께 행동하고 신뢰할 수 있는 누군가로, 문제가 있다는 점에 공감하거나 누군가가 이 문제를 해결하기 위해 나설 때 돈을 받고 움직일 의향이 있는 사람이다. 공모자들끼리 서로 어떤 일을 하는지 알 필요는 없지만 여러 활동 영역이 마련되어야 한다.

고커에 대해 무슨 일이라도 해야 한다는 틸의 막연한 아이디어가 음모로 구체화된 때는 2011년 4월 6일이다. 기회는 틸이 콘퍼런스 연설을 위해 독일 출장을 갔을 때, 몇 년 전 대학순회 방문 시 만났던 학생과 저녁 식사를 하면서 찾아왔다. 틸은 언제 어디서든 기사와 함께 애용하는 검은색 고급 세단을 타고 식사 장소에 나타났다. 호텔에 키가 작고 날렵하며 출신을 알아보기 어려운 청년이 나타났다. 아이비리그에서 수학했다는 점을 제외하면 특별한 것이 없어 보였다. 틸에게는 이 청년처럼 경력의 사다리를 막 올라가는 초반의 남성들을 끌어들이는 매력이 있었다. 틸은 그들에게 투자하고 조언을 해주고 스타트업에 취업을 시키고 자신의 작업에서 중요한 역할을 맡기며 유용하게 활용했다. 베를린에서 마주친 이 청년을 편의상 'A'라고 부르겠다. 이 음모에 가담한 거의 모두가 그를 그렇게 불렀다.

A는 나이만 젊은 것이 아니라 야심만만했다. 지켜보는 사람이 다소 불편함을 느낄 정도로 야심가였으며 틸 주변의 건방진 무리 중에서도 돋보이는 수준이었다. 그가 원한 것은 유명세나 돈이 아니었고, 다음에 대박을 터뜨릴 IT회사를 창업할 생각도 없었다. 열세 살에 마키아벨리 저서를 읽고 권력에 매료됐다. 그 권력을 휘두를 수 있도록 도와줄 수단이 틸이라는 사실을 알고 있었다.

〈비겁한 로버트 포드의 제시 제임스 암살〉이라는 영화 초반부에 케이시 애플렉이 연기한 로버트 포드가 숲에서 이 현상을 보여주는 장면이 나온다. 포드는 범죄자 제시 제임스가 위대한 사람이라고 생각하며 자신 역시 위대하다고 여긴다. 그것을 누군가 알아봐주기를 바라며 자신의 효용 가치를 입증할 기회를 얻기를 원한다. 숲에서 프랭크 제임스는 망상에 빠진 처치 곤란한 소년의 본모습을 알아보고는 "꼬마야, 네게는 그런 자질이 없단다"라고 말한다.

이와는 반대로 A는 야심찬 사내일 뿐만 아니라 자신감, 사회적 기술, 틸이 무엇을 원하는지 분명하게 간파하는 능력이 있다. 그렇더라도 틸과의 만남은 긴장되는 일이기에 뱃속이 울렁거리고 신경과 시냅스가 과민반응을 한다. 이제 스물여섯 살인 청년은 2011년 기준으로 약 15억 달러의 자산을 보유했으며, 세계 최대 소셜 네트워크의 상당한 지분을 가졌고, 이사회에도 등재된 사내와 일대일로 마주 앉아 있다. 설사 틸이 평범한 투자자라도 그는 식사 상대를 긴장시키기에 충분하다. 누구라도 틸이 잡담이나 '허물없는 술집 대화'를 꺼린다는 것을 금방 눈치챌 수 있다. 가장 형식적으로 건네는 말이라도 그에게 답을 듣기까진 오래 걸릴 수 있고 대답을 찾기 위해 숙고하며 침묵이 이어질 것이다. 말을 건넨 사람이 혹시 자신이 무척 바보 같은 발언을 한 것이 아닌지 의문을 품게 될 정도다. 대화의 분위기를 띄우려는 시도는 틸에게 먹히지 않는다. 그와 날씨나 정치 일반에 관한 잡담을 나눌 일은 없다. 그보다는 "체스의 처음 몇 수에 대해 생각해봤는데 킹의 폰pawn이 최고인 것 같다" 혹은 "고등 교육의 버블에 대해서는 어떻게 생각하는가?"라는 대화가 이어질 것이다. 그러면 몇 시간이고 전문가 수준의 대화를 나눌 준비가 되어 있어야 한다. 텔레비전이나 음악, 팝 문화에 대한 대화는 나눌 수 없다. 맞은편에 있는 사람은 그런 주제에 관심이 없을 뿐만 아니라 익숙한 척할 마음도 없기 때문이다.

두 사람은 오후 8시에 팀 라우에 레스토랑에서 저녁을 먹기 시작했다. 오바마 대통령, 메르켈 총리를 비롯한 세계 지도자들이 다녀간 레스토랑이었으나 미리 예약해놓은 덕분에 한적한 자리를 얻을 수 있었다. 베를린의 체크포인트 찰리(독일 베를린장벽에 있었던 검문소로, 1961년부터 1990년까지 연합군과 외국인, 외교관, 여행객들이 동베를린과 서 베를린을 드나들 수 있었던 유일한 관문이었다-역자주)에서 그리 멀지 않은 곳에 있었지만, 사실 뉴욕, 로스앤젤레스, 런던, 브뤼셀, 도쿄 등 어디에 있어도 어색하지 않을 법했다. 조용한 레스토랑에는 전 세계 어디에 있든 미슐랭 2스타급에서 내는 방울양배추 볶음과 삼겹살을 즐기는 엘리트들이 가득했다. A는 메뉴판을 훑어보고는 8가지 코스가 나오는 메뉴를 골랐다. 틸은 와인을 주문하기 위해 웨이터를 손짓으로 부르고는 A에게 어떤 종류를 좋아

하는지 물었다. 리슬링에 대해 들은 A는 메뉴판에서 "이걸로 할게요"라며 가리켰다. 레스토랑에서 판매하는 리슬링 중에서 두 번째로 비싼 와인이었다.

불안감이 엄습하자 대화가 서서히 멈췄다. 이제는 A가 기회를 잡을 일만 남았다. 제대로 살린 사람이 거의 없는 기회이지만 살리기만 하면 인생이 바뀔 수도 있다. 야심 찬 사람들은 '서류가방 기법'을 널리 사용한다. 회의에 모호한 몇 가지 아이디어를 들고 참석하는 것이 아니라 서류가방에서 완벽한 계획을 꺼내 상대에게 전달하는 기술이다. 결과적으로 이 계획이 채택되지 못하더라도 상대방은 노력을 높이 살 것이며 계획을 제시한 사람이 자신에게 얼마나 도움이 될지 생각하게 될 것이다. A도 말하자면 자신만의 서류가방을 테이블 위에 올려놨다. "자, 고커에 대해 어떻게 생각하는지 알고 있고 제가 제안하려는 바는…."

틸은 고커에 대해 여러 번 대화를 나눠봤다. 인터뷰에서도 언급하고 지인들에게 불만을 제기하기도 했다. 몇 년 전 A와 틸이 처음 만났을 때에도 고커가 입에 올랐을 정도였다. 이제 두 사람은 냉전 시대에 수많은 모의와 대항책이 마련되었던 도시의 테이블에 마주 앉아 있다. 이 자리에서 틸은 지금까지 띄운 수많은 시험기구가 처음으로 성공을 거두는 것을 목격하게 된다. 야망과 기회가 충돌했고 틸의 맞은편에 앉은 애송이는 그가 그토록 해결하려 애썼던 문제에 해결책을 제시하고 있다. A는 틸에게 셀 컴퍼니 shell company(실제 경제활동을 하지 않는 회사 또는 기존의 외형은 유지한 채 핵심 사업을 전환한 기업으로, 복잡하고 불명확한 기업 구조로 실제 소유주를 파악하기 어렵게 만들어 불법자금 조성이나 조세 회피에 활용되는 경우가 많다-역자주)를 설립해 전직 탐사보도 기자들과 변호사들을 고용하고 고커에 소송을 제기할 만한 사유를 찾을 것을 제안했다. 고커는 수많은 사람에 대한 수많은 기사를 쏟아냈으니 분명 실수를 저질렀을 것이다. A의 제안은 단순히 아이디어 수준이 아니라 종합적이고 구조가 탄탄한 계획이었다. A는 고용할 만한 일부 인사의 이름과 더불어 일정과 예산도 제시했다.

"3~5년간 1000만 달러가 필요합니다."

틸은 습관대로 침묵으로 답했다. 1초, 2초, 10초 넘게 정적이 흘렀고 A는 이전의 많은 사람과 마찬가지로 자신이 얼토당토않은 제안을 한 것인지 기회를 날린 것인지 불안하기 시작했다. 그때 틸이 답변을 시작하다 여전히 생각할 시간이 필요하다는 듯 또 말을 멈춘다. 그러고는 지금까지 많은 사람이 여러 번 자신에게 했던 그 말을 내뱉기 시작한다. 바로 딱히 할 수 있는 일이 없다는 말이다. 틸은 사람들의 말을 믿었던 것일까? 아니면 앞에 앉은 청년을 시험하는 걸까?

청년의 야망과 순박함이 힘을 발휘하는 때가 바로 이 순간이다. A는 그 또래의 사람들, 즉 학교에서 읽고 배운 것을 제외하면 사실 세상에 대해 거의 알지 못하는 사람들에게는 어리석게 들릴 법한 대꾸를 했다. 하지만 그는 옳았고 그가 내뱉은 말은 틸 같은 사람이 함부로 저항하기 어려운 말이었다. "틸, 모두가 그런 식으로 생각한다면 세상이 어떻게 되겠습니까?"

나중에 틸은 "항상 만류하는 말을 듣다가 A의 말을 듣는 것만으로도 신선하게 느껴졌다"고 말했다. 그러나 2011년에는 고커가 그리 긴급하게 해결해야 할 문제가 아니었다. 틸에 대해 보도해온 밸리왜그가 일시적으로 운영중단 상태였던 것이다. A는 마치 건장한 사내에게 병이 들면 얼마나 아픈지를 설명하는 격이었다. 그래서 A는 틸 입장에서 유혹을 느낄 만한 시각으로 접근했다. 단순히 그가 이제껏 당해온 잘못된 일을 바로잡거나 그에게 원한을 가진 누군가로부터 사업을 보호하자는 전략이 아니라 보다 참신하고 용기를 북돋는 제안이었다. 신하가 다리우스에게 "폐하, 아테네인들을 기억하소서"라고 말하는 것보다 대담하게 "틸, 그들이 상처준 모든 이를 생각해보십시오. 앞으로도 그런 일은 계속 일어날 것이고 점점 심해지겠지요. 당신과 같은 억만장자가 아무 일도 할 수 없다면 대체 누가 그런 일을 할 수 있을까요?"라고 말했다.

틸은 알렉산드라 울프가 실리콘 밸리의 '영원한 풋내기 무리'라고 지칭한 야심만만하고 거만한 사람들을 많이 만나봤다. 하지만 A는 그들과 달랐다. 많은 사람이 내게 A에 대해 설명하며 로버트 카로Robert Caro가 청년 시절의 린든 베인스 존슨Lyndon Baines Johnson(미국 36대 대통령-역자주)을 가리켜 '능숙한 아들 professional son'이라고 언급했던 것을 인용했다. 존슨은 나이 많고 성공한 사람이 제자에게 어떻게 반응하는지를 간파하고 그들의 눈에 들었다. A에게도 그런 감각이 있었다. 그 역시 자신을 '능숙한 아들'이라고 칭했다.

능숙한 아들은 아버지가 무엇을 원하는지 잘 알고 있다. 아버지는 시간을 투입할 가치가 있고 투자할 만하며 자신의 유산을 이

어받을 그런 자손을 원한다. 능숙한 아버지는 더 젊고 에너지 넘치는 두 번째 신체가 자신의 위대함을 입고 어렵게 쟁취한 경험에서 비롯된 혜택을 누리기를 바란다. 당시 틸은 미혼이고 자녀가 없어 외로웠다.

모든 음모의 저변에는 공유된 외로움, 주체할 수 없는 절망감이나 쓰라림이 자리 잡고 있는 경우가 많다. 자신의 말을 들어줄 상대가 없고 세상이 자신을 이해하지 못하는 데서 오는 외로움이다. 두 사람이 만나면 주체할 수 없는 감정에 처음으로 불이 붙으며 반짝거리게 된다. 두 사람은 한 사람 이상의 일을 할 수 있으며 이내 셋, 넷, 다섯이 될 수 있다. 이렇게 베를린의 레스토랑에서 테이블을 가운데 두고 음모가 시작되었다.

틸이 소크라테스처럼 깊이 생각에 잠기는 것을 반신반의하는 태도와 혼동하는 실수를 저지를 수 있다. 그의 생각이 우회하고 깊어지더라도 결국에는 정확한 지점을 향해가며 일반적인 대화도 마치 소수점 이하 넷째 자리까지 따지는 수준의 치밀함이 있다. 그는 수백만 달러도 주저하지 않고 투자할 그런 사람이다. 심사숙고하며 오래 침묵하는 것이 비단 러시아 문학의 난해한 점에 대해 물었을 때만이 아니다. 그저 나오는 대로 지껄이고 싶지 않은 것뿐이다. 그가 인간의 특성, 시장에 대해 깊이 이해하고 있는 분야라고 생각한다면 올인할 것이다.

이 경우에는 새벽 3시까지 이어진 만남에서 오로지 사회적 안면만 있는 사람과 여러 시간 동안 대화를 나눴다. 결국 틸은 불확실한 모험에 최대 1000만 달러를 지원하기로 했다. 아직 많은 브레인스토밍 과정이 남았지만 제안에 파란불이 들어온 셈이었다. 틸은 가장 전형적이지 않은 수단을 통해 음모를 추진하기로 했다. 홍보 전문가의 도움을 받는다거나 의원들에게 뇌물을 주거나 로비하는 법에 정통한 오랜 경력의 정계 정보원을 활용하는 것이 아니라 인생에서 아직 어떤 일도 제대로 이루지 못한 사람에게 전적으로 투자하기로 한 것이다. CIA가 외국 정부의 전복을 모의할 때 가장 나이 어린 요원에게 가서 "앞장서면 따르겠다"라고 말하지 않는 법이다.

많은 동맹이 그렇듯 두 사람은 서로 동기가 달랐다. 틸에게는 정의감과 불가능한 일을 수행하는 것에 흥미가 교차하는 듯했다. 그에게 고커는 사악한 존재이자 그가 풀 수 있는 문화적 문제였다. A 입장에서 고커 사건은 최소한 처음에는 기회였다. 언젠가 리치 코헨은 "악의 한 가지 정의는 다른 사람이 인간임을 인식하지 못하고 사람을 객체나 도구, 이용할 대상으로 보는 것이다"라고 지적했다. 고커 기자들은 이 부분에서 유죄였다. 하지만 틸과 함께 검은색 세단에 오르며 A 역시 마음속에 그들과 유사한 악한 마음을 품고 있었다. 그에게 고커를 무너뜨리는 것은 존재감을 드러내고 능숙한 아들이 되며 거물에게 자신 역시 위대하고 중요한 일을 할 수 있는 능력이 있음을 보여주는 계기일 뿐이었다.

틸에게는 어떤 식으로든 음모와 엮이지 않는 것이 중요했다. 이를 기만이라고 주장하는 사람도 있겠지만 나로서는 그렇게 봐야 할 이유를 모르겠다. 익명의 대리인을 고용하는 것은 단순히 실제적인 이유에서만은 아니다. 나이 어린 대리인은 관심을 덜 받으며 눈에 띄지 않은 채 이곳저곳을 다닐 수도 있다. 억만장자가 모든 일을 직접 해내야만 할까? A의 고용은 전략에 관련된 문제이다. 틸이 고커와 선례를 만들려면 개인적인 원한을 갚는 형태가 아니라 세상이 메시지를 보내는 방식이 되어야 한다. 고커가 맞이하는 운명이 부유한 사람 때문이 아니라 정의와 공정함, 업보의 문제 때문이라면 더 나을 것이다. 이는 틸이 앞으로 시도하려는 사건과 절대 연루되어서는 안 되며 대중이 궁극적으로 누구의 책임인지 알아서는 안 된다는 의미다. 전략적으로나 실질적인 이유에서 A가 나서게 될 것이다. 또한 일이 잘못되었을 때 책임을 뒤집어쓸 사람도 A다.

A를 고용하며 틸의 음모는 더 힘을 받게 됐지만 한편으로는 취약해진 측면도 있다. 협력자가 생길 때 수반되는 위험이다. 새로운 공모자가 생기면 전략적으로 이익이 발생하지만 발각될 가능성이 커진다. 일을 처리할 적임자를 찾으려는 마음 한편에는 그 수를 최소화하려는 마음도 있는 것이다.

몇 주 뒤 A는 시험을 마치고 졸업했고 부모님을 만나려고 고향을 방문했다. 그에게는 이코노미석을 이용하는 마지막 비행이었다. 그는 한껏 흥분된 상태였지만 부모님이나 그 누구에게도 계획을 발설할 수 없었다. 일주일 뒤 그는 뉴질랜드에 있는 틸의 집에서 계획을 짜기 시작했다. 그리고 서른 살이 다 될 때까지 정신없이 이곳저곳 이동하는 일정이 이어졌다.

실리콘 밸리 하면 스타트업이 신속하게 설립되어 아이디어를 최소기능제품(완전한 제품 출시 전에 최소 실행이 가능한 형태로 출시해

고객의 반응을 살펴보는 제품-역자주)으로 만들고 짜릿한 단계를 거쳐 세계를 변화시키는 기업으로 발돋움하는 이미지를 떠올릴 것이다. 하지만 현실에서는 음모와 마찬가지로 회사를 설립하는 데 다소 시간이 걸리며 도중에 우여곡절을 겪을 수도 있다. 페이팔의 사기 방지 기술을 기반으로 팰런티어를 설립하는 데 여러 해가 걸렸다. 틸은 외부 투자자 유치를 위한 회사를 설립하기 이전에 이름을 먼저 등록해놨다. 그의 헤지펀드 또한 페이팔 이전에 시작됐으나 페이팔을 만든 후에야 빛을 보게 됐다. 틸은 이 시기를 기업과 음모의 초기 시대라고 부른다.

틸과 A는 그해 여름 틸의 샌프란시스코 자택에서 다시 만났다. 자택 어느 한곳에서 만나 전략을 짜고, 확인을 위해 빈번하게 통화하는 일상은 이후 5년간 두 사람의 삶을 그 전후와 구분 짓는 특징이다. 두 사람은 토론을 통해 각자 독자적으로 발전시킨 이론을 확립했다. 틸은 "고커의 운영 방식은 상처를 입히는 말을 쏟아내면서 반향이 없으리라 생각하는 것이다. 그들은 법체계가 작동하지 않고 사람들이 법체계에 접근할 수 없다고 믿었기 때문이다"라고 말했다. 틸과 A 모두 로스쿨 출신이었지만 여러 회의를 거친 끝에 자신들의 이론을 법적으로 시험하기 위해서는 변호사 시험을 통과한 사람의 추가적인 도움을 받아야 한다는 결론을 내렸다. 또한 앞으로 있을지 모르는 소송에서 두 사람을 대변해줄 변호사를 음모에 가담시켜야 했다. 영국은 언론사를 상대로 한 소송에서 보다 우호적인 판결을 내린 역사가 오래되었기 때문에 A는 판례를 연구하기 시작했다. 이러한 접근에서 가능성을 발견한 그는 로펌을 접촉하고 법률자문을 받기 위해 런던을 방문했다. 파트너를 구할 수 있으면 더 좋았다. 런던 박물관 근처에 위치한 호화로운 사무실에서 만난 로펌 관계자들은 A에게 해당 로펌은 복수와 관련된 사건에 강점을 지니지 않았으며 그런 구조가 성공할 가능성도 낮다고 말했다. 그러면서 피의 복수에 흥미를 느낄 만한 미국 로펌을 만나볼 것을 제안했고, 그중 일부는 로스앤젤레스에 있었다. 특히 한 곳이 A의 눈에 띄었는데 이름조차 틸과 A가 계획하는 바에 적합했다. 바로 '울프 리프킨' 로펌이었다.

울프 리프킨은 저명한 로펌이었지만 이를 추천한 영국의 로펌과 비교해 세련미가 떨어졌다. 사무실은 크라브 마가 월드와이드Krav Maga Worldwide 본사 위층에 있었다. 웨스트 로스앤젤레스에 있는 이 건물의 주요 임차인으로는 원드풀 피스타치오를 꼽을 수 있다. 혹독한 역습으로 유명한 호신술을 가르치는 회사와 으깨지지 않기로 악명 높은 견과류를 파는 거대 유통사 사이에 끼어 있는 로펌은 피터 틸에게 더없이 완벽한 상대였다. 틸과 처음 만난 지 1년 가량 지난 시점에서 A는 찰스 하더Charles Harder라는 변호사를 만난다. 음모에 가담시킬 만한 가능성이 있는 인물이었다. 훤칠하고 호리호리한 몸매의 그는 모랫빛 금발이었으나 관자놀이 부근에는 흰머리가 보였다. 재키 차일스Jackie Chiles(드라마 〈사인필드〉의 배역-역자주) 같이 미사여구를 즐겨 쓰는 경향이 있었다. "불쾌하고 비윤리적이며 비도덕적이고 역겹고 추잡하군요." 오로지 캘리포니아 사람들만 가지고 있을 법한 그을린 피부에 파란 눈을 가진 사내였다. 베벌리힐스 스타일의 청바지와 체크무늬 셔츠 차림이었는데 수백 달러는 나가 보였다. 심약한 수준은 아니었지만 전직 운동선수답게 마른 체형이었다. 여러 면에서 틸과 반대되는 인물로 우아하고 편안한 분위기에 낙천적이고 사교적인 성격이 었다. 이 사건을 맡기 전에 그의 이름은 거의 알려지지 않았고 조지 클루니George Clooney가 자신의 사진을 무단으로 사용한 전기 회사를 상대로 고소한 사건과 관련해 〈할리우드 리포터Hollywood Reporter〉 기사에 인용된 게 전부였다. 2009년에는 연예인들을 대리해 도메인 무단 점유자에게서 도메인 이름을 되찾는 일을 했다. 하더의 홈페이지에는 케이트 허드슨Kate Hudson, 산드라 블록 Sandra Bullock, 카메론 디아즈Cameron Diaz, 시고니 위버Sigourney Weaver와 몇몇 사람의 도메인이 사례로 열거되어 있었다.

A는 이 예상 밖의 공모자에게 비밀을 털어놓는 자신을 발견했다. 자신의 이름을 딴 건물이 있지도 않고 대단한 명성도 없는 변호사에게 "부유한 자산가들이 소송에 돈을 대서 대형 언론사를 무너뜨린다는 임무를 맡았는데 관심 있습니까?"라고 물었고 그는 제안을 받아들였다. 하더는 이 사건에 큰 관심이 생겼다.

A는 사소한 거짓말을 한 것에 나름의 자부심을 느꼈다. '자산가'라는 말 대신 '자산가들'이라는 표현을 썼고 음모를 꾸미는 내내 틸을 '당사자들'이라고 지칭하려 했다. 이 전략은 A의 배후에 후원자 모임이 있음을 암시했다. A는 하더가 누구를 응대해야 할지 모를수록 직접 대화를 요구하거나 20대인 자신을 배제하고 대화를 진행할 가능성이 낮다고 생각했다. 결과적으로 사건의 배후를 여럿으로 지칭함으로써 A는 이중으로 자유를 누릴 수 있었다.

만약 자금의 유입이 늦어지면 후원자들 간의 조정 문제를 탓할 수도 있고 불확실한 일을 마주치게 되더라도 생각할 시간을 벌 수 있었다. 의견이 엇갈릴 때 집단을 상대하는 압박이 있음을 암시하고 의구심을 표현하며 자신이 필요한 대로 움직일 수 있었다.

그렇다면 하더는 사무실에 찾아와 광적인 확신과 아첨을 오가는 20대 청년에게서 어떤 면을 봤을까? 그는 피터 틸이 능숙한 아들에게 발견한 바로 그 자질을 발견했다. 기회, 에너지, 날것의 가능성, 재능을 발견한 것이다. 하더는 모험에 회의적이었지만 신념이나 정당한 분노보다 매력은 떨어지더라도 보다 실제적인 그 무엇에 이끌렸다. 바로 청구 가능 시간이었다. 법조인들의 언어로 말하자면 휘휘 저을 시간이 온 것이다.

이때부터 공모자를 모집하는 댄스가 시작된다. 자신에 대한 정보를 지나치게 흘리지 않으면서도 의도를 이해시켜야 한다. A는 이름을 언급하지 않고 정보를 어떻게 공유할 수 있을까? 많은 자금을 동원할 수 있다는 인상을 주지 않고도 재정 상태에 대한 관심을 끌 방법은 무엇인가? 그는 하더에게 다음과 같은 간단한 질문을 던졌다.

"고커 미디어에 대해 어떻게 생각하세요?"

"고커에 대해 어떤 의견을 가지고 있죠?"

"일은 어떤 식으로 하세요?"

이에 하더 역시 질문을 던졌다.

"성공을 어떻게 정의하나요?"

"이 일을 하는 이유가 무엇이죠?"

하더는 당시나 이후에도 배후에 누가 있는지 직접적으로 묻지 않았다. 동기를 알 수 없고 알려지지 않은 회사를 위해 궂은일을 처리하는 임무에 완전히 만족하는 듯했다. 임무를 맡기는 사람이 독재자일 수도 있고 그저 경쟁사에 손해를 입히려는 고커의 경쟁사일 수도 있었다. A는 하더의 강점이 할 일을 구분하는 데 있다고 말했다. 하더는 팀에서 자신의 역할에 만족했다. 그는 변호사로서의 의무를 위반하지 않으며 회사와 개인을 위해 일하는 어려움을 잘 극복했다. 또한 이해가 상충할 때 의무를 지키는 방법도 잘 알았다.

이와 같은 구분은 음모에서 핵심적인 요소다. 모두가 책임질 필요는 없는 것이다. 하더는 팀을 위해 일하는 A에게 비용을 지불하는 의뢰인을 위해 일했다(한편 하더는 팀이 누구인지 몰랐다). 모두가 음모의 모든 요소를 속속들이 알거나 자신의 의견을 말할 수는 없다. 의사결정에 대해 설명할 수 없는 부분이 있고 그래야 할 필요도 없다. 어느 시점이 되면 그저 전화에 답변하고 버튼을 누르고 문서를 파쇄하고 법원에서 주장을 내세우는 임무가 전부인 사람도 생긴다. 그 일을 하는 대가로 돈을 받는 것이다.

하지만 이것이 변호사와 일할 때 좋은 점이기도 하다. 수임료를 지불하는 한 그에 따른 조건이 무엇이든 만족한다. 선 긋기가 이들의 일이다. 유죄인 사람을 대리하고, 성공할 법하지 않은 일이라도 오래 가담하며, 남들과 공유할 만한 일을 인내심 있게 비밀로 지킬 수 있는 비결이다.

A가 처음 접근했을 때 하더는 경력이 20년 차에 접어든 변호

사였다. 이따금 유명인의 사건을 맡기는 했지만 흥미로운 범죄나 블록버스터급이 아닌 일상적인 사건이었다. 또한 의뢰인을 대신해 사생활보호와 초상권보호의 권리를 행사하다 보면 의뢰인이 변호사가 자신을 대신해 언론에 나서서 이력을 쌓는 것을 원하지 않는 경향이 있다. 그가 마지막으로 〈뉴욕 타임스〉에 언급된 것은 2001년으로, 의뢰인이 전 직장을 떠나 새로운 회사에 합류하자마자 광고회사를 만들도록 면직된 경우였다. 하더는 2달 치 미지급 임금을 받아냈다. 한때 함께 일했고 〈타임스The Times〉에서 '스타들의 경비견'이라고 지칭한 마티 싱어 같은 변호사 경력을 쌓을 수 있는 승리는 아니었다. 연예인의 성관계테이프 사건을 맡고 레베카 게이하트와 에릭 데인의 테이프가 고커에 게재되었을 때 사건을 맡았던 변호사는 유죄를 인정받지 못하고 소액의 합의금을 받는 것으로 사건을 마무리했다. 그렇다면 싱어를 고용하지 않은 이유가 무엇인가? 피터 틸과 A는 합의에 만족하거나 할리우드의 일반적인 무력 과시에 정통한 변호사를 원하는 게 아니었다. 두 사람은 승소할 사람을 원했다. 그리고 2012년 중반에 그럴 만한 변호사를 찾아냈다.

협력자를 찾을 때는 절박함이 가장 중요하다. 잃을 것이 많은 사람과 공모하는 것은 위험한 일이지만 모험을 두려워하는 사람이나 실패 가능성이 큰 일에 적극적으로 참여할 의사가 없는 사람과 공모할 수도 없다. 이러한 두 가지 요건이 교차하는 곳에서 최적의 인물을 발견할 가능성이 높다. 실력을 입증하고 지켜낼 이유가 있으면서도 킬러본능과 함께 자신에 대한 강한 믿음이 있는 그런 인물이다.

바로 이 지점에 A와 찰스 하더가 있다. 두 사람의 나이 차가 많기는 하지만 많은 일을 해내고 절박함과 실력 사이에서 미묘하게 균형을 잡을 줄 안다. 고커를 무너뜨리는 사업에서 A는 회장 역할을, 하더는 CEO 역할을 맡았으며 틸은 자신의 돈을 지켜주며 그가 원하는 결과물을 내주기를 바라는 주요 주주다. 이는 틸이 가동하기를 원하는 모델이기도 하다. 앞서 공동 설립한 페이팔과 팰런티어에서 틸은 강력한 CEO와 리더를 세웠다. 그는 전권대사 모델plenipotentiary model을 활용해 신뢰할 수 있고 실력 있는 사람들을 세워 자신이 만든 대담한 비전을 실천할 수 있도록 힘을 실어줬다. A와 하더에게 그는 자신과 유사한 판단을 내릴 수 있는 대리인으로서의 자질을 원했다. 구체적인 사안을 알지 못하더라도 마음을 놓을 수 있고 자신이 갈 수 없는 곳에 대신 보내고 틸이 혼자 내려야만 하는 중요한 결정이 무엇인지 구분할 수 있다는 걸 믿어야 했다.

지구 최대의 로펌 중 한 곳을 그만두고 나온 사람이 세 번째로 만든 회사이자 음모를 꾸미는 곳이 로펌이라는 것은 아이러니하다. 하지만 틸은 중요성이 높으면서도 까다로운 요구를 많이 하는 의뢰인이었기 때문에 6개월 안에 하더는 울프 리프킨을 떠나 자기 이름을 걸고 하더 미렐 앤 애브람스를 설립하기에 이르렀다. 음모는 이제 회사의 형태를 갖추게 되었다. 회사를 구성하는 셋 중 한 명은 나머지와 다른 동기를 가지고 있지만 야심과 비전은 같았다. 발자취를 남기고 불가능하다는 말을 들어온 일을 해내는 것이다.

틸의 정의에 따르면, 스타트업은 '누구도 믿지 않는 진실을 설득하는 사람들이 모인 작은 집단'이다. 여기에 모인 사람들에게 들어맞는 정의이기도 하다. 시간이 지날수록 더 많은 사람이 합류하게 될 것이다. 협력자들과 적의 적들이 힘을 보탤 것이다. 하지만 이 모든 일은 고커를 무너뜨리는 일이 가능하다는 믿음을 공유한 세 사람으로부터 시작될 것이다.

이제 함께 내려야 할 첫 번째 의사결정 사안이 있다. '어떻게 무너뜨릴 것인가?'

뒷문을
찾아서

성공 전략에서 중요한 것은 배짱이라는 말을 종종 듣는다. 하지만 가시적인 성과를 내기 위해서는 인내심과 성실하게 주의를 기울이는 태도가 더 중요하다.

고커 미디어가 피터 틸을 인정사정없이 폭로하고 논쟁을 일으킨 지 거의 5년이 흘러 2012년 초가 되었다. 폭로가 있던 12월의 수요일 이후 틸이 무슨 조치라도 취해야겠다고 마음을 먹기까지 오래 걸리지 않았지만, 어떤 종류의 대응이 가능하기나 할지 구체적으로 생각하기까지는 무려 4년의 세월이 필요했다. 틸이 페이팔을 설립하고 매각하는 데 드는 시간은 그보다 더 짧았다. 마침내 틸이 진전을 보긴 했지만 앞으로 갈 길이 멀었다. 그는 팀을 꾸려 A를 고용했고 하더를 찾아냈다. 한 사람은 정직원이고 다른 한 사람은 계약직이었지만 나쁘지 않은 구조였다.

틸과의 주간 통화에서 A는 "인내심과 자원만 있다면 우리는 거의 모든 일을 해낼 수 있다"고 종종 말했다. 톨스토이의《전쟁과 평화》에서 미하일 쿠투조프Mikhail Kutuzov 사령관의 모토는 '인내와 시간'이었다. 그는 "이 두 가지보다 더 강한 것은 없다"면서 "인내와 시간만 있다면 모든 일을 해낼 것"이라고 말한다. 1812년과 실제 삶에서 쿠투조프는 러시아의 기나긴 겨울을 맞이한 나폴레옹에게 비참한 교훈을 선사한다.

틸의 타깃인 닉 덴튼은 인내심 있는 사람이 아니다. 대다수의 기업가와 실력자도 다르지 않다. 고커의 한 편집인은 덴튼이 기사를 대하는 자세에 대해 "그는 지금 당장 해내라는 식이다. 바로 글을 게시하고 가능한 정확하게 쓸 것을 강조하지만 그것이 기사를 내는 데 걸림돌이 되어서는 안 된다"고 했다. 편집 측면에서 덴튼은 기사를 가장 먼저 보도하기를 원했고 이것은 그 자체로 힘을 발휘했다. 틸의 사고방식은 이와 다르다. 그가 가장 좋아하는 체스 선수는 호세 라울 카파블랑카이며, '시작하려면 먼저 어떻게 끝낼지를 연구해야 한다'라는 그의 격언을 되새기곤 한다. 처음으로 행동하는 자가 되지 말고 끝까지 살아남는 자가 되어야 한다는 말이다.

역사는 목표를 이루기 위해 계획을 세우지 않고 성급하게 행동에 나섰다가 낭패를 본 사례로 점철되어 있다. 닉슨이 저지른 두

가지 실수는 민주당을 공격한 것이 아니었다. 캐서린 그레이엄과 언론사를 겨냥한 것이 문제였는데, 이는 기본적으로 인내심과 절제가 부족해서 발생한 것이다. 폭스 뉴스의 전 대표인 고 로저 에일스Roger Ailes 사례도 마찬가지다. 그는 고커가 보도한 일련의 기사와 공격에 맞서 사립탐정을 고용해 기자들의 뒤를 조사한 것으로 알려졌다. 이를 통해 실질적인 결과를 얻기는커녕 그가 가장 궁지에 몰린 순간에 부메랑으로 돌아와 스스로를 옭아매고 신뢰를 떨어뜨리는 결과만 얻었다. 충격적인 음모가 보도되고 2주 만에 에일스는 사망했다.

그렇다면 어떤 조치를 취할 수 있을까? 아이젠하워 대통령의 경우를 다시 생각해볼 필요가 있다. 대통령 시절 그는 정치적 라이벌이자 선동가로서 절정의 권력을 누리던 조셉 매카시Joseph McCarthy보다 훨씬 막강한 권력을 쥐고 있었다. 대다수 미국인은 아이젠하워를 '친절하고 친근하다'고 생각했지만, 보이지 않는 곳에서 그는 경각심을 불러일으키지 않고 권력을 휘두르는 방법에 정통한 노련하고 전략적인 사고를 했으며 무엇보다도 인내심을 가지고 우직하게 밀어붙이는 유형이었다. 그가 지닌 강인한 성품에서 첫 번째 부분의 경우 1919년 시카고 '블랙삭스'가 신시내티 레즈에 수치스러운 패배를 거둔 일에서 얻은 깨달음에 뿌리를 두고 있다(1919년 시카고 화이트삭스와 신시내티 레즈 간 월드시리즈는 메이저리그 최초의 승부조작 사태로 기록되었다. 화이트삭스의 인색한 구단주는 세탁비조차 지불하지 않아 선수들이 점점 더러운 유니폼을 입고 다녀 '블랙삭스'로 불리기까지 했는데, 여러모로 구단주에 앙심을 품은 선수들이 승부조작에 가담했고 결국 신시내티가 우승을 거뒀다-역자주). 그는 서두르거나 한번 보고 결정 내리지 않기로 결심했다. 반대와 언론의 관심이 매카시의 힘을 키우는 것을 발견한 아이젠하워는 더 좋은 기회가 오기를 기다렸다. 그는 배후에서 움직이며 다른 사람들에게 매카시의 권력을 제한하고, 협력하는 사람들을 제거하며 자기편을 내세워 매카시를 비판했고, 매카시가 이용할 만한 기회를 없앴다. '보이지 않는 손'을 이용한 덕분에 매카시는 대통령이 자신을 가로막는 일을 하고 있음을 몰랐다. 아이젠하워가 그를 무너뜨릴 시점에는 철저히 그의 약점을 활용했고, 역사가들이 단편적인 증거를 큰 그림으로 맞추는 데만 수십 년이 걸렸다.

그러므로 특별한 수단을 사용하는 사람은 뻔한 방법을 써서는 안 된다. 옆에서 들려오는 일반적인 통념과 의견을 무시해야 한다. 아이젠하워는 매카시가 측근을 공격하는 것을 지켜봤고 조지 마셜을 방어하기 위해 고함을 치고 싶은 마음을 가까스로 억누르기까지 했다. 매카시를 누르고 여론을 얻을 기회였지만 올바른 전략이 아니었기 때문이었다.

A는 틸의 자택에서 브레인스토밍을 하고 밤늦게 전화통화를 하며 여러 이론을 동원해 다각도로 공격을 검토하던 시절을 회상하며, "할 수 있는 일이 거의 무궁무진했다"고 말했다. 동원할 수 있는 자원을 고려했을 때 선택할 수 있는 옵션이 거의 무한대였다는 말은 사실이다. 고커 직원들에게 뇌물을 주고 정보유출을 요청할 수도 있었고 공작원을 고용해 내부에서 회사를 망가뜨리는 방법도 있었다. 해커를 고용해 고커 이메일 서버에 침투하거나 닉 덴

튼을 미행해 그가 발타자르에서 아침을 먹는 동안 휴대폰을 훔칠 수도 있었다. 팀을 꾸려서 고커 사무실을 도청할 수도 있었다. 경쟁 관계의 웹사이트를 만들어서 적자 운영을 하며 고커의 얼마 안 되는 수익을 갉아먹는 방법도 있다. 혹은 고커 기자들에 관련된 가십만 보도하는 블로그를 만들어 그들이 다른 사람에게 가했던 압박과 조사를 돌려줄 수도 있다. 틸은 "무척 솔깃한 이에는 이, 눈에는 눈 전략으로 인과응보를 실현할 수 있다"라면서도 "궁극적으로는 자멸하게 되는 방법이다. 그토록 혐오하던 방식을 그대로 따라 하는 셈이기 때문이다"라고 했다. 손쉬운 복수이기는 하지만 개인적으로도 큰 손실을 입게 되는 상처가 큰 승리가 될 것이다.

이 때문에 불법이거나 회색지대에 있는 전략은 제거한다는 결정을 내렸다. 예를 들어 틸은 절대 승산이 없는 쓸모없는 소송을 여러 건 제기해서 고커가 법률 비용 때문에 문을 닫게 만들 수도 있었다. 하지만 이 전략의 실질적인 효과가 어느 정도일까? 상대에게 혹시 존재할지 모르는 근본적인 약점을 파고드는 전략적 가치를 무시한 폭력 전술에 불과하다. "모두 솔깃한 방안이지만 제대로 효과를 낼지 분명하지 않았다. 그래서 아주 이른 시기부터 전적으로 합법적인 일만 하기로 했는데, 이는 거대한 제약사항이었다. 우리는 실제로 어떤 일을 할 수 있는지 무척 열심히 생각할 수밖에 없었다"고 틸은 말했다. "법적으로 매우 보수적인 입장을 취하고 전적으로 제도 내에서 움직이기로 하면서 안정감을 느꼈다."

틸이 소송에서 원고로 나서지 않는다는 것도 처음부터 결정된 사항이었다. 또한 운 좋게도 긍정적인 평결을 받게 되면 항소에서 이길 수 있을 만한 소송과 자금 지원에 관심을 보이겠다고 했다. 틸은 나와의 인터뷰에서 "초반부터 분명 고커가 법률을 위반한 사례가 있을 것이라고 생각했다"며 앞서 4월에 베를린에서 A가 제안했던 내용의 골자를 반복했다. "하지만 명예훼손에 해당하지 않는 소송 원인을 찾고 싶었다." 하더 역시 동의했다. 법적으로 현명한 판단이었기 때문에 명예훼손이나 중상에 관련된 소송은 피하기로 했다.

미국 법체계에서 명예훼손과 중상 사건은 이기기 어렵기로 유명하다. 수정헌법 제1조(종교·언론·집회의 자유를 정한 조항-역자주)와 관련된 복잡한 논리에 맞서야 하는데 언제나 언론에 유리하게 기울어 있고 입증의 책임이 원고에게 있다. 특히 원고가 '공인'의 기준에 부합하는 경우 그 부담이 가중된다. 일반 시민은 언론의 과실만 입증하면 되지만 공인은 '현실적 악의actual malice', 다시 말해 언론이 문제의 보도가 허위인지 사전에 알았거나 보도된 내용의 진실과 관련해 '무모하게 무시reckless disregard'했음을 입증해야 한다. 틸이 동성애자라는 사실이 폭로된 후 수년 동안 틸에게 동조하는 많은 사람이 소득 없이 사건이 끝날까 봐 우려한 이유다.

틸은 "2008년부터 2010년까지 여러 사람과 대화를 나눴으며 미들 게임(체스에서 오프닝의 다음 단계로, 경기 중반을 이르는 말-역자주)이 너무나 어려운 나머지, 종반전에 절대 도달하지 못하리라는 학습된 무력감learned helplessness을 나타내는 것으로 대화가 흐르고 말았다"고 털어놨다.

"소송을 하지만 패배하고 만다. 실리콘 밸리의 많은 사람과 대화를 충분히 나눴지만 막연하게 생각하는 사람은 많으나 문제를 구체적으로 파고들려고 시도하면 더 이상 진전시킬 수 없었다."

물론 틸이 거짓말했을 가능성도 있다. 실리콘 밸리에 속수무책으로 침묵하며 고통받는 곤란한 처지의 소수자가 없었을 수도 있다. 틸이 다른 옵션을 먼저 시도했으나 효과가 없었을 수도 있다. 닉 덴튼을 쫓는 사립탐정을 고용했으나 아무 소득도 못 얻었을 가능성도 있다. 하지만 그가 그런 시도를 했다거나 심지어 고려했다는 증거가 없다. 그의 인내심이 발휘하는 효과가 여기에 있다. 그는 더 이상 분노하지 않았고 자기 편을 지지해줄 사람이 필요하지도 않았다. 그는 복수를 생각한 것이 아니라 그가 지킬 수 있는 일을 완수하려던 것이다.

틸의 한 지인은 그가 원칙에 입각해 행동하기를 고집하는 태도에 대해 "틸은 사람들이 적으로 상대하기를 원할 만한 사람"이라며, "이때 유일한 문제는 틸이 무한한 리소스를 가진 상대라는 것"이라고 지적했다. 법 테두리 안에서 음모를 가동한다는 것은 예외적인 사례에 해당하며 반드시 지켜야 하는 규칙도 아니다. 이런 전략은 전투 지역을 법체계 안으로 한정 짓고 만다. 대다수의 음모에는 어느 수준 이상의 절박함이 반영되어 있다. 대다수의 사람은 무한한 자원을 갖춘 상태에서 음모를 시작하지 않으며, 조직을 운영하는 데 능통하고 훌륭한 법 정신을 가진 직원을 거느린 기업가가 음모를 주도하는 경우도 드물다. 밀림의 전사는 유리로 칸막이를 친 작전실에서 일련의 전략회의를 거쳐 게릴라전을 펼치기로 결정하는 것이 아니다. 전략이 얼마나 끔찍하고 추잡하든 상관없이 그저 활용할 수 있는 무기를 휘두를 뿐이다. 그럼에도 전사는 윤리적 선택을 해야 하며 자기만의 규칙을 정해야만 한다.

하지만 자체적인 윤리에 따라 움직이기로 결정했다고 해서 어리숙하게 굴 필요는 없다. 예를 들어 자신의 의도가 무엇인지 밝힐 필요는 없는 것이다. 누구도 싸움이 공정해야 한다거나 상대의 사정을 봐줘야 한다고 말한 적 없다. 약점을 찾는 일은 얼마든지 가능하다. 약점을 파고드는 것이 목표가 될 수도 있다. A가 "조직은 내부의 비윤리적 행위 때문에 무너졌기 때문에 우리는 최고의 도덕적 청렴을 갖추고자 했다"고 말한 바와 같은 맥락이다. 이런 노력을 성실하게 어느 정도 기울였느냐에 따라 밤에 편안하게 잘 수 있는 편이 어디인지와 궁극적으로 대중이 옳다고 여기는 편이 어디인지가 결정된다. 윤리로 전쟁을 이길 수는 없지만 평화를 유지하는 데는 도움이 된다.

공모자들은 고커를 공격할 법적 수단이 있으리라는 신념을 공유했다. 처음에 찰스 하더가 자문인으로 고용된 이유는 이 가설을 시험해보고 지금까지 틸과 A가 브레인스토밍과 회의를 거쳐 세운 목표와 이론 이면에 설득력을 갖추기 위함이었다. 고커의 아킬레스건이 무엇인지를 독립적으로 판단하고, 스스로의 약점을 못 이기고 무너지도록 만들어야 했다. 틸의 직원들이 A에게 돈을 입금하면 A는 이를 하더에게 보냈다. 계획은 이미 시작되었다. 이들은 음모가 얼마나 커질지 아직 몰랐지만 목표를 향해 나아갔다.

하더는 여느 연예계 변호사와 마찬가지로 고커에 대해 잘 몰랐다. 이전에 그가 일했던 회사에서는 의뢰인을 대신해 고커에 정지명령을 보낸 적이 있었다. 하더가 앞서 몇 년 동안 일했던 래블리 앤 싱어Lavely & Singer는 성관계테이프 건으로 고커를 고소했고, 약간의 합의금을 놓고 협상했지만 하더가 해당 사건에 개입한 적은 없었다. 알아봐야 할 것이 태산이었다. 어쏘 변호사(로펌이나 법률사무소에 채용돼 월급을 받고 일하는 변호사로, 주로 법조계 경력이 짧은 변호사들이 맡는다-역자주)들이 거의 10년 치 기사를 뒤지고 전화를 돌리며 쓸 만한 정보를 찾았다. 어떻게 하면 바람직하면서도 효과적이고 전략적인 접근을 할 수 있을까? 정책적으로 상대는 어떤 약점과 치부를 갖고 있고 이전에 법적으로 어떤 문제나 스캔들을 피해갔는가? 다른 언론사와 달리 고커가 취약한 점은 무엇인가? 수정헌법 제1조가 제공하는 우호적이고 건드릴 수 없는 보호로도 어찌할 수 없는 실수를 저지른 적이 있는가? 선을 넘거나 약점을 만든 적이 있는가?

고커의 재무구조는 복잡한 상태였다. 케이맨 제도에 설립되었고 헝가리에 근거지를 둔 자회사로 연간 수백만 달러를 보냈다. 소수의 주주로 구성되었고 산하에 여러 유한책임회사Limited Liability Company를 거느리고 있었다. 모두 세금과 법적 부담을 줄이기 위해 설립된 회사였다. 이런 구조도 법적 취약점을 만든다. 고커가 문제될 정도로 법을 왜곡한 적이 있는가?

고커의 웹사이트가 물건을 판매하는 웹사이트로 연결되는 경우가 많은데 이를 통해 판매 수수료를 취했다. 비밀에 싸여 있기는 하지만 판매사와의 관계를 공시하는 부분에서 대체로 법을 위반했다. 고커가 규정을 제대로 따르지 않았거나 해석의 차이로 법을 위반했을 가능성도 있었다. 일부 주에서는 판매사와의 관계를 공시하지 않으면 규제나 고발 대상이 된다. 이 같은 실수가 고발이나 고소로 이어질 수 있을까?

고커는 상장사가 아니지만 소수의 직원과 지인이 지분을 가지고 있다. 회사에 소송을 제기하는 주주 행동이 일어날 수 있을까? 만약 지분을 얻으면 내부 거래와 재무상태를 검토할 수 있을까? 대주주나 대리인을 내세워서 덴튼을 교체하거나 회사의 전략을 바꿀 수도 있을 것이다. 이런 일을 시도할 만한 단초가 있을까?

고커가 이용하는 특허가 있는가? 그렇다면 해당 특허를 사들여서 특허 침해로 소송을 제기할 수 있을까? 고커는 근로계약법을 준수하는가? 사업장에 파고들 만한 위반 사례가 있는가?

각각의 질문이 문제를 제기할 만한 가능성을 지니고 있었다. 각 사안을 살펴보고 조사하고 가능성이 떨어진다면 목록에서 제거하는 작업이 필요했다. 이 일을 할 사람은 소수 혹은 한 사람이 될 것이다. 틸은 "관건은 자본이 아니라 아이디어와 사람을 확보하고 제대로 실행하는 것이었다. 과거에 소송이 제기되지 않았던 게 아니다. 이미 소송이 제기된 적이 있기 때문에 우리는 매우 창의적으로 접근하고 어떤 소송을 제기할지를 생각해야만 했다"고 밝혔다.

대다수의 아이디어는 조사를 통과하거나 틸의 기대치에 미치지 못했다. 연방통신위원회에서 계열사 수수료 문제로 경고를 받는 수준으로는 얻을 것이 거의 없다. 회사가 저지른 재정적인 비리를 조사하려면 내부협력자가 필요할 텐데 불쾌하고 기만적인 방식이 될 것이다. 어떤 전략이 승리를 안겨줄 것인지 뿐만 아니라 어떤 전략이 실질적인 타격을 안겨줄 수 있는지 파악해야만 했다.

틸은 "우리에게는 승소하는 것이 중요했다"고 털어놨다. "우리는 이겨서 상대가 거대한 심판을 받게 만들어야만 했다. 실익이 없는 소송을 제기하고 싶지는 않았다. 매우 강력한 소송을 제기하고자 했다. 우리가 할 수 있는 조치는 아주 한정되어 있었다. 정치적 발언에 연관되지 않으면서 공익이 전혀 개입되지 않기를 바랐고 수정헌법 제1조가 관련되지 않을 수 있다면 더욱 좋았다."

수정헌법 제1조는 틸이 자유의지론자여서가 아니라 '우리는 무엇이든 말할 수 있다'라는 고커의 강력하고도 견고한 지위를 잘 알고 있는 전략가이기 때문에 매력이 없는 접근법이었다. 고커는 자신이 딛고 선 바로 그 법체계와 통념에 도전한다. 어떠한 난관이나 증거의 방해, 전례가 있든 무시했다. 거의 철학적 수준에서 접근하자면 언론 자유의 권리는 사실상 절대적이다. 하지만 나중에 덴튼이 자인했듯 언론의 자유는 일종의 마지노선이다. 그는 "언론의 자유는 매우 강력하게 보이고 그 수호자들에게 거짓된 자신감을 주지만, 영민하고 무자비한 사람이라면 우회할 방법이 많다"고 말했다. 지금 틸이 하려는 일이 바로 그것이며 구체적으로 어떤 일을 할 수 있는지 찾기 위해 찰스 하더를 고용한 것이다.

틸이 전략을 탐색하던 때로부터 많은 시간이 흐른 후 고커의 한 관계자는 내게 만약 틸이 자신의 기사를 가지고 동성애 폭로로 인한 손해와 고통을 호소하며 소송을 진행했다면 분명히 패했을 것이라고 말했다. 궁극적으로 틸이 동성애 폭로가 아닌 다른 방향에서 고커를 공격한 것에 대해 비난하는 발언이었다. 하지만 이 사건에서 중요한 것이 바로 그 방향이다. 위대한 전략가인 B. H. 리들 하트Liddel Hart는 "가장 저항이 적고 가장 예상하지 못한 전선에서" 위대한 승리를 거둔다고 말했다. 전략가로 변신하기 전에 전투기 조종사로 활약했던 존 보이드John Boyd는 훌륭한 조종사는 절대 정공법을 쓰지 않는다고 밝혔다. 그는 후미에서 공격해 승리를 거뒀다. 그러려면 우선 문의 위치를 찾아야만 한다.

모든 음모가 동시에 진행되지 않는다. 틸과 A, 하더가 여러 가능성을 탐색하는 동안 고커도 가만 있던 것은 아니다. 언제나 그렇듯 기사를 게시하고 적을 만들고 다른 매체에서 작성하지 않는 종류의 기사를 쏟아냈다. 음모에 속도가 붙던 첫해에 고커 미디어는 총 8개 사이트에 10만 개의 글을 올렸다. 그중 게시 전에 편집인이 검토한 글은 거의 없다. 고커는 2012년에만 유명인 사진을 여러 건 유출했고 정치인들의 뒤를 캐고 논란을 일으키는 자전적 에세이를 출간했으며 가십을 반복적으로 보도하고 스포츠계에서 적개심을 불러일으켰다. 대부분의 게시물이 오랜 관심을 끌지 못하고 사라졌고 그날의 뉴스와 트렌드를 단순하게 짜깁기한 수준이었다.

고커는 10년 동안 그런 길을 걸어왔다. 10년 동안 100만 건 이상의 글을 게시했는데 그중 상당수는 금방 잊혀졌고 대부분은 합법적이고 윤리적으로 문제가 없었다. 하지만 이처럼 대량의 글을 올리게 되면 덴튼이 뒤늦게 인정했듯 틈이 발생하게 마련이다. 어떻게 그렇지 않을 수 있겠는가? 그는 고커에 만족감을 모르는 거대한 구명을 설치하고는 인터넷 콘텐츠에 대한 무한한 욕망과 연결시켰다. 블로그 내용이 얼마나 알찬지와는 무관하게 기사마다 소정의 고료를 지급했다. 그러다 기술이 발전하면서 페이지 조회수와 순 조회수를 중시하며 영양가를 따져서 지급하기 시작했다.

고커에 올라온 수십만 개의 글 중에서 어딘가에 분명히 파멸의 씨앗이 있을 것이라고 A는 확신했다. 그 씨앗이 얼마나 될까? 한 개? 한 줌? 백 개? 틸은 자신이 자금을 지원할 수 있는 법 위반 사례의 범위를 제한했기 때문에, 이제 A와 하더는 고커의 뻔한 잘못이 아니라 모두가 간과한 잘못을 찾아야만 했다.

나는 베벌리힐스에 위치한 찰스 하더의 사무실에서 그를 인터뷰하며 앞에 놓인 크레이트앤배럴Crate and Barrel 탁자에 소니 디지털 녹음기를 올려놓고 녹음했다. 우리는 캘리포니아에 있었기에 녹음기를 보이는 곳에 꺼내놓고 사용해야만 했다(법적으로 양측의 동의가 필요하다). 반면 뉴욕에서 인터뷰를 진행했다면 녹음기를 주머니에 넣고 상대에게 말을 안 했을 가능성도 있다. 그런데 내가 하더의 허락을 받지 않고 녹음하고 기사에서 그의 실명을 언급하며 외모를 묘사했다고 가정해보라. 그러한 보도가 저널리즘에 해당한다고 주장하는 어리석은 사람도 있겠지만, 사실은 여러 법을 위반하는 행위다. 인터뷰를 진행한 장소와 대상에 따라 결과는 크게 달라질 수 있다. 그보다 더 나쁜 일을 한다면 어떻게 될까? 닉 덴튼이 나를 자택에 초대했을 때 몰래카메라를 설치했다면? 다른 누군가와 공모를 했다면 어땠을까?

이는 기본적으로 틸이 A와 하더에게 소송을 제기할 만한 사안을 찾도록 의뢰한 영역과 관련되어 있다. 두 사람은 알 카포네 Al Capone(미국 시카고의 마피아 조직 두목으로, 탈세 혐의로 구속되었다-역자주)의 탈세, 누구도 굳이 적용하지 않았던 법적인 실수, 기사의 대상이 되는 인물조차 간과했을 가능성이 있는 문제를 찾았다. 공모자들은 기자에게 말할 권리가 있는지 여부를 따지는 단순한 사실이 연관되지 않은 소송 원인을 찾기를 바랐다. 헌법이 기자와 시민에게 제공하는 관대한 방패로 보호받을 수 없는 법 위반, 저작권 침해, 타인의 권리 침해 가능성이 있는 사례를 원했다. 단순히 배심원이 소송 절차가 계속 진행되도록 허용하는 수준이 아니라 어느 관할권에서든 평범한 사람들로 구성된 배심원단에게 울림을 줄 수 있는 그런 사건이기를 바랐다. 고커는 위험을 감수하고 덴튼이 '번지수를 잘못 찾은 체면'이라고 부르는 바를 일상적으로 무시했고 스스로를 저항하고 전통을 따르지 않는 매체라고 여겼기에, 공모자들이 찾고 있는 사례를 여러 번 저질렀을 가능성이 농후했다. 활용할 만한 기회를 찾기만 하면 되는 문제였다.

틸이 팰런티어에서 쓰는 언어를 빌려오자면 그의 팀은 '데이터 마이닝data mining(많은 데이터 가운데 숨겨져 있는 유용한 상관관계를 발견해 미래에 실행 가능한 정보를 추출해내고 의사결정에 이용하는 과정-역자주)'을 2012년까지 집중적으로 수행했다. 조사를 할수록 틸과 하더, A는 고커의 비행에 대해 초반에 과소평가했다는 것을 깨달았다. 고커의 기사에서 불쾌함과 잔인함을 넘어서는 죄악의 증거가 계속 발견되었고, 고커가 동성애를 폭로하고 경솔하게 사생활을 침해한 피해자가 틸만이 아니었다. 오히려 틸은 가볍게 혼을 낸 축에 속할 정도였다 —'앤더슨 쿠퍼Anderson Cooper(CNN 앵커-역자주)는 거물급 동성애자이며 모두가 이 사실을 안다': 조회수 50만 회, '결국 동성애자임을 인정해야 할 10인': 조회수 16만 회.

세 사람은 덴튼이 소유한 포르노 사이트의 기업 개황을 살펴봤다. 사이트에는 연예인 성관계테이프와 이미지가 올라왔고 고커에서 이 사이트를 링크했다(포르노 사이트 '플레시봇'은 고커 제국의 전체 트래픽에서 5퍼센트를 차지했다). 이들은 실제로 덴튼이 생계를 위해 포르노물 제작자로 일하고 있다는 우스갯소리를 종종 했음을 발견했다. 또한 고커 미디어가 성관계테이프 문제로 소송전을 벌이는 중에 덴튼이 게시한 트윗을 찾아냈다. "인터넷에 성관계테이프가 돌아다니는 것을 원하지 않는다면 그런 테이프를 만들지 않으면 될 일이다." 돌레리오가 편집장을 지낼 당시 술집의 더러운 화장실 바닥에서 관계를 맺는 여대생 테이프를 올린 적이 있었다. 그 학생은 이메일을 통해 돌레리오에게 테이프를 내려 달라고 여러 번 애걸복걸했지만 "당황스럽겠지만 다 지나갈 겁니다"라고 그는 답했을 뿐이다(하지만 결국 난처한 상황에 처할 것을 짐작한 그는 동영상을 내렸다). 또한 고커의 여기자들도 사람들(특히 다른 여성)을 괴롭히는 일을 즐기고 있음을 다음 기사들을 보면 알 수 있었다 —'크리스티나 헨드릭스는 이 거대한 맨가슴이 남의 것이라고 말한다': 조회수 28만 회, '올리비아 먼의 엄청 추잡한 나체 사진': 조회수 68만 회.

세 사람은 고커가 쿼터백으로 활동하는 브렛 파브의 신체 사진을 확보하기 위해 1만 2000달러를 지불했고, 그에게 사진을 받은 여성이 반대했음에도 사진을 게시하고 그녀의 실명을 언급했다는 것을 알게 됐다. 고커는 사진을 게시하며 브렛 파브의 것이 아닐 '가능성'도 있음을 인정했다(조회수 490만 회).

공모자들은 이런 종류의 기사가 우연이 아니라 매체의 정책에 따라 작성되었으며 전략의 일환이라고 추정했다. 2010년 중반에 덴튼이 직원들에게 "과거 옐로 저널리즘의 주식이었던 섹스, 범죄, (그리고 금상첨화인) 성범죄가 오늘날에도 마찬가지다"라고 메모를 보낸 데서 심증을 굳혔다. 또한 덴튼은 〈디 애틀랜틱The Atlantic〉과의 인터뷰에서 고커의 초창기 게시물을 회고하며 그런 유의 글을 게시한 것을 후회하기보다는 게시물에 대한 비판이 쏟아질 때 굳이 방어한 것을 후회했다. "우리는 훔쳐보는 일에 관심이 있을 뿐이라고 말했어야만 했다. '우리가 좋다고 생각해서 이 기사를 썼다. 재미있다고 생각해서 다른 사람들도 재미있어 하리라 생각했던 것이다'라고 말했어야 했다. 그런 기사에는 엄청난 트래픽과 관심이 뒤따랐다."

인쇄된 기사를 본 A는 그중에서 최악에 해당하는 사례를 틸에게 보고했다. "이 조직에 대해 조사할수록 좋은 면을 찾기가 어려웠다"고 A는 설명했다.

또한 고커의 치부를 발견하는 과정에 점점 속도가 붙었다. 파고들 만한 약점을 찾고 있거나 적이 치명적인 실수를 저질렀기를 바라는 외부인에게는 그리 나쁜 일이 아니었다. 더 많은 게시물을 올릴수록 더 많은 작성자가 동원되었고 고커의 허풍과 걷잡을 수 없는 성장세도 계속되었다. 결국 심각한 문제를 일으키지 않고는 그런 추세가 계속될 수 없음은 자명한 일이었다. 고커의 한 블로그 작성자는 그곳에서 일하기를 원했던 이유와 그곳을 찾아가게 된 원인을 이렇게 설명했다. "결국 나는 위험한 일을 할까 전전긍긍하는 회사보다는 세상을 엉망으로 만들 정도로 대담한 곳에서 일하고 싶었다." 언뜻 좋게 들리기도 하지만 어디까지나 자원이 풍부한 누군가가 심각한 타격을 입힐 각오로 이제까지 저지른 실수를 뼈아프게 살피기 전에 해당하는 말이다. 세상을 소소하게 어지럽혔다면 그 영향이 크지 않을 것이다. 하지만 고커가 스스로를 무너뜨릴 절호의 기회를 부지불식간에 적에게 만들어줄 정도로 대담하게 잘못을 저질렀다면 어떨까?

딜은 어떤 레버를 당기면 좋을지, 어떤 시각에서 접근하면 좋을지 간파하는 초자연적인 능력을 지닌 듯 보였다. 특히 그가 내리는 선택은 일반인이 고를법한 선택지와는 판이하게 다르다. 딜은 닉 덴튼을 상대로 단순히 몇 점을 얻는 기회를 노린 것이 아니라 덴튼을 파멸로 몰고갈 단 하나의 버튼을 찾으려 했다. 한 투자자는 딜이 투자를 검토할 때마다 "이 회사에 대해 다른 투자자들이 모르는 어떤 사실을 알고 있는가?"를 물었다고 한다. 다시 말해 자신이 우위를 점하고 있는지를 묻는 것이다. 우위를 차지한다는 것은 정보의 비대칭을 활용하고 시장보다 뛰어난 성과를 거둘 뿐만 아니라 시장을 지배하게 되는 사고를 해야 함을 뜻한다. 그런 사고가 투자 수익으로 얻은 50만 달러를 10억 달러로 불려주는 것이다.

이 상황에서 딜의 우위는 고커의 다른 모든 적이 너무 뻔하다거나 너무 어렵다는 이유로 무시한 전략이 사실은 가능성이 있음을 믿는 것이었다. 그 누구도 제대로 시도조차 하지 않았고 단순한 가설을 시험할 만한 자원을 갖지 못해 실행하기 어려워 보였다. 심지어 가장 부유한 연예인들조차도 시간당 550달러가 드는 법적 전략에서 기회를 찾을 만한 재력이나 배짱이 없었다. 연예인은 아니지만 그들처럼 여론에 민감한 사회인이고 고커로 인한 기회비용이 막대한 사람이라면 아무 글이나 닥치는 대로 쓰는 매체와의 진 빠지는 장기전에 뛰어들까? 수십 년 전 월터 윈첼이 그랬듯 고커라는 적에 대한 지배적인 사고는 고커가 소송에 휘말리지 않으리라는 것이었다.

고커가 그런 접근 방법을 취하기까지 나름의 셈법이 있었다. 우선, 누구도 고커를 상대로 소송을 제기하지 않을 거라 법의 세부 조항을 중요하지 않게 여겼다. 둘째, 그래도 소송을 시도라도 해보는 정신 나간 사람이 있을 경우를 대비해 뛰어난 변호사들에게 의뢰비를 지불했다. 셋째, 한동안 고커는 오로지 소송이 제기되었을 때 법률 비용을 감당하기 위한 100만 달러짜리 보험도 들었다. 자기부담이 25만 달러가 있기는 했지만, 그만큼 고커가 소송이 실제로 벌어질 경우 적극적으로 임하고 지면과 법적 수단을 총동원할 것임을 암시했다. 사람들은 여기에 겁을 먹었고 바로 이런 효과가 중요했다. 고커는 뉴스코프나 디즈니 혹은 다른 대규모의 모기업이 배경에 있어 거액의 합의금이나 배상액을 지출할 수 있는 환경이 아니라 덴튼이 소유하고 있는 독립적인 언론사다. 따라서 사람들이 소송을 시도하지 못하도록 위협해야 할 이유가 있었다. 틸이 표현했듯 그 누구도 소송을 시도하지 않았던 이유가 여기에 있을 수도 있다. 고커는 이 같은 불확실성을 또 다른 차원으로 끌어올렸다. 누구도 감히 고커에 도전하지 않았고, 한다면 패하고 말 것임을 암시했다. 틸이 은밀하게 고커의 상황을 살피던 2009년 청중 앞에서 그의 색다른 투자에 대한 질문이 제기되었다. 많은 사람이 성공을 거두지 못할 것으로 자신하던 투자였다. 비판을 듣는 일을 싫어하지 않았던 그는 사람들의 태도에 대해 "좋은 일이었다"라고 평했다. "그런 사람들은 우리가 성공하리라 생각하지 않고 우리에 대해 진지하게 생각하지 않기 때문에 우리로서는 크게 걱정할 일이 아니다. 우리에 대해 조치를 취하려고 할 때는 이미 늦은 상황일 것이다." 고커에 대해서도 그는 비슷한 생각을 하며 적이 진지하게 고려하지 않고 오히려 자신하는 부분에서 기회를 모색했을 것이다. 덴튼의 책상에 놓인 프레드 더스트의 꽃과 몇 차례의 소액 합의금, 고커의 다른 사건에 대한 공격적인 보도자료는 고커 내부의 집단적인 사고를 형성했다. 2010년에 합의금을 지불할 당시 고커는 해당 사건에 대해 잘못한 일이 없으며 '법원이 원고의 손해배상청구에서 상당 부분을 인정하지 않았으므로 이미 우리는 중요한 결정에서 승리를 거둔 것'이라고 밝혔다. 덴튼과 변호인들은 게시물이 게재되고 1년이 지난 후에 글을 내리기로 합의했는데, 그 이유는 단지 '추가적인 소송 부담을 피하기 위해서'였다.

하지만 이제 틸은 고커의 자신만만한 태도가 법률상의 쟁점 때문이 아닌 과거에 벌어진 이해할 수 없는 사건에서 비롯되었다고 생각하게 되었다. 생각에 확실한 물증이 있는 것은 아니었지만 그래도 일리가 있는 것은 사실이었다. 그는 자신의 생각이 맞는지 시험해보기로 했다. "같은 수준의 정보가 제공된다고 가정할 때 대담함보다 두려움이 수천 배 더 큰 피해를 입힌다"는 카를 폰 클라우제비츠Carl von Clausewitz(프로이센의 군인이자 군사평론가로, 그의 《전쟁론》은 전술 연구의 고전으로 평가받는다-역자주)의 격언은 진리다. 틸의 투자 전략도 이와 다르지 않다. 약간의 대담함은 소심함으로 지켜낼 수 있는 것보다 훨씬 더 많은 성과를 낸다. 틸은 자신의 첫 번째 우위가 기꺼이 시도하는 의지에 있음을 발견했다. 법정에서 배심원 앞에서 자신의 생각이 옳음을 증명해보일 것이다.

이는 지난한 작업이다. 그리 매력적이지도 않고 많은 비용이 들어간다. 계기가 될 만한 징후가 눈에 띄지도 않는다. 적을 포함한 그 누구도 이 사건에 무엇이 걸려 있는지 모른다. 하지만 이 옵션이 즉각적인 만족과 대중의 인정을 주지는 않더라도, 장기적으로는 효과를 낼 가능성이 있다.

틸이 꾸린 팀의 전략은 바로 이것이었다. 이솝 우화에 나오는 토끼와 거북이 이야기의 교훈처럼 느리더라도 꾸준히 나아갈 때 경쟁에서 이길 수 있다. 이제 팀에 필요한 것은 어떤 경기에서 이길 것인가와 계획을 실행할 만한 적절한 사건이 무엇인가를 파악하는 일이다.

Conspiracy 6장

심장을
도려내다

공모를 꾸미다 보면 각 공모자가 일을 더 진행하기 위해 이전까지
는 필요하지 않았던 것이 필요함을 깨닫는 순간이 온다. 그것은 의
지나 자원, 창의력이 아니라 어느 정도의 무자비함과 사악함이다.
힘을 강하고 인정사정없이 휘두르거나 다른 인간에게 폭력을 써
야 하는 순간도 올 수 있다.

이를 다른 말로 표현할 길이 없다.

음모에는 가해자와 피해자, 영웅과 악당이 있다. 이는 틸의 자
택과 사무실을 장식하고 있는 체스판 위의 상아색 물체가 아니라

사람이다. 하지만 목적을 이루기 위해서는 이 사람들을 진짜 사람으로 대해서는 안 된다.

이런 생각을 접하고 움찔하는 것이 당연하다. 일각에서 주장하는 바와 달리, 마키아벨리는 우리가 권력을 추구하면서 인간적인 부분을 버려야만 한다고 직접적으로 말한 적은 없다. 하지만 세상을 자신이 원하는 모습으로 만들려는 군주는 친절, 용서, 인정과 같은 자연스러운 충동을 일시적으로 억제해야 한다고 했다. 이것이 쉬운 일은 아니며 그럴 필요성이 대단히 클 때는 더욱 그렇다.

1939년 독일의 프란츠 할더 장군은 히틀러Adolf Hitler와 같은 공간에 있게 되면 암살할 수 있도록 권총을 지니고 다녀야 했다. 하지만 그는 한번도 방아쇠를 당기지 못했다. '인간이자 크리스천으로서 무장상태가 아닌 사람을 쏘는' 임무를 받아들일 수 없었기 때문이다. 사실 많은 독일 장군은 누군가가 그런 일을 해야 한다고 생각했지만 자신은 그런 비윤리적인 일을 할 수 없었기 때문에 누군가가 해주기를 바랐다. 한스 오스터는 히틀러를 상대로 고집스럽게 음모를 꾸몄지만 '양심의 가책에서 장군들을 해방시키기 위해 폭탄을 던질 사람이 없다'는 사실에 절망했다.

음모는 은밀한 방에서 빈 종이 위에 계획을 구상하며 전략을 짜는 방식으로 진행되는데 언제나 '그다음'의 문제가 남는다. 사람은 자신이 모든 변수를 고려했다고 생각하지만, 실제 그 일이 닥쳐 적과 한방에 있게 되고 이전에 이론상으로만 논의했던 행동을 실천해야 하는 순간이 오면 실질적인 문제에 봉착하게 된다. 이때 많은 사람이 가던 길을 멈추게 되는데 관련된 모든 사람의 이해를 위해서인 경우가 많다.

피터 틸이 처한 상황도 크게 다르지 않았다. 앞서 오랫동안 그는 맨해튼 기반의 테러 조직을 무시하고 모종의 조치를 취하는 방법을 탐색했다. 하지만 팀원들을 고용하고 국제은행시스템을 통해 처음으로 1만 달러를 송금하면서 도약을 이룰 때까지는 지적 연습에 불과했다. 그는 법적 수단과 도덕 수단을 통해 고커를 무너뜨리는 생각을 했지만, 생각하는 것과 실천하는 일은 다르기 마련이다.

기본적으로 틸은 모순을 인정한다. 수많은 관점에서 각 거래와 투자를 새롭게 조명하고 다른 사람들이 볼 수 없는 면모를 발견하며 이 과정을 반복적으로 수행하는 것은 그가 탁월한 투자가가 될 수 있었던 비결이다. 한 지인은 "틸은 매사에 두 가지 접근을 한다. 그의 뇌를 열 수 있다면 하나의 뇌에 평화롭게 공존한다고 생각하기 어려울 정도로 서로 완전히 반대되는 아이디어가 여러 멕시칸 스탠드오프Mexican standoff(포커 게임에서 같은 가치의 카드 2장을 둔 상태-역자주)를 이루는 것을 발견할 수 있을 것이다"라고 표현했다.

CEO로서 틸은 이처럼 기이한 상황에 능숙하게 적응해왔다. 페이팔의 CEO를 지낼 당시 회사가 포르노 기업을 대신해 거래를 수행해야 하는지를 놓고 그리 유쾌하지 않은 결정을 내려야만 했다. 평범한 인간이자 크리스천으로서 특정한 견해를 가지고 있었지만 또 다른 측면에는 자유의지론자로서 다른 견해를 손쉽게 표현할 수 있었다. 플레시봇을 시작할 때 닉 덴튼이 '사람들이 원하는 것을 제공한다'라고 내걸었던 바와 같다. 이러한 대치 상황에서 틸의 해법은 간단하다. 직원회의를 열어서 그들이 결정하도록 두는 것이다. 직원들의 의견을 존중하여 그는 페이팔이 성인 웹사이트의 자금을 받되 적극적인 고객 유치는 하지 않는다는 결정을 내렸다. 이렇게 해서 도덕적인 딜레마를 피해갔다.

이는 실리콘 밸리와 우리 시대가 보여주는 위대한 집단적 자기 기만에 해당한다. 기존 산업을 적극적으로 '파괴하는' 일에 가담하면서도 이전 세기의 무자비한 자본가들과는 다르며 자신의 사업에 카네기나 록펠러, 밴더빌트의 DNA가 조금도 섞여 있지 않은 척하는 것이다. 틸은 페이팔로 인해 힘을 잃게 된 은행의 창구 직원을 개인적으로 해고할 필요가 없었고 페이스북 주가를 부양하기 위해 신문사의 주가를 의도적으로 끌어내리지 않았지만, 결과적으로 그런 일이 벌어졌다. 그는 팰런티어에서 드론 타격을 승인하거나 특수부대인 '네이비실 팀 식스'가 수행하는 공격에 의사결정을 직접 내리지 않았지만, 팰런티어가 전송한 데이터로 인해 그런 작전이 실행될 수 있었다. 모든 끔찍한 일은 먼 곳에서 봐야 보인다. 스타트업 CEO는 스스로에 대해 좋은 사람이라고 말하자면 어디까지나 자신의 시점에서 말하는 것이다. 우리는 무언가를 발명하거나 혹은 발명하는 사람들에게 자금을 댄다. 이런 과정을 통해 사회에 파급효과가 생길 수 있다. 그런 효과를 어떻게 막을 수 있을까? 물론 밸리왜그는 조롱하고 폭로하기 위해 이런 주장을 펼쳤다. 피터 틸이나 다른 억만장자를 향해 "당신은 제이 굴드Jay Gould(19세기 미국 철도회사 경영자 겸 금융업자이자 주식 투자가이며 1869년 금 투자로 이른바 암흑의 금요일(9월 24일)로 일컬어지는 공황의 원인을 제공하여 기소됐다-역자주)이며 악덕 자본가robber baron다. 이 전에 존재했던 그런 부류들과 다르지 않다"고 말했다.

하지만 2012년 야심찬 음모에 가담했던 모두가 깨닫게 됐듯, 어느 시점이 되자 이론을 벗어나 냉엄한 현실에 발을 들여놓게 됐다. 틸은 이 영역에서 자신이 무언가를 발명하고 있다고 말할 수 없었고 실리콘 밸리의 다른 실험과도 그 성격이 달랐다. 무척 현실적인 데다 이전에 겪었던 어떤 일과도 달랐다. 개인과 그 사람의 회사를 겨냥하는 소소한 음모를 이끄는 수장으로서 틸은 다른 사람들에게 결정을 맡길 수도 없었다. 투표에 부칠 수도 없었다. 의견에 동조하는 청년과 저녁을 먹으면서 제멋대로인 언론사를 무너뜨릴 방법을 주고받는 한가로운 잡담도 아니었다.

자유의지론자 공동체에서는 '사람들에게 상처를 주지 말고 그들의 것을 빼앗지 말라'는 모토가 일상적으로 회자되곤 한다. 하지만 명백하게 음모가 하는 일이 그 모토에서 금하는 바에 해당하며 기본적으로 틸의 음모가 향해온 바였다. 틸이 규정한 음모가 성공할 경우 많은 사람이 고용된 회사가 파괴될 거란 사실을 점점 부인할 수 없게 된다. 그 직원들에게는 가족이 있고 틸이나 다른 사람에 대한 유사한 기사와 직접적인 관련이 없는 직원도 많다. 오웬 토마스는 이미 회사를 떠난 지 오래며, 닉 덴튼이 아직 고커에 있기는 하지만 고커의 회계사와 수위, 백엔드의 웹 개발자를 십자포화로 끌어들이지 않고는 덴튼의 사업을 무너뜨릴 수 없다. 한스 오스터의 말을 바꿔 표현하자면, 틸은 음모가 실행되도록 폭탄을 던지고 결과가 펼쳐지도록 해야 할 사람이었다.

틸이 그 일을 할 수 있을까?

찰스 하더 사무실의 준법률가팀(법적 전문 기술은 있으나 변호사는 아닌 사람으로 법이 허용하는 범위 내에서 그 기술을 활용하거나 변호사의 감독 아래 활동하는 사람-역자주)이 실시한 조사가 결실을 맺으며 틸과 A는 제기할 만한 수십 건의 사례와 원고를 보고받았다. 좋아 보이는 사례도 있고 그렇지 못한 사례도 있었다. 매력적인 사례도 있었다. 이제 체스 기물을 앞에 두고 또 다른 딜레마가 펼쳐진다. 이들의 전략은 소송을 제기할 만한 원고에게 피터 틸 자신이 그토록 탐탁지 않게 여겼던 일인 대중에게 알리도록 요청하는 데 달려 있었다. 고커에 공개적으로 맞서고 이 과정에서 사업이 언론 매체에 당황스럽게 파헤쳐진다. 고커가 올렸던 사진, 고커가 비난했던 말, 굴욕감을 느낀 순간을 똑같이 맛보게 되는 것이다. 게다가 소송에서 승리하리라는 보장도 없다. 틸이 다른 사람에게 이런 일을 해달라고 요청할 수 있을까? 누군가를 대타로 내세울 수 있을까?

이처럼 인간적인 면을 차단하는 것은 고커의 기자들과 편집인들이 배운 방식이었다. 기자들은 돌레리오가 설명했듯 "집에 들어온 사람조차 물도록 훈련받은 강아지"였다. 그들의 일은 신경을 끊고 공감하지 않으며, 배려심이 있는 사람이라면 완곡하게 표현하거나 귓가에 속삭일 법한 이야기를 크게 외치는 것이었다. 훌륭한 블로거가 되고 싶고 그러한 환경에서 성공하려면 다른 방법이 없었다. 내게 돌레리오는 "고커에서는 누군가의 감정을 상하게 하는 기사를 쓰지 않는 것이 큰 죄였다"고 말했다.

성 클레어 맥켈웨이St. Clair McKelway는 1940년대에 가십 기자가 활동할 당시 이 직업에 대해 "가십 기자로 성공하려면 보통 사람보다 강인한 성격과 단호한 기질의 소유자여야 한다"라고 지적했다. "가십 기자의 생계는 가십 거리를 수집하는 능력보다는 자신이 고른 기삿감을 관련된 개인들의 감정을 고려하는 약한 마음으로 인해 불안해하거나 혼란스러워하는 일 없이 대중에게 공개하는 능력에 달려 있다." 가십 기자를 파멸시키려는 음모 가담자에 대한 설명이 이보다 적절할 수 있을까?

틸은 고커의 뒤를 쫓고 정의의 망치 역할을 하기로 결정했는데 이 과정에서 틸 역시 사람들에게 상처를 주게 되며 자신이 뽑은 사람들의 생계가 위험에 처할 우려도 있었다. 그가 정한 이른바 윤리적 선을 넘지 않는다고 하더라도 음모에 따르는 여러 부정적인 특징을 포용해야만 했다. 무자비하고 가차없으며 인정사정없고 기만적인 사람이 되어야 했다. 적을 제압하고 우위에 올라서서 그가 바라던 상황이 되면 상대가 받아 마땅하다고 생각하는 벌을 자비 없이 내려야만 했다.

닉 덴튼은 자신이 야수가 되어야 한다는 필요성을 틸보다 훨씬 먼저 깨달았다. 덴튼은 녹취록에서 "정보를 전달하고, 그런 조직을 관리하는 것이 나의 일"이라고 냉담하게 말했다. "수용할 수 있는 사회, 도덕, 법적 규범의 경계를 정하는 것은 다른 사람의 일이다. 자신의 감정적 행복에 관심을 기울이는 것도 다른 사람이 할 일이다. 언제나 기사의 대상인 인물의 입장을 고려해서는 언론인으로서의 일을 견딜 수 없다." 월터 윈첼에 대해 한 지인은 "그는 사람이 아니라 칼럼이다"라고 말했다. 이는 덴튼에게도 해당하는 말이다. 그는 블로그이자 기계였다. 틸은 덴튼이 상대의 입장에 공감하지 않는 면모를 몸소 경험하고 고커를 비판했지만 여기에 진실과 그럴 만한 필요성도 있었다. 가십 기자는 아침에 일어나 쏟아지는 분노에 찬 비판을 견딜 체력을 갖추고 기사가 삶에 어떤 영향을 미칠지 고려해 달라며 애원하는 사람들을 무시할 배짱과 다른 사람이라면 건들지 않을 기삿거리를 쫓는 대담함도 필요했다. 이제 틸은 그런 짓에 제동을 걸기 위해 계획적인 무관심을 발휘해야만 했다.

"누군가가 오직 내게만 잘못을 저지른다면 정의를 고집해야 하는지보다는 그를 용서해야만 하는지에 대한 의문을 품게 될 것이다. 하지만 상대가 다른 많은 사람에게 악행을 저지른다면 그런 주장을 매우 다른 방법으로 생각하게 될 것이다"라고 틸은 말했다. "크리스천 친구들 중 하나는 내가 하는 일을 훌륭하다고 말하면서도 고커를 용서하는 것이 도덕적으로 더 나을 수 있다고 말했다. 내게 나쁜 일을 하는 사람을 용서하고, 싸워서 정의를 세울 수 있음에도 싸우기보다는 용서하는 것이 도덕적으로 낫다는 것이다. 나는 검사 입장에서 생각해봤고 결국 가장 중요한 것은 이 사건이 나와 덴튼 사이의 문제라거나 개인적인 문제가 아니라는 것이었다."

우리 모두는 자기만의 방식으로 이런 긴장 상태를 해결한다. 이 책을 쓰는 동안 나는 글의 대상이 되는 사람들의 감정에 맞춰주려는 생각을 얼마나 하는가? 내가 해야만 하는 말을 함으로써 다른 사람이 상처를 입는 것을 용인할 마음이 얼마나 있는가? 글을 풀어나가기 위해서는 틸이 자신의 음모가 성공했을 때 생계를 잃게 되는 사람들을 생각하고서도 마음을 굳혔듯, 덴튼이 정보를 전달하는 일을 하면서 공감을 멀리했듯, 나 또한 마음을 단단히 먹어야 한다. 나는 어떠한 의구심도 제쳐놓고 내 선택으로 누군가가 상처를 입게 되지 않을까 생각하지 않으려 한다. 잔인하고 모질고 불공정한 것은 내가 아니다. 이 일이 그렇다. 나는 해내야만 한다.

스스로에게 이렇게 말하기도 한다. '끝이 좋으면 다 좋은 것이다'라고.

틸은 법적 전략을 결정하며 찰스 하더와 함께 대리인을 통해 계획을 세웠고 실행에 나설 첫 번째 기회를 기다렸다. 그는 자신이 다른 개인의 공격에 반응하는 개인이라는 생각을 뛰어넘었다. A는 "이 문제를 선과 악의 대결로 생각하기 쉽다"고 내게 말했다. 틸은 "내게 더 많은 동기부여가 된 것은 계획을 추진하는 과정에서 만난 상처 입은 사람들이었다. 우리가 하는 일이 영웅적인 일이라고 생각했다"고 말했다. 우리가 길을 정하면 으레 그렇듯 그들이 느낀 이런 감정도 날이 갈수록 커졌다. A가 2011년 틸에게 "당신이 하지 않으면 누가 하겠는가?"라는 단계에서 더 크고 장대한 단계로 넘어가 자기 강화의 과정이 일어났고, 한번 시동이 걸리자 그 어떤 논의나 개선으로도 닉 덴튼을 구할 수 없어 보였다. 고커는 더 이상 언론사가 아니었고 적도 아니었다. 그저 사람들에게 상처를 주고 문화를 짓밟는 조직에 불과했다. 그런 고커를 멈춰 세워야만 했다.

이러한 변화는 일반적이다. 사람은 자신의 선택을 이기적이라거나 개인적이라고 생각할 수 없으며, 궁극적으로 취해야 할 일을 할 만한 힘이 없다고 생각하지 않는다. 틸이 고커를 악으로 여기고 (종종 동의 없이) 음모를 진행하는 진짜 이유는 다른 사람을 보호하거나 자유롭게 하는 것이라는 점이 중요해졌다. 스스로를 이롭게 하는 이타적인 행위이자 앞으로 일어날 일과 느끼게 될 감정에 대한 방패가 마련되었다.

윌리엄 테쿰세 셔먼 장군이 애틀랜타 시민에게 보낸 서신을 생각해보자. 애틀랜타는 바다로 행군하고 남북전쟁에서 북군이 승리하기 위해서는 반드시 함락시켜야만 하는 도시였다. 한때 남부에 산 적이 있었고 처음에는 노예제에 대한 특별한 반감이 없었던 셔먼이었지만 이제는 자신을 속도가 느려져서는 안 되는 동력기관으로 바라봤다. 자신의 눈앞에 있고 계획을 진행해야만 하는 애틀랜타를 거기에 사는 사람들의 집단으로 봐서는 작전을 군인이 아닌 개인으로서 수행하는 격이 돼 성공할 수 없었다. 그는 애틀랜타인들의 애원을 거부하며 "당신들은 나보다 더 냉혹한 용어로 규정할 수 없다"라며 "전쟁은 잔혹한 일이며 고상하게 만들 수 없다. 우리나라에 전쟁을 일으키는 자들은 사람들이 퍼부을 수 있는 모든 저주와 악담을 받아도 마땅하다"고 말했다. 누군가가 셔먼 혹은 A와 틸이 그랬듯 악을 규정한다면 악을 무너뜨리기 위해 자신이 해야 하는 일을 하도록 스스로 허락하는 셈이다.

셔먼이 애틀랜타 시민들에게 피난을 명령하는 것은 쉬운 일이 아니었다. 날마다 시체 더미가 쌓여갔다. 과거의 친구들, 자신이 존경하던 적, 노예제라는 대의를 위해 싸우는 자들과 맞붙는 일은 힘겨웠다. 안타깝게도 셔먼 자신은 노예제 폐지에 전적으로 동조하는 편도 아니었다. 그런데도 그는 자신이 하려는 바를 애틀랜 타인들 때문에 멈출 순 없다고 밝혔다. "이 끔찍한 전쟁의 고통에 맞서는 것은 뇌우에 맞서는 것이나 다름없다. 피할 수 없는 일이며 애틀랜타 시민들이 다시 한번 가정에서 평화롭고 조용하게 살기 를 바란다면 유일한 방법은 전쟁을 멈추는 것이다. 그러려면 전쟁 을 시작한 것은 실수임을 인정해야만 한다."

그런 이유로 피터 틸은 사회를 자기 마음대로 하려는 모든 이 처럼 스스로를 번개이자 뇌우로 만들어야 했다. 그렇게 하지 않는 것은 이제 막 계획한 모든 작전을 위험에 빠뜨릴 것이다. 몽테 크 리스토 백작은 "복수를 결심한 날 내 심장을 쥐어뜯지 않았다니 나는 얼마나 어리석은가!"라고 한탄한 바 있다.

다만 이는 위험한 일이라는 점을 알아둬야 한다. 일부러 매정 한 마음을 먹는 것은 위험한 길에 서는 것이며 주된 목적을 달성 하다가 그 상황을 탈출하거나 결백한 상태를 유지하기 어렵다. 윌 리엄 제임스William James는 모든 인간이 "특정 대의를 추구할 때 야만적으로 변할 준비가 되어 있음"을 알았다. 그는 선한 사람과 악한 사람의 차이는 "어떤 대의를 선택하느냐"에 달렸다고 지적 했다.

로스 울브리히트라는 자유로운 사고의 소유자 사례에서도 이 를 확인할 수 있다. 울브리히트는 닉 덴튼과 피터 틸이 갈등으로 치닫던 그 시기에 오스틴의 우중충한 아파트에 앉아 자신이 보기 에는 성인을 과도하게 억압하고 본인의 신체에 주입할 수 있는 약 물을 제한하는 데 짜증이 난 상태였다. 그는 언론 시스템이 아닌 미국 정부에서 압박을 느꼈고 정부가 국민의 자유를 부당하게 침해한다고 생각했다. 그것에 어떤 조치를 취할 수 있다면 그게 무엇일지에 대해 고민했다. 그는 짧은 시간에 코딩을 통해 '실크로드'로 알려지는 터전을 닦았다. 자유의지론자가 착안한 딥웹deep web의 상점에서는 오하이오에 사는 사람이 오데사의 밀매자에게서 엑스터시를 구입할 수도 있었다. 상점은 급속도로 커졌는데 여기에는 고커의 게시물이 한몫했다. 이러한 공간을 계획하고 사전적인 단계를 밟는 것은 쉬웠고 컴퓨터 화면에서 작업이 이뤄졌다. 신나는 과정이었을 뿐만 아니라 보상이 즉각적으로 주어졌다. 마치 어린이가 부모님이 금지한 곳을 훔쳐보듯 은밀하고 짜릿한 일이었다. 하지만 울브리히트가 만든 공간은 어린이 상대의 사업이 아니었으며 이내 야수성이 흘러넘치는 곳이 되었다. 그는 여러 질문에 직면했고, 작지만 성장하는 불법조직에 내재한 도덕적 딜레마에 부딪혔다. 누구를 믿을 수 있을까? 누구에게 비밀을 털어놓을 수 있을까? 고객이 처음으로 과다복용 문제를 겪으면 어떻게 해야 할까? 양심의 가책을 모른 체할 수 있을까? 한 사용자가 다른 사용자에게 절도행위를 저지른 것을 들었을 때는 어땠을까? 이제 실크로드 사용자들이 사이트에서 무기를 밀매하려는데 어떻게 해야 할까? 청산가리를 팔 수 있을까? 각 단계와 의사결정은 전에 존재하지 않던 영역으로 발을 딛는 것이었고 홉스가 말한 야수성을 향해 갔다. 그의 발걸음을 멈추려는 경찰이나 기관의 감시를 피하고 속이기 위해 어떤 단계를 밟아야 할까? 쏟아져 들어오는 자산을 어떻게 숨길 수 있을까? 누군가를 자살할 수 있도록 만들어서

번 돈을 쓸 때의 느낌은 어떨까? 어느 날 방에 앉아 키보드로 계획을 구상했던 울브리히트는 이제 사회가 작동하는 방식을 변화시키겠다는 야심 찬 시도를 폭로하겠다고 위협하는 직원을 청부살인해야 하는지 고민에 빠졌다. 그는 멈출 수 없었고 앞으로도 그럴 것이었다. 그가 하고 있는 일은 너무나 중요했다.

야만성이 여섯 건의 살인을 의뢰하는 수준에 이르면서 결국 울브리히트는 연방교도소에 갇히는 신세가 되었다. 그가 그런 행위를 저지르게 된 대의를 우러러보거나 영혼을 메마르게 한 점을 높이 사는 사람은 거의 없었다. 오히려 그의 사례는 한 인간이 얼마나 망가질 수 있는가를 보여주는 교훈적인 실화가 되었다.

하지만 여기에서도 역설적인 상황이 발생하는데 이러한 비판이나 결과를 지나치게 우려하면 절대 앞으로 나아갈 수 없다. 틸은 창작자라는 건설적인 직업정신을 본질적으로 파괴적인 의도를 지닌 음모를 후견하는 행위와 바꿨다. 그 생각을 실천하기까지 의구심을 지닌 채 한 지인이 해준 조언을 오랫동안 지켰다. 지인은 누구를 적으로 삼을지 신중하게 골라야 한다면서 내가 적을 닮아가게 되기 때문이라고 일러줬다. 그런데도 틸은 심장을 뜯어내고선 계획을 감행했다.

칼을
쥐다

거의 모든 음모는 일정이 급격히 변화하는 순간으로 규정된다. 공모자들은 사건의 갑작스러운 변화에 대처하기 위해 서둘러 움직이게 된다. 표적의 일정도 변화하기 마련이다. 오랫동안 잠복해 있던 혁명이 발화점에 도달하고 힘이 결집되기 시작한다. 이런 순간이 당시에 분명하거나 확정적으로 느껴지지 않을 때도 있다. 하지만 뒤돌아보면 모든 순간이 한곳을 향하고 있었음을 분명히 알 수 있으며 상황 변화에 어떻게 대처했는지 수중에 들어온 기회를 어떻게 살렸는지에 따라 결과가 달라진다.

7월 20일 히틀러를 암살하려는 계획이 추진됐지만 공모자 집단 검거가 임박했다는 소문이 돌았다. 이에 이너서클 구성원들은 히틀러를 암살할 수 있는 마지막 시도에 폭탄을 서류가방에 다시 넣고 히틀러의 회의탁자 밑에 밀어 넣고 말았다. 15세기에 메디치 가문에 대한 파치 성당 음모에서 마지막 순간에 변수가 발생하면서 암살 장소가 궁의 은밀한 응접실이 아닌 수천 명이 모인 곳으로 바뀌어야만 했다. 집정관에 입후보하기를 바라던 시저에게 원로원은 군을 해산하고 로마로 돌아오라는 명령을 내렸다. 기원전 49년 1월 10일 시저는 루비콘강에 멈춰서서 "주사위는 던져졌다 Alea iacta est"라는 유명한 말을 남긴 것으로 알려졌다. 그는 자신의 군대를 이끌고 강을 건너 조국을 향해 진격했다.

이 책에서 다루는 이야기에서 결정적인 변화가 일어난 순간을 이해하기 위해서는 피터 틸과 닉 덴튼이 처음으로 서로의 궤도에 들어선 순간으로 돌아갈 필요가 있다. 두 사람 모두 물이 오른 상태였고 큰돈을 벌었으며 제국을 건설하기 위한 다음 행보를 계획하고 있었다. 이때 또 다른 사내는 두 사람과 무척 다른 무대에서 경력의 후반부에 접어들고 있었다. 그의 이름은 테리 볼리아로, 사람들에게는 무대 위 활동명인 '헐크 호건'으로 더 잘 알려져 있다.

테리 볼레아의 인생은 파란만장했다. 배관공의 아들로 태어난 그는 뚱뚱하고 못생긴 아이였으며 플로리다 탬파항 부두에서 일하다 미국 문화에서 가장 유명한 캐릭터 중 하나로 변신했다. 열두 살에 이미 키가 180센티미터가 넘었고, 친구라고는 음악 선생님 뿐이었다. 그는 고등학교를 졸업한 후 음악 분야에 진출하기 위해 지방의 전문대학교로 진학을 시도했으나 경제적으로 어려움을 겪었다. 이에 부두에서 화물을 싣고 내리는 일을 하며 생계를 유지했다. 레슬링 선수 훈련을 시작한 것은 스물세 살 때였고 1년 후 첫 경기를 치렀다. 나이 든 선수들은 젊고 전도유망한 볼리아와 붙기를 원치 않아 그는 권좌에 머물렀다. 덴튼과 틸의 성공스토리와 다르지 않지만, 차이가 있다면 블루칼라 버전이고 사뭇 다른 결말을 맞았다는 점이다. 그는 프로레슬링 선수에서 영화배우이자 시대의 아이콘으로 거듭났다. 인기가 좋았고 모두를 '형제'라고 부르며 지냈다.

무척 유명했던 그는 2005년 아내, 아이들과 함께 리얼리티 TV 시리즈에 출연했다. 무려 1580제곱미터의 2500만 달러 상당의 자택에서 촬영했으며 가수 지망생인 딸 브룩 볼리아와 레이싱카 선수가 되고 싶어 하는 아들도 출연했다. 아내도 이 기회를 살려 스포트라이트를 받기를 바랐다. 모든 가족이 인기를 누렸고 프로그램은 히트를 쳤다. 브룩은 언제라도 가수로 데뷔할 것으로 보였고 가족은 프로그램으로 돈을 벌었다. 행복한 생활이 오래 이어졌다.

하지만 신이 준 축복이 사라졌다. 2006년 결혼생활에 위기가 찾아왔다. 아내는 그가 나이가 너무 많다며 싫어했다. 그러고는 플로리다에서 로스앤젤레스의 집으로 떠났다. 전화통화로 결혼생활에 대해 다투는 동안 아들은 심각한 위험에 빠졌고 딸의 경력에는 수백만 달러가 들었다. 게다가 볼리아는 링에서 보낸 세월로 인해 통증에 시달렸다. 척추 수술을 다시 받았지만 효과가 없었고 머리숱도 얼마 남지 않았다.

그래도 방송 출연이 이어졌고 화면에 얼굴을 비추는 한 희망을 품을 수 있었다. 20여 년의 결혼생활은 순탄치 못했다. 이전에도 좋지 않은 상황이 있었으며, 그는 본보기로 삼을 만한 남편은 아니었다. 좋은 아빠이긴 했지만 남편으로서는 훌륭하지 못했다. 유명인이었고 바람을 피웠으며 지나치게 많은 일을 했고 가정을 떠나 있는 때가 잦았다. 그래도 그의 마음 깊은 곳에서는 상황이 달라질 수 있다고 믿었다. 9만 3000명 앞에서 앙드레 더 자이언트와 시합을 하고 미국의 헐크 호건 꼬마팬들에게 비타민을 섭취하게 만들며 세계 레슬링 챔피언에 12번이나 오르고 쉰한 살에 WWE 명예의 전당에 오른 인물이었다. 테리 볼리아는 쉽게 포기하는 사람이 아니었다.

그런 희망이 더욱 뼈저리게 실망하도록 만든다. 우리는 가장 두려워하는 일이 일어나지 않을 것이라고 믿는다. 2007년 여름, 분노에 찬 아내의 전화가 또다시 걸려왔고 이제 상황이 분명해졌다. 아내는 떠나면서 말했다. "다시는 당신에게 돌아가지 않겠어." 이제 두 사람의 결혼에 남은 것은 없었다. 24년의 세월이 막을 내리자 그는 토드 클렘이라는 라디오 진행자이자 절친에게 전화를 걸었다. 실명을 '부바 더 러브 스폰지Bubba the Love Sponge로 개명하고 라디오에서 살아 있는 돼지를 잡거나 포르노 스타들이 청취자를 위해 서로에게 성인용품을 사용하는 등의 충격적인 언행을 일삼으며 2010년 아이티 지진을 '청소'라고 표현한 사람에 대해 여기에서 굳이 자세히 설명하지는 않겠다. 중요한 것은 헐크와 부바가 탬파 지역에 거주했고 서로 절친한 친구가 되었다는 점이다. 일반인이 친한 친구를 사귀는 것과는 사뭇 다르게 수십 년 동안 대중의 시선을 받아왔으며 가정이 무너지고 있는 사내가 형제 관계를 맺은 것이다. 부바는 볼리아의 아버지가 사망했을 때도 그와 함께했고 서로의 손을 잡고 이끌었다.

볼리아는 부바에게 전화를 걸어 결혼생활이 끝났다는 소식을 알렸고 무너지고 말았다. 그가 가진 모든 것이었고 고통이 너무나 컸다. 그의 친구는 이 순간에 혼자 있어서는 안 된다고 고집했다. 몇 분 뒤 부바는 볼리아의 집을 찾아왔고 이내 두 사람은 부바의 차에 올랐다. "나랑 같이 가자." 부바는 운전하며 아내에게 전화를 걸어 "헤더, 우리 가는 길이야"라고 말했다.

린다 호건이 결혼생활에 종지부를 찍는 동안 다른 해안가에서는 밸리왜그가 실리콘 밸리의 걱정 없는 너드들에게 폭격을 가하고 있었다. 틸은 독일 프랑크푸르트에서 한 신문사와 인터뷰를 하는 중 밸리왜그에 대한 관심과 우려가 커지고 있음을 인정하며 자신의 회사가 이 매체의 레이더망에 걸려들지 않을까 경계했다. 인터뷰에서 그는 "솔직히 말하자면 꽤 자주 보는 편이지만 힘들고 혼란스럽기는 하다"라고 말했다. 이때까지만 해도 그런 감정이 점점 더 강해지리라는 것을 예상하지 못했다. 그리고 마침내 '피터 틸은 뼛속까지 게이다'라는 기사가 터지고야 말았다. 플로리다 피넬러스 카운티에서 아주 먼 세계의 일이었다.

세인트피터즈버그에 있는 부바의 집에 들어서면서 볼리아는 거의 무너졌다. 그는 가드를 내린 상태에 방호구도 두르지 않았고 과장된 캐릭터도 남아 있지 않았다. 헐크 호건을 상징하는 노란색과 빨간색의 두건이 그의 상처를 덮어주지도 않았다. 하지만 이 순간에는 그런 방어막이 필요하지 않다. 그를 사랑하는 친구들이 있고 모든 것이 무너지기 이전처럼 느끼게 해줬다. 그가 문을 들어서자 안아주기까지 했다. 좋은 느낌이 들었다. 이게 바로 집이지.

헤더는 볼리아의 손을 잡더니 침실로 향했다. 이건 무슨 일이지? 볼리아의 큰 손이 헤더를 어루만지고 있었다. 이건 놀라운 일이면서 아니기도 했다. 부부는 이전에도 자유결혼(부부가 서로의 사회적·성적 독립을 승인하는 결혼 형태-역자주) 상태라며 볼리아에게 기한이 없는 제안을 한 적이 있었다. "아내가 자네랑 자고 싶어 해." 볼리아의 결혼이 끝장나는 동안 이들은 고민을 들어주었다. 이제 다른 사내의 침실 문 앞에 선 볼리아에게 두 사람은 무언가를 제안하고 있었다. 볼리아는 흥분되는 것을 느낄 수 있었고 곧 어떤 일이 벌어질지 짐작할 수 있었다. 헤더가 침대에서 그를 불렀다. 하지만 볼리아는 멈춰섰다. 명치에 통증이 느껴졌다. 그는 이런 상황을 원하고 있었다. 몇 달 동안 거부당하고 아내 없는 외로움에 시달리던 그의 눈앞에 아름다운 여인이 자신을 원하고 있고 이전에도 구애를 해왔던 터였다. 하지만 이 얼마나 기괴한 상황이란 말인가. 다른 남자의 아내에게 어떤 조건도 없는 관계를 제안 받다니. 뭔가가 있는 게 틀림없었다. "부바, 이거 찍는 거 아니겠지?" 부바는 움찔하면서 "정신 나갔어? 우리 친구 아냐?"라고 말했다. "친구가 어떻게 그런 질문을 할 수 있어?" 이렇게 반문하자 마음이 놓인 모양이었다. 손 뻗으면 닿을 곳에 있는 아름다운 여인이 의구심을 떨쳐버리기에 충분했을지도 모른다. 어찌 됐든 중요한 문제는 아니었다. 볼리아는 침대를 향해 움직였다. 부바는 그에게 피임기구를 쥐여주고는 방을 나갔다.

부부는 지난여름에 사람을 시켜 침실 작은 바 뒤의 벽에 작은 카메라를 설치한 것을 볼리아에게 알려주지 않았다. 그에게 말하지 않은 채 둘 중 한 사람이 밤에 카메라가 설치된 벽장에 다가가 DVD를 넣고 녹화버튼을 눌렀다. 호건이 옷을 벗고 침대에 누워 있는 나체 상태의 다른 남자의 아내에게 다가가는 동안 방 왼쪽 벽에 연기탐지기처럼 보이는 빨간색 불빛이 그의 모든 움직임과 말소리를 녹화하고 있었지만 그는 아무것도 몰랐다. 처음으로 그 방에서 무방비상태에 놓인 이후 그가 허락 받고 사회통념에 어긋나는 스릴을 즐기던 많은 밤에 있었던 일들이 고스란히 녹화됐다. 그 어떤 합의에도 옳은 일이 될 수는 없는 일탈이었다.

여느 향락과 마찬가지로 뜨겁게 달아오른 감정이 잦아들고 그는 앞으로 나아갈 수 있게 되었다. 물론 잠시 동안은 부부와의 관계가 추악하고 이상하지 않다는 듯 함께 머물렀다. 이제 한 발짝 앞으로 나아가면서 그는 알지 못했다. 절친의 아내와 여러 번 관계를 나눈 영상이 향후 5년 가까이 그의 인생을 바꾸게 되는 중요한 계기가 되리라는 것을.

그 일이 아니라도 머릿속을 복잡하게 만들 일이 많았다. 문제 투성이인 아들은 2007년 여름 그가 침대에서 즐기던 시점에서 한 달쯤 지나 그의 차를 망가뜨리고 친구를 거의 죽음에 몰아넣는 사고를 냈다. 3개월 후 아내는 이혼 소송을 제기했다. 두 사건으로 볼리아의 삶은 카오스 상태였다. 그는 독방에 감금된 아들이 온전한 상태를 유지하도록 매일 찾아갔지만 교도소 면회실에서 아들과 나눈 대화가 언론에 유출되었다. 볼리아는 사고 희생자 가족에게 합의금으로 수백만 달러를 지불했다. 한편으로는 여전히 결혼을 회복시킬 수 있다는 생각에 아내에게 관심을 기울였다. 그러다 운전 중에 보도를 통해 아내가 마침내 이혼 소송을 제기했다는 소식을 들었을 때는 자신이 한 짓을 잘 알고 있음에도 얼마나 큰 충격을 받았는지 갓길에 차를 세워야 할 정도였다. 그는 지금 끝나지 않는 기나긴 꿈을 꾸고 있는 듯했다. 결혼을 정말 끝내야 할까? 그렇게 할 수 있을까?

볼리아는 욕실에서 한 손에 권총을 들고 방아쇠에 손가락을 걸었다. 카운터에는 술병이 놓여 있었고 가족은 떠나버렸다. 어느 정도의 압박을 더 받으면 결국 방아쇠를 당겨서 이 모든 일을 끝내게 될지 궁금해졌다. 이 일이 있고 나서 얼마 후 그는 한 기자에게 자신의 상황이 얼마나 나빴는지 O. J. 심슨Simpson에게 공감이 갈 지경이었다고 털어놨다. 심슨 역시 아내가 훨씬 어린 남자에게 자신의 돈을 쓰는 모습을 지켜봤던 것이다. 그는 피가 흥건한 범죄현장이 된 집으로 들어가는 자신의 모습을 그려볼 수 있었다. 감사하게도 그런 일을 직접 저지르지는 않았지만 찰나의 위기를 오랫동안 지켜보고 그 순간에 방아쇠를 당겨 끝내버리는 생각을 했다. 이런 생각은 사람의 영혼을 변화시키고 나중에 어떤 좋은 일이 생기더라도 뇌리에 남게 된다.

그런데도 시간이 지나며 볼리아는 일상을 회복했고 신앙심을 되찾았다.《시크릿》을 읽고 긍정적인 확언을 실천했고 다시 결혼도 했다. 그는 다시금 '맑은 공기'를 마시게 된 듯했다고 말했다. 레슬링은 거의 하지 않았으며, 행복감을 느꼈다.

이 시기에 그가 절대 일어나지 않았던 것처럼 행세했던 문제가 은밀하게 전이되면서 눈치채지 못하는 사이에 새로운 삶의 기반을 암처럼 갉아먹고 있었다. 그는 절친이 자신을 촬영한 테이프를 책상 서랍에 숨겨뒀는데 2011년 말 탬파베이 사무실에서 이사할 당시 방치되어 있다가 도난당했음을 전혀 알지 못했다. 테이프는 책략을 꾸미는 한 직원이자 자신의 프로그램을 진행하기를 원하던 야망 넘치는 DJ가 훔쳐간 것으로 추정된다. 테이프를 전혀 알지 못했던 볼리아는 영상이 유출되기 1년 전 하워드 스턴과의 인터뷰에서 자신은 친구의 아내와 관계를 절대 맺은 적이 없다며 그건 '남자들의 법'에 어긋난다고 말했다. 또한 부바와 헤더가 10년 전에 이혼했더라도 그런 일을 하지 않았을 것이라고 덧붙였다.

새로운 삶의 둥지에 처음으로 금이 간 것은 2012년 3월 7일 새벽 1시로, TMZ.com에 헐크 호건의 성관계 동영상이 존재한다는 루머가 처음으로 등장했다. 이 사이트는 호건의 상대가 누구인지와 녹화된 시점은 언급하지 않았다. 볼리아는 어떤 동영상을 의미하는지 바로 알아차렸을까? 아니면 말이 안 된다고 무시했을까? 그는 루머가 말 그대로 소문이거나 다른 누군가일 것이라고 생각했다. 오전 8시에 호건은 TMZ에 '자신이 누구와 영상에 등장하는지 알지 못하며 삶에 그늘이 드리워져 있을 당시 많은 여성을 만났다'고 답했다. 이번에는 비비드 엔터테인먼트와 Sex.com에서 동영상을 사겠다는 제안을 담은 편지를 보내왔다. 한 편지에는 "이 테이프가 당신의 허락 없이 촬영되었다는 점을 이해합니다만…"이라고 하면서도 영상을 구입하기를 원했다. 호건은 영상에 대해 논의하고 위험 관리를 위해 자신의 변호사 데이비드 휴스턴과 함께 TMZ를 찾아갔다. 그는 아무 일도 아닌 것처럼 행동했고 TMZ 측은 그가 영상에 나오는 것과 같은 가죽 끈을 매고 왔다며 놀렸다. 호건과 변호사는 영상에 등장하는 남자는 호건이 아니라며 농담했다.

그러다 테이프의 흐릿한 스틸 이미지가 온라인에 등장했고 호건에게 웃음기가 사라졌다. 부바가 그랬듯 호건도 이미지를 보자마자 어떤 테이프인지 알아챘다. 물론 어떻게 영상이 유출되었는지는 알 수 없었다. 어느 날 오후에 호건이 낮잠을 자는 중에 재혼한 아내가 그를 다그쳤다. "정말 그랬어요? 헤더와 잤어요?" 그동안 잊으려 했던 그 침대에서 시간을 보냈던 시간을 통렬하게 후회하는 밤이 다시 그의 눈앞에 펼쳐졌다. 그는 부인할 수 없었고 아내에게도 그 사실을 부인하지 않았다. 그렇더라도 더 많은 사람이 알지 못하도록 막을 수는 있으리라. 지금까지보다 앞으로 그와 아내에게 더 많은 모욕감을 주는 일은 막을 수 있을지도 몰랐다. 호건의 변호사는 TMZ에 '누구라도 이 일을 키우면 찾아가서 고소하겠다'고 밝혔다.

2012년 3월이 되면 이 책의 주요 인물이 한 지점에서 교차하게 되며 바야흐로 음모가 단순한 계획에서 행동으로 나아가는 계기가 마련된다. 케이시 카버는 TMZ에서 호건의 내용을 다룬 링크를 tips@Gawker.com으로 보냈다. 모든 고커 사이트의 편집인과 기자에게 전달되는 주소였다. 카버는 고커가 이와 같은 스캔들을 다루며 트래픽이 유입되기를 바랐고 이 사건이 고커의 전문분야라는 사실을 잘 알고 있었다. 이틀 전만 해도 고커는 크리스티나 헨드릭스와 올리비아 먼의 해킹된 나체 사진을 게시했다. 이튿날 덴튼은 NBC 뉴스 기자가 〈록 센터 위드 브라이언 윌리엄스Rock Center with Brian Williams〉에서 자신의 웹사이트에 대해 "불쾌하고 외설적이며 부끄러움을 모르고 (이따금) 잔인하다"고 평가한 것에 동의했다. 하지만 이제 프로레슬링 선수의 성관계 동영상이 있을지 모른다는 뉴스는 고커 편집인들에 대한 관심을 불러일으키기에 충분했다.

이후 덴튼과 틸은 헐크 호건과는 매우 다른 여름을 보냈다. 이들이 벌이는 대리전이 냉전에서 열전으로 치닫기 전의 마지막 여름이었다. 틸은 페이스북이 증시 상장 과정에서 시장에서 기술적인 우려가 제기됐음에도 순자산이 천문학적 수준으로 증가했다. 틸과 파트너가 보유한 주식이 10억 달러 이상의 현금으로 돌아왔다. 덴튼 역시 승승장구했다. 같은 해 고커의 매출은 2500만 달러를 기록할 것으로 전망돼 덴튼이 자택 거실의 큰 탁자에 앉아 블로그를 작성하던 시절과는 위상이 판이하게 달라졌다. 덴튼 역시 그 나름의 기술적인 문제를 겪었는데 틸에 비해서는 사적인 문제에 해당했다. 아이폰을 분실하면서 자신의 음란한 사진이 인터넷에 등장하지 않을까 전전긍긍하며 불면의 밤을 보내야 했던 것이다.

그러다 9월 말, 하워드 스턴과 마이크 콜타 같은 라디오 스타의 에이전시를 대표하는 토니 버튼이라는 매니저가 고커의 A. J. 돌레리오에게 접근해 한 가지 조언을 했다.

> "한 고객이 아주 중요한 DVD를 가지고 있는데
> 고커에 보내기를 원하고 있습니다.
> 하지만 먼저 익명으로 영상을 보내기를 원하는데
> 주소나 사서함을 알려주시겠어요?"

통화에서 돌레리오는 DVD의 주인공이 누구인지 짐작할 수 있었다. TMZ에서 여름 내내 떠들었던 영상의 증거물이었다. 인생을 바꿀 만한 특종이 제 발로 걸어들어온 것이자 한동안 돌레리오가 쌓아 올린 명성이 정점에 도달했음을 보여주는 제안이었다. 그는 누구도 건들지 않으려는 물건을 어떻게 다뤄야 하는지 알고 있었다. 브렛 파브의 나체 사진, 클럽에서 찍힌 운동선수의 곤란한 사진, 감독의 딸을 닮은 누군가의 상반신 누드 사진, 틈새를 통해 에린 앤드루스를 몰래 촬영한 동영상을 생각해보라. 일단 돌레리오에게 보내면 그는 고민하지 않고 게시해버린다. 그는 저질러버리는 사람이며 그럴 수 없다면 링크를 건다. 그게 그의 일인 것이다. 1년 전 〈GQ〉는 그가 스파이 장비를 들고 화장실에 서 있는 모습을 담은 사진을 내걸고 제목을 'A. J. 돌레리오, 신체 사진의 세계적 권위자'라고 달았다.

그의 가까운 지인이자 동료는 "그는 상대가 마음을 놓을 정도로 부드러운 사람"이라면서도 "사디스트적인 면모가 있고 사람들이 모욕감을 느끼는 모습을 지켜보며 쾌감을 느낀다. 긍정적으로 보자면 그가 주로 좋아하는 것은 인간적인 면이며 가장 원초적인 순간을 즐긴다. 가장 깊은 곳의 그는 머저리일 뿐이다"라고 평가했다. 그는 나쁜 짓을 즐겼고 재수 없게 굴기를 좋아했다. "고커는 온갖 지저분한 일을 했는데 바로 그런 이유로 거기에서 일하고 싶었다"라고 돌레리오는 말했다. 2012년 가을, 그는 서른일곱 살이 되었지만 그보다 더 어려 보였다. 그는 늦게까지 야근하고 파티를 즐기고 약물에 취하는 등 스스로를 혹사시켰다. 하지만 이게 다가 아니다. 검은색 모발에 꾀죄죄하고 헝클어진 옷차림은 짓궂은 역할을 하는 보조 코미디언이나 이웃의 악당 분위기를 풍긴다. 눈동자는 한쪽이 갈색, 다른 한쪽이 파란색으로, 에너지와 민첩함이 종종 엿보이다가도 공허함이 스쳐 지나간다.

고커에 우편물이 도착했을 당시 돌레리오는 휴가 중이었다. 우편물에는 발신인 주소가 없었다. 며칠 뒤 처음에 영상을 보내겠다고 알렸던 사람에게서 이메일이 왔다. "우편물을 받았습니까?" 봉투 안에는 호건이 그토록 두려워하던 물건이자 신체 사진의 대가가 바라던 물건이 들어 있었다. 헐크 호건이 관계를 맺고 있는 30분 분량의 미편집 동영상으로, 부바 클렘의 책상에서 훔친 3개가 넘는 테이프 중 하나였다. 돌레리오는 동영상 편집자에게 짧은 클립 영상으로 편집하라고 요청했다. 나중에 그는 이 클립을 1분 41초 분량의 '하이라이트 영상'이라고 불렀다. 영상은 청하지도 않은 제보가 처음 접수된 지 7일 만에 게시되었다.

2012년 10월 4일 고커는 다음과 같은 소식을 알렸다.

캐노피 침대에서 벌어지는 헐크 호건의 모습을
직장에서 시청하는 것은 단 1분이라도 위험하겠지만,
아무튼 보시라

이때 돌레리오와 고커가 서둘러 특종을 터뜨리면서 무엇을 인지하고 있었는지 짐작할 수 있다. 영상이 동의 없이 녹화되었을 가능성이 충분하다는 사실이다. TMZ는 영상에 대해 알리며 대여섯 건의 글에서 이 부분을 다루기도 했다. 그중에는 '헐크 호건, 성관계 테이프 설정의 피해자'라는 헤드라인도 있다. 고커 측은 호건의 변호사가 영상을 게시할 경우 조치를 취하겠다고 위협한 것도 잘 알고 있었다. 이들은 이미 그런 테이프로 인해 고소를 당한 전력이 두 번 이상 있었다. 한 번은 더스트가 8000만 달러 배상을 요청했고, 나머지 경우에는 수십만 달러 수준의 합의금을 지불해야 했다. 훗날 소송에서 인정했듯 고커 측은 테리 볼리아와 헤더 클렘의 비밀스런 부분을 모자이크 처리하는 것이 비교적 쉬운 일이라는 점, 이미 다른 동영상에도 유사한 처리를 한 적이 있다는 점에서 모자이크 처리가 어렵지 않다는 점을 인정했다. 또한 성관계 동영상에 대해 기사를 쓰는 것은 실제 영상을 게시하는 것과는 다른 방식으로 보호받는다는 점을 인지하고 있었다. 헐크 호건에게 입장을 물을 수도 있었다. 테이프를 입수한 뒤 기본적인 보도를 할 수 있었음도 알고 있었다. 하지만 그러기를 원하지 않았고 그럴 필요성도 느끼지 못했다. 이는 단순한 추측이 아니다. 수백 건의 법적 명령과 증언 녹취록에서 위증죄를 피하기 위해 마지못해 조금씩 인정한 사항이다.

그런데도 이들은 페이지 조회수와 독점 보도라는 점을 포기할 수 없었다. 단순히 영상의 존재에 대한 루머 수준이 아니라 인터넷의 나머지 사이트에서는 그저 떠드는 일밖에 할 수 없는 정보였다. 그토록 많은 사람이 보고 싶어 할 것이 분명한 자료를 그냥 묵힐 수 있겠는가? 이미 우스운 존재가 되어 버린 한 부유한 사내를 당황하게 한다는 이유만으로 손 놓고 가만히 있어야 하는가?

나중에 증언 녹취록에서 고커의 에마 카마이클 편집장은 "고커는 정보를 비밀에 부치는 업종에 속해 있지 않다"고 해명했다. 입수하면 게시해버리는 것이다. 몇 년 뒤 고커의 한 기자 역시 "기사에는 긍정적인 부분이 필요하지 않다. 사실을 모두가 기분 좋게 받아들여야 하는 것은 아니다. 사실에 해당한다면 게재하는 것이다"라고 말했다. 이들은 '사실'이 지배적인 판단 기준이라고 믿었고, 이런 기사를 게재할 권리가 절대적이라고 여겼다. 고커의 경험에 비춰보면 그들의 항변은 일리가 있다. 이전에는 한번도 심각한 결과를 야기하지 않았던 것이다. 항상 배짱을 부렸고 다른 매체에서 게재할 수 없다고 판단하는 자료를 게시했다. 그런 면에서 인정받았을 뿐만 아니라 독자들은 고커의 그런 행동에 열광했다.

물론 고커는 도난당한 나체 영상을 게시하는 것이 반드시 옳은 일은 아님을 알고 있었다. 고커의 사이트 중 하나는 온갖 무시에서 여성을 보호하고 사생활 권리를 보호하며 온라인상에서의 괴롭힘에서 보호한다면서 사이트 이름을 '이세벨Jezebel'(구약성경 열왕기 상에 나오는 이스라엘 아합왕의 아내 이름으로, 희대의 독부를 가리킨다-역자주)로 지었다. 경쟁 블로그가 누군가의 성적 취향에 대한 논쟁적인 게시글을 올렸을 때는 분노를 드러내며 자신들의 시각을 분명하게 정의했다. "커밍아웃을 원하지 않는 사람을 강제로 커밍아웃하지 않는다. 모두에게는 사생활을 지킬 권리가 있다." 물론 여기에는 피터 틸에 이어 테리 볼리아의 사례는 해당되지 않는 것이 분명하다.

호건의 영상을 올리기 2달 전 고커의 한 기자(이 사람은 훗날 고커 사이트의 편집장 자리에 오르게 됨)는 '인터넷에서 정보 모으기 fusking'라는 온라인 계정에서 사진을 훔쳐 게시하는 활동이 증가하는 것을 비판하는 글을 올렸다. 글에서 기자는 사람들의 사적인 정보를 훔치는 것에 대해 피해자를 비난하거나 '절도 행위'에 대한 변명도 거부했다. 고커는 헌터 무어와 리벤지 포르노를 중심으로 구축된 무어의 사이트에 대한 글에서 분노를 드러냈다. 심지어 FBI가 무어를 조사 중이라는 보도를 하며 환호하기까지 했다. 그러나 고커의 소호 사무실에 테이프가 도착했을 때 고커는 영상을 하이라이트로 압축하고 헐크 호건이 나체로 등장하는 영상을 수백만 독자 앞에 선보였다. 영상에는 호건뿐만 아니라 그가 관계를 맺는 여성이 등장하며 해당 여성 역시 영상을 게시하는 데 동의하지 않았다. 고커는 페이스북 팬들에게 영상을 홍보하며 "일각에서 부바 더 러브 스펀지의 아내라고 주장하는 여성과 헐크 호건이 성관계를 맺는 짤을 봐야 할 때입니다. 근무 시간이 끝났으니 봐도 좋습니다"라고 알렸다.

고커에는 과신하는 분위기가 흘렀다. 그 어떤 상대보다 이런 일에 능했고 모든 관습과 이런 일이 옳지 않다고 거들먹거리며 말하는 사람을 거부했다. 고커의 기자와 편집인은 조롱하는 무리가 틀렸음을 입증하며 만족감을 느꼈고 자신이 무적의 존재이면서도 언더독이라고 여기게 만드는 묘약의 잔을 비웠다.

돌레리오는 기사 앞머리에서 "인터넷으로 모든 사람이 부끄러움 없이 관음증 환자나 일탈을 저지르는 사람이 되기 쉬워진 덕분에 유명인이 관계를 맺는 것을 시청하기를 좋아한다"라고 썼다. "봐서는 안 되는 영상이기 때문에 시청하지만 유명인의 그것도 우리 일반 시민들의 행위와 크게 다르지 않다는 데서 만족감을 느낀다." 유머와 외설적인 세부 묘사가 뒤섞인 고커의 전형적인 기사에 해당했다. 독자들이 기사 이면에 있는 뒷이야기를 엿보기 좋아한다는 점을 간파한 돌레리오는 영상을 묘사하며 어떻게 자신의 손에 들어오게 됐는지를 설명했다. "지난주에 익명의 제보자가 헐크 호건이 헤더 클렘이라는 여성과 성관계를 맺는 DVD의 복사본을 고커에 보내왔다. 제보자는 금전이나 공로를 요구하지 않았다. 그저 우리가 봐주기만을 바랐기에 우리는 그렇게 했다. 영상은 30분 17초 분량이며 과장하지 않고 말하자면 희대의 걸작이다."

나중에 고커는 동영상과 함께 게재한 이 글이 중요한 맥락을 담고 있으며 언론인으로서 노력을 기울였기 때문에 영상은 부차적인 자료라고 주장했다. 궁극적으로 페이지 조회수가 700만 회를 넘기게 된 요인이 문화적 분석 때문인지, 아니면 나체 상태의 호건이 민망한 모습으로 등장하고 역시 같은 상태의 클렘이 관계를 맺는 모습을 침대 위쪽의 깜빡이는 연기탐지기 부근에서 촬영한 1분 41초 분량의 하이라이트 때문인지 분명하게 말할 수는 없을 것이다.

그래도 기자에게 공로를 돌릴 만한 부분은 있다. 돌레리오는 "베개 쪽에 있던 여성은 침대 옆에 서 있는 옛 WWE 헤비급 세계 챔피언에게 유사성행위를 선사한다"고 묘사했다. "급하지 않고 순종적인 그녀에게 호건은 자신을 밀어넣었고 속도가 빨라진다. 몇 분 동안 이어지다 어느 순간 헐크는 마치 언젠가 구매를 고려할 만한 취향이라는 듯 캐노피 침대의 커튼을 살핀다. 그녀가 잠시 멈춰 요란하게 침을 뱉고는 다시 시작하지만 헐크가 화난 듯한 목소리로 중얼거리는 것으로 보아 그런 행위가 방해된 것으로 보인다. 여성은 일을 멈춘 후 흥분된 강아지처럼 침대 주변을 돌다가 선다. 두 사람은 서로를 쓰다듬고 살핀다." 고커는 영상을 홍보하면서 '성관계테이프계의 헤비급 챔피언'이라고 불렀다.

당시 호건의 형사 변호사를 맡고 있던 데이비드 휴스턴은 서둘러 중지 서한을 보내 고커 미디어에 영상이 동의 없이 촬영되었으며 영상을 게시하는 자에게는 볼리아가 소송을 제기할 것임을 공식적으로 알렸다. 서한은 "'가치 있는 뉴스를 보도하는 특권' 뒤에 숨으려는 시도는 실패할 것이며 동영상의 무단사용 시 누구도 책임을 면하지 못할 것"이라고 직설적으로 경고했다. 휴스턴은 두 번째 중지 서한은 닉 덴튼 개인에게 이메일로 발송했다. 서한을 보낸 것은 동영상이 게시된 후인 오전 11시 16분으로, 금전적인 요구나 법적 위협이 담겨 있지는 않았다. 이번에는 판이하게 다른 접근으로 최후의 필사적인 시도를 했다. "같은 인간으로서 이해하시리라 믿습니다만….".

덴튼에게 인간으로서의 면모가 있었다고 가정해보라. 그랬다면 이 이야기는 여기에서 끝이 났을 것이다. 음모도 없고 헐크 호건이 개입되는 일도 없었으리라. 하지만 덴튼은 인간으로서 이해하려는 수고를 기울이지 않았다. 그 역시 냉담한 마음을 먹었으며 점점 무심해지거나 부주의해진 것으로 보인다. 재정상의 문제 때문이었을까? 게시물을 올리고 며칠 뒤 그는 직원들에게 안도의 한숨으로 시작하는 메모를 보냈다. 몇 달간 지속되던 트래픽 슬럼프가 끝이 났기 때문이었다. "휴, 대단한 기사를 게시했습니다. 기즈모도의 아이폰 기사는 특별했으며 고커는 왕족의 가슴과 헐크의 성관계로 성과를 냈습니다." 그달에 해당 사이트 기자에게 지급된 페이지 조회수 보너스는 최고액을 기록했다. 편집 예산의 20퍼센트를 조회수에 기여한 기자들에게 배분하는 형식이었다. 수백만 회의 페이지 조회수와 밀려드는 헤드라인은 고커가 언론계의 반항아라는 이미지를 다시금 굳혀주었다.

돌레리오 역시 호건에게 인간적인 연민을 느끼지 않았던 것으로 보인다. 며칠 뒤 후속 기사에서 그는 "헐크 호건은 완전히 눈이 뒤집혔지만 동영상이 꺼져가는 불빛을 밝히기 위해 또 다른 독점보도에 눈이 먼 다른 매체의 손에 들어갔다면 30분짜리 영상이 얼마나 형편없이 다뤄졌을지 생각해보기를 바란다. 한편 고커는 어떤 일이 벌어지더라도 준비가 되어 있으며 다른 일에 집중하고 있다. 털고 앞으로 나아가려고 노력하면 보다 빠르게 이 모든 일이 사라지기 때문이다."

덴튼은 휴스턴이 보낸 중지 서한을 무시하고 변호사에게 대응하도록 맡겼다. 덴튼의 변호사인 카메론 스트래처는 10월 9일 서한을 보냈는데 어려운 상황에 따른 기본적인 거북함이나 불쾌함을 표현하기 위해서도 아니고 게시물이 삭제되거나 새로운 정보를 반영하여 수정될 것이라고 설명하기 위해서도 아니었다. 그저 무시하고 적대감을 불러일으켰을 뿐이었지만 이는 그도 알지 못하는 사이에 또 다른 적과의 싸움으로 이어졌고 고커를 음모와 파괴로 몰고 갔다.

변호사는 "동영상은 볼리아가 기혼 여성과 관계를 맺는 모습을 담고 있는데 행위가 일어난 여성의 자택은 그가 사생활을 합리적으로 기대하기 어려운 환경과 장소라고 밝혀 개인의 집이 사람들에게 사생활 권리를 부여하지 않는다"는 입장을 취했다. 또한 그는 동영상에 성관계가 거의 등장하지 않으며, 대중은 호건의 사생활에 관심을 가지고 있다는 점에서 동영상이 여기에 부합하는 대상이라고 밝혔다. 이어 동영상에 대한 입장을 밝히겠다면 기사의 하단에 게시하겠다는, 이전에 덴튼이 화가 난 유명인들에게 제시했던 의미 없는 제안을 꺼내 들었다. 그게 아니라면 그냥 사라지라는 것이 고커 측의 입장이었다.

볼리아는 궁지에 몰렸다. 이런 상황에 처한 자신을 그려본 적이 없었다. 이제 막 자신의 삶을 다시 일으켜 세웠으며 처음에는 가장 친한 친구에게 사건의 책임이 있다는 가능성조차 받아들이기를 거부했다. 심지어 동영상이 유출된 후에도 그런 입장을 유지했다. 이제 그는 레슬링으로 인해 예정되어 있던 언론 투어를 소화해야 하는 어려움에 직면했다. 케시 리 기퍼드와 호다 코트비가 진행하는 〈투데이Today〉 프로그램의 네 번째 시간에 출연한 그는 녹화가 끝나자 케시 리 앞에서 울며 무너졌다. 그는 거대하고 상한 몸을 이끌고 화장실에 가서 정신을 수습한 후 다음 인터뷰 장소로 향했다. 또다시 TMZ를 만나야 했다. TMZ는 전체 영상을 봤으며 기회를 잡기 위해 1만 달러 가까이 지불했다는 사실을 호건에게 밝히지 않았다. 하지만 부바 클렘이 녹화 사실을 알고 있었다는 결정적인 증거가 있다는 점은 알릴 계획이었다. 테리 볼리아는 분별력을 잃고 말았다. 가슴에 통증이 느껴졌고 몸 구석구석으로 퍼졌다. 결국 그는 심장마비로 쓰러지는가? 수년 동안 스테로이드를 맞은 대가를 치르고야 마는가? 고통이 그를 집어삼켰고 볼리아는 몸을 떨었다. 더 이상 프로레슬러이자 세계 챔피언 헐크 호건이 아니었다. 그저 또다시 망가져버린 사내로 돌아갔다.

마키아벨리의 예언적인 경고가 또다시 울림을 주는 순간이다. "필요에 따라 행동을 취하거나 고통받도록 위협당하고 강제당하는 사람은 군주에게 매우 위험한 인물이 된다."

볼리아는 행동에 나서기로 결심했다. 자신을 지키고 이제까지 살아온 삶을 지켜야 했다. 영상을 찍고 유출한 사람들뿐만 아니라 영상을 게시한 사람도 행동 대상이었다. 닉 덴튼에게 꽃을 보내는 일은 없을 것이다. 그가 덴튼에게 보내고 싶은 것은 그의 삶에 축적되어 온 분노와 절망뿐이다. 이 사내는 공동재산의 70퍼센트를 전처에게 주고 하찮은 취급을 당했으며 잃을 것이 없는 사람이었다. 절박했다. 어떻게 이길 수 있을지, 싸움을 시도할 수나 있는지 생각해보지도 않은 채 행동에 나섰다. 하지만 고소하겠다는 의사를 기자들에게 밝히는 순간 헐크 호건은 인생 최고의 행운을 잡은 셈이었다. 자신의 사건과 의도를 찰스 하더와 A에게 전달한 것이다. 두 사람은 피터 틸이 지급하는 의뢰비용과 후원을 즐기기 시작한 상태였으며, 바로 이런 종류의 기회가 나타나기를 기다리고 있던 터였다.

여러 달 동안 하더는 고커를 살펴보며 의뢰받은 일을 조사했고 틸이 제시한 전략에 가능성이 있음을 입증하는 동안 시간 단위로 비용을 정산받았다. 대부분의 시간을 고커의 과거 행적과 기사를 살피는 데 할애하고, 사람들이 고커에 법적 조치를 취하겠다고 위협한 사례를 검토했다. 하지만 그 어떤 사례도 더 이상의 진전이 없었다. 그러던 차에 10월이 되면서 기회가 생겼다. 고커가 유명인의 유출된 성관계 동영상을 (불법으로) 게시했을 뿐만 아니라 해당 유명인은 동영상이 자신의 동의 없이 녹화되었다는 사실을 매우 분명하게 공식적으로 밝혔다.

하더는 사건에 대해 생각하고 찾을 수 있는 기사를 읽어보고는 데이비드 휴스턴에게 전화를 걸었다. "저는 당신이 벌이고 있는 것과 같은 싸움을 후원할 의사가 있는 부유한 고객을 대표하고 있습니다. 도움이 필요하십니까?" 수화기 건너편의 당사자는 믿지 못하겠다는 목소리로 "농담인가요?"라고 물었다. 보통 이런 일은 벌어지지 않는다. 휴스턴은 후원자가 누구인지, 동기는 무엇인지, 고커가 이 사람에게 어떤 짓을 했는지 따져볼 시간이 없었다. 고커가 그의 자녀들을 쫓아다녔나? 그저 재미로 이런 일을 하나? 얼마나 지출할 용의가 있는가? 그가 도우려는 사람들이 우리 외에도 있는가? 몇 시간 동안은 이런 질문을 따질 틈이 없었다. 지금 휴스턴의 고객은 절박한 상태였다. 인터넷에 동영상이 오래 게시될수록 웹의 지하세계 한구석으로 흘러 들어갈 가능성이 높아지고 완전히 삭제하는 일이 더욱 어려워진다. 오래 지체할수록 호건이 이 일에 가담했거나 영상의 유출로 이득을 보는 것으로 비춰질 여지가 있었다.

A는 상사에게 전화를 걸었다. "사건을 찾은 것 같습니다." 사생활을 무례하게 침해당했던 12월 저녁 이후 틸이 기다려왔던, A가 저녁 자리에서 제안했던 바로 그런 일이었다. 이 사건이 돌파구가 될 수 있을까? 마침내 고커는 틸이 공격할 수 있는 자리에 섰는가? 틸은 청신호를 보냈다. 테리 볼리아가 제안을 수락한다면 그의 사건에 자금을 대기로 했다. 그러면 음모는 가동되는 것이다.

그 주말에 틸의 팀은 늦은 시간까지 작업했다. 인용을 모으고 적요서를 검토하며 처음부터 사건을 구성했다. "피고는 의도적이고 충격적이며 무책임하고 비열한 행위에 관여했다…"로 시작하는 청구가 40페이지에 가까이 취합되었다. 호건의 홍보 담당자에게 앞으로 벌어질 일을 알렸으며 보도자료가 서둘러 마련되었다. 이 모든 일이 비밀리에 진행되었고, 피터 틸, 찰스 하더, A, 헐크 호건이 전 세계 도처에서 처음으로 연결되었다.

음모의 계획 단계가 2012년 10월 15일에 마무리되었다고 볼 수 있다. 하더와 데이비드 휴스턴이 처음으로 연락을 주고받은 지 7일만이며 고커가 영상을 게시한 시점에서는 열흘 뒤다. 다음 단계의 시작은 헐크 호건의 트윗으로 막이 올랐다. "이제 나의 행동은 말보다 더 크게 울려 퍼질 것이다, HH."

몇 시간 뒤 찰스 하더는 플로리다 피넬러스 카운티의 제6 순회법원에 한 고객을 대동하고 걸어 들어갔다. 그 시간에 다른 고객은 틸 캐피털의 자기 사무실에 편안하게 앉아 있었는데 플로리다에서 진행되는 기자회견과 전혀 관련이 없다는 듯 여느 월요일과 다름없이 업무를 봤다. 연방 법원과 주 법원에 고커와 부바 및 헤더 클렘에 대한 소송을 접수할 인력들이 움직였다. 각각 영상 제작과 게시에 책임이 있는 당사자였다. 보도자료는 주요 언론사 모두에 배포되었다. 하더는 검은색 정장에 은색 넥타이를 맸고, 그 뒤로 헐크 호건이 있다. 흰색 콧수염이 태닝한 얼굴 위에서 도드라져 보였으며 최근 몇 주 동안의 혹독한 시간을 보여주듯 까칠한 수염이 자라 있었다. 전신을 감싸고 있는 검은 의상은 2미터의 신장을 더욱 위압적으로 보이게 했다. 하더가 카메라를 상대하는 동안 호건은 선글라스를 끼고 눈가에 어린 고통을 감췄다.

"테리 볼리아는 동영상에 대한 어떤 부분에도 동의한 적이 전혀 없습니다. 볼리아와 법적 대리인이 고커 측에 동영상을 웹사이트에서 내려 달라는 요청을 여러 번 제기했지만, 고커는 이를 거절하고 계속 게시했습니다. 고커 미디어의 행위는 불법이며 충격적이고 인간의 예를 넘어서는 것이었습니다. 고커를 상대로 1억 달러의 손해 배상을 청구합니다. 피고의 행위는 시민 사회에서 용납될 수 없는 것입니다. 헐크 호건은 이 사건에 관련된 모든 개인과 주체가 법에서 정한 최고 수준으로 처벌받는 데 필요한 모든 타당한 조치를 취할 것입니다."

이 변호사가 누구이며 이 사건을 위해 캘리포니아에서 온 이유가 무엇인지 아는 사람이 거의 없었으며 앞으로 추가적인 기자회견이 열릴 것이라고 생각하지도 않았다. 대부분은 호건이 그저 여느 연예인처럼 성관계 동영상이 유출되었을 때 연예계 생활을 이어가기 위해 전형적으로 취하는 행동에 따라 위협을 가하는 것뿐이라고 여겼다. 하지만 그런 생각은 틀렸다. 진짜 도전자가 링 위에 올라선 순간이었다. 그는 몸에 오일을 바르고 먼지를 털어냈고 싸울 준비가 되어 있었다. 게다가 관중과 상대편이 볼 수 없는 곳에는 그가 필요로 할 때 언제든 뛰어들 준비가 되어 있는 팀원들이 기다리고 있었다.

고커 역시 오랫동안 이런 상황을 준비해왔다고 주장했다. 밸리왜그의 한 편집인은 2006년 인터뷰에서 트래픽을 끌어모으고 언론의 관심을 받았지만 빠진 것이 있다면서 정당한 법적 도전이 없다는 불만을 늘어놨다. 그는 "지금까지 진지한 법적 위협을 받은 적이 없다"면서 "훌륭하고 일리 있는 중지 요청과 멋진 소송을 기다리고 있다"고 덧붙였다. 이 발언 때문에 해당 편집인은 해고되었으나 몇 달 후 다시 고용되었다.

마음속 깊은 곳에서 덴튼 역시 이와 비슷한 허세를 가지고 있었지만 촌스럽게 입 밖으로 내지 않았을 뿐이었다. 덴튼과 기자들은 오랫동안 상대할 만한 적수를 기다려왔다. 강한 상대가 고커를 뒤쫓을 것을 부추겼다. 이제야말로 고커에 훌륭한 소송이 제기되었다. 상대는 연방과 주 법원에 무려 1억 달러에 달하는 배상을 요청했다. 고커는 이제까지 도전해온 강력한 상대들과 마찬가지로 이번 상대도 무너뜨릴 것을 자신했다. 프로레슬러라니? 레슬링이라면 고커도 자신 있는 경기였다. 재미있는 게임이 될 것이다.

손쉬운 게임이면서도 사업에 도움이 될 것이다. 그렇지 않다면 쫓아버리면 될 일이다. 그렇게 해서 고커는 싸움판으로 걸어 들어갔다.

2부 · · · · The Doing

실행

후퇴를
준비하다

두 걸음 전진을 위해서는 한 걸음 물러나야 한다. 음모를 진행할 때 앞으로 전진할 만한 기회가 포착되는 경우는 무척 드물다. 오히려 시인 루크레티우스Lucretius가 인생에 대해 말한 것처럼 '어둠 속에서 벌어지는 한 판의 기나긴 싸움'과도 같다.

이번 음모도 다르지 않다. 법원 청사 계단의 팡파레와는 달리 하더가 제기한 두 건의 소송은 연방과 주 법원에서 거의 즉시 반동에 부딪혔다. 소송을 제기하고 7일 후인 10월 22일, 호건은 영상을 단기적으로나마 삭제하기 위해 임시방편 조치로 가처분 신청을 제기했으나 탬파의 지방법원 제임스 D. 휘트모어 판사는 이를 기각했다. 양 당사자가 소송전에서 맞붙기에 앞서 영상을 내리기 위한 두 번째 조치로 호건이 신청한 예비 금지명령에 대한 심리가 11월 8일 진행될 예정이었다.

하더는 첫 번째 법적 후퇴 이후 입지를 강화하기 위해 서둘러 연방 법원에 저작권 침해를 덧붙였다. 틸이 처음에 강조했던 전략에 따라 수정헌법 제1조가 아닌 분야에서 기회를 찾으려는 시도였다. 고커는 (다른 사람이 만든 음악이나 사진에 대해 권리가 없는 것과 마찬가지로) 호건과 클렘의 동영상에 대한 방송권이나 저작권이 없었기 때문에 하더는 사생활에 대한 기나긴 소송을 벌이기에 앞서 인터넷에서 동영상을 제거할 기회가 마련되기를 바랐다. 대단한 기회는 아니더라도 어쨌든 기회임에는 분명했다. 다만 문제가 있었다. 호건 역시 저작권을 보유하고 있는 상태가 아니라는 것이었다. 영상을 녹화한 부바에게 저작권이 있었지만 영상을 녹화했다는 바로 그 이유로 하더는 플로리다 주 법원에 부바를 상대로 소송을 제기한 것이다. 연방 법원에서 고커를 상대하기 위해서는 호건이 부바로부터 저작권을 확보해야 했다.

10월 말 일련의 행보가 이어졌다. 호건이 세계에서 가장 나쁜 친구인 부바에게 제안을 한 것이다. 조건은 5000달러를 지급하고 이 모든 사건을 야기한 사람에게 사과를 받는 대신 그를 대상으로 제기한 소송을 취하하는 것이었다. 부바는 소송이 제기된 시점부터 라디오에서 호건을 '최고의 거짓말쟁이 쇼맨'이라고 불렀고 호건이 녹화 사실을 내내 알고 있었다고 주장했다. 호건과 팀은 저작권을 확보하면 법원에서 고커를 상대하는 데 활용할 수 있고 합의를 하면 부바가 모순되는 발언으로 소송을 어렵게 만드는 일을 방지할 수 있다는 점에서 시도할 만하다고 여겼다.

그런데 부바와 합의를 통해 필요한 저작권을 확보하자마자 실망스러운 소식이 또 날아왔다. 11월 14일 휘트모어 판사가 호건이 신청한 금지명령 구제를 기각한 것이다. 사건이 종결되기까지 고커의 사이트에 호건의 영상이 게시될 수 있으며, 그 페이지 조회수는 맨해튼의 고커 사무실에 있는 대형 전광판에 계속 올라갈 수 있게 되었다.

이것이 미국 법체계의 특징이며 음모의 속성이기도 하다. 느리고 대립적이다. 도덕적인 곤경과 개인의 문제는 찰나의 문제로 축소되고 간단한 법적 판단으로 결정된다. 승소하더라도 많은 반발이 뒤따르며 당사자들의 성격에 따라 한편이 상황을 뒤집고 다른 한편을 괴롭힐 수 있다. 게다가 본격적인 법적 싸움은 시작되지도 않았다. '사전 억제'를 얻어내려는 시도로 공방을 벌인 것이다. 공모자들은 소송에서 이기기에 앞서 영상을 내리고자 했다. 하더는 성관계테이프가 동의 없이 녹화되었다는 점에서 죄질이 나쁘기 때문에 판사가 동정심을 가질 것으로 생각했다. 고커의 변호인들은 상대의 착각을 깨뜨리며 즐거워했다. 판사의 판단도 마찬가지였다.

대다수의 팀원은 난관에 침착하게 대응했다. 특히 금지명령의 기각이 소송의 주요 문제에 영향을 미친다고 볼 수도 없었다. 틸은 고커에 소송을 제기할 기회를 5년 동안 기다려왔다. A는 1년 남짓

기다려왔으며 찰스 하더에게는 단지 일에 불과했다. 하지만 헐크 호건은 어땠을까? 그의 상황은 한 개인의 일을 뛰어넘는 수준이었다. 날마다 그는 누군가가 인터넷상에서 자신이 절친의 아내와 관계를 맺는 동영상을 볼 수 있는 세상을 마주해야 했다. 언젠가 소송에서 호건은 변호인을 통해 검색창에 '헐크 호건'을 입력하면 자동으로 '헐크 호건 성관계테이프'라는 검색어가 제시된다는 점에 불만을 표현했다. 영상을 갈무리한 하이라이트가 게시되고 열흘 후 고커에서는 호건이 처한 곤경을 잘 설명하는 기사를 내걸었다 ─ '많은 사람이 헐크 호건을 코스프레하는 사람에게 이번 주말의 성관계테이프에 대해 묻다.' 헐크 호건 모사자들조차 당황스럽게 만드는 사건이었던 것이다.

제정신인 사람도 '이 일을 하려는 게 맞을까?'라는 의문을 품는 것이 당연했다.

호건은 '수백만 달러'와 자신이 옳다는 판단을 받는 것만으로도 충분하다는 생각에 고커와 싸울 것을 결심했다. 그는 이전에도 소송을 벌인 적이 있었다. 코코아 페블Cocoa Pebbles, 자동차 딜러, 심지어 전처에게도 명예훼손으로 소송을 제기했다. 하지만 이전의 사건은 평범한 상대를 대상으로 제기한 일반적인 소송이었다. 앞서 피터 틸이 깨달았듯 호건도 고커가 판이하게 다른 적수라는 사실을 금방 깨달았다.

한편 모두를, 특히 헐크 호건을 짓누르는 문제가 있었다. 고커에 동영상이 게시되고 호건이 소송을 제기하기 전까지의 기간 동안 호건의 개인 변호사인 휴스턴에게 수수께끼 같은 이메일이 날아왔다.

제목: 헐크 호건 영상

위의 문제와 관련하여 전화주시오.

    키스 데이비드슨이라는 변호사가 보낸 메일이었는데, 그는 영상을 보유하고 있었고 누가 언론에 영상을 팔았는지 알고 있다고 주장하는 사람들을 대리하고 있었다. 데이비드슨은 호건과 휴스턴에게 고커의 영상은 시작일 뿐이며 이번 유출은 단순히 관심을 끌기 위한 '경고 사격'에 불과하다고 알렸다. 더 많은 영상이 있고 '다른 영상보다 더 강도가 세고 진짜 가치가 높은 영상'이 있다는 내용이었다. 호건은 그런 영상이 게시되지 않도록 저지할 의사가 있는가?

    협상은 100만 달러에서 시작되었다.

    공갈 시도가 명백하게 보이는 제안이었기에 FBI에 알렸고 볼리아와 휴스턴은 FBI의 함정수사에 참여하게 되었다. 음모 속에 벌어지는 또 다른 음모인 셈으로 두 사람은 고커 소송이 전개되는 와중에 영상 자료의 소유권을 사들이고 이전받기 위해 협상 상대를 만나기로 했다. 수사가 성공을 거두면 호건은 TMZ가 예고했고 고커는 일부만 가지고 있는 영상 전체를 소유하게 된다. 아울러 애초에 영상이 돌레리오의 손에 들어가게 된 경위도 파악하게 될 가능성이 있었다.

    2012년 12월 휴스턴과 호건은 클리어워터 해안이 내려다보이는 샌드펄 리조트 호텔의 스위트룸에서 상대를 기다렸다. 한 블록도 떨어져 있지 않은 곳에서 호건은 몇 주 전, 앞으로 어떤 일이

닥칠지 모르는 상태에서 작은 기념품을 파는 팬들을 위한 공간을 연 것을 축하한 적이 있었다. 옆방에는 대여섯 명의 FBI요원이 대기하고 있었다. 휴스턴과 호건은 도청장치를 하고 있었고 방에 있는 시계에는 카메라가 숨겨져 있었다. 카운터의 화분 속에 또 다른 카메라라 숨겨진 상태였다. 휴스턴은 15만 달러 수표를 지니고 있었는데 영상에 대한 계약금 50퍼센트를 지불하기 위한 가짜 수표였다. 이와 더불어 영상 소유자에게 거짓말탐지를 실시할 조사원에게 지불할 600달러도 마련했다. 키스 데이비드슨은 오전 11시 정각에 룸으로 들어왔다.

사내들끼리는 악수를 나눴으며 홍조를 띤 데이비드슨은 의뢰인의 DVD에 어떤 내용이 담겨 있는지 묘사하기 시작했다. 단도직입적으로 업무에 돌입했지만 그리 유쾌한 업무는 아니었다. 첫 번째 물건은 호건이 영상의 존재에 대해 처음 들었던 순간부터 마음 한가운데 품었던 두려움을 확신으로 만들었다. 희망이 없는 상황에서도 결코 촬영되지 않았기를 바라던 장면이었다. 은밀한 침실에서 그는 헤더 클렘과 여러 차례 관계를 맺었을 뿐만 아니라 분위기에 취해 마음을 털어놨다. 스트립클럽에서 자신을 괴롭힌 사람, 저녁에 먹은 음식과 같이 사소한 이야기를 늘어놓았고 밤이 깊어가자 그는 마음속 깊은 곳에 있는 이야기를 꺼내기 시작했다. 전처가 될 상대에 대한 불평과 딸의 연애 상태, 그 남자친구에 대한 그의 불만을 말했다. 그의 삶에 억눌려 있던 심술궂고 화나고 절망스러운 감정을 내비쳤다. 마음속에 있던 이야기, 가슴 아프고 쓰라리고 어두운 이야기를 들췄다. 인생에서 가장 나빴던 일, 누구도 듣지 않기를 바라는 일을 하필이면 벽에 듣는 장치가 달린 집에서 털어놨다. 49분 분량의 DVD에 그 모든 이야기가 담겨 있다고 데이비드슨은 말했다.

그보다 더 나쁜 것은 부바가 테이프에 등장한다는 것이었다. 호건이 방을 떠나자마자 부바가 침실로 들어와 아내에게 "은퇴하고 나면 우리가 해야 할 일은 이 빌어먹을 영상을 이용하는 것"이라고 말했다.

데이비드슨이 한 남자의 인생에서 가장 뼈아픈 배신을 아무렇지 않게 들춘 순간, 호건의 사회생활에 종지부를 찍을 많은 장면이 본인도 모르는 새에 영상에 담겼음을 알게 되는 순간, 그가 트레이드마크와 같은 지퍼 달린 주머니에 손을 가져다 댔다고 해도 사람들은 그를 용서할 것이다. 주머니에는 9밀리 권총이 들어 있었고 플로리다에서는 호건이 총을 소지할 수 있었다. 하지만 이 상황에서 그래서는 안됐다. 마음 한구석에서는 변태적인 생각에 영상을 만든 사람이나 희희낙락하며 방송한 사람, 영상으로 수익을 얻으려는 탐욕스러운 미지의 상대, 이 모든 일이 가능하게 만든 변호사에게 변명의 여지가 있기를 바랐다. 이 사내야말로 문제의 근원이며 적극적으로 그를 갈취하려 하며 부바 또는 돌레리오와 달리 지금 호건의 눈앞에 있었다. 하지만 호건은 이번에는 카메라가 설치되어 있고 옆방에서 지켜보는 사람들을 위해 모든 장면이 녹화되고 있음을 분명히 알고 있었다. 만약 권총이라도 쏘는 날에는 이 사건을 법정으로 가져갈 사람들이었다.

데이비드슨은 휴스턴과 일대일로 대화를 나누겠다고 요청했다. 두 변호사, 즉 연예인을 대리하는 변호사와 가장 당황스러운 순간을 이용하려는 의뢰인의 변호사가 화장실로 향했다. 데이비드슨은 가식을 내려놓고 휴스턴에게 진짜 의뢰인이 아닌 대리인을 데려온 것이라고 알렸다. 자신의 의뢰인이 부바 클렘 밑에서 일하던 직원이었음을 인정하고 변호사만 할 수 있는 특유의 면피성 발언을 동원하여 테이프가 입수된 경위를 설명했다. 그는 "테이프가 도난된 것인지는 모르며, 솔직히 도난된 것인지 알고 싶지 않다."고 말했다. "하지만 나는 영상을 가지고 있고 당신들은 그걸 원한다." 그러더니 화장실을 나가 의뢰인의 대리인과 돌아오겠다고 약속했다.

몇 분 뒤 데이비드슨은 지치고 초조한 기색의 공모자와 방에 들어섰다. 갈색과 검은색이 뒤섞인 머리에 공허한 눈빛은 그녀를 이곳에 데려오게 한 이유와 더불어 어떤 약속을 받아 결심을 하고 여기까지 오게 되었는지를 알려주었다. 데이비드슨은 여자를 비밀리에 FBI에 고용된 거짓말탐지기 조사원에게 데려갔고 그녀를 기다리는 동안 휴스턴, 호건, 데이비드슨 세 사람은 로비로 내려가자고 제안했다. 그다음에 이어진 점심은 평생 가장 어색한 시간이었을 것이다. 호건과 휴스턴은 수십만 달러를 갈취하며 마치 크레이그리스트Craiglist(미국의 온라인 벼룩시장-역자주)에서 골프채를 판매하는 양 행동하는 남자와 자리를 함께하고 있었다. 그동안 두 사람은 평정심을 유지하며 FBI가 이 모든 내용을 녹취하고 있다는 사실을 들키지 않기 위해 애썼다. 어느 순간이 되자 데이비드슨이 자신의 호텔 방으로 돌아가 영상을 보자고 제안했는데, 이는 FBI에서 그러지 말라고 분명하게 일러준 사항이었다.

카메라도 없이 방에 혼자 남아 이 먼 거리에서 무선마이크가 작동하는지 확신할 수 없는 상황에서 호건은 다시 환상을 품었다. 데이비드슨이 화장실에 다녀오겠다고 했고 테이프가 침대에 무방비 상태로 놓여 있었다. 호건이 테이프를 낚아채 반쪽을 낸 다음 화장실 문을 박차고 들어가 그에게 이런 기회를 준 어리석은 사내를 테이프와 같은 운명에 처하게 만들기 얼마나 쉽겠는가? 하지만 그는 그런 생각을 모두 떨쳐버렸다. 이런 일을 위해 법이 있는 것이라고 그는 되뇌었다. 현실로 느껴지지 않았다. 그들은 덫을 놨고 데이비드슨은 그 안으로 걸어 들어왔다. FBI가 필요한 증거를 수집하고 있으니 정부에서 정의를 실현하는 일을 할 것이다. 그 어떤 시민 사회에서도 이런 일을 처벌하지 않고 지나가지 않을 것이다.

호건은 방 건너편에 있는 컴퓨터 화면을 똑바로 쳐다볼 수 없었다. 그는 자신의 실루엣을 봤고 그가 원했던 바가 확인되었다. 그는 자신의 마이크가 모든 오디오를 수집하고 있음을 몰랐으며 첫 번째 테이프와 마찬가지로 그의 뇌리에 박힐 또 다른 테이프를 만들고 있음을 알지 못했다. 그동안 데이비드슨은 계속 떠들었고 마치 친구처럼 굴었다. 그는 클렘의 침실에 있었을 것으로 추정되는 다른 사람들에 대해 떠들었고 헤더 클렘과 데이비드 퍼트레이어스David Petraeus(미 중부군 사령관에 이어 CIA 국장을 지냈다-역자주)가 함께 있는 테이프가 있다는 소문을 언급했다. 데이비드슨은 자신의 의뢰인이 호건의 테이프를 고커에 전달한 사람이라고 말했다.

"잠시만, 그 말은 당신이 대리하고 있는 인물이 이 영상을 고커에 넘겼다는 뜻인가?"

"그렇습니다."

"확실한 거요?"

"그렇습니다."

"TMZ에게도?"

"그렇죠."

데이비드슨의 의뢰인을 대신해서 나타난 여성도 몇 층 떨어진 곳에서 거짓말탐지기 조사원에게 같은 말을 하고 있었다. 그들은 가장 파괴적인 DVD를 판매 목적으로 보유하고 있었고 다른 영상은 관심도를 높이고 볼리아의 관심을 끌며 판매가를 올리기 위해 고커에 흘린 것이었다.

이제 퍼즐 조각이 맞춰지는 느낌이었다. 영상은 도난당한 것이었다. TMZ는 그중 한 영상을 보고 보도했고 영상의 존재를 확인했지만 실제로 게시하지는 않았다. 음란한 콘텐츠를 추종하고 그것을 사이트에 올렸을 때 당사자가 느낄 곤란에 무관심한 고커는 이 계획에서 부지불식간에 완벽한 대리자 역할을 수행했다. 이제는 호건이 호텔 방에 나타나 변호사의 주장으로는 유일하게 남은 복사본을 사들이는 데 30만 달러를 지불할 참이었다.

세 시간 반에 걸친 위장전을 벌인 끝에 이제 남은 일은 어색하게 격식을 따지는 것뿐이었다. 그들은 문서에 서명할 때 어떤 종류의 펜을 쓸지 논의했다. 호건은 마커가 제대로 나올지 물었다. 세 사람은 DVD가 든 노트북 가방이 수십만 달러에 포함되는 것인지를 놓고 농담을 했다. 볼리아는 서명을 하며 손을 떨지 않도록 애썼다. 데이비드슨도 명백한 공갈을 담고 있는 문서에 무심하게 이름을 서명했다.

테리 볼리아가 절대 가지 말았어야 할 그 집에서 보낸 여러 밤으로 인해 벌어진 이 치욕적이고 광포한 여정을 마치며 휴스턴은 수표를 건넸다. FBI와 약속한 신호였다. 지근거리에서 웅크린 자세로 때가 오기를 기다렸던 FBI요원들이 문을 박차고 들어와 총을 들이대고 고함을 쳤다. 데이비드슨과 대리인을 제압하는 중에 그가 자신의 아내와 근처 몰에서 쇼핑을 즐기고 있던 의뢰인에게 문자를 보냈다. "습격 당했음. 법정 대리인이 필요함."

일이 더 이상 잘 풀릴 수 없을 정도였다. 데이비드슨이 얼마나 더 큰 죄를 저지르게 되었을까? 하지만 테리 볼리아는 몸이 떨렸고 혼란스러운 상태에서 호텔을 나섰다. 결혼기념일이었지만 집에 가고 싶지 않았다. 아드레날린이 그에게 자극을 주기는커녕 기분을 상하게 만들었다. 구역질이 나왔고 겁이 났다. 그래도 희망은 있었다. 호텔 방을 가득 채운 연방 정부의 요원들이 영상을 유출한 당사자가 호건이 아니며 그가 갈취당하고 있음을 들었다. 영상이 녹화되고 있다는 사실을 그가 몰랐다는 증거도 봤다. 그는 이 일이 효과가 있을 것이라고 스스로를 달랬다. 그가 할 수 있는 모든 일을 한 셈이었다. 이제 그는 도로 한가운데로 사라질 심산에 플로리다에서 차를 몰고 사라졌다.

테리 볼리아가 코트니 캠벨 코즈웨이를 지나는 동안 그도 모르게 호텔 방에서 다른 일이 벌어지고 있었다. 데이비드슨이 데려온 미스터리한 여성의 입에서 처음 나온 말은 녹취된 발언을 부인하는 것이었다. "가장 중요한 사실은 우리가 고커에 동영상을 유출한 일에 책임이 없다는 겁니다. 데이비드슨이 협상을 마무리 짓도록 그렇게 말하라고 시킨 거예요."

법적인 문제도 있었다. 함정수사가 진행된 다음주에 호건과 하더는 영상 저작권에 대한 예비 금지명령이 승인되었다는 소식을 기대했다. 소송이 진행되는 동안 영상을 내리려는 세 번째 시도였다. 법조계 분석가는 호건이 '벨이 울리는 3카운트에 위험할 정도로 근접했다'고 평했다. 금지명령 신청이 기각된 것이다.

소송을 진행하기에 적절한 장소가 아니라는 메시지를 분명히 확인한 하더는 연방 법원에서 소송을 취하해야 하는 상황에 몰렸다. 절박한 심정에 그는 플로리다에서 헤더 클렘을 상대로 제기한 소송에 고커를 피고로 추가했다. 또한 소송이 장기전이 될 것이라는 예상에 영상을 내려달라는 금지명령을 다시 요청했지만 휘트모어 판사가 번번이 기각했다. 양 전선에서 계속 싸움을 벌이는 대신(한곳에서는 패색이 짙었다) 하더는 하나의 사건으로 병합을 시도했고 선택권은 하나뿐이었다. 플로리다 주 법원이었다.

비평가들은 이를 포럼쇼핑forum shopping이라고 부르며 어떤 면에서는 그런 측면이 있는 결정이었다. 하지만 중요한 것은 전략이 효과를 내는지 여부였다. 고커는 이러한 시도를 차단하기 위해 휘트모어 판사에게 즉시 항소하면서 터무니없고 기만적인 시도라고 비판했다. 연이은 성공을 맛본 고커 팀은 다시 승리할 것이라고 예상했다. 짐작이 맞아들어간다면 고커를 무너뜨리겠다는 호건의 희망은 산산조각 나는 것이며 틸의 첫 번째 소송 역시 제대로 시작해보기 전에 끝나버리는 것이었다.

후퇴에 후퇴를 거듭하는 양상이었다. 동일한 판사가 같은 결정을 반복하고 있었다. "아니오. 당신 의뢰인의 동영상을 내리게 하지 않을 겁니다. 볼리아 씨, 미안합니다만 이 사건이 당신을 모욕하든 상관없는 일입니다. 그림자에 숨어 있는 틸 씨, 얼마나 깊이 이 문제를 생각했는지 모르지만 생각보다 어려울 겁니다."

물론 고커의 배후에는 경탄할 만한 수정헌법 제1조 전문의 레빈 설리반 코크 앤 슐츠Levine Sullivan Koch & Schulz가 있었다. 워싱턴 레드스킨스의 억만장자 소유주가 워싱턴 시티 페이퍼Washington City Paper를 상대로 제기한 소송에서 이겼으며 콘데 나스트Condé Nast, 허스트 코퍼레이션Hearst Corporation에 제기된 소송에서도 승리했다. 당분간은 고커가 든 보험에서 비용을 지불할 것이다. 고커의 로펌은 이런 유형의 소송이 제기되기도 전에 이미 표준 적요서를 가지고 있어 언제든 소송에 뛰어들 준비가 되어 있다. 특히 언론의 권리에 대해서라면 수백 년의 전통에 맞서는 도전자를 맞을 만반의 채비가 되어 있었다. 이런 배경이 있기에 발행인들은 발 뻗고 잘 수 있었으며 때가 오면 변호사들이 행동에 나섰다. 솔직하게 말하자면 이 같은 사안에서 미국의 사법체계가 피고에게 우호적인 것은 좋은 일이다. 하지만 이것이 테리 볼리아와 피터 틸에게 시사하는 바는 전망이 불투명하다는 점이었다. 〈할리우드 리포터Hollywood Reporter〉는 헐크 호건이 아직 이기기를 원한다면 유일한 가능성은 "기도를 하고 비타민을 챙겨 먹고 유체이탈을 경험하기를 바라는 것"이라고 언급했다(호건은 프로레슬링 선수로 활동하던 동안 유체이탈을 경험했는데, 이를 계기로 갑자기 새로운 힘을 얻고 기적적인 컴백에 성공했다).

호건은 자신을 한 번도 의심한 적이 없다고 말했지만 이 모든 일을 겪은 후에는 그렇게 하지 않을 도리가 없었다. 연방 판사는 고커의 동영상 게재가 '뉴스 보도 기능에 부합하며 사실에 기반한 사항이 공정사용 항변을 지지한다'라고 가감 없이 밝혔다. 그는 자신의 법정을 벗어나겠다는 요청을 제외하고 호건과 변호인들의 모든 요청을 거절했다. 항소 법원도 사건을 기각했다. 언론의 헤드라인도 우호적이지 않았다. 언론은 호건이 패배하리라 예상했을 뿐만 아니라 그를 꼼짝 못 하게 옭아맸다.

이 와중에도 고커는 이전에 해오던 일을 계속하며 수백만 명의 독자를 즐겁게 했다. 2월에는 한 IT기업가가 술 취한 채 나체로 인도 해변을 뛰어다니는 영상을 접수해 사이트에 게시했다. 몇 주 뒤에는 메릴랜드대학교 여학생 클럽의 학생이 보낸 당황스러운 이메일을 전달받아 사이트에 게시했는데, 조회수가 600만 회에 육박했다. (이 일로 해당 여학생은 클럽에서 물러나고 말았다.) 4월 18일에는 고커의 기자가 보스턴 마라톤 폭탄 테러 사건 이후 〈뉴욕 포스트New York Post〉 편집인을 대상으로 장광설을 늘어놓았다. 무시무시한 헤드라인과 그래픽으로 편집인을 "편견이 심하고 돼지와 붙어먹는 주정뱅이"라고 비난했다. 보다 가벼운 뉴스에 대해 돌레리오는 '트래픽 숭배'라고 이름 붙인 제도를 도입했다. 특정 기자가 특정 날짜에 앞뒤 안 가리고 페이지 조회수를 올리는 임무를 수행하는 제도였는데 굉장한 성공을 거뒀다. 2013년 매출액이 전년 대비 30퍼센트 넘게 증가했고 이익은 2배로 뛰었다.

3월 27일, 마침내 공모자들에게 좋은 소식이 날아들었으나 고커는 달리 당황하지 않았다. 휘트모어 판사가 호건의 사건을 주 법원에서 진행하도록 결정한 것이었다. 판사는 하더가 수정한 소장이 더 이상 연방 문제에 해당하지 않으므로 플로리다 주 법원에서 다루는 것이 적합하다고 판단했다. 이와 더불어 좋은 소식이 또 있었다. 3주 뒤 플로리다 주 법원에서 파멜라 캠벨 판사가 하더와 휴스턴이 오랫동안 바라온 임시 금지명령을 수락한 것이었다. 이제 평결이 내려질 때까지 고커는 동영상과 게시물을 내려야 했다.*

호건이 바라던 금지명령을 캠벨 판사가 받아들였지만 2013년 4월 고커가 내린 결정은 그동안 스스로를 얼마나 과신했는지를 보여준다. 고커의 편집인들은 판사의 결정을 따르지 않기로 결정한 것이다. 그들은 금지명령이 명백히 잘못됐다고 생각했고 고커에 유리한 결정이 반복되는 중에 일탈이 벌어진 것으로 판단했다. 당시 고커의 편집인이었던 존 쿡은 '판사가 헐크 호건의 동영상 게시물을 내리라고 했지만 따르지 않을 계획임'이라는 게시물을 작성했다. 나중에 쿡은 증언 녹취에서 판사가 삭제 명령을 내릴 때까지도 전체 영상을 본 일이 없었지만, 이제 고커에 게시할 수 없다는 이야기를 듣고는 맞서 싸우기로 결심하고 그렇게 할 권리가 있다는 생각을 강하게 품게 됐다고 밝혔다. 그는 헌법에 위배되는 명령이라면서 삭제 명령을 거부했고 고커가 그런 결정을 따르도록 만

---

* 8개월 뒤 항소 법원에서 이 결정이 뒤집혔다. 또 다른 후퇴였다.

168

들려는 시도에 맞서기로 했다. 고커 스타일에 따라 단순히 판사의 명령에 저항하는 것이 아니라 재간과 오만을 부렸다. 게시물에 성관계 동영상 링크를 포함시키고 해당 글을 여러 기자에게 보내 고커의 거부 소식이 알려지도록 했다.

하더는 고커에 법원의 명령을 따르도록 요청하고 법정 모독에 대한 청구를 하겠다고 위협했지만 소용없었다. 앞서 누가 언더독인지를 물은 적이 있는데 판사의 명령을 거역하고 내키는 대로 행동하는 편은 아닐 것이다.

후퇴에 후퇴, 또 후퇴가 이어졌다. 2013년이 저물기 전에 또 다른 후퇴가 일어난다. 함정수사 이후 미연방 지방 검찰청에서 짧은 대화를 통해 마침내 하더, 호건, 휴스턴은 기소가 없을 것이라는 통보를 받았고 그 이유도 듣지 못했다. "호텔 방에서 목숨을 걸고 수사에 참여했지만 아무 결과가 없어 유감"이라는 말도 듣지 못했다. 그저 아니라는 답변만 돌아왔을 뿐이었다. 호텔에서 벌어진 모든 일이 전혀 소용이 없었거나 그보다 더 나쁜 결과를 낳았다는 의미였다. 함정수사가 진행되고 7개월 후인 2013년 7월, 호건은 법무부에서 사건을 더 이상 진행하지 않을 것이라는 통보를 받았다. 9월에는 법무부 장관이 키스 데이비드슨이 소지하고 있던 DVD를 넘겨받아 소송이 진행되는 동안 보관하며, 이후에는 '정당한 소유자'에게 전달한다는 소식을 들었다.

법적으로 모든 시도에 제동이 걸렸다. 모든 일이 한꺼번에 틀어지고 있는 것으로 보였다. "망할 기회가 왜 한 번도 오지 않는 거지?"라고 묻는다면 그게 바로 음모의 특징이다. 만약 쉬운 일이었다면 모두가 음모를 꾸밀 것이다. 운명은 공모자들을 돕는 모의에 가담하는 적이 없다. 만약 운명이 편을 들어준다면 은밀한 일을 벌이는 상황에 몰렸겠는가? 아니다. 운명은 세계의 음모자들에게 최고의 머피의 법칙을 선사하며 엔트로피와 불신을 안겨준다.

수필가이자 투자자로 피터 틸의 동료이자 경쟁자인 폴 그레이엄은 스타트업이 걷는 궤적을 그렸다. 스타트업은 부침을 겪게 되는데 처음에는 언론의 관심을 받고 기대하지 않았던 성공으로 흥분에 휩싸인다. 그레이엄은 창업자들이 참신함이 사라지는 단계에 접어들며 초창기의 희열이 순식간에 '슬픔의 골'로 변하는 경험을 한다고 말한다. 스타트업은 초기에 투자를 유치하고 언론의 조명을 받지만 곧 현실에 부딪친다. 많은 기업이 수렁에서 다시는 헤어나오지 못한다. 넷스케이프의 전 CEO 겸 대표를 지낸 짐 바크스데일은 언젠가 '실리콘 밸리의 문제는 풍경이 또렷하게 보이는 상황과 가까운 거리를 조망하는 상황을 혼동하는 경향이 있다는 것'이라고 지적했다.

스타트업 창립자들과 마찬가지로 공모자들도 냉엄한 현실과 법체계의 현실에 부딪혔다. 수정헌법 제1조의 방어벽과 역경을 만난 것이다. 계획이 훌륭하더라도 그 계획을 실행하기까지 여정이 지난하다는 점을 깨달았다. 덴튼에게 소송 서류를 송달하는 일조차 쉽지 않았다. 하더는 고커의 재무와 기업 구조를 파악하는 데 골머리를 앓느라 120일의 연장을 신청해야만 했다. 생각보다 긴 싸움이 되고 있었다.

일이 언제나 그렇다.

몇 달 전 법원 계단을 뛰어가며 느꼈던 흥분이 2013년에 모두 사라졌다고 이야기한다면 터무니없이 축소한 표현이 된다. 음모의 특성상 본질적으로 절박하고 불리한 위치에서 시작하는데 음모가 그토록 어둠 속에서 오래 싸워야 하는 과정이라면 홀로 절망에 빠져 눈물을 흘리면서 어디로 가야 할지 갈피를 못 잡는 사람도 있을 것이다. 성공할 수는 있을까? 우리가 틀린 것일까?

마키아벨리는 운(사실은 불운)이 '앞길을 막는 둑과 댐이 없는' 곳으로 향한다고 했다. 클라우제비츠는 대단한 전쟁 계획을 세우더라도 결국에는 지연, 혼란, 실수, 문제가 얽히는 '마찰'이 발생한다고 말했다. 마찰이 무엇인가? 페리클레스Perikles가 스파르타에 맞서 아테네인들을 보호하는 뛰어난 계획을 내놨지만 역병이 찾아오고 마는 것이다. 마찰은 신뢰하던 연구 결과와 판이하게 다른 현실에 부딪히고 데이터가 모두 어긋나는 상황이다. 마찰은 러시아의 라스푸티차(비나 눈이 녹아 진흙이 생기는 자연현상-편집자주)와 같이 진흙이 끝없이 펼쳐져 훌륭한 계획과 거대한 군사를 무용지물로 만든다. 따라서 성공하는 사람들은 기본적으로 인내와 더불어 앞으로 얼마나 험난한 과정이 펼쳐질지를 내다보는 삐딱한 기대를 품어야 한다. 불필요한 일의 중복이 거듭 일어나 손실을 흡수할 수 있는 경지에 이른다. 마음뿐 아니라 영혼까지 독하게 만들어야 장애물도 정보로 여기게 되는 것이다. 후퇴를 빨리 감지하고 예상할수록 사기가 덜 꺾이게 된다.

우리는 일이 손쉽고 깔끔하게 이뤄지기를 바란다. 하지만 그런 일은 잘 일어나지 않는다.

나폴레옹의 사령관이 말했던 "좋은 소식에 우쭐해지거나 나쁜 소식에 낙심해서는 안 된다"는 격언이 있다. 전쟁을 치르다 보면 좋은 소식과 나쁜 소식이 쏟아지기 마련이다. 음모를 진행할 때는 성공보다 후퇴해야 하는 순간이 더 많다. 마치 주사위를 던지는 것과 같아서 앞으로 어떤 문제가 펼쳐질지 모르는 상태에서 결정을 내려야 한다. 많은 일이 그렇다.

2013년에 두 번째로 후퇴하던 시기에 피터 틸은 고커와의 전쟁 6년 차에 접어들고 있었다. A가 이 일에 발을 담근 것은 2년째였으며 하더는 1년 가까이 되었다. 시작 단계가 훌쩍 지났으나 그리 평탄하지 않았다. 그나마 감사해야 할 구석이 있다면 앞으로 얼마나 긴 어둠이 남아 있는지, 3년간 얼마나 지난한 싸움과 곤경이 펼쳐질지 당시에는 미처 알지 못했다는 것이다.

운 좋게도 호건의 흥분과 절망은 틸과 A의 보다 현실적인 기대로 잦아들었다. 고커가 성관계 동영상과 관련한 소송전에서 가장 최근에 합의한 금액은 세 사람에게 총 10만 달러를 지급한 것이었다. 사건에 관련된 연예인들은 영상을 제거하기 위해 싸우느라 금전적으로 손실을 입었을 가능성이 높았다. A는 틸에게 성관계 동영상으로 소송이 진행된 전례가 극히 드물며 이길 확률이 기껏해야 반반이라고 말했다. 1억 달러의 손해배상 청구를 했지만 음모를 꾸민 이들은 호건의 사건이 치명타를 날리는 결말로 끝나지 않을 수도 있음을 알고 있었다. 법원의 손을 떠날 수도 있었고 (거의 그런 상황이었다) 미미한 금액으로 합의를 보거나 배심원이 얼마 안 되는 손해배상을 명령할 여지도 있었다. 앞으로 진행해야 할 여러 사건 중 하나일 수 있음을 인식하고 있던 틸과 하더, A는 호건으로서는 절대 가질 수 없는 시각으로 사건을 바라보고 있었다. 볼리아 대 고커 사건이 대단한 소송이 될 수도 있었지만 그렇지 않을 가능성에도 준비가 되어 있던 것이다. 또한 위태로운 상황으로 몰고 가지도 않았다. 후퇴를 해야 할 때 더 침착하게 대응하기 위해서였다.

"많은 단계를 거치며 확률적인 접근에 매달리게 되면 모든 단계에서 실패를 맛보고 음모가 마치 루브 골드버그Rube Goldberg 장치(아주 간단한 일을 복잡한 과정을 통해 해내는 기계-역자주)처럼 아주 복잡해져서 한두 가지 원인으로도 망가져 버리는 결과를 빚을 수 있다"고 틸은 설명했다. "2011년 A가 내게 강조한 것은 우리의 계획이 통계적인 확률의 연속이 아니라는 것이었다. 우리가 몇 가지 일을 제대로 해낸다면 승리할 수 있었다."

그리하여 연이어 후퇴했는데도 전진하고 있으며 심지어 기회가 있다는 공감대가 있었다. 몇 번의 굵직한 기회가 살아 있는 한 완전히 진 것은 아니었다. 이런 기준으로 본다면 상황이 겉으로 볼 때처럼 나쁜 것도 아니었다. 공모자들은 고커와 전쟁을 벌이고 있었지만 고커는 음모가 펼쳐지고 있음을 꿈에도 몰랐다. 공모자들은 소송을 주 법원으로 가져가는 데 성공했고, 이제 증거 개시가 시작될 텐데 고커가 한 번도 경험하지 못한 일이었다. 그렇다. 예상한 대로 사건이 흘러가지는 않았지만 원래 일이란 그런 것이다. "두 발 나아가기 위해 한 발 물러서지만 앞으로 향해 간다는 게 중요하다"고 A는 말했다.

게다가 공모자들에게는 분명하고 거대한 도약이지만 고커는 대대적으로 후퇴하고 마는 사건이 벌어졌다. 당시에는 양측 모두 그 의미를 제대로 이해하지 못했다. 고커의 변호사들은 여전히 직전에 결정된 제한에 관심이 쏠려 있었으나 얼마 지나지 않아 하더와 A는 상당히 유리한 상황에 처했음을 깨달았다. 연방 법원에서 소송을 취하하고 주 법원에서만 진행하며 공모자들에게 행운의 기회가 찾아왔다. 고커의 법률 전략은 보험으로 보장된 75만 달러의 보조금으로 진행되고 있었는데 소모성 자금이었기 때문에 상대의 돈줄이 바닥나지 않는다면 보험계약이 만료되었을 때 갱신 여부를 결정해야 했다. 고커는 연방 법정에서 하더를 연이어 궁지로 몰아넣었지만 그리 좋은 전략이 아니었다. 플로리다 법에서는 민사 평결에 항소하기 위해서는 청구인이 평결 금액에 준하는 보증증서supersedeas bond를 통해 항소가 기각되었을 때 배상해야 하는 금액을 지급할 수 있음을 입증해야 한다. 2006년 플로리다 법령은 증서에 제한을 뒀지만 5000만 달러에 달했다. 호건과 소송을 벌이고 배심원이 실질적으로 호건의 편을 들어준다면 고커는 끝장나는 것이었다.

그해 고커가 3500만 달러에 이르는 견고한 매출액을 기록했지만 자금이 두둑한 투자자 없이 독립 언론사로 남은 상태였다. 고커와 닉 덴튼에게는 헐크 호건에게 배상할 1억 달러가 없었으며 덴튼의 보험으로는 배상액을 감당할 수 없었다. 고커 역시 소송에 패해서 항소하게 될 경우 예탁해야 할 5000만 달러를 쥐고 있는 상황이 아니었다. 그런데도 회사가 성장세에 있어서였는지, 아니면 소송이 멀리서 진행되는 일이라고 느꼈기 때문인지, 온통 우호적인 소식이 들려와서 그랬는지 수년 동안 닉 덴튼은 호건과 얼마나 많은 '라운드'를 붙을 수 있는지 떠들고 다녔다. 그가 생각하는 최악의 시나리오는 '항소심'에서 승리를 거두는 것이었다.

A는 거의 굴러떨어지다시피 한 그 자리가 주는 잠재적인 강점을 파악한 것에 대해 "우리는 전능한 존재가 아니었기 때문에 플로리다 법의 모든 세부사항을 알지 못했다"고 털어놨다. 2013년에도 이들은 여러 차례의 후퇴에 비틀대느라 눈앞에 어떤 좋은 일이 있는지 볼 겨를이 없었다. 그저 겉으로 침착함을 유지하느라 애쓸 뿐이었으며 우쭐대거나 낙관적인 전망을 가질 수 있는 상황이 아니었다. 만약 주 법원에서 법적으로 얼마나 유리한 위치에 서게 됐는지 알았더라면 애초에 연방 법원에 소송을 제기하는 일도 없었을 것이다. 상황을 제대로 알았든 몰랐든 자신감에 차 있었든 의문을 품었든 공모자들은 피터 틸과 A가 베를린의 레스토랑에서 고커를 무너뜨리는 계획을 세울 당시 바라던 바를 얻을 수 있는 전략적인 위치에 섰다. 처음에 찰스 하더는 호건 사건에 관심을 끌기 위해 1억 달러의 배상을 요청했는데 만약 배심원이 이에 가까운 금액을 배상하도록 결정한다면 고커를 그대로 녹아웃시킬 수 있다. 항소의 기회는 없으며 파산만 있을 뿐이다. 게다가 고커는 자신의 턱이 약하다는 사실도 알지 못하는 듯했다.

이 시점에 공모자들에게 또 다른 이점이 생겼지만 시간이 흐른 후에야 분명해졌다. 지방법원 판사는 연방 판사보다 해당 지역의 원고에게 훨씬 우호적인 경향이 있었던 것이다. 초기의 잇따른 후퇴도 상대의 자신감을 키우는 데 일조했다. 휘트모어 판사의 거듭된 결정에 고커는 법이 압도적으로 자사에 유리하다고 여겼다. 고커가 설립 당시부터 품어왔던 자신감은 법을 무시하는 단계에 이르렀다. 초반에 캠벨 판사에게 권한이 없다고 판단하고 명령을 무시할 수 있다고 여긴 것은 앞으로 이어질 청구에서 판사의 동조를 얻을 가능성을 차단한 것이나 마찬가지였다. 언론 보도가 고커에 우호적이었던 점도 무시할 수 없었다. 플로리다에서 멀리 떨어진 곳에서 닉 덴튼은 고커의 사건이 단순명쾌하며 덴튼에게 유리한 방향으로 해결되는 것은 시간문제라고 믿는 동료 언론인, 심지어 경쟁자에 둘러싸여 있었기에 진지한 우려를 하지 않았다.

공모자들이 인내심 있고 충분한 자원을 보유하고 있다면 후퇴하더라도 기회를 살릴 수 있는 것이다. 사업이나 인생, 음모에서 슬픔의 골을 벗어나는 일은 흔치 않다. 게다가 고커의 적이 그런 기회를 얻은 적은 단 한 번도 없었다. 고커가 배치한 장벽 앞에 단념한 적들은 합의하거나 싸움을 그만두거나 꼬리를 내리고 사과했다.

하지만 이번 작전에는 장애물에 대한 계획도 포함되었으며 첫 번째 맹공격에서 살아남았다. 이제 공모자들은 눈앞에 다가온 기회에서 성공해야만 했다.

Conspiracy 9장

적을
알라

중국의 손무는 '나를 알고 적을 알아야 한다'고 말했다. 자신을 모르는 것도 위험하지만 적을 모른다면 무모하고 더 나쁜 결과를 초래할 수 있다. 이러한 지식이 없다면 적이 내게 어떤 기회를 줬는지 알지 못하며 나를 해치려는 적에게 내가 어떤 기회를 줬는지도 모르는 상황이 펼쳐진다.

고커 편집인들과 경영진은 어떤 적을 만들었는지조차 알지 못했다. 피터 틸이 어떤 동기에서 움직이는지, 틸의 일상적인 할 일 목록에 고커가 올라 있다는 사실도 몰랐다. 고커가 비용을 치르게 될 실수였지만 존재하는지조차 모르는 적을 알고 연구하는 일이 불가능까지는 아니라도 어렵다는 점에서 용서할 수 있는 일이다. 고커 팀은 말 그대로 어둠 속에서 자신들을 상대로 일을 꾸미는 자가 5년 전 자신들이 생각 없이 그가 동성애자임을 폭로하고 줄곧 조롱해온 천재 억만장자이며 돈키호테 같은 성격에 역발상의 대가라는 사실을 몰랐다.

하지만 헐크 호건, 테리 볼리아가 적이라는 사실은 알았다. 물론 볼리아가 어떤 사람인지 제대로 알지는 못했다. 볼리아는 인터뷰에서 영상의 게시를 고려하는 사람들에게 자신이 어떤 의도가 있는지 밝혔고 인터뷰를 한 매체에서 기사를 고커 편집인들에게 보내기까지 했다. 그런데도 동영상을 게시하자 볼리아의 변호사들은 몇 시간 내에 고커에 중지 서한을 보냈다. 고커는 요구를 들어주지 않았다. 오히려 고커 기자들은 30페이지 분량의 그룹 채팅에서 볼리아를 놀리고 조롱하며 호건을 성적 대상으로 농담을 나눴다. 고커가 2012년이나 이후 몇 년간 앞으로 어떤 일이 벌어질지 제대로 평가했다면 사과하고 재빠르게 문제를 잠재웠을 것이다.

하지만 어디까지나 먼 과거의 일을 돌아보며 할 수 있는 말이다. 물은 다리에서 한참 떨어진 곳에 있으며 법적인 승리를 거두기까지 갈 길이 멀었다. 그러던 차에 볼리아 대 고커 사건에서 첫 번째 증언 녹취가 진행되었다. 증언 녹취는 소송의 증거 개시에서 간단하지만 의무적으로 진행해야 하는 절차다. 원고(볼리아)와 피고(고커) 변호사들은 증인에게 사건과 관련된 질문을 하며 법정에서 상대방에게 불리하게 사용할 정보를 찾는다. 광범위하며 사실을 찾는 인터뷰로서 제약이 거의 없다. 변호사가 이의를 제기할 수는 있지만 답변이 녹취로 보존된다. 중요한 많은 사안을 탐색하며 서로에게 질문을 하는 과정이다. 증언 녹취가 법정에서 진행되지는 않지만 증인은 진실을 말할 것을 선서하며 나중에 배심원에게 제시될 수 있도록 녹화되는 경우가 많다.

고커는 사건이 이 단계까지 이르렀다는 사실에 개의치 않는 듯했다. 이를 알 수 있는 것은 흰색 셔츠를 입은 돌레리오와 스웨터 차림의 덴튼이 모두 면도하지 않은 편안한 옷차림으로 감흥이 없다는 듯 임하는 모습이 동영상에 담겨 있기 때문이다. 눈앞에 닥친 성가신 소송에 흔들리지 않으며 자신들이 선택한 싸움과 발을 들여놓은 법적 수렁을 얼마나 과소평가하고 있는지가 드러난다.

A. J. 돌레리오는 소송의 주요 증언 녹취에 처음 등장한 것은 2013년 9월 30일 뉴욕에서였다. 그의 말을 빌리자면 "기본적으로 다 이긴 것이나 다름없는 사건을 놓고 말이 안 되며 터무니없는 망할 증언 녹취를 했다." 여기서 그가 사안을 얼마나 무시했는지 쉽게 짐작할 수 있지만 보다 미묘한 감정도 엿볼 수 있다. 그는 어리둥절하고 곤혹스러워하고 있었다. 고커는 상대가 연방 법원에서 거듭 기각을 당한 것을 목격했으며 돌레리오의 경우 이번 소송으로 자신의 기사가 수정헌법 제1조의 경계선 안에 있음을 보여준다고 믿었기 때문에 이미 끝난 사건이라고 여겼던 것이다.

그에게 증언 녹취는 그저 귀찮은 의무에 불과했고 답변 한 마디 한 마디와 몸의 떨림에서 그런 생각을 읽어낼 수 있다. 그렇게 행동하는 데 전혀 근거가 없는 것은 아니었다. 수년 동안 고커를 상대로 제기된 다른 모든 소송은 기각되거나 합의로 끝났으며 이번 사건도 그런 방향으로 향하는 것처럼 보였다. 게다가 그가 이 사안을 경시하는 다른 이유가 있었다. 그는 이미 고커를 떠나 자체 언론사를 꾸렸던 것이다. 그가 이 소송의 당사자인가? 피고에 많은 사람이 포함되어 있었는데 거기에는 객관적인 사실과 본인의 인정을 근거로 봤을 때 영상을 녹화하는 비도덕적인 행위를 한 사람들도 포함되어 있었다. 나중에 그는 한 기자에게 증언 녹취 중에 숙취가 덜 깬 상태였다고 털어놓기도 했다. 당시 그의 삶이 엉망이었기 때문에 증언 녹취는 곧 잊혀질 형식적인 절차에 불과하다고 여겼다. 누가 그를 비난할 수 있겠는가?

원래 찰스 하더가 증언 녹취에 참여할 계획이었지만 일정이 겹치는 바람에 그나마 저돌적인 성향이 덜한 변호사가 대신 참석했다. 음모를 성공시킨 많은 행운 중 하나로는 두 변호사의 서로 다른 성향이 찰떡궁합을 이뤘다는 점을 꼽을 수 있다. 편안하고 꾸준하게 인내심을 발휘하며 대화를 이끌어가는 모습은 돌레리오의 무심함을 도드라지게 만들기까지 했다.

"2012년 10월 이전에 헐크 호건의 성관계 동영상을 게시하는 일이 헐크 호건을 괴롭게 할 것이라는 생각을 한 적이 있습니까?"

"아니오."

"상관하지 않았던 거군요, 그렇죠?"

"그렇습니다."

"지금도 영상이 게시되어 있습니다만, 영상을 게시하면 헐크 호건의 감정이 상할 것이라는 점을 아셨겠죠?"

"물론 그렇습니다."

"그렇다면… 그런 요소들이 영상을 게시할지 말지를 결정하는 데 영향을 미치지 못했다고 할 수 있겠군요?"

"그렇습니다….."

"영상이 은밀하게 녹화되었음을 인지했고 본인에게 그럴 권한이 없음을 알았음에도 영상을 게시한 것이죠?"

"그렇습니다."

증언 녹취를 하는 중에 분위기가 고조되는 순간이란 없었다. 여러 시간 질문이 이어졌지만 돌레리오는 최대한 인내심을 발휘했다. 차분한 분위기에서 질문이 두서없이 제기되었고 그는 안심했으며 따뜻한 기운이 그의 경계심을 낮추고 자유로운 기분이 들게 만든 것 같았다. 학기가 끝나고 여름 방학을 맞은 기분이랄까.

"이제 끝났습니까?"

95퍼센트 정도는 자신이 통제되는 느낌을 받았으며 이 모든 절차를 비웃어주고 싶은 충동을 억누르느라 애썼다. 하지만 그런 기분을 분출할 기회가 있었다. 규칙에 얽매이는 질문과 변호사가 묻는 질문의 불합리함에 녹초가 되어 있던 차에 기회가 찾아오자 농담을 던졌다. 농담을 한 것뿐이었다. 일반적인 환경이었다면 지구상의 모든 사람이 그가 어디 출신인지를 알고 이해할 그런 농담이었다. 물론 지금 처한 상황은 일반적인 환경이라고 할 수 없었다. 1억 달러가 걸린 소송 아닌가.

농담이든 아니든 모든 발언은 법적 녹취로 남으며 이 사건의 운명에 영향을 미치게 된다.

"연예인의 성관계 동영상에 뉴스 가치가 없는 상황을 생각할 수 있습니까?" 변호사는 물었다.

"아동이라면 그렇겠죠."

"몇 세 미만이 거기에 해당하는 거죠?"

"4세요."

"4세 미만의 동영상은 안 된다. 알겠습니다."

제대로 답변할 수 없는 질문이었을 수도 있고 그의 입장에서 덫을 놓는 질문이라고 생각해 농담을 던지면 빠져나갈 수 있으리라 여겼을 수도 있다. 어떤 경우든 그는 자신의 답변을 마음에 들어했고 증언 녹취 후에는 마치 코미디언이 그날 저녁에 자기가 한기가 막힌 개그를 복기하듯 그 답변을 되뇌었다. "마일리 사이러스의 성관계 동영상을 입수하게 되면 게시할 겁니까?" "그 동영상을 만든 때가 4세 미만일 때였나요?"

증언 녹취 자리를 떠나면서 고커의 변호사는 돌레리오에게 잘했다고 말했다. 안심시키기 위해서 한 말이었다면 아무래도 좋을 것이다. 하지만 증언 녹취가 재앙이 되어 돌아오리라고 생각한 사람은 아무도 없었다. 많은 답변에서 농담은 한 번에 불과했다. 며칠 뒤 그와 고커의 변호사들에게 정오표가 송달되었고 1달 동안 녹취록을 검토하며 자신이 원래 발언하고자 했던 바를 수정하거나 명확하게 만들 수 있었다. 그는 펜을 들어 한군데를 고치고('게시하다'를 '게시했다'로 수정했다) 나머지 항목에 서명했다. 또한 모든 절차가 공정하고 정확하다고 확인했다.

하지만 진실을 말하자면 아무리 고치더라도 그의 어조나 동영상에 담긴 모습까지 수정할 수는 없는 노릇이다. 그의 답변에는 감정이 묻어 있지 않았다. "성관계 동영상을 게시하기에 어린 나이가 몇 살이라고 생각하십니까?" "4세요." 농담으로 던진 말일 수도 있지만 그렇게 느껴지지 않았고 많은 부분이 동영상 기록으로 결정되는 소송에서는 그의 발언이 농담으로 보이지 않았다는 게 문제다.

닉 덴튼의 증언 녹취는 2013년 10월 초 흐린 수요일 오전에 진행되었다. 그의 증언은 겉으로 보기에는 어리석은 정도가 덜했지만 돌레리오와 유사하게 심드렁한 어조가 묻어났다. 덴튼이 별 걱정을 하지 않는 상태라면 그의 아랫사람이라고 걱정하겠는가? 하지만 돌레리오와 달리 덴튼은 침착한 가운데 찡그린 표정이었고 소송 절차를 공공연하게 무시하는 기색은 보이지 않았다. 닉 덴튼은 기본적으로 호기심이 넘치는 사람으로, 굳이 기회를 적극적으로 찾지는 않더라도 자신과 의견이 판이하게 다른 사람과 대화할 기회가 생기면 그 대화를 적극적으로 이용했다. 이번에도 다르지 않았다. 고커의 변호사들이 몇 번이나 덴튼이 눈앞의 사안에 집중하도록 환기시켜야 했고 변호사들에게 질문을 되물을 때 답변을 거부해야 했다. 그에게 이 자리는 법적 중요성을 지닌 절차가 아니라 카프카 소설에 나올 법한 기이한 장치였으며, 그는 거기에 정신이 팔려 있었다. 다른 사람들과 마찬가지로 그 역시 머지않아 이 소송이 원만하게 해결될 것이라고 믿고 있었다.

덴튼은 대답을 할 때 냉담하거나 사납게 굴지 않았고 사람들이 당찬 편집인이나 발행인에 대해 일반적으로 가지고 있는 편견에 어울리는 방식으로 답변하지도 않았다. 그의 대답은 철학적이었고 본인이 아닌 지켜보는 자들을 위해 어리석은 질문에 친히 답해준다는 느낌이었다. 답을 할 때 그는 얼버무리지 않고 시원하게 말하는 스타일이었다. 그는 말하고 자신에 대해 설명하기를 원했다. 자신의 생각이 옳고 상대방은 의도는 선하지만 멍청이에 불과하다고 여겼기 때문이다. 예를 들어 그는 1억 달러가 걸려 있는 동영상을 제대로 시청한 적이 없다고 답했다. 그런 영상을 굳이 왜 시청한다는 말인가? 증언 녹취가 있기 한 주 전에 몇 분 정도 할애하여 문제의 기사를 읽어보기는 했지만 변호사에게 왜 연예인이 이런 일로 화를 내는지 이해가 가지 않는다고 말했다. 덴튼은 그저 돌레리오가 쓴 "동정심이 생길 정도로 달콤하다"라고 쓴 단어에 주목하는 정도였다. 게다가 이번 문제는 원래 고커가 하는 일이었다. 그런 콘텐츠를 보기 위해 사람들이 사이트에 몰려드는 것 아닌가. "물론 우리가 불법적으로 촬영된 동영상에 대한 기사와 영상을 게시했지만 남들도 다 그런 일을 하지 않았나요?"

돌레리오의 경우와 마찬가지로 증언 녹취가 실시된 공간에서 덴튼의 맞은편에 있는 불빛이 깜빡이는 카메라가 영상을 촬영하고 있었다. 이날 촬영된 영상은 전후 맥락이 잘려나간 채 공개적인 장소에서 사용될 것이다. 배심원 앞에서 상대를 당황시키고 깎아내리려 한다면 누군들 그런 시도를 안 하겠는가? 칙칙한 방에서 카메라 앞에 앉은 덴튼이 수 시간 동안 질문에 답하는 장면을 사용하지 않을 이유가 없다.

그는 카메라 앞에서 "저는 완전한 자유와 정보 투명성이 중요하다고 생각합니다. 모두가 모든 일을 알아야 한다고 믿고요. 우리가 모든 사안을 자유롭게 대화할 수 있다면 사회는, 제가 이주해온 이 나라는 더 나은 곳이 될 겁니다. 바로 그런 이유로 저는 미국을 사랑합니다. 표현의 자유를 인정하는 점이 마음에 들고, 인터넷이 제공하는 자유를 최대한 활용하기를 원합니다"라고 말했다.

헤로도토스의 《역사》에는 스파르타와 테게아 사이에 벌어진 전쟁에 대한 기록이 나온다. 스파르타인들은 '테게아 남성들을 노예로 만들겠다고 생각할 정도로 자신만만'했으며 사슬을 가져갔다. 하지만 적에게 참패하고 말았고 인과응보로 포로들은 '자신이 가져간 사슬에 묶이는' 신세가 되었다. 증언 녹취에 임하는 고커의 자세도 이와 다르지 않았다. 돌레리오와 덴튼 모두 증언 녹취에서 자신만만하게 내뱉은 단어에 묶여 법정에 들어가게 되는 순간을 맞게 된다.

"고커는 슈퍼맨 콤플렉스가 있었던 것 같다. '나를 총으로 맞혀도 가슴에서 튕겨 나갈 것이다.' 이런 태도가 배어 있었다"라고 하더는 회고했다. "나는 우리에게 비용을 지불하는 후원자가 있다는 사실을 알고 있었다. 하지만 단 한순간도 우리가 안전한 위치에 있다고 여긴 적이 없었다. 고커는 그 무엇도 자신들을 멈춰 세울 수 없으며 해를 입힐 수 없다고 생각하는 듯했다." 그렇지 않고서야 4월 말 고커가 캠벨 판사의 금지명령을 무시하고, 나아가 사건에서 판사의 자격을 완전히 박탈해달라는 소송으로 맞대응했겠는가?

덴튼과 돌레리오가 증언 녹취에서 자신들이 한 발언의 중요성을 과소평가한 데는 간단한 이유가 있었다. 판결에 따라 고커에서 면직된 CEO, COO, CTO, 최고전략책임자, 편집자 등 임직원 9명의 녹취록을 보면 단 한 사람도 과거에 고커 관련 사건으로 면직된 경험이 없었다. 그들 중 6명은 어떤 이유에서도 면직을 경험한 적이 없었다.

시간이 흐르면서 고커는 10여 건의 소송을 당했다. 프레드 더스트(2005년), 데인과 게이하트(2009년), 하퍼콜린스와 새라 페일린(2010년), 아놀드 슈워제네거(2011년)를 위해 일했던 승무원, 닥터 필(2013년) 등이 소를 제기했다. 〈뉴요커〉는 닉 덴튼이 즉흥적으로 사이트에 거의 매주 1번 이상의 중지 서한이 날아왔다고 발언한 것을 인용했다. 2013년 소송에서 고커의 변호사는 판사에게 지난 수년 동안 워낙 많은 중지 서한을 받아서 검토하는 데 최소 며칠 이상 걸리며 법정에 제출하기 위해 변호사가 살펴보고 정리하는 데 추가로 며칠이 더 걸린다고 밝혔다. 변호사는 그런 작업을 하는 것이 사실상 불가능하다고 보고했다. 헐크 호건의 사건이 터지고 피터 틸이 찰스 하더를 고용해야겠다고 생각을 굳히기 전인 2010년에도 고커를 상대로 많은 소송이 제기되었다. 고커의 한 변호사는 얼마나 많은 소송이 제기되었는지 책을 만들 수 있을 정도라면서 "언젠가《고커 미디어의 법률 작업 전집》이라는 책이 나올 수도 있다"고 말했다.

고커는 여러 소송을 당하고 그보다 더 많은 경우에 법적 조치를 취하겠다는 진지한 위협을 당했음에도 증거 개시의 예비 단계까지 절대 간 적이 없었던 것이다. 돌레리오의 말을 빌리자면 고커는 "10년 동안 비 사이로 걸었던 것"이다. 적어도 이때까지 고커는 슈퍼맨이었다. 법적인 사안을 진지하게 여기지 않았던 이유는 이전에 그래야 할 필요가 없었기 때문이다. 하지만 과거는 미래를 알려주는 지표가 아니다. 추수감사절의 식탁에 오른 통통한 칠면조나 속담에 나오는 낙타 등에 지푸라기를 쌓는 남자에게 물어보라. 로마인들은 그 누구도 알프스산맥을 넘을 수 없다고 장담했다. 그러던 어느 날 한니발이 코끼리를 앞세워 이탈리아반도에 나타났다. 젠장, 가능한 일이었단 말인가?

틸의 팀은 모든 증언 녹취 절차가 끝나고 고커 직원 각자가 첫번째 질문에 답변한 내용을 살필 때까지 전체 맥락을 파악하지 못했다. "이전에 고커 문제로 면직을 당한 적이 있습니까?" "아닙니다. 그런 적이 없습니다." 틸이 처음에 품었던 예감, 즉 이전에 누구도 고커에 진지하게 도전을 제기한 적이 없다는 의심이 사실로 확인되는 순간이었다. 틸은 "그 순간 우리는 다른 누구보다 먼 곳까지 왔다는 것을 알았다. 표본 크기는 1에 불과했다. 비밀 계획이 10단계로 구성되어 있고 증언 녹취가 3단계에 해당하며 그 단계에 도달할 수만 있다면 상대를 면직시키는 일이 가능하다. 상대가이미 여러 번 면직된 전례가 있는 경우라면 그리 좋은 소식이 아닐 수도 있다. 우리가 이 단계까지 최초로 도달한 사람이라면 아무도 시도조차 하지 않았다는 말이다. 우리는 미개척 영역과 미발견 국가에 서 있는 셈이다."

처음으로 고커의 지도부는 뜻대로 되지 않는 상황을 맞았다. 이를 진지하게 이해했는지 여부는 알 수 없지만 자기 구역에서 남을 괴롭히는 익숙한 상황은 아니었다. 2013년 공동 인터뷰를 할 당시에는 소송이 먼 세계의 일처럼 들릴 때였는데 덴튼은 한 기자에게 외견상 사소해 보이는 일로 그토록 열정적으로 소송을 하려는 사람이 있다는 것이 당황스럽다고 설명했다.

> 호건 측이 모든 수단을 강구하고 있는데 솔직히 그 논리가 이해되지 않습니다. 그들이 원하는 게 무엇인지 모르겠네요. 여러분은 이해하나요? 그들의 동기가 무엇인지, 변호사들과 호건의 관계도, 이 일을 통해 누가 어떤 유익을 얻게 되는지 모르겠습니다. 그들은 상당한 비용이 들 텐데 막대한 비용을 청산하는 날에 대비해 계획이 있는지도 모르겠네요. 이따금 비이성적으로 달려드는 적을 처치하기 곤란하네요….

같은 인터뷰에서 덴튼은 또 다른 게이 연예인의 성 정체성을 폭로했다. 기자는 평소 덴튼이 불평해온 '언론인의 자체 검열'을 거쳐 무슨 일이 벌어졌는지 영문도 모르고 있을 연예인의 이름을 기사에서 삭제했다.

존 쿡은 인터뷰에서 "헐크 호건의 동영상을 게시했을 때 누구도 신경 쓰지 않았다"고 전했다. "우리는 사람들이 충격을 받고 분노를 느끼게 되는 그런 기사를 많이 게시했었다. 호건의 경우에는 그런 작용이 없었다." 고커는 그저 독자가 어떤 생각을 하는지, 언론계의 다른 기자들은 어떻게 생각하는지에만 신경 썼다. 그런 상대들은 고커의 게시물에 반감을 갖지 않았기 때문에 플로리다 법정에서 마주치는 성가신 의견에 그리 주의를 기울이지 않았던 것이다. 고커 기자들은 테리 볼리아를 바라보며 이전에 기사에 오르내린 많은 다른 사람과 마찬가지로 한 개인이 아닌 캐릭터로 인식했다. 그들이 날마다 접하게 되는 디지털게임 속 캐릭터에 불과했다. 호건은 희극적이고 카툰에 나오는 프로레슬러이자 모든 연예인과 마찬가지로 좋든 나쁘든, 본인이 선택했든 아니든 온갖 유명세를 즐기는 아둔한 연예인에 불과했다. 그들은 거의 모든 것을 상실하고 한계점에 내몰린 한 남자는 보지 못했던 것이다. 게다가 고커의 변호사들이 이전의 모든 예비 청구에서 승리를 거뒀다는 점도 영향을 미쳤다.

그래도 관심을 가지고 지켜봤다면 달래기 어려운 적이 존재할 수 있다는 생각을 했을 것이다. 호건이 리얼리티 프로그램을 촬영했던 집은 한때 가치가 2500만 달러에 달했지만 2012년 600만 달러에 매각되었다. 다른 자택과 친구들, 가족, 영광의 나날들도 과거의 일이었다. 아내는 이혼 합의금으로 공동재산의 70퍼센트를 챙겼고 합의를 하자마자 젊은 남자를 만났다. 테리 볼리아가 그 위치에 오르기까지 탬파의 부두에서 얼마나 오랫동안 힘든 시간을 보냈는가? 얼마나 많은 의자를 머리 위로 들어 올렸던가? 자기만의 캐릭터를 만들기 위해 때 묻은 경기장에 얼마나 많이 올랐던가? 냉전 시대 미국의 풍요와 선함을 나타내는 캐리커처로서 어린이들과 부모들에게 사랑받기 위해 얼마나 많은 사랑을 베풀었던가? 생계를 위해 영웅 역할을 했던 사내지만 이제는 영웅으로서의 모습이 거의 사라져버렸다. 뉴욕 블로그에는 호건이 절친에게 배신당한 내용을 전 세계에 퍼뜨리고, 나이 들고 대머리에 나체 상태인 동영상 속 그의 모습을 허락도 받지 않고 내걸었다.

잃을 것이 없는 상태였다. 일말의 애정을 쏟고 싶지도 받고 싶지도 않은 그런 사람이 되었다. 나는 덴튼에게 호건을 잘못 판단했다고 여기는지 여러 번 물었지만 지금도 덴튼은 자신의 과오를 인정하지 않아 보인다. 음모의 배후에 있는 틸이 이 모든 일의 공로와 비난을 함께 받는다. 하지만 호건도 그런 공로를 인정받을 여지가 있다. 그는 먼저 소송을 제기했고 거론되던 합의 제안을 수락할 수도 있었다. 소송을 반드시 제기할 필요가 없었다면 하지 말았어야 할 수도 있었다. 그렇게 하지 않고 더 현명하게 굴었다면, 다시 말해 후퇴가 시작되었을 때 소송을 취하했다면 WWE 명예의 전당에 아직 남아 있을지는 모를 일이다.

고커에 경고 신호음이 없었던 것도 아니다. 호건의 개인 변호사는 고커의 변호사들에게 의뢰인이 누구이고 어떤 의도가 있었으며 프로레슬러로 성공하는 사람은 어떤 사람인지, 링 위의 선수들이 하는 행동이 가짜일 수는 있어도 매트에 상대를 패대기치는 두 개의 몸뚱이는 진짜라고 설명했다. 볼리아의 몸에 있는 많은 수술 자국이 그들에게는 아무런 의미도 없는가? 상처도 가짜라고 생각하는 것인가? 이 사람은 직업적으로 '싸우는' 사람이다.

고커가 초기에 법정에서 승리를 거둔 후 자신의 역량을 입증하려는 야심만만한 찰스 하더와 고커의 대표 변호사인 세스 베를린이 대화를 나눌 계기가 있었다. 이번에도 고커 측은 이번 법원의 결정으로 문제가 해결되리라 생각했다. 베를린은 하더에게 다가와 "이 모든 일이 어디로 갈까요? 당신들은 얼마나 이 사건을 진행할 겁니까?" 이에 하더는 "의뢰인이 파산하거나 당신들이 포기할 때까지 하겠죠"라고 대꾸했다.

하더의 답변은 변호사가 상대방에게서 합의를 이끌어내기 위해 쉽게 던지는 말이자 종종 내뱉는 말이다. 의뢰인이 끝까지 싸울 것이라고 주장하지만 진실이 담긴 경우는 드물다. 하더의 답변도 일반적으로 변호사들이 보이는 가식으로 가정하기 쉬웠을 것이다. 하지만 배경에 억만장자 후원자가 있는 호건이 파산에 이르기란 거의 불가능했다. 확인할 수 있는 사실을 따져봐도 고커 측은 주의 깊게 살펴보거나 협상할 기회로 삼지 않았다. 그보다는 고커의 힘을 활용하려 했다.

2014년 3월 플로리다에서 헤더와 부바 클렘의 일반적인 증언 녹취가 진행된 후 호건의 변호사들은 샌드펄에서 일하고 있었다. 1년 반 전, 재앙과도 같은 함정수사가 진행된 바로 그 호텔이었다. 고커의 법무 자문위원이자 나중에 대표까지 오르게 되는 헤더 디트릭은 운전해서 올 테니 이야기를 하자고 제안했다. 데이비드 휴스턴은 진지한 합의 제안이 올 것으로 예상하고 해안에서 걸으며 대화를 나누자고 응낙했다. 디트릭이 제안을 하기는 했다. 고커는 호건이 소송을 취하하도록 만들 용의가 있으며 지금 취하한다면 그에게 법률 비용을 얻어내지는 않겠다고 밝혔다. 말하자면, 무릎을 꿇는 것을 허락하며 정신을 차리기까지 오랜 시간이 걸린 것에 원한을 품지 않겠다는 것이다.

하더의 경고는 신뢰할 수 없는 말로 묵살되었다. 그렇게 된 이유의 일부분은 누구도 끝까지 싸운 적이 없다는 것이었다. 만약 끝까지 싸우는 사람들이 있었다면 더 많은 사례가 소송으로 진행되어 평결이 났을 것이다. 고커는 호건이 자신이 실제 영웅이 아니며 그저 가짜 경기를 펼쳤다는 것을 잊었다고 믿는 듯했다. 그가 앞으로 상황 파악을 하고 저항이 헛된 일임을 곧 깨달으리라 생각한 것이다. 헤더 디트릭은 이런 안전한 가정을 당연하게 여겼다. 그 가정을 얼마나 자신했는지 두 사람이 걷던 클리어워터 비치의 백사장에서 자신이 제시한 조건을 받아쓰게 시킬 수도 있다고 생각했다(이 백사장은 호건의 자택과 호건이 위험을 무릅썼음에도 아무 소득도 얻지 못했던 호텔 방에서 불과 몇 블록 떨어져 있다). 어떤 면에서 디트릭은 하더의 예언을 현실로 만들었다.

호건은 "그런 제안이 모욕적으로 느껴졌다"고 말했다. "'소송을 취하하면 변호사 비용을 청구하지 않고 그냥 놔주겠다'라는 말이 내게는 '당신의 삶을 다른 사람들의 인생을 망가뜨린 것처럼 만들지는 않겠다'고 들렸다." 이제 호건은 단순히 고커와 맞붙어 싸우는 게 아니라 상대가 자신을 심각하게 과소평가했고 헐크 호건이 누구인지 모르고 있었음을 입증하기로 마음먹었다.

억제는 중요한 전략이다. 더 많이 겁을 줄수록 사람들은 맞서려는 음모를 꾸미지 않는다. 하지만 항상 권력자는 위협을 가하고 우월한 자원이 있음을 드러내는 일에 상당한 주의를 기울여야만 한다. 잘못 조준할 경우 역효과를 내는 결과를 초래하고 만다.

디트릭과 고커의 다른 임직원들은 사안의 중요성을 인지하지 못한 듯했다. 2013년에도 이미 호건의 사건은 이전의 다른 사건보다 더 많은 단계에 이르러 방어를 해야만 하는 상황이었다. 그들이 어떤 적을 만들었는지, 어떤 방식으로 상대를 짜증나게 만들었는지조차 제대로 알지 못했다. 실제로 적을 만들었고 단순히 연극 작품이 아니라는 점을 생각하지 못했다.

이 시점으로부터 얼마 전에 틸은 〈와이어드Wired〉 잡지와의 인터뷰에서 소송이 아닌 투자에 대해 말하며 이런 종류의 무지를 얼마나 즐기고 있는지를 분명히 밝혔다. 무지는 그가 이용할 뿐만 아니라 기대하는 바였다. "내 생각이 옳다고 생각하는 부분이 있는데 다른 사람들이 어떤 면에서는 틀렸다고 볼 수 없지만 그 사안에 대해 생각하지 않기 때문이다"라고 그는 말했다. 고커가 직면한 위협에 대해 그릇된 생각을 가지고 있었다고 말한다면 심한 과장일 것이다. 그보다 고커는 그런 위협에 대해 완전히, 전혀 모르고 있었다. 결정을 내릴 때마다 자신들이 얼마나 잘못된 해석을 하고 잘못 판단하고 있는지 몰랐다.

거의 모든 발걸음마다 틸은 이 같은 실수를 저지르지 않기 위해 애썼다.* 그는 인내심이 강한 팀원들을 모았고 기본적으로 어느 수준의 자금과 시간이라도 쓸 준비가 되어 있는 사람들이었다. 그는 사령관이자 전략가의 임무를 맡아 적이 어떤 생각을 하는지 판별했다. 아무 일에나 뛰어들지 않고 여러 해를 기다린 끝에 비로소 행동에 나섰다. 첫걸음을 떼자마자 낭떠러지에서 떨어지는 일을 피하기 위해서였다. 단순히 고커가 어떤 생각을 하는지와 함께 남

---

* 헐크 호건의 오른쪽 손목에 '인식awareness'이라는 문신이 필기체로 새겨져 있음도 주목할 만하다.

들이 고커를 어떻게 생각하는지를 고커 직원들이 어떻게 받아들이는지까지도 시간을 들여 고민했다. 하더에 따르면 팀원들은 고커를 '합의하지 않는 사람들'이라고 해석했고 소송 과정에서 확신하게 되었다. "시간이 흐르며 합의를 원하는 사람이 아니라는 점을 알리지 않는 한 모든 사람은 합의에 이른다. 그들은 보험을 들었고 매우 고집스럽고 자신의 생각이 옳다고 여겼다. 자기 생각은 옳고 거기에 대립하는 우리는 틀렸다고 확신했는데 그들이 보기에 수정헌법 제1조는 매우 강력한 조항이고 명백하게 유리했다. 그런데 감히 도전하는 당신들은 누구란 말인가? 고커는 그런 태도를 보이고 있었다."

고커에 법적 대응을 하는 과정에서 발생하는 비용을 지원함으로써 고커를 파멸시키는 전략을 실행하며 틸은 상대의 강점을 파악했다. 과거에는 구체적으로 고커가 어떤 분야에 능한지 몰랐다. 2007년에 모든 일이 시작되었을 당시, 2012년에도 덴튼이 자신에게 '넌더리' 치리라는 걸 알지 못했다. 덴튼은 고커의 편집장이 된 돌레리오에게 메시지를 보내며 피터 틸이 침대에서 실력이 별로라는 소문이 있다는 글을 쓸 생각임을 알렸다. 초반에는 공모자들 중 누구도 증언 녹취에서 어떤 발언이 나올지 채팅 기록, 이메일 등 문서 증거 개시에서 어떤 사실이 밝혀질지 알지 못했다. 틸은 자신이 뒤를 쫓고 있는 사람들을 시간을 들여 생각하고, 조사하고, 살폈다. 가능한 모든 의견을 취합했으며 사람들에게 정보를 묻고 사소한 경고에도 귀를 기울였으며 고커가 언론 매체로서 얼마나 천하무적의 존재인지 전설과 같은 일화도 살폈다. 이러한 과정은 그가 소송을 진행하지 않도록 말리는 대신 어떻게 진행해야 할지를 결정했다. 그는 지난한 법적 싸움을 대비했고 인내를 가지고 딱 맞는 기회가 오기를 기다렸다. 또한 기꺼이 싸움에 뛰어들 파트너들을 모았고 정보가 입수될 때마다 상대에 대해 더 많이 파악하기 위해 열린 마음을 잃지 않았다. 고커는 적이 피터 틸이라는 점을 몰랐으나 적은 그 사실을 점점 더 분명하게 이해하게 되었다.

틸이 덴튼과 돌레리오의 증언 녹취를 지켜보며 깨달은 점은 이전에 그가 두 사람을 얼마나 야박하게 평가했든 그보다 더 나쁜 상태라는 것이었다. 소송 중 대체 누가 저런 말을 한다는 말인가? 선서를 한 상태에서 아동 포르노물을 게시하는 것에 대해 조크를 한다는 게 말이 되는가? 누가 불법으로 녹화된 성관계 동영상과 이를 수백만 명에게 소개한 기사에 대해 '달콤하다'라는 표현을 쓴다는 말인가? 이들은 어떻게 잘 해낼 수 있는지 모르는 것인가?

틸과 A, 찰스 하더는 놀라는 한편 용기도 얻었다. 덴튼과 돌레리오가 녹취에 담긴 내용을 내뱉을 정도로 망상을 가지고 있고 자발적으로 실수를 저지를 만큼 부주의하다면 앞으로 천천히 진행될 소송에서 그들이 또 어떤 헛발질을 할지 알 수 없는 노릇이었다. 잘려본 경험이 없다면 그들에게 이 과정이 미지의 영역과도 같으며 고커가 오만에서 비롯된 결정을 내릴 가능성이 높음을 뜻한다. 앞으로 하더가 고커를 더 먼 곳으로 데려갈 수 있다면 배심원들은 두 사람의 발언에 대해 어떤 생각을 하게 될까? 두 사람을 증언대에 세우면 어떻게 될까?

계획 단계에서 벗어나 실천 단계에 진입해 조치를 취하는 과정에서 기운을 얻을 수 있다. 하지만 실질적인 진전이 이뤄지고 있다는 느낌을 받고 정말 이길 수 있겠다는 생각에 이르면 그런 감정이 모든 의심을 잠재운다. 이는 공모자들이 처음 느끼는 감정이었다.

비밀의
힘

언제나 음모에서 가장 중요한 요소는 비밀이다. 모두에게 말해서는 비밀 계획을 유지하기가 무척 어렵다. 당연한 말이겠지만 내가 다가가고 있음을 상대가 안다면 무찌르기 더 어려워진다.

역사에는 비밀이 승리를 거두는 긴 과정과도 같다. 제2차 세계대전 전체가 단 하나의 중요한 사건에 달려 있었다고 표현해도 과언이 아니었는데, 바로 연합국이 에니그마Enigma로 만든 암호를 푼 일이었다. 추축국은 에니그마의 암호로 비밀 계획을 주고받았다. 연합국의 암호 해독 작전인 울트라Ultra의 보안을 유지하려는 음모가 전쟁 전반에 걸쳐 진행되었고 연합국이 추축국의 움직임을 훤히 알고 있다는 사실을 독일, 일본, 이탈리아가 눈치 채면 안 되는 일이었다.

오늘날에는 비밀에 대한 셈법이 복잡하며 비밀의 가치를 더 이상 인정하지 않을 정도다. 현대인에게 투명성은 도덕적 의무와도 같은 무게감을 갖는다. 고커와 관련된 임무와 컬트적인 영웅주의로 뭉친 집단의 기반에는 공공연한, 혹은 알려지지 않은 비밀을 완전히 노출해야 하는지에 대한 엇갈리는 명제가 깔려 있었다. 은폐가 범죄보다 더 나쁘다는 닉슨 시대의 사고가 왜곡되어 오늘날에는 비밀을 간직하는 것이 곧 죄악이 되었다.

고커를 향한 틸의 음모가 옳지 않다고 주장하는 사람들이 있으며 틸이 오랫동안 그가 어떤 일을 하는지 숨겼다는 명백한 증거가 있다. 덴튼은 틸이 공개적으로 자신을 만나지 않은 것을 들어 그를 위선자라고 불렀다. 내게 덴튼은 다음과 같이 말했다. "자유의지론자의 해결책이라면 직접 반론을 제기하는 것 아닌가? 말을 말로 받는 것이다. 틸에게 그럴 만한 창구가 없었던 것이 아니며 자신의 의견이 충분히 전달되지 않는다고 느꼈다면 새로운 매체를 만들 만한 자금이 있었다."

그것이 자유의지론자의 방법일 수는 있겠지만 분명 문제의 해결책은 아니다. 피터 틸이 은밀하게 음모를 꾸미는 대신 말로 전쟁을 벌였다면 고커는 어떤 반응을 보였을까? 아마 틸을 갈가리 찢어놓았을 것이다.

마음에 들지 않는 사람이 어떤 일을 꾸미고 있음을 알게 되면 사람들은 그 행동을 저지할 가능성이 높다. 간단하다.

영국 정부의 비밀 작전과 정보 수집 임무를 맡고 있는 LCS의 명판에는 "우리는 거짓말을 해서 성공하는 것은 불명예스러운 일이라고 배운다"고 쓰여 있다. "우리는 정직이 최선의 정책이라는 확신과 장기적으로는 진실이 언제나 이긴다는 믿음을 가지고 나아갈 것이다. 그런데 이런 아름다운 감상이 동화책에서는 먹힐지 몰라도 현실에서 실천하는 사람이 있다면 칼을 영원히 칼집에 넣고 있는 편이 나을 것이다."

음모가 진행되는 도중 틸이 회사를 파괴하려는 계획을 꾸미고 있음을 덴튼이 알아차렸다고 생각해보라. 그 자체로 언론을 도배하고 고커의 명성을 드높이는 데 기여했을 뿐만 아니라 틸이 얼마나 민감한 사람인지 여실히 드러날 것이다. 그가 몰래 고커에 원한을 갚으려다 실패했다는 사실이 영원히 웃음거리로 회자되고 틸은 덜미가 잡힌 아둔한 사람으로 보일 것이다(동성애자라는 사실을 폭로하는 것도 화가 나는데 무능한 사람으로 비치는 것은 어떻겠는가?). 고커는 틸을 무자비하게 파헤치고 다른 언론도 거기에 합류할 것이 뻔했다. 둘째, 고카의 법적 전략을 변화시켰을 것이다. 적에게 무한한 자원이 있음을 알게 된다면 소송에 임하는 방식이나 내부의 법률 비용을 관리하는 방식을 바꿀 것이 분명하다. 셋째, 틸의 시도가 발각된다면 그는 평생 동안 언론과 등져야 한다. 비밀 유지의 실패는 그를 출발점으로 돌려놓는 것이 아니라 영원히 사생활을 파괴하고 말 것이다. 중요도를 떠나 '거의 비밀인' 음모란 존재하지 않는다.

틸이 발각되는 위험을 피할 수 있었더라도 다른 마땅한 방법이 없었다. 적어도 그가 법정에서 고커를 상대하는 선례를 만들기를 원했던 것이 아니라면 더욱 그렇다. 자신의 이름이 사건에 연관되는 순간 정의를 세우려던 계획은 그저 사적인 원한을 갚는 시도로 보일 뿐이다. 이 사건에서 비밀 유지는 최선의 선택이 아니라 유일한 선택이었다.

비밀을 유지할 가치가 높았던 만큼 그 비밀을 지키기 쉽지 않았다.

틸이 승리할 기회가 있던 소송이 시작되기 2년 전인 2013년 12월, 고커의 변호사들은 찰스 하더가 요청한 문서의 일부를 제출하기 거부했다. 그들은 판사에게 하더가 고커에 소를 제기한 1명 이상의 다른 의뢰인을 대리하고 있다는 의혹을 제기하며 그가 고커 미디어에 대한 '소송 자료'를 수집하고 있다고 주장했다. 추후의 사건을 위해 이 사건의 증거 개시 과정에서 문서를 확보한다는 주장이었다. 그렉 D. 토머스는 "원고의 자료 요청에는 오직 한 가지 의도밖에 없다"며 "원고, 특히 변호사가 이 사건의 증거 개시 절차를 이용해 다른 사건에 활용할 정보를 얻으려 한다"고 주장했다.

고커가 부지불식간에 진실을 향해 다가가면서 틸의 음모는 처음으로 위험에 처했다. '다른 사건'이 무엇일지 감을 잡기까지 얼마나 시간이 더 흘러야 할까? 겁을 먹고 합의를 해서 틸과 하더가 결정타를 날릴 기회를 없앨 것인가?

제2차 세계대전 중 에니그마에 대한 히틀러의 확고한 신뢰가 결국 흔들린 것으로 보이던 순간이 여러 번 있었다. 그럴 때마다 연합국은 계략의 불씨를 살리고 비밀을 안전하게 유지하기 위해 조치를 취해야 했다. 얼마나 많은 U보트가 작전을 펼치도록 놔둬야 할까? 얼마나 많은 인명을 구할 수 있을까? 끔찍한 폭격이 예정된 것을 인지하고 있는 상황에서 코벤트리 시티를 얼마나 방어할 수 있을까? 적에게 우위를 유지하기 위해서 얼마나 많은 희생을 감내할 수 있는가?

하더는 자신과 의뢰인의 의도를 충분히 방어하면서도 진실과 기만 사이에 있는 흐릿한 법적 경계에 가까이 가지 않도록 어느 정도의 정보를 알리거나 암시해야 하는가? 많은 것이 이 순간 하더가 어떻게 반응하느냐에 달려 있었다. 사실 계획 자체가 불안정한 상태였다. 하너가 청구를 제출하던 시기는 2013년을 지나 2014년에 접어든 때였다.

부당한 목적을 위해 문서를 수집하고 있다는 고커의 주장은 허위다. 고커의 의도와 그들의 근본적인 행동이 야기하는 극악무도함이야말로 볼리아가 탄원하는 불법행위의 요소다. 이전에 고커가 기사에 거론된 인물들의 권리를 침해한다는 주장에 대해 보인 행동, 정책, 관행은 이러한 주장과 관련되어 있다.

끝으로 고커는 볼리아의 변호인인 찰스 하더가 증거 개시를 통해 고커의 다른 소송에 사용할 소송 문서를 모은다고 주장하고 있다. 청구가 강제되는 것에 맞서기 위해 제기된 것으로 보이는 주장을 뒷받침할 증거가 전혀 없다. 고커는 하더 또는 볼리아의 다른 변호사가 이 소송에서 생산된 기밀을 오용했다는 단 하나의 사례도 제시하지 않았다. 하더가 다른 연예인들을 대리할 수 있거나 하더의 다른 의뢰인이 과거에 고커에 중지 요청을 했을 수 있다는 사실은 '고커에 대한 자료'가 수집되고 있음을 의미하지 않는다. 고커의 주장은 순전히 추측에 근거한 것이다.

이것은 거짓일까? 완전히 그렇지는 않다. 법 논리라는 바늘의 귀에 실을 꿰고 있는 것이다. 고커의 주장은 전적으로 추측에 근거한 것이지만 틀린 말도 아니었다. "변호사들은 사건의 당사자, 제3자, 증인을 포함한 사람과 기업에 대한 자료를 수집할 수 있다"고 하더는 내게 말했다. "그게 변호사들이 하는 일이다. 사실을 수집하고 구성하는 작업의 일부다." 이번 경우는 호건의 사건뿐 아니라 하더가 틸의 지시와 A의 직접적 개입에 따라 쫓아왔고 쫓고 있는 모든 사건을 위한 사실의 수집이었다. 2014년에는 호건이 결정타를 날릴 카드인지 확신할 수 없었다. 어쩌면 강한 잽 정도에 그칠지도 모를 일이었다.

하더가 비밀을 계속 유지하는 동안 짜릿하고도 겁나는 순간이 지나갔고 나쁜 짓이 이어졌다. 판사는 고커의 청구를 기각하고 하더가 원하던 문서를 제공했다. 자료가 쌓여갔다. 니어 미스near miss(사격에서 목표물에 근접했으나 명중하지는 않은 상태-역자주)로 용기를 얻자 장난질이 더 심해졌다. 하더는 고커가 "볼리아보다 재정이 비교할 수 없이 더 많다"는 불만을 반복적으로 제기하면서 의뢰인을 대신한다는 의무를 다하는 모습을 보였고, 이러한 전략을 이용했다. 그는 하고 싶은 말을 할 수 있었지만 진실은 절대 말할 수 없었다. 법적 자료를 수집하며 무한한 실탄을 보유하고 있고 최대한 많은 소송으로 맞설 것이며 상대가 사라질 때까지, 끝이 날

때까지 싸움에서 물러서지 않는다는 것이었다.

틸은 고커와의 초창기 경험과 언론을 통해 색다른 신념을 가진 이들은 그런 생각을 마음에 담아둬야 함을 배웠다. 하지만 음모는 단순히 색다른 의견이 아니다. 틸의 전략은 기본적으로 비밀에 의존한다. 여러 공모자는 틸이 보여주는 만큼만 볼 수 있었다. 로스앤젤레스에서 일하는 하더는 방향을 헷갈리게 하기 위해 고용되었다. 샌프란시스코의 로펌을 썼다면 음모가 실리콘 밸리와 연결되어 있음을 암시했을 것이다. (고커가 위치한) 뉴욕시나 (고커의 변호사들이 있는) 워싱턴 D. C.의 로펌을 쓴다면 초기에 비밀이 밝혀졌을 것이다. 덴튼이 주기적으로 식사를 하는 식당에서 의뢰인과 점심을 먹는 중이나 고커의 변호사 사무실에서 두 블록 떨어져 있으며 워싱턴의 온갖 정치적 모의가 펼쳐지는 메이플라워 호텔 바에서 술을 마시다가 의뢰인과 옥신각신하는 상황이 벌어질 수도 있었다.

틸은 비슷한 이유에서 A를 정보원으로 고용했다. 젊고 외국인이었으며 이렇다 할 흔적이 없었고 틸과의 뚜렷한 관련이 없었다. A 자체가 그림자나 다름없었기 때문에 그림자 속에서 움직일 수 있었다. 게다가 그는 그림자로 남아 있기를 바랐다. 대부분의 의사소통은 통화나 틸의 자택에서 독대를 통해 이뤄졌다. 이메일은 해킹을 당하거나 열람될 수 있었다. 공공장소에서 만나거나 틸의 사무실에서 목격된다면 발각될 위험이 커질 뿐이었다. A가 하더나 다른 사람들과 연락할 때는 암호화된 앱인 위커Wickr를 사용해서 주고받은 내용을 추적할 수 없도록 했다. 소통한 내용은 며칠이 지나면 삭제했다. A가 누구인지 아는 사람이 거의 없으며 그가 틸의 정보원이라는 사실이 알려질 가능성도 거의 없다. 이는 공모자들이 음모를 이어갈 수 있도록 해줬다.

비밀은 힘이면서 덮개 역할을 한다. 포르투갈의 시민이지만 스페인을 위해 항해하던 마젤란Magellan은 선장들에게 해협의 위치가 어디라고 생각하는지 말할 수 없었다. 발설하는 순간 반란이 일어나고 그를 없애고 공을 차지할 것이기 때문이었다. 다행히 그에게는 충성스러운 몇 사람이 있었고 비밀을 지키겠다고 맹세했다. 이들은 '독이 묻은 단검처럼' 계획을 숨기기로 맹세했고 덕분에 해를 입지 않았다. 어디를 향해 가는지 알고 있는 유일한 존재들이었기 때문이다. 거리는 아는 자를 모르는 자와 분리하며 서로에 대한 무시와 불신을 키운다. 군대는 장군이 하는 일을 알 수도 없고 알아서도 안 된다. 이는 곧 장군이 홀로 모든 고통을 짊어진다는 의미다. 공보자들이 지휘자의 계획을 모를수록 계획이 들통날 가능성이 낮아지며 계획을 경시하거나 의문을 품을 가능성도 낮아진다. 적이 계획을 발견하고 차단할 일도 줄어든다.

이런 이유로 하더의 로펌 직원들은 매달 지급되는 월급의 수표 발행인이 누구인지 몰랐고 헐크 호건일 것이라고 추정했을 뿐이었다. 호건의 사건은 임시적인 고용으로 맡을 수 있는 유형이 아니었다. 그런 일을 시간당 지불할 수 있는 기업은 많지 않았고 그럭저럭 운영되는 하더의 작은 로펌이 초반부터 오랫동안 사건을 끌고 가다가는 파산하기 십상이었다. 하더는 호건 사건을 진행하기 위해 플로리다에 현지 변호사를 뒀고 사건을 후원하는 사람이 있다는 사실도 알리지 않았다. 호건과 휴스턴은 4년간의 소송을 매듭짓는 평결이 내려질 때까지도 소송비용을 지불한 사람이 누구인지 몰랐으며 소송이 진행되기 전에는 A를 만나거나 알지도 못했다. 찰스 하더가 미스터리한 후원자의 이름을 알게 된 것은 평결이 내려지고 시간이 꽤 흐른 2016년에 출근하기 위해 옷을 갈아입는 중이었다. 전화벨이 울렸고 기자가 피터 틸과 협력했는지 여부를 확인해줄 수 있는지 물었다. 사건에 개입된 인물들의 배우자들은 기자들이 집으로 들이닥칠 때까지도 상황을 모르고 있었다. 이 책을 집필하는 이 순간에도 주 언론에서는 A의 존재를 모른다.

모든 공모에는 말하고 싶은 유혹이 따르고 목표에 근접할수록 강도가 세진다. 침묵과 기만의 무게가 연루자들을 짓누르기 시작한다. 친구들과 저녁을 먹는 자리에 앉아 있는 경우를 보자. 저마다 최근에 거둔 성공을 이야기하고 자유롭게 자신의 의견을 말하고 나눈다. 하지만 당신에겐 할 수 있는 말이 없다. 음모는 수많은 짜릿한 순간을 만들고 자랑하고 싶은 성공사례도 많을 것이다. 혹은 남들의 응원이나 확신이 절실히 필요한 어려움에 부딪혔을 수도 있다. 하지만 그 어떤 말도 할 수 없다.

스페인에서 로마군을 이끌던 메텔루스 피우스Metellus Pius에게 한 병사가 물었다. "내일 어디로 가십니까?" 이에 피우스는 "내옷에 입이 있다면 태워버릴 것이네"라고 답했다. A는 가십 못지않게 비밀을 말하고 싶은 압박감이 크고 알리고 싶었지만 정당성을 인정받을지는 몰라도 일을 더 어렵게 만들 뿐이었다. 우버Uber가 2014년에 곤경에 처한 이유가 무엇인가? 우버에 공정하지 않은 기사를 낸다고 생각하는 기자들의 추문을 캐는 옵션을 검토하면 어떨까 논의했을 뿐이었다. 우버의 임원은 이를 어디에서 논의했는가? 바로 저녁 파티 자리였다. 그는 자신이 실제로는 누설하는 정보가 없으며 그저 아이디어를 타진할 뿐이라고 스스로를 위로했을 것이다. 우버는 저녁 자리의 발언 내용이 비공식적 발언이라고 여겼지만 누군가가 그런 계획에 역풍이 따를 것이라고 지적하자 전략가가 확신에 차서 답했다. "우리가 그랬는지 아무도 모를 것이다." 당연히 그에게 이 말을 들은 사람들은 누가 그랬는지 알 것이다.

틸은 내게 "심리적으로 보면 해서는 안 되는 일에 대해 떠벌리고 싶은 기이한 순간이 있다"고 했다. 100년 전 프로이트Freud는 이 현상을 다음과 같이 설명한 바 있다. "볼 수 있는 눈이 있고 들을 수 있는 귀가 있는 사람이라면 언젠가는 죽을 운명의 사람이 비밀을 지킬 수 없음을 안다. 입으로는 침묵하더라도 손가락이 떠드는 것이다. 온몸의 구멍으로 배신이 흘러나온다." 이는 틸이 몇몇 친구에게 결국 자신의 정체가 어떻게 드러났는지 짐작한 바를 말한 내용과 일맥상통한다. 규칙은 깨지기 위해, 비밀은 공유되기 위해 존재하는 것처럼 보인다.

해롭지 않은 음모조차 누군가에게라도 말하지 않고는 배기지 못하는 욕구 때문에 드러나게 된다. J. K. 롤링Rowling이 '로버트 갤브레이스Robert Galbraith'라는 필명을 쓴 적이 있다. 《해리포터》의 기대감에 짓눌려 성공 가능성을 날리는 일 없이 다른 이야기를 쓰고 싶은 마음에 발행인과 변호사에게만 알린 이름이었다. 하지만 롤링의 변호사가 아내의 친구에게 발설한 비밀이 트위터에 게시되며 즉시 퍼져나갔다. 로버트 그린은 "모든 음모에 존재하는 큰 취약점은 인간의 본성인 경우가 많다. 음모에 많은 사람이 개입될수록 누군가가 의도적이든 우발적이든 발설할 가능성이 높다"고 지적했다. 틸의 주변인 중 그의 개입을 의심한 사람들은 중요한 단서를 전혀 무관한 페이스북 사진 한 장에서 얻었다. A가 올린 사진에 플로리다의 작은 도시에 있는 장소가 태그된 것이었다.

개인적으로 A의 위치가 부럽지 않다. 그는 피터 틸에게 어떤 것도 불평할 수 없었다. 틸은 자신의 상사이며 업무에 관해 까다롭고 완벽을 추구하는 사람이었다. 하더에게 상사에 대한 불만을 이야기할 수도 없었다. 주방에 여러 요리사가 일하는 상황에서도 질서가 유지된다는 환상의 이미지를 유지해야만 했기 때문이다. 부모님이나 애인, 친구들에게도 자신이 어떤 일을 하는지 말할 수 없었다. 심지어 자신에게 어느 정도의 힘이 생겼는지, 얼마나 믿을 수 없는 삶을 살고 있는지 자랑할 수도 없었다. 아무것도 아닌 존재처럼 계속 살아야 했다. 만약 발각되어 세상의 관심이 쏟아지면 자신이 희생양 역할을 하게 되고 원하던 사생활을 누릴 기회는 사라진다는 사실도 알았다.

피터 틸조차 말하고 싶은 유혹에서 자유롭지 못했다. 2009년 그는 PE 허브PE Hub의 코니 로이조스와 인터뷰를 했는데 밸리왜 그의 기사에 대한 질문을 받았다. 당시 음모는 그가 구상하고 있던 여러 아이디어 중 하나에 불과했고 제대로 정립된 상태도 아니었다. 아마 그래서 음모에 대해 편한 마음으로 말할 수 있었을 것이다. "그토록 분노에 찬 사람들이 있다는 것이 충격적이다"라고 틸은 말했다. "내가 틀렸을 수도 있고 그들에게 끔찍한 짓을 했을 수도 있지만 공격 대상이 되었다고 해서 우쭐한 마음이 들지 않는다. 사실 일종의 테러리스트 심리가 아닐까 생각한다. 파괴적이며 밸리왜그는 실리콘 밸리의 알 카에다와 같다." 진심이냐는 질문이 다시 돌아오자 틸은 그렇다면서 처음에는 다소 극단적으로 들리는 주장을 설득력 있게 설명했다. "그 매체는 모두를 겁먹게 만든다. 이는 실리콘 밸리에 끔찍한 일인데 이곳에는 의견을 자유롭게 이야기하고 남들과 다른 사람들이 활동할 수 있는 곳이기 때문이다. 그들은 기자나 작가가 아닌 테러리스트라고 묘사해야 한다고 생각한다. 테러리즘이 분명 격앙된 비유이기는 하지만 근거 없이 잔인해지고 옆에 있는 사람을 놀라게 한다는 점에서 돋보이려 하고 사람들에게 충격을 주는 테러리스트와 같다."

그때까지만 해도 큰 이해관계가 걸려 있는 사안이 아니었기 때문에 틸의 생각이 많은 결과를 야기하지는 않았다. 그에게는 매체에 적절한 꼬리표를 붙이고 적절한 단어로 묘사하면, 그것이 어느 정도 영향을 미칠 거란 희망이 있었을 것이다(덴튼의 표현대로 말을 말로 받은 것이다). 순진한 접근이지만 전혀 파장이 없었던 것은 아니었다. 그의 발언에 대한 반응이 분명하게 제시되었다. 밸리왜그는 그의 발언에 감사를 표하며 칭찬으로 받아들였다. 틸의 발언은 선물과도 같았다(1만 5000회의 페이지 조회수를 기록했다). 많은 시간이 흐른 뒤 이 조회수에서 일부는 다음과 같은 음모의 근원을 추적하는 과정에서 발생했다. 누가 소송에 자금을 댈 수 있었는가?

한때 고커를 테러리스트라고 부른 억만장자일까? 도파민이 충만해 카타르시스를 느끼던 몇 초가 깔끔한 도주의 기회를 망치는 지문으로 남았다.

틸은 언제 카타르시스가 아닌 조언을 구했을까? 그는 프로이트의 말대로 이따금 자신이 숨기고 있는 바를 공유하고 암시했다. 저녁 파티나 친구들과 장기간 여가를 보내는 동안 자신이 하고 있는 일에 대해 브레인스토밍을 시도해 지인들의 의견을 가늠하거나 아이디어를 얻으려 했다. 그를 잘 아는 사람들조차 논의되는 사항을 진지하게 여기지 않았다. 지인들과 나눈 대화에 대해 틸은 "과대망상 같은 계획이 너무나 훌륭하게 보인 나머지 나를 무시했다"고 말했다. "미친 사람과 상대한다고 생각했을 것이다."

하지만 비밀은 음모에 관련된 모두에게 강력한 규칙이었다. 얼마나 큰일이 걸려 있는지 잘 알기 때문이었다. 설사 상대가 "내 뒤를 쫓는 겁니까?"라고 직접적으로 묻는다고 해도 공모자는 사실을 말할 수 없다. 비밀을 지키려는 노력은 충분히 힘든 일이었고 사전에 언질을 주는 것은 치명적인 실수다. 여우는 사자보다 더 똑똑해야만 하며 사냥꾼이 놓은 덫을 피해가야 한다.

의도를 은폐하는 것은 사업이나 국방뿐 아니라 언론에서도 그럴 만한 가치가 있고 완벽하게 타당한 일이다. 재닛 말콤Janet Malcolm은 《기자와 살인자The Journalist and the Murderer》에서 "모두가 자기 패를 탁자에 올려놓으면 게임은 끝난다. 기자는 의도적으로 유도된 도덕적 무질서 상태에서 자기 일을 해야만 한다"라고 썼다.

고커 기자들이 그리 달갑지 않은 기사를 위해 당사자에게 의견을 물을 때 기사 내용이 어떨지에 대해 설명할 의무가 있었다고 누구도 생각하지 않을 것이다. 고커가 웹캠으로 편집국의 모습을 촬영해서 그곳에서 어떤 일이 벌어지고 있는지 세상이 구경하도록 허용한 적도 없을 것이다. 사실 언론인의 비밀 유지 권리는 법으로 보호 받으며 그런 권리를 가장 강력하게 보호하는 곳이 뉴욕시다. 이 경우를 보면 존 쿡은 면직을 피하기 위해 뉴욕주의 보호법을 반복적으로 내세웠다. 증언 녹취록에서 그는 취재원의 신원을 비밀로 하고 취재 중인 기사를 발설하지 않을 권리를 계속 주장했다. 그는 '비밀을 지키는 것에 내 업이 달려 있다'고 말했다. 심지어 재판 중에도 고커와 호건 모두 중요한 사안으로 반복적으로 거론되었던 호건의 개인 정보와 고커의 거래 기밀, 재무 정보를 프리빌리지 로그privilege log(문서를 제출하지 않는 경우 그 근거 등을 정리해서 제출한다-역자주)로 처리하는 데 동의했다. 변호사와 일한다는 것은 본질적으로 비밀이 개입된다. 누구도 의뢰인에게 얻은 정보를 공개하라고 변호사에게 요구할 수 없다. 이 또한 기본적인 특권으로 간주된다.

하더는 "만약 (재판) 첫날에 억만장자가 내게 비용을 대고 있으니 누가 이기나 해보자고 말했다면 어땠을까?"를 물었다. 분명 배심원과 판사 앞에서 그는 신뢰를 잃었을 것이다. 이들은 만만한 상대가 아니다. 고커의 변호사들은 면전에서 쏘아붙였을 것이다. "고커의 소송 방식을 이야기하자면 청구에 청구를 거듭하고 항소에 항소를 거듭할 수 없음을 깨달았을 것이다. 영향을 미칠 수 없기 때문이다. 그저 볼리아가 비용을 지불한다고 가정할 뿐 누가 배후에 있는지 몰랐을 때 그들은 볼리아가 더 이상 소송을 이어갈 수 없고 백기를 드는 시점이 오리라 생각했다." 한편은 이기고 다른 편은 진다는 것을 간과하기 쉽다. 오래전 고커는 승소할 것이라고 굳게 확신하고 있었다. 고커의 변호사들은 상대방을 평가하고는 고커가 유리하다고 믿었다. 소송과 청구, 항소, 소송에서 이어진 전술에서 고커의 이점을 가차 없이 활용했다. 하더는 이러한 인식에 여러 번 장단을 맞춰주었다. 자료 수집과 관련된 의혹을 반박한 뒤 하더는 또 다른 증거 개시에서 판사에게 소송이 공정하지 않다고 불평했다. 이번에도 "고커는 볼리아보다 훨씬 더 많은 재정 자원을 보유하고 있다"고 말했던 것이다. 그는 소송 비용을 배상받기 위한 청구를 접수하고 상대방이 절차를 유리하게 끌고 가려 한다며 비난했고, 소송비용을 최대한으로 발생시키려 한다고 주장했다. "이번 소송은 간단한 사건이 되어야 했지만 고커는 증거 개시를 볼리아가 지급해야 할 비용을 기하급수적으로 증가시키는 수단으로 활용했다. 그가 소송을 감당할 수 없도록 만들려는 시도인 것이다. 또한 고커는 볼리아가 성관계 동영상으로 고커를 법정에 세워 감히 도전을 제기한 것을 벌하면서 불필요하게 2년간의 소송을 벌이고 있다."

프랑수아 드 라 로슈푸코François de La Rochefoucauld는 '기만당하는 가장 좋은 방법은 자신이 남들보다 더 많이 안다고 생각하는 것'이라는 격언을 남겼다. 고커에 호건의 재정적 어려움에 대해 호소하는 것은 자체적으로 평가한 고커의 우위를 확인시켜주는 소식이었을 것이다. 고커의 자금력과 벼랑 끝으로 내모는 전략은 결정적인 승리 요인이 될 것이다. 고커는 상대의 불만을 듣기를 원했고 볼리아가 소송으로 손해보기를 바랐다. 스스로를 과신했으며 이 소송이 물거품으로 끝나 하더가 고커에 어떤 우위를 가지고 있으며 어리석게 구는 짓 외에 어떤 행동을 할 수 있는지 따져본 시나리오도 잇게 될 것이다.

하지만 비밀의 필요성과 모든 행동을 덮어놓고 정당화하는 것을 혼동해서는 안 된다. 공모자들은 자체적으로 정한 법적인 한계를 지키기로 약속했고 이를 지켜왔다. 도덕적인 올바름에서 그랬을 수도 있고 그저 깨끗한 승리를 원했기 때문일 수도 있다. 그들이 은밀하게 저지를 수 있는 불법적이거나 예상 밖의 행동도 많이 있었지만 무엇을 위해 그런 일을 하겠는가? 어떤 비용을 치르게 될까? 틸은 "언제나 이러한 질문이 있었다고 생각한다"고 말했다. "이런 질문이 제기되면 고민이 될 것이다. 방어할 수 있을까? 우리가 했던 모든 일을 방어할 수 있다고 생각한다. 영원히 비밀을 유지할 필요는 없다."

비밀은 진짜 일이 이뤄지는 방식이고 틸은 그것을 부인하지 않았다. 그의 저서인 《제로 투 원Zero to One》에는 한 챕터를 할애해 '비밀'을 다뤘다. 그는 자신이 비밀을 유지하고 그 힘을 믿는다는 점을 투명하게 밝힌다. 비밀이 무엇인지를 알려주지 않을 뿐이다. 어리석게도 그는 고커에 대한 의견을 말했고 고커와 세상은 그를 비웃었다. 이제 그는 그런 비웃음을 상대로 어떤 조치를 취할지 설명하지 않기로 결심했다.

고커가 잠시 의심을 품었던 순간도 이내 수그러들었다. 로스앤젤레스의 작은 로펌에서 온 무명의 변호사가 고커 자료를 모은다고 생각할 이유가 무엇인가? 그래봐야 소용이 없을 것이다. 고커는 절대 소송에 질 일이 없기 때문이다. 소송은 누군가가 번쩍이는 총을 들고 고커를 향해온다는 우려가 있다는 최후의 가시적 증거다. 2014년 9월, 의혹 제기에 이어 청구가 접수된 시점에서 덴튼이 지인을 통해 샌프란시스코에서 틸과 커피를 마실 수 있을지를 물었다.

보낸 사람: 닉 덴튼
보낸 날짜: 2014년 9월 17일 월요일 오전 11시 24분
받는 사람: 피터 틸
제목: 정치적 문제 건

잘 계신가요.

가능성이 희박하겠지만 제안은 해보렵니다. 제가 샌프란시스코를
방문하게 되면 커피 한잔할 수 있을까요?

우리는 서로 많이 다르고 특히 동성애 폭로의 정치에 대해 의견이
엇갈립니다. 밸리왜그와 고커의 일부 기사가 필요 이상으로
들떠 있기도 했고요.

하지만 당신의 정치적인 견해는 비웃을 만해도 신선하게 느껴집니다.
보기보다 우리에게 공통점이 많을 것 같습니다.
뉴욕의 편집국에서 보다 손쉽게 마주칠 수 있는 신좌파와 실리콘
밸리의 자유의지론자 사이의 건설적인 토론이 이어지기를 기대합니다.
적대 관계는 침체기에 있고 한쪽에 치우친 관계도 정체기입니다.

때로는 원래의 사고를 좌절시키는 인터넷 비판 문화도 그렇습니다.

제가 하려는 말은 여기까지입니다. 대화를 나눌 기회가 있으면
연락주세요.

감사합니다.

닉 덴튼

수요일 오전 받은 메일함을 여는 순간 또 다른 두려움이 틸
을 강타했다. 내가 배후라는 것을 알아차렸나? 어디까지 알고 있
는 것인가? 마키아벨리는 공모자들에게 "죄책감을 갖고 있는 자
는 사람들이 자신에 대해 이야기하고 있다고 생각하기 쉽다"라고
경고했다. "다른 의미를 지닌 단어를 엿듣고는 용기가 꺾이고 자
신의 계획과 관련된 대화라고 생각한다. 그 결과, 도망쳐서 스스로
음모를 드러내거나 잘못된 시점에 행동해 혼란을 초래한다."

하지만 이 일도 지나가기 마련이다. 덴튼은 정말로 대화를 나
누고 싶었을 뿐이었다. 소송 2년 차에 접어들었지만 고커는 호건
의 소송 배후에 누가 있는지, 무슨 일이 벌어지고 있는지조차 몰랐
다. 틸은 덴튼이 자신에게 비웃을 만하다고 직접 이야기하며 만나
자는 제안을 한 것에 주목했다. 두 사람이 만날 일은 없을 것이다.
많은 시간이 흐르기 전까지는.

전략은 진행해도 좋다. 전략의 일부를 차지하는 비밀은 전략
을 가장 효과적으로 만드는 요소다.

혼란과
무질서의
씨앗을 심다

전쟁과 관련된 격언에 '진실은 매우 귀해서 거짓이라는 경호원으로 보호해야 한다'는 말이 있다. 훌륭한 전략은 눈속임과 위장으로 둘러싸야 한다. 그렇지 않으면 대응 전략을 추론하기 너무 쉬워진다.

러시아에서는 이를 '마스키로브카maskirovka'라고 부르는데 기만과 혼란의 기술을 뜻한다. 단어는 그 전략만큼이나 오래되었다. 2600년 전 손무는 적을 약화시키는 전략에 대해 "전복하고 사기를 흔들고 경제를 어렵게 만들고 타락시켜라. 우두머리들이 서로 불화를 일으키게 만들면 싸우지 않고도 적을 무너뜨릴 수 있다"고 했다. 전운이 내려앉자 그는 공모자들과 장군, 자객에게 적이 눈앞에 있는 것을 볼 수 없을 때까지 기다리라고 말했다. "모든 전쟁의 기초에는 기만이 있기 때문이다"라고 말했다. 비밀을 지키는 것은 일차적이고 수동적인 전략으로 진짜 의도를 드러내지 않는 것이다. 하지만 기만은 적극적이고 외부적으로 적을 혼란시키고 약화시키는 전략이다.

피터 틸이 결정적인 소송을 기회 삼아 고커를 맨해튼의 언론인 버블 바깥에 있는 평범한 사람들로 구성된 배심원 앞에 세운다는 장기적 전략을 세운 것은 비교적 초창기였다. 2012년에는 그의 전략을 실행하기에 이상적인 사건을 발굴했을 뿐만 아니라 증거 개시가 진행되고 며칠 내에 소송을 제기했다. 2013년 법 제도에 따라 소송이 진행되면서 여러 번의 후퇴를 해야 했다. 예상했던 후퇴도 있었고 그렇지 않은 경우도 있었다. 하지만 후퇴에 희망이 없던 것은 아니다. 결국에는 소송을 플로리다 지방법원에서 진행하는 시나리오가 펼쳐지며 고커 미디어에는 파산을 초래할 수 있는 악재가 발생했다.

하지만 음모 가담자들이 기회를 만들었다가 잊고 이미 하나의 기회가 생긴 데 만족해 또 다른 기회에 눈감아버리는 건 어리석은 짓이다. 호건의 소송이 시작되고 몇 달 후 하더는 고커를 상대로 한 비교적 단순한 법적 공격을 보완하고 더욱 복잡하게 만들 여러 책략을 강구하기 시작했다. 일부는 틸이 자금을 댔지만 그렇지 않은 사례도 있었다. 일부 책략은 정교했고 나머지는 다른 계획의 부속 격이었다. 일차적인 시도는 하더가 원래 소속되어 있던 울프 리프킨에 있을 때 일어났다. 이 로펌은 여배우이자 작가인 레나 던햄의 사건을 맡고 있었다. 고커는 던햄의 책 제안서의 유출된 사본을 입수해 헐크 호건 영상을 게시하고 1달 후에 게시해 40만 회에 가까운 페이지 조회수를 얻었다. 하더의 로펌은 즉시 중지 서한을 발송했으나 고커는 통상적인 반응을 보였을 뿐이었다. 매우 불쾌하고 공격적인 말로 저작권 침해를 정당화하는 성의 없는 답변을 내놨다. 그중 하나는 다음과 같다.

"막대 아이스크림을 먹을 때마다, 영화를 볼 때마다,
시를 쓸 때마다 무시무시한 상실감이 들었다."
레나 던햄의 소송을 맡고 있는 찰스 하더 변호사는 고커에 연락을 취해
웹사이트에서 인용문을 삭제해 달라는 요청을 의뢰인인 레나 던햄을
대신해서 전했다. 던햄의 제안서에서 위의 문장을 인용한 의도를
분명히 하기 위해 우리는 다음과 같은 의견을 덧붙인다.
인용된 문장은 터무니없이 진부하며 제안에 스며들어 있는
'오벌린에서 워크숍을 했다' 같은 수준의 저급함을 보여준다.

고커의 기자는 자신에게 저작권이 없는 유출된 문서를 사용한 것을 방어하고자 12번이나 저런 행동을 했다. 그뿐만이 아니었다. 최종적으로 게시물에 "하더의 개입에 따라 우리는 제안의 인용을 삭제했다"고 덧붙였다. (해당 기사를 쓴 존 쿡은 그가 여기에서 인정한 저작권이 하더가 몇 주 전 호건을 대신해 부바 클렘에게 권리를 부여받은 저작물에 대한 권리와 구별하기 어렵다는 점을 모르

는 듯하다.)

　이러한 시도를 위력 수색(적의 배치, 강도, 약점과 예비대 및 화력 지원 요소 등을 알아보기 위해 강한 부대로 제한된 지역에서 실시하는 수색 작전-역자주)이라고 부르겠다. 하더는 이번에도 고커가 사소한 문제로 무의미한 싸움을 이어가는 것을 목격했고, 결국에는 틀린 주장으로 드러나더라도 더욱 강경한 태도를 보이는 경우가 많았다. 덴튼은 기자들이 그렇게 행동하도록 많은 재량을 부여했다. 또한 고커가 사실을 받아들이는 패턴을 분명하게 목격했다. 법적인 선을 넘고 항의를 받으면 싸우고 상대가 상징적인 승리에 만족하지 않고 더 나은 답을 얻기 위해 반격에 나서는 것을 지켜봤다. 대부분의 경우 하더나 나중에 맡을 만한 손쉬운 사례였다. 던햄을 위해 싸우면서 하더는 틸이나 A와 완전히 무관한 의뢰인을 위해 고커와 엮이게 되었다. 의뢰인의 성격도 연예인의 스펙트럼에서 서로 극단에 있는 사람들이었고 고커 측은 자신들이 지목되거나 더 큰 싸움에서 표적이 되었다는 생각을 하지 않았다. 그는 신속하게 두 번째 전선을 형성했다.

　증거 개시를 하고 호건 사건의 증언 녹취에서 용기를 얻은 하더 사무실은 고커에서 일했던 직원들을 접촉했다. 틸 역시 전직 직원들을 면담하기 위해 탐사보도 기자들을 고용했다고 말했다. 그들은 정보를 얻기 위해 여러 사람에게 연락했다. 고커에서 일하는 것은 어떠한가? 고커는 어떻게 운영되는가? 덴튼은 어떤 사람인가? A. J. 돌레리오는 어떤 사람인가? 고커에 채용되기 위해서는 어떤 조건이 필요한가? 이와 같은 논의를 통해 하더는 고커가 오랫동안 무급 인턴을 비즈니스 모델로 활용했고 이 부분이 세 번째 전선이 될 수 있음을 인지했다. "고커에서 일했던 직원들과 대화를 나눴고 그중 한 명은 고커에 수백 명의 인턴이 있으나 급여를 받는 사람이 아무도 없다고 말했다"고 하더는 설명했다. "고커는 기본적으로 공짜로 노동력을 동원하고 있었다. 뉴욕에서 고용 분야 전문으로 일하는 변호사와 대화를 나눴는데 백 퍼센트 법 위반에 해당한다는 의견을 들었다."

21세기 폭스, 콘데 나스트, 워너 뮤직을 비롯한 다른 여러 미디어 기업에도 비슷한 쟁점이 있었다. 사실 모두가 고커에 일주일 앞서 소송을 당했다. "변호사에게 문의했는데 이 일에 참여해서 성공 보수를 받는 조건으로 인턴을 도와줄 수 있습니까? 솔직히 인턴들이 안스럽다는 생각을 합니다. 최저 임금에 법정 손해배상, 연방과 주 법에 따라 변호사 비용까지 받을 권리가 있습니다. 인턴이 소송에 참여하고 로펌이 사건을 맡아 일정 비용을 받는다면 윈윈이라고 생각합니다."

훗날 돌레리오는 내게 하더가 고커에 질문을 쏟아내기 위해 이 사건을 밀어붙인 것이 아닌가 하는 의문이 든다고 말했는데 어느 정도 일리 있는 말이었다. 하지만 또 다른 이점도 있었다. 사적으로 일 처리를 하지 않고 상대가 누가 돌을 던지는지 알지 못하는 상태에서 적을 교란시키고 피를 흘리게 만들 수 있었다. 2013년 하더가 접촉했던 고용 변호사가 고소하면서 인턴들이 "주당 15시간 이상의 상당한 시간을 고커를 위해 일했으나 근무하는 동안 한 푼도 못 받았다"는 혐의를 제기했다. 소 제기 소식은 〈디 애틀랜

틱The Atlantic〉, 〈허핑턴 포스트The Huffington Post〉, 〈뉴욕 포스트
New York Post〉, 〈할리우드 리포터The Hollywood Reporter〉 등에
보도되었다. 여론상으로 고커는 명백히 위선, 자신이 저지르고 있
는 행동으로 다른 언론을 공격한 죄가 있었다.

한 비평가는 "고커가 블로그 노예를 유지할 법적 권리가 있는
지에 대한 의문은 곧 법원에서 얻게 될 테니 잠시 접어두겠다"며
"고커가 내놓은 60페이지 분량의 변명은 무보수 인턴을 사용하는
다른 기업에 대해 고커가 칼럼을 통해 비난하던 것과 극명한 대조
를 이룬다"고 지적했다. 〈애드위크Adweek〉는 '고커의 무보수 인
턴 모험담: 우리의 행동을 따르지 말고 말하는 바를 따를 것'이라
는 헤드라인의 기사를 게재했다.

간단한 사건이지만 3년 가까이 끄는 사이에 또 다른 사건을
낳은 셈이었다. 결국에는 고커가 승리를 거두지만 긍정적인 것은
아니었다. "고커가 인턴에게 급여를 지급하는 대신 변호사 비용으
로 100만 달러를 써서 싸우기로 결정한 것은 충격적이다"라고 하
더는 〈포브스Forbes〉를 통해 말했다. 처음으로 대중은 고커를 죄
의식 없는 언더독과는 다른 존재로 인식하기 시작했다. 고커 역시
비밀을 지닌 착취자일 뿐이었다. 고커가 지출한 금액을 호건과의
소송에 지출할 필요는 없는데 중요한 점은 닉 덴튼과 헤더 디트릭
이 플로리다의 다른 사건을 생각할 겨를이 없게 된 것이다. 하더에
게는 자신감을 북돋우는 계기이자 정보를 수집할 기회였다. 법원
의 허가를 받은 정찰 행위였으며 사건이 끝날 때까지 들키지 않을
수 있었다.

2014년 또 다른 기회가 굴러 들어왔다. 〈뉴욕 타임스〉에서 '이상하고 두서없는 공격'이라고 묘사한 사건에서 조이 퀸Zoe Quinn이라는 게임 개발자의 전 남자친구는 한 게시물에 퀸이 고커 소유의 '코다쿠Kotaku'라는 사이트에 글을 쓰는 게임 기자와 로맨틱한 관계를 맺고 있다며 비난했다. 별로 중요하지 않아 보이는 관계가 얽힌 이 드라마가 발화점이 되어 비정치적이고 배타적인 커뮤니티에서 온라인상의 분노를 폭발시켰다. '#게이머게이트'라는 해시태그 아래 지지자들은 '언론 윤리', '부패 청산', 비디오 게임 업계의 다른 문제를 뿌리 뽑겠다며 나섰다. 실상 이들은 고커를 향한 분노를 표출한 것이었다. 온라인 미디어 제국이 수년 동안 비디오 게임 언론을 실제와 허구를 넘나들며 오용한 데 분노하며 정치적 올바름, 업계에서 여성의 영향력 제고, 분노를 표출하는 데 사용할 수 있는 다른 실수 등을 비난했다. 호건의 사건도 도마 위에 올랐다.

A는 공모자들이 게이머게이트를 시작한 것과 무관하다고 주장하지만 부채질한 것은 부인할 수 없다. 그는 내게 게이머게이트에 대해 "대체로 자율적으로 진행됐지만 무척 도움이 됐다"고 표현했다. 그에게 기대했던 전형적인 법률적 지적 훈련이었다. 틸 역시 이 사안에 대해서는 공식적인 발언을 삼갔다. 도널드 트럼프 Donald Trump의 대안우파 운동을 이끄는 많은 인물(밀로 이아나풀로스나 마이크 서노비치 같은 트롤)은 게이머게이트에 활발하게 참여하며 고커를 공개적으로 비판했다. 틸이 공격에 직접적으로 자금을 대고 협력하지는 않았지만 그림자에서 진행되는 그의 음모가 게이머게이트의 혜택을 본 것은 사실이었다. 적의 적이 간과할 수 없

는 위기를 조성했기 때문이다.

고커는 본능적으로 저항과 경멸의 반응을 보였다. 이 사건이라고 다를 것이 무엇인가? 앞서 밸리왜그에서 일했던 샘 비들 기자는 '결국 #게이머게이트는 수십 년 동안 우리가 진실이라고 믿었던 바를 확신시켜줬다. 너드는 끊임없이 수치심을 줘야 하며 굴복하도록 만들어야 하는 것이다'라는 트윗을 올렸다. 그러면서 해결책은 '괴롭힘의 기억을 상기시키는 것'이라는 농담을 했다. 최악의 순간에 나온 또 다른 농담이었다. 비들 자신이 너드라는 점에서 괴롭힘을 실제로 지지한 것은 아니지만 그의 발언은 온라인에 남았고 여기저기 활용될 수 있었다. 이번에도 비들과 비들을 방어해야 하는 맥스 리드, 닉 덴튼은 농담을, 혹은 조율된 전략적인 반응 외의 그 어떤 발언도 당분간 접어둬야 한다는 것을 간과했다.

거의 즉시 게이머게이트의 팔로워들이 고커의 광고주에게 이메일을 보내 사이트에 광고 게재를 중지할 것을 요구했다. 템플릿을 통해 다양한 맞춤 문안으로 작성된 수천 통의 이메일이 고커의 주요 고객에게 전송되었다. "귀사는 고커와 광고 제휴를 맺고 있는 것으로 확인됩니다. 비들 기자의 발언과 리드가 이를 지원한 점을 들어 고커와 모든 계열사에 대한 광고 지원을 철회할 것을 요청합니다. 이번 달이 괴롭힘 인식의 달인 만큼 고커의 표현은 매년 4000명이 괴롭힘으로 스스로 목숨을 끊는 사회에서 용납될 수 없습니다. 시간 내주셔서 감사하며 본 이메일이 잘못된 부서로 전달되었다면 회신해주십시오." 메르세데스 벤츠와 같은 광고주는 신속하게 광고를 내렸다. 리드 편집장은 압박에 못 이겨 철회에 동의

한 광고주를 '비겁한 멍청이들'이라고 부르고 고커의 기자들에게 앞으로 더 주의를 기울일 것을 당부하는 식으로 대응했다. 고커가 괴롭힘을 지지하지 않았다는 발언을 녹음했어야만 했다. 고커는 매출 손실액이 수십만에서 수백만 달러에 이를 것으로 예상했다. 막대한 소송 비용이 발생하고 있어 회사 입장에서 당장 아쉬운 돈이었다.

'풀뿌리 봉기'의 저변에 거름이 있었을까? 음모를 꾸민 자들이 자금과 인력을 지원했을까? 게이머게이트의 표적이 틸이 주시하고 있는 그 대상과 같다는 사실에 우연 이상의 의미가 있을까? 개인적으로는 '그렇다'고 생각한다. 맥스 리드는 "고커가 뉴욕의 언론, 실리콘 밸리, 할리우드 등에서 수년 동안 만든 적들 중에 게이머게이터들만큼 위력적이었던 집단은 없었다"라고 돌아봤다. 리드는 실리콘 밸리에 있는 적이 게이머게이트의 적과 최소한 일정 부분은 동일하다는 생각에 이르지 못했다. 그럴 여력이 없었다. 펼쳐지는 상황에 그저 어리둥절했을 것이다. 리드는 기자들과 독자들에게 "이 모든 일이 기이하게 느껴진다면 나 역시 마찬가지"라고 썼다. "정상인 세계에서 잠들었는데 눈을 떠보니 비정상의 세계에 와 있는 듯한 기분이 든다."

이 비정상의 신세계에서 고커 내부에서는 의구심이 확산되기 시작했다. 우리는 더 이상 무적이 아니란 말인가?

"고커는 반체제적이었으며 체제가 무의미하고 부패했다는 생각을 응축해 힘 있는 사람들에 대한 구체적인 기사로 만들었다." 덴튼은 고커 사이트의 원래 취지를 이렇게 설명했다. 하지만 시간이 지날수록 틸이 기울인 노력과 더불어 덴튼이 활용한 힘이 지닌 본질적인 특성으로 인해 "우파에 대한 공격, 주류에 대한 두려움과 멸시, 플로리다 맨과 수준 낮은 백인 연예인의 위선을 조롱하는 방향으로 기울었다. 과신은 두 진영에 대한 전쟁으로 이어졌다."

고커는 던햄에서 인턴, 온라인의 분노한 너드에 이르기까지 대여섯 개의 전선에서 싸우고 있었고, 덴튼은 그런 사실을 알아차리지도 못했다. 마치 어느 날 미국이 정신을 차려서 평화로운 시대가 아니라 9개 지역에서 동시에 전쟁을 하고 있음을 깨달은 모양새였다. 하지만 나라가 거기에 대해 어떤 일을 할 수 있겠는가? 그저 전쟁터로 걸어 들어갔을 뿐이고 싸움판에서 탈출하겠다는 점을 분명히 하거나 그럴 의지가 없는 상태다. 승리로 끝을 맺을 수 있는 전쟁이 없으며 오로지 집행력으로 패배를 인정해야만 한다. 고커 또한 전선마다 어려운 상황에 부딪혔거나 속고 있었다. 덴튼에게 싸움을 멈출 만한 힘이 있었지만 그렇게 할 수 없는 측면도 있었다. 어떤 싸움도 획기적으로 판세가 변화할 것으로 보이지 않았다.

사바나에서 사냥감 떼를 쫓으며 끈질긴 추적 사냥을 하는 사람처럼 틸은 고커의 힘을 빼는 과정에 돌입했고 기회가 있을 때마다 고커를 쫓아 혼란을 주고 탈진하게 만들었다. 틸은 "우리의 전략이 공격으로 보이리라 생각하지 않았다"라며 "우리는 평판이 좋은 언론에 공격을 가하기를 원하지 않았다"고 설명했다. 이러한 전략은 호건의 동영상을 공격에 이용하기 좋은 도구로 만들었다. 대다수의 언론이 익숙하게 알고 있는 전형적이고 직접적으로 수정헌법 제1조와 관련된 사안이 아니었다. 그는 "명예훼손 문제가 아니라 수정헌법 제4조(사생활침해방지법-역자주)에 관련된 문제였다"고 덧붙였다. 사람들이 언론 보호에 대해 생각할 때 불법 동영상이나 인턴 착취와 같은 사안을 떠올리지는 않는다. 윤리에 어긋난 행동을 하는 사람들이 불평을 하거나 분노한 대중 때문에 광고주가 보이콧하는 상황을 떠올리지도 않는다. 틸은 "누구도 그런 사안에서 고커를 두둔하지 않을 것"이라고 말했다.

그런 사안에서 고커의 입장을 보호할 사람은 없다. 고커는 언론계의 다른 매체와 다르게 오류가 있고 불쾌한 매체로 인식되었으나 그런 인식의 변화가 서서히 진행되어 고커에서는 무슨 일이 일어나는지 알지 못했다. 로렌스 프리드먼Lawrence Freedman은 명저《전략의 역사》에서 여러 사건을 조합하는 것은 전략적으로 중요한 방법이기 때문에 공모자들이 처음에 시도할 만하다고 했다. 또한 그는 '같은 이유에서, 상대가 동일한 전략을 쓰지 못하게 막는 것도 가치가 있다'고 지적했다. 방법론적으로 틸은 고커를 동료들에게서 분리시키는 한편, 짙은 안개를 드리워 어떤 일이 벌어지는지 알지 못하게 만들었다.

고커 그룹도 물론 어렴풋하게나마 적이 있다는 것을 감지했을 것이다. 가령 2014년에 고커는 게이머게이트에서 추구하는 목적이 고커를 언론업계에서 몰아내는 것이라는 것을 알았다. 하지만 흩어져 있는 점을 연결하는 수준에 이르지 못했는데 게이머게이트의 독자적인 노력만으로는 목표에 근접하지 못했을 것이다. 고커는 날아오는 공격에 맞서고, 맞서고, 또 맞섰지만 연이은 공격을 관통하는 흐름이 있다는 것을 감지하지 못했다. 형편없는 복서는 한 번의 펀치를 막기 위해 애쓰지만 다른 부위를 공격에 노출시키고 만다. 이런 식의 대응이 계속 이어진다.

그다지 아름다운 그림은 아니지만 상대가 탈진하여 휘청거릴 때까지 집요하게 적을 쫓는 것이다. 그렇게 할 수밖에 없다. 정치가 데모스테네스Demosthenes가 '거대한 혼란과 판단력 부족'이라고 묘사한 상태에 빠지게 되면 적은 약해진 것이다. 한 번의 공격에는 집중력을 발휘해 저항할 수 있지만 두 번, 세 번 공격이 이어지면 적은 적이 딜레마에 빠져 혼란스러워하다가 보통 이하의 선택을 하고 만다. 아니면 한 번의 공격을 피하려다 부지불식간에 다른 공격에 노출된다. 네로 황제는 의심이 가득하고 편집증적인 정적을 독살할 때 적의 음식에 독을 넣는 수법을 쓰지 않았다. 음식마다 조수가 먼저 맛을 봤기 때문이다. 대신 몸에 해롭지 않으나 매우 뜨거운 수프를 준비시켰다. 수프를 찬물에 넣고 적에게 직접 따를 것을 청하면 치명적인 독을 탈 수 있었다. 이처럼 은폐하는 장치를 마련하지 않으면 역공을 받는 것이 자명하다. 적이 어디에서 다가오는지 알면 그 방향으로 가서 적을 막을 것이다.

제2차 세계대전 중 영국은 독일이 3년 가까이 프랑스의 해변을 따라 내내 방어상태에 있도록 만들었다. 거짓된 정보와 비밀 작전, 의도적으로 작전 개시와 중단을 반복했다. 미국은 압도적인 군사력만으로 충분하며 단순히 작전으로 돌파할 수 있다고 판단했다. 이 점에서는 영국이 더 많은 것을 알고 있었다. 3년 전 에니그마를 해독한 영국군은 독일군이 얼마나 강한지 잘 알고 있었다. 많

은 대륙에서 숱한 전쟁을 치렀던 영국은 전쟁이 군사력만의 문제
는 아님을 잘 알고 있었다. 성공하기 위해서는 노르망디 상륙 작전
을 수행할 때 최대한 은밀하게 진행할 뿐만 아니라 추축국이 상륙
지점을 다른 곳으로 판단하도록 허위 작전을 더해야만 했다. 연합
국 최고의 장군으로 인정받는 조지 패튼George Patton의 위협적인
명성을 활용하여 상대가 상륙 지점을 오인하게 만들었다. 패튼 장
군은 독일군이 무시하기에는 너무나 두려운 상대였다. 이 같은 눈
속임 덕분에 작전 개시 당일에 연합국이 프랑스 해변 가까운 곳에
접근했음에도 히틀러는 '진짜 침공'이 아직 시작되지 않았다고 믿
고 많은 사단을 동원하지 않았다. 물론 러시아에서 주장하듯 침공
자체가 독일의 시선을 진짜 전략에서 분산시키기 위한 속임수였
다고 주장하는 사람들도 있다. 동쪽에서는 러시아의 붉은 군대가
독일군을 쓰러뜨리고 있었다.

　'D-데이'를 앞두고 영국이 수행한 '비밀 작전'은 서로 무관하
고 그 자체로 독립적인 계략과 움직임을 종합한 결과였다. 나치가
균형을 잃도록 만들고 최대한 제2전선에서 방어태세를 취하도록
가공의 이미지를 이용했다. 영국의 계략과 특공대 작전 중 일부는
먹혔지만 효과가 없는 경우도 있었다. 그렇긴 해도 마치 투우사가
황소를 괴롭혀서 탈진할 때까지 아드레날린이 정맥을 통해 분출
되고 등뼈에 칼을 꽂을 기회를 맞듯 영국군의 작전은 누적적인 효
과를 발휘했다.

　공모자들의 거의 모든 활동이 영국의 역사학자 리델 하트
Liddell Hart의 전략에 관한 격언에 부합한다고 볼 수 있다. '언제나

목표를 마음에 품되 상황에 따라 계획을 조정하라.' '대안적 목표
를 제시하는 작전선을 지키라.' '계획과 배치가 모두 상황에 맞게
조정할 수 있는 유연성을 갖추도록 하라.' '적이 경계하고 있는 중
에는 타격에 무게중심을 두지 말라. 적이 공격을 막거나 피하기 쉽
다.' 리델 하트는 전략적 계획을 나무에 빗대기도 했다. 건강한 나
무에는 가지가 많은데 가지가 하나뿐인 계획은 열매가 열리지 않
는 막대에 불과하다고 했다. 가지가 하나뿐인 나무는 나무가 아닌
교수대다.

"호건의 사건은 내내 여러 전략 중의 하나에 불과했다. 우리는
끊임없이 다른 기회와 옵션, 전략을 살폈다"고 A는 밝혔다. 이같
이 다른 옵션을 덧붙이기는 쉬웠다. 하더는 "내가 주력하던 프로
젝트는 고커에 맞서 칭찬할 만한 소송 거리를 가지고 있는 사람들
을 돕는 것이었다. 더 이상 감당할 수 없다고 느끼면 우리가 서비
스를 제공했다. 그저 연락을 취하는 것 외에 크게 한 일은 없었다"
고 말했다. 호건 사건이 소송을 향해 가는 중에 찰스 하더의 이름
이 알려지자 고커를 상대로 원고가 될 가능성이 있는 사람들이 하
더에게 연락했다. ESPN 기자 겸 해설가인 제이슨 휘트록은 데드
스핀에게 여러 번 공격을 당했다. 그러다 하더의 로펌에서 도움이
될 만한 일이 없겠는지 묻는 전화를 받았다. 로펌과 휘트록의 소속
사, 변호사가 그를 만나 소송을 진행할 만한 사례이며 소를 제기해
야 한다고 설득했다. (결국 휘트록은 제안을 거절했지만 진지하게
고려하기는 했다.) 고커가 2015년 유명한 패션 미디어의 임원이
동성애자임을 폭로하자 고커를 상대로 소송이 제기되었는데 틸과

하더가 은밀하게 소송을 도와주었다. 호건의 재판이 시작되기 3개월 전인 2016년 1월에는 새로운 사건이 추가되었고 평결이 내려진 후에 추가된 사건도 있었다. 그중 일부는 공개되지 않았으며 재정적 지원의 형태가 달랐던 경우도 있지만 큰 전략의 일부를 이룬다는 점에서는 같았다.

덴튼은 누군가가 장외에서 고커의 소액지분을 매입하고 있다는 사실을 알게 되었다. 호건의 소송으로 덴튼은 재정 상태를 제출해야 했고 친척들에게 가족 신탁과 관련된 정보를 요청하는 청구가 제기되었다. 한 웹사이트에서는 닉 덴튼의 범법행위를 입증하는 사람에게 5만 달러의 상금을 내걸기도 했다(덴튼의 표현에 따르면 "고커를 모방하는 또 다른 전략으로 비정상적인 결말에 이르렀다"). 피터 틸과 무관한 사람들도 고커에 소를 제기했다. 2014년 1월 쿠엔틴 타란티노Quentin Tarantino는 〈헤이트풀 8The Hateful Eight〉의 유출된 스크립트를 게시한 혐의로, 9월에는 한 야구 중계자가 고커와 MLB 네트워크를 상대로 소송을 제기했다. 2015년 6월에는 우파 트롤인 찰스 척 존스Charles "Chuck" Jones가 명예훼손으로 소송을 걸었다. 2015년 9월에는 〈데일리 메일Daily Mail〉이 같은 혐의로 소송을 제기했다. 10월에 존스는 페이스북에 소송에 대한 전망을 올렸다. "한 가지 공약을 하고자 한다. 고커는 1년 안에 사라질 것이다. 그걸 어떻게 아는지는 약속을 깨는 일이라 밝힐 수 없지만 장담한다. 헐크 호건이나 내가 고커에 승리를 거둘 것이다. 그 일은 반드시 일어난다." 이듬해 그는 헝가리로 가서 고커의 재정을 조사했다. "고커는 고용했다고 말한 사람들을 정말로 고용했는가?

그들이 내는 세금은 적법한가?"

2014년 4월 고커는 두 번째 보험사인 노틸러스에게도 소송을 당했다. 첫 번째 보험이 소진되자 고커의 법률 비용을 지불하던 회사였다. 노틸러스의 보험은 미끄러져 넘어지는 등의 신체적 부상과 호건이 주장하는 바와 같은 일부 정신적 고통에 대한 보장을 제공했다. 하더는 고커와 보험사가 분쟁 중이라는 데서 기회를 엿봤다. 플로리다의 법에서는 원고가 신체적 부상이 없는 고의가 아닌 정신적 고통에 대해서는 원고가 배상을 받을 수 없다고 규정한다. 이에 2015년 하더는 보험사에 전화를 걸어 보험사가 갈등에서 벗어날 출구를 만들어줬다. 당시 고커는 호건이 자발적으로 소송을 포기하고 향후 합의 논의에서 현금이 두둑한 보험사에게 배상을 받을 기회를 자발적으로 포기하는 것을 보고 이상하게 여겼지만 사실은 천재적이면서도 무자비한 조치였다. 이제 고커는 자기 꾀에 걸려든 꼴이었다. 활동 자금이 고갈되었고 플로리다의 법원에서 입장을 직접 방어해야만 하는 위치가 되었다.

압박에 압박이 끝을 모르고 이어졌다.

초반에 공모자들은 이런 종류의 전략을 피한 것 아니었는가? 결정적이지 않고 윤리적인 기준을 명확하게 충족하지 않는 것이다. 분명 그랬다. 하지만 이제 그들은 주요 전략이 아닌 곁가지로 성가시게 하는 책략을 동원했다. A는 덴튼을 몰아넣은 상황에 대해 "훌륭한 기업가라면 한두 가지의 귀찮은 일은 해결할 수 있어야 한다"라면서도 "대여섯 가지는 지나친 감이 있다"고 말했다. 바로 이것이 공모자들의 아이디어였다. 고커를 한계 이상으로 몰아붙여 실수를 저지르고 스스로의 판단력에 의문을 품게 만드는 전략이었다.

시기도 덴튼에게 더 이상 나쁠 수 없었다. 그의 정신은 다른 곳에 팔려 있었다. 당시 덴튼은 직원들에게 "2013년 여름부터 12개월 동안 '긴자Kinja'(덴튼의 IT플랫폼) 런칭, 허니문, 안식 기간에 마음이 빼앗기고 정신이 분산된 상태였다"고 말했다. 덴튼은 그 상황을 표류라고 불렀다. 10년 동안 고커라는 '문어'와 춤을 춘 끝에 덴튼의 우선순위 앞에 다른 일이 끼어들었다. 하지만 그는 과거의 덴튼으로 돌아왔고 "올해는 표류가 절대 일어나지 않을 것"이라고 못 박았다. 그러나 그는 미래를 알지 못했고 시간이 얼마 남지 않았다는 사실을 깨닫지 못했다.

2015년 재판을 향해 갈수록 처음으로 많은 사람이 고커가 천하무적이 아님을 분명히 인식하게 되었다. 일반적으로 고커 기자들은 그렇지 않았으나 그의 적들은 그렇게 느꼈다. 덴튼도 알고 있었다. 하더와 A에게 고커가 청구가 제기될 때마다 끊임없이 싸우고 언론을 동원하는 것이 이전처럼 위협적으로 느껴지지 않았다. 이제는 절망의 기색마저 느껴졌다. 고커는 마치 재판을 진행하기를 원하지 않는 사람처럼, 소송이 겉으로 보는 것과 달리 유리하지 않다고 생각하는 사람 같았고 법률 비용만으로도 휘청대고 있었다. 거세게 몰아붙였다면, 고커가 자발적으로 헛발질을 할 기회가 또 있었다면 다른 사건도 성공할 가능성이 있었을 것이다. 그런 일이 일어나기 전까지는 압박을 더하는 역할을 했다.

지속적으로 종합적인 공격을 당하면 조직과 상대가 굴복하기 시작한다. 전쟁의 심리적 요인이 물리적인 측면을 더욱 두드러지 게 만든다.

예상치 못한 결과도 있었다. 2015년, 고커 기자들이 노조를 결성하겠다고 발표한 것이다. 낙타 등에 또 다른 짚더미를 얹는 격이었다. 이제는 경영진과 직원들 간에 논란거리가 생겼다. 틸에게 이 일에도 책임이 있는지를 물었다. 그가 고용자와 피고용자 사이에 갈등의 씨앗을 심었을까? 내부를 휘저었을까? 당연히 그는 아니라고 답했다. "그 일은 내가 전혀 관련이 없는 일이다. 어쩌면 사업 모델에 압력이 가해지면서 직원들이 노조를 결성하기에 이른 것 같다. 덴튼은 소송이 진행 중인 가운데 회의적이었기 때문에 노조 결성을 허용했을 수도 있다. 나로서는 알 수 없는 일이다. 우리는 노조 결성의 사안과 관련이 없다"고 그는 말했다. 하지만 이 점을 주목할 만하다. 풀 코트 압박을 주문하는 코치가 자신의 지시로 트래블링 위반이나 패스 미스가 발생할지 알 수 없지만 그러기를 바라면서 주문을 하는 것이다. 범죄 조직을 전방위로 압박하는 경찰은 증거를 내밀거나 자백을 받기만을 바랄 수는 없지만 그런 일이 일어난다는 사실을 안다. 틸이 '장기간의 전략 압박'이라고 설명한 방법이 어떤 효과를 냈는지 정확하게 알 수는 없지만 그런 압박을 이겨낼 수 있는 사람이나 조직, 팀은 거의 없다.

이 모든 압박이 가해지고 서로 무관해 보이지만 끝이 없어 보이는 옥죄기가 최고조에 달했을 때 고커는 무슨 일을 했을까? 단체교섭을 놓고 옥신각신하고 노조결성에 대해 장문의 블로그를 작성하는 것 외에 그들이 무엇을 하지 않았는지, 이 모든 사안을 헤쳐나가면서 어디에 시간을 쏟지 않았는지가 더 중요하다. 고커는 재판을 준비하지 않았던 것이다. 닉 덴튼은 이러한 압박의 근원이 어디인지 살피지 않았고 이 모든 통점을 유발하는 책임자가 누구인지 몰랐다.

어떤 것이라도 잘게 쪼개놓으면 한판의 거대한 혼란이 벌어진다. 홍보 전선만 봐도 충분히 분주한 상태였다. 고커는 사업을 영위하면서 세금을 회피할 여러 방편을 오랫동안 이용해왔다. 이러한 전략이 특별히 비밀에 해당하지는 않는다. 하지만 소송이 길어지고 작은 구멍이 반복적으로 노출되면서 어느 순간 고커의 허점이 언론에 꾸준히 등장하기 시작했다. 〈판도데일리PandoDaily〉에서는 '고커가 더 이상 우스꽝스럽게 세금에 대해 위선적인 발언을 하려는 시도를 그만두다'라고 보도했다. 기분이 언짢아진 고커의 전 임원은 닉 덴튼이 겁쟁이라고 비판했고 〈CNN〉은 헐크 호건의 성관계 동영상 소송이 고커를 무너뜨릴 수 있음을, 〈뉴욕 타임스〉는 '고커가 진실을 마주칠 시간'이라고 보도했다.

적을 만들고 일반적으로 사람들을 무시하고 공포 문화를 조성할 때의 문제가 바로 이것이다. 상대가 약해지면 복수를 하려는 희망이 피어오르며 판세가 뒤집히는 날이 오기를 기다린다. 마침내 노려볼 만하다는 생각이 들면 급습에 나선다. 고커는 목숨을 부지하기 어려웠는데 허점이 노출된 상대에게 고커 역시 자비를 베푼 적이 없기 때문이었다. 갱스터들이 좋아 보이는 것은 마지막 15분, 정말로 추하고 슬픈 순간을 맞기 전까지라는 말이 있다. 이 책에서 다루는 이야기도 그런 순간, 좋아 보이던 모든 것이 정지되는 터닝

포인트의 직전에 와 있다.

　마키아벨리는 두려움을 느끼는 것은 음모에서 자신을 보호하는 데 중요한 기제라고 말했다. 하지만 그는 궁극적인 보호란 호감을 사는 것이라고 덧붙였다. 단순히 당신을 아끼는 사람일수록 당신이 무너지기를 원하지 않을 것이기 때문이어서가 아니다. 당신을 무너뜨리려는 시도를 그 사람들이 참아내지 않을 가능성이 크기 때문이다. 마키아벨리는 군주가 증오를 받지 않도록 주의한다면 "공격으로 어려움을 겪을 가능성이 높지 않다. 사람들에게 그럴 만한 용기와 힘이 있더라도 군주에게 있는 자비심으로 인해 물러날 것이기 때문이다"라고 말했다.

　과거에도 사람들이 고커를 비판하기를 삼가거나 고소하기를 주저한 것은 아니었다. 하지만 이제는 달라졌다. 한 대안우파 지지자는 게이머게이트가 영화 〈300〉에 나오는 장면과도 같다고 말했다. 스파르타인들이 던진 창으로 크세르크세스의 뺨에 상처가 나며 약간의 피가 흐른다. 그 순간 그리스인들은 그가 무적의 존재가 아니라는 것을 확신하게 되고 싸워서 이길 가능성이 있다는 증거로 받아들인다. 이전에는 항상 고커를 공격하려는 시도를 단념하게 되었으나 이제는 상황이 변했다. 더 이상 피터 틸이 벌어지고 있는 모든 일에 대한 책임이 있는 것이 아니라는 의미였다. 양측이 빚어낸 갈등으로 조성된 환경이 사건을 연이어 발생시켰다.

　대다수의 사건이 결국에는 용두사미로 끝나는 운명을 맞는다. 하지만 사건 하나하나가 그 자체로 대단한 목적을 가지고 시작된 일이 아니었기 때문이겠지만 고커 내부의 긴장도가 점점 상승하는 데 기여한다. 그런 일이 벌어진다면 책략으로 인해 고커는 스스로 와해될 것이다.

제2차 세계대전 중에 영국은 허위 정보와 혼란을 가중시키는 전략을 계속 이어갔다. 이런 전략은 처칠의 본성과도 관련 있었다. 마침내 미국이 전쟁에 뛰어들었다. 영국인들은 대의에 따라 술수를 쓸 수 있지만 작은 구멍만으로 전쟁을 이길 수는 없음을 알았다. 적이 약해지고 해변의 모래가 부드러워지고 사기가 꺾이면 비로소 주된 공격을 실행할 수 있는 것이다. 치고받고 엎치락뒤치락 하면서 속임수, 공격, 역공격이 진행되다 보면 중심을 잃고 무엇이 진짜이고 가짜인지 분간할 수 없게 된다. 전량이 중요한 이유가 여기에 있다. "볼리아 사건이야말로 지금까지 가장 역점을 두고 가장 많은 자금과 모든 것을 쏟아부은 일이었다"고 하더는 말했다. 틸은 "마지막 순간이 되면 가장 성공할 확률이 높은 일에 전부를 걸어야 한다"고 강조했다. 호건의 소송이 바로 그런 사건이었다. 틸은 "어느 순간에 이르면 '전략'이라는 단어가 지연을 완곡하게 말하는 표현이 된다. 많은 계획이 진행되고 많은 시간이 걸리지만 절대로⋯"라며 종종 그렇듯 말을 멈췄다. 그래서 틸을 대신해 말을 끝맺고자 한다.

독자들이 재판까지 가는 일은 없을 것이다. 고커를 배심원 앞에서 제압하는 일은 일어나지 않을 것이다. 호건의 사건으로 이미 그런 일이 벌어졌기 때문이다. 2014년 내내 주변에서 일어나는 온갖 일 때문에 마음을 빼앗겨 소송에 대한 이렇다 할 대처를 하지 못한 고커는 그저 호건과의 소송이 손쉬운 일이라 확신했다. 고커

팀은 법이 고커에 유리하며 여론을 등에 업고 법정에서 승리하리라 믿었다.

마침내 틸은 "이쯤이면 충분한가 아닌가?"를 물었다. 지금까지의 책략만으로도 충분했다. 이제 결정타를 날리기 위한 최후의 작업을 시작할 때였다.

Conspiracy **12장**

서로를
묶는 연대

대다수의 음모가 알려지지 않고 묻힌다. 하지만 배신을 당하거나 자멸하거나 대의를 저버리는 일도 있다.

고대 로마에서는 음모를 밀고하는 노예에게 자유를 주는 일이 많았다. 네로 황제를 음해하려는 음모는 그것을 꾸민 스카이비누스가 하인에게 단검을 갈아달라고 요청하고 자신의 재산을 거의 쏟아부은 호사스러운 만찬을 열면서 발각되었다. 하인은 주인의 이상한 행동을 황제에게 전했다. 제임스 1세를 암살하기 위해 계획된 화약 음모 사건은 내부자가 1605년 익명의 편지로 가이 포크스가 사건에 연루되어 있음을 밀고하면서 발각되었고, 그는 결국 단두대의 이슬로 사라졌다. 《몽테 크리스토 백작》에 영감을 준 프랑수아 피코는 자신을 협박하려는 공모자의 배신으로 복수극의 일부가 좌절된 것을 발견했다. 결국 피코를 협박한 사람은 피코를 죽이고 수십 년 뒤 임종을 앞두고 전체 이야기를 전했다. 문학 역사상 가장 유명한 복수극이 오늘날 음모를 꾸미려는 모든 자에게 분명한 경고를 전하는 순간이었다. 바로 동료를 조심하라는 것이다.

음모의 비밀을 간직하고 실행에 옮기는 데는 단순히 계획과 훈련뿐만 아니라 공모자들을 하나로 묶는 연대가 중요하다. 모두를 버스에 태웠다면 어떻게 계속 버스에 타고 있게 만들 것인가? 충성을 다하도록 어떻게 보상할 것인가? 어떻게 하면 각자에게 최고의 것을 이끌어낼 수 있을까? 서로를 어떻게 신뢰하며 언제까지 한배를 같이 탈지, 비밀을 얼마나 지킬지 어떻게 아는가?

2012년에 테리 볼리아는 다른 선택권이 없었기 때문에 열정이 넘치는 신참과도 같았다. 그는 절박했고 인터넷에서 영상을 내리려는 마음뿐이었다. 틸은 고커를 파괴하려고 했다. 두 사람의 목표가 겹치긴 했지만 그의 표적은 볼리아의 영상을 인터넷에 게재한 책임이 있는 당사자 중 하나였다. 2015년에 되자 호건은 지쳐 갔다. 고커는 소모전을 벌이며 법적 절차마다 지연을 일삼고 각 사안에 문제를 제기하고 패할 때마다 항소를 제기했는데, 그 전략이 거의 분명하게 효과를 거두고 있었다. 틸 역시 지친 상태였고 A도 마찬가지였다. 하더는 지치지는 않았지만 변호사로서 시간 단위로 게임에 참여하는 셈이었다. 소모전으로 인한 피로 상태에서 어떻게 싸움을 계속 이어갈 것인가?

경영학의 대가인 피터 드러커Peter Drucker의 발언을 인용하자면 문화는 전략을 먹어 치운다. 이 뻔한 말이 경영뿐 아니라 음모에도 적용된다. 서로를 묶어주는 끈이 약하거나 해롭다면 계획이 얼마나 훌륭한지, 어떤 사람들이 가담하는지는 중요한 문제가 아니며 설사 결말까지 음모가 유지되더라도 성공할 가능성이 낮다. 하지만 서로를 연결하는 유대감이 강하고 목적의식이 있다면 시험을 견뎌낼 수 있다.

한때 고커는 강력한 임무를 가지고 있었고 모두를 비슷한 방식으로 연결하며 앞으로 가게 만드는 강렬한 힘이 있었다. 그들은 세상에 맞서고 있었다. 니체Nietzsche의 말을 빌리면 현대 시대에 칼의 전쟁을 벌이는 것이다. 2002년 고커가 탄생했을 때 위선, 거짓, 옹졸한 독재자, 의기양양한 머저리 등 모두가 고커의 저격대상이었다. 아마추어 기자들이 모인 오합지졸 군대는 인터넷에 글을 올리는 데 재능을 발휘했고 날것의 진실을 말했으며, 그 결과에 대해선 전혀 걱정하지 않았다. 덴튼의 작업은 사회에 반감을 품고 분노한 자들이 발산하는 에너지를 그대로 흘려보냈다. 그는 비교적 박한 보수를 지급했으며 세게 몰아붙였다. 하지만 기자들에게 많은 권한을 부여해 문화, 용인 가능성, 멋짐의 기준에 대한 결정을 내리도록 했다. 부자가 될 수는 없더라도 부자와 권력자들을 자신의 글로 무릎 꿇리는 것은 부유한 기분이 들게 했을 것이다. 이것만으로도 충성심을 가질 수 있을까? 역경을 함께 헤쳐나가게 만들 수 있을까?

시간이 흐르면 문화도 변질되기 마련이다. "시내처럼 신념도

좁은 곳에서 힘이 모이고 편견 속에서 번성한다"라고 전기 작가 윌리엄 맨체스터William Manchester는 말했다. 고커의 신념을 건물의 돌판에 새기지는 않았더라도 명확했다. 사실이라고 생각한다면 쓰라는 것이다. 항의가 들어오면 웃고 다시 두들겨주면 될 일이다. 하지만 이처럼 회의적이고 적대적인 시각으로 세상에 접근하면 결국에는 자신이 손가락질하던 대상과 같아지는 일을 피할 수 없다. 시간이 가면서 치고받는 싸움은 모두와 모든 일에 대한 일방적인 펀치로 끝난다. 고커가 성장하며 그동안 비판했던 그 모습 그대로가 되었다. 강력하고 이해할 수 없으며 무지한 집단이 되었다.

운영 측면에서 고커는 모순 그 자체였다. 덴튼은 회사의 지분 대부분을 소유하고 있었지만 기자들은 자신이 창출하는 가치의 극히 일부만 얻을 뿐이었다. 덴튼의 연봉은 50만 달러에 달했고 나날이 증가하는 이익은 해외 계좌에 차곡차곡 쌓였다. 이와는 대조적으로 돌레리오는 고커에서 5년을 일했는데 회사를 떠나던 시점에 9000주(0.0059%)의 주식을 소유하고 있었다. 페이지 조회수 500만 회당 보너스는 편집인들, 기자들에게 분배한 후 해당 기자에게 수백 달러 정도가 지급되었다. 분주한 레스토랑에서 일하는 웨이터가 목요일에 버는 돈도 주방, 바, 잔심부름꾼, 주인 몫을 제외하더라도 그보다는 많았다. 하지만 기자들에게 돈이 주된 자극제로 작용한 적은 없었다. 그들은 고커가 점점 기업이 되어가는 것에 좌절을 느꼈고 덴튼이 잃을 것이 많은 사람 행세를 하는 것을 혐오했다. 성공의 결과가 원래 그렇고 피할 수 없다 해도 그건 중요하지 않았다. 지구상의 어떤 언론사도 변화나 내부 갈등 없이

2014년의 고커처럼 총 수익이 5000만 달러를 달성할 수는 없다 (2015년에도 비슷한 수준이었다). 회사의 소유자이자 변화의 책임자인 덴튼은 기자들이 가진 것에 감사하지 않고 그가 만든 것에 고마워할 줄 모르는 것이 마음에 들지 않았다. 덴튼은 더 이상 기자들과 같은 세계에 살지 않았다. 이제는 더 이상 고커 기자들처럼 아웃사이더도 아니었다.

내게는 존 쿡만큼 이런 긴장을 제대로 보여주는 사례가 없다고 생각한다. 쿡은 2009년 고커에 기자로 합류했고, 1년 뒤에는 더 나은 직장인 '야후!Yahoo'로 옮겼다. 하지만 불과 5개월 만에 고커로 돌아왔다. 야후의 문화에 적응할 수 없었던 것인데 쿡의 전 상사는 "쿡은 '야후! 뉴스'에서 제공하는 규모와 신뢰성보다는 고커에서 기사에 자신의 의견을 덧붙일 수 있도록 부여한 권한을 더 낫게 여겼다"고 평했다. 그는 승진을 거듭하다가 〈더 인터셉트 The Intercept〉로 더 나은 일을 꿈꾸며 떠났다. 하지만 이번에도 그의 전략은 효과가 없었고 9개월 만에 고커로 복귀했다. 고커의 전략은 다른 어떤 곳에서도 먹히지 않았던 것이다. 그는 고커가 지닌 최고이자 최악의 특징을 고스란히 보여주는 모델이다. 그는 용기 있고 인정사정없을 정도로 솔직했지만, 동료의 표현을 따르면 '대단한 개자식'이자 '망가진 바보'일 뿐이었다.

상사로서 닉 덴튼은 기자들이 원하던 자유, 권한, 지지를 선사했으며 용기를 북돋웠다. 간섭하는 일도 없었고 중요한 지인이 고커가 게시한 기사로 분노하더라도 개입하지 않았다. 하지만 기자들에게 원하던 바를 줬다고 해서 그들이 필요로 하는 것까지 제공할 이유는 없었다. 대다수는 〈뉴욕 타임스〉, 〈옵서버〉, 〈ESPN〉, 〈뉴요커〉와 같은 더 나은 매체로 옮겼다. 돌레리오는 그의 '꿈의 직장'이었던 Spin.com으로 옮겼다가 자신의 플랫폼을 만들었다. 시간이 흘러도 거기에 머물며 문화를 조성한 것은 기자들이었다. 점차 고커에는 일반 직장에서는 근무할 수 없는 무례하고 현명하지 못한 사람들이 모였다. 고커가 그들의 둥지였으며 부적응할 일이 없는 섬과 같았다. 오랫동안 고커에 머물렀던 한 기자는 "이상하고 무례하며 다른 곳이라면 채용되지 못할 사람들이었으며 다른 어느 곳에서 다른 사람들과 있는 것을 상상할 수 없는 기자들의 문화가 형성되었다"고 말했다.

젊은 기자도, 나이 든 기자도 있었으며 성별과 배경도 다양했지만 한 가지 공통점이 있었다. 덴튼이 부여한 자유를 수용하고 그 자유를 최대한 누렸는데 그가 후회 섞인 말로 표현했듯 "그 무엇이든 할 수 있는 자유"가 주어졌다고 믿었다. 자유의 가치가 제대로 평가받는 일은 드물다. 자유를 제공한 대가로 덴튼이 어떤 보상을 받았는지 보라. 충성심도 훌륭한 의사결정도 존경도 아니었다. 그가 자신의 결혼식에 사진과 휴대전화를 금지한 일화는 유명하다(위선적이라고 불러도 좋을 것이다). 결혼식은 그만의 사적인 순간이어서 자신의 삶을 지배했던 기술과 유명세로 방해받기를 원하지 않았다. 250명의 하객이 지시를 정확히 따랐지만 한 사람은 예외였다. 고커의 기자이자 덴튼의 들러리였던 리치 주즈위악이 휴대전화를 몰래 들여와 사진을 찍다가 걸린 것이다.

고커에서는 호건 사건의 첫 번째 명령에 고커 측 입장을 작성한 존 쿡을 비롯해 회사가 답변해야 하는 중요한 의사결정을 내려야 하는 직원들조차 사회의 기본적인 규칙을 준수하는 데 어려움이 있었다. 자신의 행동이 초래할 결과를 생각하지 못했으며 자신이 어떻게 인식될지 몰랐다. 쿡과 같은 사람이 블로그 게시물을 작성하면(2013년에는 판사에게 지옥에 가라고 말했다) 그 선을 회사의 다른 모두가 따라야만 했다. 홍보 부서에는 끝없는 후회를, 변호사들에게는 대응해야 하는 골칫거리를 안겨주었다. 덴튼은 이처럼 무모한 에너지를 부추겼는데 훌륭한 기사를 생산하기에 좋은 환경이었기 때문이다. 하지만 회사의 명운을 놓고 전쟁을 벌이고 있는 지금과 같은 분위기는 그에게 도움이 되지 않았다.

문화는 전략을 먹어 치우는 것이다.

덴튼은 법적 압박이 강해짐을 느낄 수 있었지만 이를 아랫사람에게 전달하는 것만 할 수 있을 뿐이었다. 그러면 직원들은 행동에 옮기고 저항하고 권한이 없는 형편없는 결정을 내렸다. 고커가 내세우던 수정헌법 제1조 관련 주장이야 어떻든 상관없이 주제넘게 행동해 대의에 도움이 되지 않았다. 여론도 점점 악화되었다. 고커는 모순으로 가득 찬 집단이었으며 그 모순 때문에 와해되고 있었다.

"경제적으로 합리성을 따져본다면 2015년까지 덴튼은 나머지 모든 직원과 이해관계가 판이하게 달랐다"고 틸은 말했다. "마치 마르크스주의 착취의 교과서적인 사례 같았다. 덴튼은 대부분의 지분을 보유하고 잃을 것이 많았던 반면, 기자들에게는 노예와 같은 임금을 지급해 잃을 것이 없도록 만들었다."

덴튼은 재정적으로나 문화적으로 다른 직원들과 상황이 달랐다. 그는 결혼을 했고 남편은 친절하고 영성을 갖췄으며 공감 능력도 뛰어났다(뉴욕이 아닌 휴스턴 출신의 예술가였다). 친구들 사이에서는 "덴튼이 행복한 상태다"라는 농담이 돌기 시작했다. 그는 감성적이 되었고 변했다. 직원들 사이에서는 그에게 뭔가 문제가 있다는 징후로 받아들여졌다. 결혼은 그를 온화하게 만들었다. 불만족의 바통이 전달되듯 허무주의의 기운이 조직에 퍼졌다.

그는 내게 "고커를 운영하면서 최악의 일은 잡고 늘어지는 것이다. 서로 다른 방향으로 잡고 늘어지면서 상황이 점점 더 나빠졌다. 나는 양극화되는 것을 느꼈다. 세상이 어떻게 돌아가는지 설명하려 애쓰지만 그들의 세상, 그들의 버블과는 상관없는 문제였다." 2015년에 사이트 편집 방향에 대한 전체 회의에서 덴튼은 호건 사건을 용인 가능한 선상에 있다고 생각하게 되었다고 밝혔다. 기자들 중 하나는 덴튼의 발언을 실시간으로 SNS에 게시하며 팔로워들을 향해 덴튼이 호건의 동영상에 대해 "후회가 크다hulk of regret"고 표현했다고 웃으며 전했다. 그녀는 자신이 일하는 회사의 운명을 결정할 소송에서 해당 글이 사용되지 않을 것처럼, 마치 이 모든 일을 농담으로 여기는 태도였다.

덴튼은 상황이 그렇지 않음을 알고 있었다. 기자들을 설득하는 일, 자신이 터전을 만들어준 부적응자들, 그들의 종말론적 현실 인식에 좌절을 느끼기 시작했다. 그는 법정에서 패배할 경우 그가 지어 올린 회사에 종말이 찾아오고 실시간 SNS를 하는 기자도 회의할 일이 사라질 것이며 반항을 용인해주는 무사태평한 환경도 끝이라는 것을 알았다. 그는 2015년 6월 〈뉴욕 타임스〉와의 인터뷰에서 소송에 대해 걱정이 들기 시작했는지를 묻는 질문에 "1억 달러짜리 소송인데 은행에 그만한 돈이 없다"고 답했다.

그런 기업은 드물다. 이는 공모자들이 파고들만 한 절호의 기회였다. 아직 계획에 고려하지 않은 것이 있을까?

틸이 허먼 멜빌Herman Melville의 모비딕에 나오는, 흰 고래가 나타나면 어디든 미친 듯이 쫓아가는 에이햅이라면, 덴튼은 자기 배에서 포로 신세가 된 베니토 세레노다. 자기가 처한 위치가 얼마나 공포스러운지 전달할 수 없으며 선원이 내는 날카로운 해치 소리에 점점 미쳐간다. 덴튼은 소송의 그림자가 드리운 회사를 매각할 수도 없고 그렇다고 기자들과 언론에 떠들었던 미사여구를 번복하지 않고 소송에 합의를 볼 수도 없었다. 기자들에게 좀 더 친절해질 것을 요구하며 근거 없이 사납거나 무모하게 기사를 쓸 때는 "목적이 무엇인가? 이 게시물로 바라는 것이 무엇인가?"를 물었다. 그는 고커의 에너지를 다스릴 수 있다고 생각했다. 새로운 편집인들을 고용하고 장문의 메모를 작성하며 자신의 편집 비전에 장시간의 회의도 진행해봤다. 하지만 회사의 핵심은 인센티브로 구축되어 있었다. 기자들은 회사에 지분이 없었고 오로지 악명을 높이는 데 동참할 뿐이었다. 페이지 조회수로 평가받았으며 조회수를 얻는 가장 손쉬운 방법은 아무도 하지 못하거나 하지 않는 것을 말하고 행동하는 것이었다. 한편 덴튼도 기자들이 지나치게 유순해지는 상황을 감당할 수 없음을 알고 있었다. 회사를 질식시키는 법률 비용을 정산하기 위해서는 새로운 투자자들을 유치해야 하고 그러려면 트래픽이 중요했다. 독자들에게 계속 즐거움도 줘야 했다. 그들은 변덕스러웠으며 그가 곤경에 처한 것을 봐주지 않았다. 독자들에게도 나름의 문제가 있었기에 고커의 사정은 아무래도 상관없었던 것이다.

그렇다면 고커의 독자는 누구인가? 처음에는 고커와 한편이 되어 의견을 보냈고 부유하고 유명한 위선자들이 고커의 전광판에 트래픽으로 못 박히는 순간 환호하고 조롱했다. 덴튼과 기자들은 이 군중들, 고커 웹사이트의 통계가 팬으로서 충성스럽고 자각하는 팔로워이며 고커에서 벌어지는 일에 연루되어 있음을 안다고 가정했다. 그는 키르케고르가 대중에 대해 언급한 내용과 가십 언론이 멀리에서만 지켜보는 즐거움을 줄 수 있는 맹견과 같다는 사실을 잊었다. 힘 있는 자가 매체를 만들면 모두가 지켜보고 유감을 느끼지 못했다. 누군가가 상처받고 경찰이 오면 대중은 "나는 당신을 때린 사람이 아니다. 내 개가 그런 짓이고 나는 구독자일 뿐이다"라고 말한다. 2007년 고커가 틸이 게이라는 사실을 폭로한 기사를 즐겼고, 호건의 동영상을 본 700만여 명 중의 하나임을 누구도 인정하지 않는다.

그리하여 덴튼은 일반인들이 하는 일을 시작했다. 단도직입적으로 표현하진 않더라도 탈출구를 찾아 나선 것이다. 돌레리오는 2014년 말부터 덴튼의 마음가짐에 대해 "그는 이미 한 발을 바깥에 내놨다"고 설명했다. "언제나 다음에 취할 행동에 대해 생각했다." 덴튼은 한해의 거의 대부분을 투자하고 고커를 뒷받침한 기술을 재편하는 데 쏟았다. 마치 가십 저널리즘에서 멀어져 그가 사랑하는 IT로 돌아가려는 듯했다. IT는 고커 이전에 그가 애정을 쏟았던 분야이며 그에게 이런 곤란을 끼친 적이 한 번도 없었다. 오래전 그는 고커를 여러 회사로 분리했다. 긴자는 사이트의 기본 소프트웨어와 인프라를 소유했으며 고커 미디어는 기사를 보유하고 이익의 대부분을 헝가리에 있는 옛 회사로 보냈다. 덴튼은 수백만 달러를 해외로 보낸 셈이었다. 그는 세금 부담을 최소화하고 이 문제를 정부 당국과 법적 영향에서 보호할 수 있는 기업 구조를 설계했다(고커가 다른 부자들이 조세피난처인 케이맨 제도에 자산을 숨기는 것을 대대적으로 보도하며 비판하던 것과 모순되는 또 다른 사례다).

많은 사람이 주장하듯 단순히 탐욕에서 비롯된 것은 아니었다. 덴튼의 어머니는 홀로코스트에서 도망친 생존자로, 모든 것을 잃었다. 어린 시절 덴튼은 어머니가 위기 시에 손쉽게 화폐로 바꿀 수 있는 살림을 숨기는 모습을 봤다. 바닥에서 삶을 네 번이나 일으킨 할머니는 돈을 지니고 다녔고 인터넷 사업에 회의적이었다고 한다. 만질 수 없는 돈은 진짜가 아니라고 생각했기 때문이었다. 덴튼은 세상이 위태롭다고 생각했으며 모든 것을 잃는 경험을 생생하게 묘사하는 사람들에게 불안에 대해 귀가 닳도록 듣고 자랐다. 아마 마음 깊은 곳에서 그는 고커가 절대 영원할 수 없으며 그렇게 생각하는 것이 합리적이라는 사실을 알았을 것이다. 어쩌면 고커가 영원하길 더 이상 원하지 않았는지도 모른다.

누가 배의 선장인가? 탈출 전략을 가진 사람인가? 아니면 요란한 항구에 매료되고 이제 선원들과 닮아가는 서민들일까? 누가 선장이든 고커에는 강력하고 성숙한 감독이 없었다. 덴튼은 직원들에게 보낸 메모에서 "고커에는 목표를 타협하게 만드는 외부 투자자들이 없다"고 강조했다. 본능에 따라 사실을 말하고 정치 따위는 나중에 고려하는 모두에게 영감을 주고 낭랑하게 울려 퍼지는 선언 같았다. 하지만 그의 말은 곧 누구도 중도를 추구할 필요가 없음을 의미했다. 드물게도 틸과 덴튼을 동시에 알고 있는 사람은 이 부분이 고커의 주된 약점이라고 말했다. 틸이나 다른 누군가가 아니더라도 결국에는 치명적인 문제를 일으킬 수밖에 없는 약점이라고 그는 생각했다. 회사에는 유능한 경영자나 수완가가 없었다. 그런 사람이 왜 고커에 있겠는가? 덴튼은 한번도 외부에서 자금을 투자받은 적이 없었으며 회사를 매각하거나 파트너를 받아들이는 데 관심을 드러낸 적도 없었다. 경영자 유형의 인재를 회사에 유치할 유인이 별로 없었다는 뜻이다. 이는 반항적이고 자기 파괴적이며 마약 문제가 있고 소유하고 있는 자산이라고는 없는(평결 전에 그의 순자산은 부채 2만 7000달러가 전부였다) 삼십 줄의 A. J. 돌레리오가 수백만 달러 가치를 지닌 회사의 편집장에 오른 것을 봐도 알 수 있다.

돌레리오는 호건의 동영상을 게시할 때 회사의 장기적 상태에 대해 생각했을까? 화장실 바닥의 그 소녀를 촬영한 영상을 전달하거나 ESPN 에린 앤드류스 기자의 틈새 동영상을 호스팅하는 사이트를 링크할 때 브랜드를 보호하고 있다고 생각했을까? 이런 모든 일에 대해 비용을 치를 때가 되었을 때 심지어 그는 고커에 있지도 않았다. 무력 시위를 하고 틸의 덫으로 완벽하게 행진해 들어간 기자들은 눈앞에 있는 주장 이면에 무엇이 있는지 생각한 적이 있을까? 자신이 일하는 회사가 이 사건으로 1억 달러짜리 도박을 하고 있음을 고려한 적이 있을까? 기자들을 하나로 묶고 호건 동영상의 게시를 방어하도록 만든 연대감이 그 영상을 게시한 매체의 안위까지 미치지는 않았다.

어떤 면에서 카산드라의 역할이 돌레리오에게 떨어졌다. 고커와 편협한 문화를 떠난 뒤에야 비로소 그는 과거의 동료들에게 펼쳐지는 상황을 분명하게 볼 수 있었다. 공동 피고인으로 점점 경각심을 느꼈고, 자신을 이어 편집장을 맡고 있고 회사를 운영하는 이들에게 이메일을 쓰는 수준에 이르렀다. 경각심을 주고 관련된 모두에게 재앙이 닥치는 상황을 피하기 위한 시도였다. 틸의 캠페인으로 작은 구멍을 통해 평판이 악화되자 덴튼은 돌레리오에게 〈뉴욕New York〉 매거진의 벤 월러스가 사건에 대해 알리고 세상에 고커를 방어하는 견해를 밝혀줄 수 있을지 물었다. 돌레리오는 경악했다. 고커가 세상에서 가장 큰 미디어 플랫폼인데 자기 이야기를 쓰지 못하는 게 말이 되는가? 세상에 입장을 설명할 수 있는 능력이 없다는 말인가?

보내는 사람: A. J. 돌레리오
보낸 날짜: 2015년 6월 3일
받는 사람: 레이시, 존, 토미, 톰

진지하게 말하는데, 당신들이 상황을 제대로 파악하길 바랍니다. 이 이야기를 게시하기 위해 망할 홍보팀에서 애쓰고 있다는 사실을 생각해보세요. 이 일을 벤 월러스보다 더 잘할 수 있는 사람이 천재적인 직원들 중 아무도 없다는 말인가요? 망할 벤 월러스 같으니.

편집국에서는 망할 2주 동안 엄청난 투명성을 발휘해 노조를 결성해야 하는지를 떠들었는데 회사는 퍽이나 중요하지도 않은 마스터베이션을 위해 모두 산산조각 내버릴 1억 달러짜리 소송에 걸려 있단 말입니다. (평결이 나오면 변할 겁니다. 그 사실에는 변함이 없죠.)

이 소송에서 나는 개인적으로 잃을 것이 없습니다. 전혀.
하지만 당신들은 있어요. 이 일에 가장 신경을 써야 할 사람들이
편집 기능을 낭비하는 멍청이가 되어가고 있네요.

1달 안에 닥칠 일입니다. 당신들 내부에서는 준비가 안 되어 있고
대부분 그 사실을 알고 있겠죠.

망할 회의 집어치우고 책임을 지세요.

애정을 담아.

이 밖에도 채팅이나 다른 여러 번의 대화를 통해 그는 자신이 품고 있는 진지한 의구심을 공유하기 시작했다. 재판이 1달 남았는데 준비가 되어 있지 않다는 것이었다. 그저 모든 에너지를 호건을 압박하고 싸우는 데 썼지만 효과가 없었다. 그는 고커 편집인들에게 고커가 "합의를 해야 한다. 합의를 더 적극적으로 밀어붙이지 않으면 우리는 죽을 것이다"라고 말했다.

125년 전, E. L 고드킨E. L. Godkin은 〈스크라이브너 매거진

Scribner's Magazine〉에서 "평판에 난 상처는 아물지 않을 뿐만 아니라 날마다 깊어진다"고 썼다. 그는 브랜다이스 판사의 '사생활권'에 정보를 제공한 글에서 대중 신문의 부상에 대해 쓰면서 이 같은 말을 남겼다. 고드킨은 상처를 치유할 방법이 하나 있다고 말했다. "비방에 대한 공식적이고 대중적인 부인", 다시 말해 '사과'라는 것이다.

고커에 있는 누구에게도 사과의 움직임이 적들을 한데 묶고 있는 연대감을 얼마나 손쉽게 느슨하게 할 수 있는지 생각해보지 않았다. 사과는 실력자의 음모를 약화시키고 틸과 호건의 목표를 상충하게 만든다. 고커는 배심원 앞에서 다시 훌륭한 집단이 되는 것이다 ─ '우리는 미안하다고 말했다.' 친구의 아내와 관계를 맺은 놈은 용서하지 않을 것이다. 그래도 사과를 하면 고커를 다른 관점에서 바라보게 되고 잘못과 비열한 짓을 저지를 수 있는 인간적 면모가 있으며 선입견이 없는 집단이라는 인식을 얻게 된다. 반면 비타협적인 태도를 취하면 호건과 하더, 틸을 더 단단하게 묶을 뿐이다. '이들은 우리가 조치를 취하지 않으면 어떤 일에도 책임을 지지 않을 사람들이다. 자기가 어떤 잘못을 해도 용서받을 수 있는 사람들이라고 생각한다.'

나중에 덴튼은 고커 내부에 강경파가 있었고 "유일하게 필요한 방어는 사실 그 자체"라고 믿었다고 말했다. 고커가 저지른 일에 대해 덴튼이 절대 사과를 해서는 안 된다고 믿는 사람들이었다. 일반인과 유명인의 경계에 있는 사람들에 대해 동성애자라고 폭로하는 것은 사실이기 때문에 문제가 없다. 연예인의 나체 사진을 게시하는 것은 무례하기는 해도 허용될 수 있다. 사진이 사실이기 때문이다. 괴롭힘, 공격, 비판 등은 수정헌법 제1조의 무한한 범위 내에서 모두 허용되었다.

이 같은 순박함은 어린아이에게서나 찾아볼 수 있으며 이론과 말의 영역에 사는 사람들의 것이다. 잘못된 상대에게 잘못된 말을 하면 안면에 펀치를 당할 수 있는 현실 세계에서는 깜짝 놀랄 만한 사고다. 언제나 방어는 필요하다. 재량은 자유를 책임 있게 사용하는 것이며 권한에는 의무가 따른다. 법정에서가 아니라도 인생에서 이를 따라야 하며 다른 사람에게 강제하기에 앞서 본인이 지켜야 한다. 하지만 무엇보다 덴튼은 지도자였다. 이런 상황이 일어날 수 있도록 허용한 당사자였다. 기자들이 재판을 앞두고서도 골치 아픈 문제와 회사가 마주친 냉엄한 현실을 생각해보도록 유도하지 않았다. 다른 사람이 이 회사를 어떻게 보는지 일깨워주지도 않았다.

2년 전에 회사를 떠났으나 소송이 유지되는 한 이 회사와 운명을 같이 하는 돌레리오는 한 이메일에서 '정신을 차릴 시간'이라고 직접적으로 말했다. 그는 고커가 '비대하고 오만하며 타인에게는 관심이 없는 망나니'라고 비난했다. 고커는 어째서 당황스러울 정도로 게이머게이터에게 허를 찔리고 인턴 착취 문제로 언론의 공격을 받는 처지가 되었을까? 이런 상황이 벌어질 때 헤더 디트릭은 어디에 있었는지 합리적인 의문을 품었을 수도 있다. 디트릭은 훈련받지 않은 강아지가 아니라 리더로서 감독의 의무를 지고 있는 사람 아닌가? 디트릭은 2013년 고커에 자문위원으로 합류하여 기사가 게시됐을 당시에는 고커에 있지 않았다. 2014년부터 회사의 대표를 맡았지만 상사나 동료들에게 호건 소송이 다른 소송과 다르며 앞으로도 계속 영향이 있으리라는 점을 설득하지 못했다(오히려 이런 발언을 다른 사람에게 듣게 된다). 어쩌면 디트릭도 강경파에 동조했을지 모를 일이다. 그 사이 덴튼은 그토록 원하던 제대로 된 시각과 조언을 얻지 못했다.

피터 틸의 무리는 여전히 원칙과 악한 적에 대한 공동의 대의로 뭉쳐 있었지만 문제가 없었던 것은 아니다. 마찬가지로 자체의 모순과 체계상의 문제로 흩어질 수도 있었다. 부유한 후원자는 남들 눈에 띄기 쉽다. 효율적인 투자처 못지않게 쓸데없는 일에도 자금을 대는 일이 많다. 실생활에서 지출하는 사치세와도 같다. 무한한 자원은 부패하기 쉬우며 사람들을 게으르게 만든다. A의 경우를 보자. 2011년 틸의 순자산은 15억 달러로 보수적으로 계산해도 하루에 엄청난 이자가 발생한다. 틸의 관심을 끄는 데 성공하고 작전을 수행하는 역할을 따낸 A는 베를린에서 제시했던 각본을 이용한다면 기본적으로 어떤 요청이라도 해서 얻어낼 수 있었다. 처음부터 보수를 요청할 수도 있었지만 그는 기다렸다. 그는 "어떤 일을 할 수 있는지 입증하면 더 많은 보수를 받을 수 있다"고 말했다. 1달에 2만 5000달러 이상의 의뢰비용을 틸에게 받았으나 그가 틸에게 없어서는 안 될 존재임을 입증하는 것이 비용을 정산할 때의 진짜 무기였다. 틸의 세계를 맴돌다가 만나는 사람들과 음모를 진행하는 과정에서 얻는 정보는 금전적 보상을 부차적인 것으로 만들었다. 30만 달러를 지급한다고 해서 정직하리라는 법은 없으며 "이 방법은 먹히지 않으니 때려치우는 편이 낫다. 나는 가 겠다"고 말할 수도 있다.

A가 야망을 품고 성공한 실세의 삶과 정신을 갖춰가는 프로 아들이 되었지만 원래 '프로'라는 단어의 의미와는 거리가 있다. 그가 음모를 시작한 것은 스물여섯 살 때였으며 최초의 직업이기 도 했다. 이제는 서른이 되어 어떤 기준으로도 성인이다. 까다로운 억만장자가 새벽 2시에 전화하는 것을 이전처럼 달가워할까? 어떤 순간에도 또 다른 프로젝트에 뛰어들 준비가 되어 있어야 했으며, 만약 테이블에 다른 제안이 제시되고 자시만의 프로젝트가 성공하 게 되면 역풍과 시련을 맞는 시기를 얼마나 견뎌낼 의지가 있는지 의문이 항상 남았다. 프로 아들은 다른 아버지를 만나게 되는 경우 가 많으며, 할 수만 있다면 이전보다 더 나은 아버지를 찾아간다. 틸만 보더라도 다른 일을 할 준비가 되어 있다는 이유로 설리반 앤 크롬웰을 느닷없이 그만둬서 파트너들을 놀라게 하지 않았는가?

방향이 잘못 설정된 인센티브의 문제는 하더에게도 해당될 수 있었다. 그는 표준 보수로 시간당 500달러 이상을 지급받았는데 매달 정확하게 입금되었다. 결과와 무관하게 음모 덕분에 부를 얻 고 있었다. 그의 로펌은 이 의뢰인을 중심으로 설립된 것이나 다 름없었다. 바로 여기에 문제가 있었다. 끝없어 보이는 철길을 따라 멋진 기차를 타고 달리는 변호사는 업계 최고 실력에 양심적인 변 호사가 아닌 경우가 많으며 스스로 무모한 일을 저질러 탈선하기 일쑤다. 관건은 하더가 그런 변호사 부류냐는 것이다. 그는 내게 "한 번도 백지수표를 받았다고 생각한 적이 없었다"라면서 "백지

수표를 내게 줬다는 말도 들은 적이 없다. 모든 사건을 효율적으로 처리하기 위해 애썼지만 이번 사건은 특히 효율성을 추구했다"고 설명했다. 언젠가 우물이 마를지 모르며 별다른 통지 없이 임무가 변할 수 있다는 막연한 두려움 때문이었을 것이다. 아니면 계속 승리를 향해 성실하게 일하는 상황이 유지될 수도 있었다. 열차가 궤도에서 벗어나지 않게 하려는 그의 열망에는 좋은 소식, 소소한 승리, 진전의 사인이 필요했다. 그러면 A는 하더가 푼돈이 아닌 막대한 자원에 접근할 수 있다는 느낌을 주었고, 그가 보다 공격적으로 임하고 성공을 위해 어떤 일이든 하기를 바랐다.

덴튼이 자기 배에 볼모가 된 포로였다면 에이햅 역할의 틸도 기회의 포로였다. 그는 모두가 사냥에 관심을 두도록 만들어야 했다. 재판을 받을 때까지 모두를 이끌고 갈 수 있을까? 호건이 이탈하지 않고 끝까지 견디도록 할 수 있을까? 변호사들이 호건에게 합의하라는 제안하지 않도록 만들 수 있을까? 오랫동안 의지했던 A가 앞으로도 원하는 대로 충성을 다해줄 것인가? 풋내기가 수십만 마일을 비행하는 일을 몇 년이나 더 할 수 있을까? 지칠 정도로 오랫동안 비밀을 유지해왔어도 공모자들은 흔들리지 않았으나 틸은 견뎌낼 수 있을까? 1달에 수십만 달러를 지출하는 활동을 언제까지 이어갈 것인가? 만약 지금 그만둔다면 해결되는 문제가 있을까? 계속 밀고 나가서 결국에는 고성을 지르는 상황이 되느니 시도가 실패로 돌아가는 게 더 당황스러울까?

마키아벨리는 음모에 대해 "종종 인간은 사람들이 자신에게 품고 있다고 생각하는 애정에 대해 스스로를 속인다"라고 말했다.

공모자들의 충성심과 신뢰를 유지하기 위해서는 "미움을 잘 이용하거나 권위가 뛰어나야 한다." 적을 향한 증오를 엮어 동기를 부여할 수 없거나 지도자에게 절대적인 힘이 없다면 음모는 시간이 지나면서 압박을 이기지 못하고 무너진다. 마키아벨리는 넬레마투스Nelematus라는 뛰어난 음모자에 대한 이야기를 들려준다. 그는 잠재적인 공모자들에게 계획을 설명하면서 집의 문을 걸어 잠그고 그 자리에서 음모에 참여하지 않으면 그가 계획했던 그 음모를 덮어씌우겠다고 위협했다.

엄밀히 말하면 피터 틸이 선택할 수 있는 옵션은 아니었다. 공모자들을 한데 묶는 것은 고커와 고커를 향한 감정이었다. 고커는 음모를 촉발했을 뿐만 아니라 소송, 행동, 어조, 오만함으로 알려지지 않고 이름도 모르는 적들을 하나로 묶었다. 틸은 호건과 자신, A와 변호사들, 변호사들과 나머지의 관계를 설명하며 "우리는 어떤 기준으로 봐도 완벽하게 하나가 된 것이 아니었다"고 말했다. "하지만 활력을 불어넣은 것은 적이 보여준 악한 성질이었다. 판이 커지고 상황이 복잡해졌지만 시간이 흐를수록 우리는 목적의 일치를 이룰 수 있었다." 연대의식은 나날이 커졌다. 고커를 악으로 바라보는 것은 갈수록 쉬운 일이었다. A는 고커를 조사하고 고커와 교류할수록 좋은 점을 찾기가 어려웠다고 말했다. 고커 기자들의 발언, 변호사들의 행동, 테리 볼리아가 그토록 화가 난 것에 일말의 이해도 보여주지 않는 무능함이 문제였다.

문화는 전략을 초월한다.

대다수의 음모는 외부가 아닌 내부의 문제로 실패로 돌아간다. 연대감은 외부에서 절단해서가 아니라 내부적으로 느슨해져서 약해진다. 이 사례에서도 그런 일이 일어날지, 고커가 오랫동안 존속할지, 충분한 긴장감이 조성될지, 다시 한번 위기를 탈출할지 지켜볼 일이다. 아니면 사기를 꺾을 수 없는 적수를 만나게 될까?

시험대에
오른
신뢰

호프스태터Hofstandter의 법칙에 따르면 일은 항상 예상보다 오래 걸리고 심지어(이 부분이 중요하다) 이 법칙을 고려한 경우에도 마찬가지다.

2015년 고커는 사건과 관련된 25명을 해고했다. 하더는 가능한 많은 사람을 해고했다. 로스앤젤레스에서 탬파, 샌프란시스코에서 로스앤젤레스, 로스앤젤레스에서 워싱턴, 로스앤젤레스에서 뉴욕, 워싱턴에서 뉴욕 등 수없이 비행기를 탔다. FBI 조사, 탬파 경찰청, 수없이 많은 심리가 열렸다. 법정 증거 다툼을 살피느라 특별 치안 판사에게만 100만 달러에 가까운 비용이 들었다. 하더는 오로지 호건 사건을 지원할 부티크 로펌을 차려야 할 정도였다. 법적 기록물만 해도 2만 5000장에 달했다. 워낙 많은 서류가 제출되다 보니 예산이 부족한 피넬러스 카운티에서는 판사가 변호사들에게 문서마다 여분의 사본을 인쇄해서 1부씩 제출해달라고 소심한 요청을 했다.

고커의 예상대로라면 몇 달에 마무리됐어야 할 사건이 어느덧 수년 동안 이어졌다.

이 사건은 양측이 치고받으면서 피드백 루프(어떤 원인으로 나타난 결과가 다시 원인에 작용해 결과에 영향을 주는 원리-역자주)의 강도가 점점 세졌다. 고커는 호건의 의료기록을 열람하기를 원했고 하더는 고커의 재정상태가 궁금했다. 고커는 호건이 배우자에 대한 부정을 저지른 이력에 대해 알고 싶어 했다. 하더는 덴튼의 결혼 및 혼전합의서에 대한 정보를 원했다. 고커가 이메일을 거절하지 않은 이유가 무엇일까? 호건은 통화 기록에서 특정 번호를 왜 지웠는가? 그 어떤 사안도 살피지 않은 채 사소하게 여기고 지나갈 수 없었다. 심지어 변호사들이 휴가를 갈 수 있는지를 놓고도 실랑이를 벌였다. 증언 녹취를 녹화해야 하는지, 회의 날짜를 언제로 잡을지, 어떤 전문가가 자격을 갖췄다고 인정해야 하는지, 상대방 측의 전문가 증언에서 어느 부분을 인정할 수 있는지를 놓고 싸움이 벌어졌다. 고커가 호건의 테이프 같은 동영상을 공개적으로 게시할 수 있는 법적 권한이 있는지와 무관함에도 1년 이상 FBI 기밀 보고서, 녹취록, 2012년의 수사 관련 테이프에 대한 접근을 놓고 공방을 벌였다. 하더는 FBI 수사 테이프가 대중에게 공개되지 않도록 고커의 요청을 거절하느라 애썼다.

공방이 벌어질 때마다 수백 건의 청구와 답변이 꼬리를 물었고 소송을 진행하는 변호사들은 수임료를 계속 받아 갔기 때문에 만족할 수밖에 없었다. 그 결과 소송 비용이 상상을 초월하는 수준에 이르렀다. 한 고커의 청구에는 62건의 증거 서류가 요청되었고 이 청구에 대응하고 방어하기 위해 사실상 바닥이 없어 보이는 피터 틸의 금고에서 7만 달러를 인출했다. 하더는 여러 번 "존경하는 재판장님, 이 건은 무척 단순한 사건입니다"를 외쳤다. 그렇긴 해도 그 역시 소모전으로 대응하기는 마찬가지였다. 증거 개시와 관련된 1건의 청구는 하더가 판사에게 고커의 배상 명령을 시도하기 위해 제기되었는데 무려 42만 7665달러 46센트가 들었다. 덴튼의 지출도 만만치 않았다. 일각에서는 2012년부터 재판이 열릴 때까지 51건의 심리가 열린 것으로 추정되며 양측 변호사팀이 모든 심리에 참석했는데 고커에서는 비교적 형식적인 심리에도 4명의 변호사가 참석했다. 찰스 하더는 피터 틸에게 비용을 지급받는 변호사들이 심리에 닉 덴튼 측의 변호사보다 더 많이 참석한 경우는 1건밖에 없었을 것이라고 말했다. A가 2011년 피터 틸에게 말했던, 프로젝트에 예상되는 기간과 비용의 최초 추정치가 들어맞았던 셈이다.

그래도 결국에는 시간이 흘러 결승선을 목전에 두고 있었다. 두 걸음 앞으로 가면 한 걸음 후퇴하는 일이 반복되었지만 2015년 7월에 그들은 재판을 눈앞에 둔 상황이었다. 호건 사건은 약식 재판을 받을 위기를 넘겼으며 이에 대한 기각을 요청하는 청구도 받아들여지지 않았다. 연방 법원의 손을 떠나 지방법원에서 소송을 치르는 상황까지 펼쳐졌다. 그 모든 싸움을 뒤로 하고 이제 재판 날짜가 7월 6일로 잡혔다. 사건 일람표는 공개되지 않았다. 누구도 고커를 법정에 세운 적이 없었고 그에 가까운 시도도 없었다. 세계에서 가장 힘 있는 사람들을 비롯해 모든 사람이 좌절하고 겁을 먹고 꼬리를 내린 것이다. 배심원 설시문의 논의가 이뤄졌다.

진짜 배심원 앞에 서게 되는 일이 미국 법체계에서 그리 쉬운 일이 아니다. 대다수의 사건은 배심원을 만나는 단계까지 가지도 않는다. 하더는 초반에 사건이 재판까지 가기보다는 그 전에 마무리가 될 것으로 예상했고, 일반적인 가능성으로 보면 일리 있는 예측이었다. 하지만 음모는 확률을 거역했다. 이제 결정적인 판결을 받을 준비가 되었고 틸이 결정타를 날릴 순간이었다.

하지만 그런 일은 일어나지 않았다. 모든 준비가 끝났고 틸의 팀은 후퇴에 철저한 대비를 했으나 덴튼의 변호사들이 마지막 술수를 썼고 그 전략이 먹힌 것이었다. 2015년 7월 2일 긴급 청구에 대해 제2 지방 항소 법원은 예정됐던 7월 6일에 재판을 열지 않겠다고 밝혔다. 문제가 된 법적 세부조항이란, 고커가 재판을 준비하고 기사가 게시되고 몇 달 후에 있었던 FBI 수사에서 나온 증거를 면밀히 조사하며 호건의 인생과 2012년 10월에는 별 관심을 두지 않았던 동영상의 출처를 따지기 위해 추가로 시간을 요청했음을 의미했다.

2015년 재판 전날, A는 뉴욕에 머물고 있었다. 그는 승리를 자신했기 때문에 고커가 크게 패소할 경우 필요할지 모르는 파산 변호사와 작전을 세우고 있었다. '부화하기 전에 병아리 수를 세지 말라(김칫국 마시지 마라)'는 격언이 있지만 그는 수를 세고 말았다. A는 재판이 시작되면 실시간 중계를 보기 위해 TV를 컴퓨터에 연결한 참이었다. 플로리다에 있던 하더는 막판에 벌어지는 법적 논쟁을 호텔 스위트룸에 있던 A에게 이메일로 보고했다. "재판이 계속됩니다." 법조계에서는 '계속된다'는 말이 실제로는 '중단된다'라는 의미를 지닌다.

A는 후원자에게 전화를 걸었다. "끝내지 못했습니다." 재판이 열리려면 9개월을 기다려야 했다. 재판을 향해 가며 끝없는 지연과 방해가 앞길을 가로막았다.

하더와 팀은 이미 플로리다로 날아가 최종변론을 준비하고 있던 차였다. 심지어 언론사에서도 해당 날짜에 재판이 열릴 것으로 알고 호텔, 레스토랑, 주차장을 대거 예약한 상황이었는데 줄줄이 예약이 취소되며 피넬러스 카운티 경제에 파장이 일었다. 올가미를 점검하고 준비 작업을 마쳤고 오늘이 바로 그날이라고 정신을 다잡았는데 막판에 기회가 날아간 것이었다. 이 순간에 예감을 의심하게 될까? 그동안의 계산을 모두 다시 고려하겠는가? 포기할까? 중요한 문제는 이 후퇴에 어떻게 반응하느냐다. 이번 후퇴는 이전보다 훨씬 심각했고 어떤 슬픔의 골에 머물 때보다 더 사기를 꺾었다. 이 순간이야말로 승리가 눈앞에 왔고 그것을 맛볼 것이라고 여겼던 탓이다.

언젠가 처칠은 공격력을 '와락 쏟아진 물은 바닥을 적시다가 다음 양동이로 물을 붓기까지 그 자리에서 마른다'와 같이 마루에 양동이로 물을 붓는 것에 비유했다. 다음 양동이로 물을 붓기 전까지의 시간이 음모에 가장 취약한 때다. 정체와 노출로 이전에 공모자들을 묶고 있던 연대감이 증발하기 때문이다. 게다가 이 시간에는 잠시 멈춰서서 생각하게 된다. 또 다른 시도를 할 만한 가치가 있을까? 내게 그럴 힘이 남아 있을까? 판사는 양측이 그런 고민의 순간에 이르며 근본적인 자문을 하게 될 것임을 알았을 것이다. 결정을 내리기에 앞서 판사가 양측에 "지금은 게임에 지쳐버리기에 너무 이릅니다"라고 경고했던 것이다.

틸은 "실질적으로 사후 비판의 시간을 가질 수 있었다"면서 "모든 일을 완전히 잘못 판단했는가? 일정을 계획할 때 착오가 있었던가? 우리가 진행하는 사건 중 그 어떤 것도 효과를 내지 못하고 전체 계획이 말이 안 될지도 모른다"고 설명했다.

이런 의구심을 불러일으키는 것이 고커가 계획한 법적 전략이었다. 상대가 "우리는 저들을 이길 수 없을지도 몰라"라는 생각을 하게 만드는 계획이었다. 누군가가 고커를 무너뜨리는 날에는 전례를 발판삼아 적들이 몰려올 것이었다. 틸은 "2015년 초에 상대는 '당신을 파산시키고 파괴하겠다. 남은 시간은 거의 없으며 당신에게 근거가 충분하든 아니든 중요하지 않다. 당신은 자금이 마를 것이다'라며 헐크 호건을 압박했다"고 말했다. "'돈이 없어서 정의를 찾을 수 없을 것이다'라고도 했다." 문제는 호건과 하더가 이 메시지를 긍정적으로 주의를 기울이는 사람에게 전달하는 입장이 아니었다는 것이다. 처음에 틸은 고커와의 싸움에서 무기력감을 느끼고 상대가 수정헌법 제1조에 숨은 언론사라는 사실, 자신이 딱히 할 수 있는 일이 없다는 데 낙담했다. 이제는 최소한 이 사안에 대해서는 고커의 법적 전략이 적나라하게 드러났고 힘의 불균형이 뒤집혔다. 닉 덴튼의 오만한 태도는 틸을 자극하고 짓궂게 느껴지기까지 했고, 이기기 위해서라면 어떤 수단이라도 강구하게 만들었다. A는 틸에게 계속 싸울 의향이 있는지, 9개월을 더 진행할 생각인지 물었다. 이제 틸이 결정할 시간이었다. 그는 계속 싸울까? 수화기 건너편에서 "예스"라는 답이 돌아왔다.

그렇게 해서 다음 양동이를 바닥에 부을 수 있었다. 이제 다음 위기가 전개되었다.

7월 16일 저녁, 고커의 조던 사전트라는 기자가 그날에 할당된 게시물과 페이지 조회수를 채운 다음 고용주를 수년 동안 괴롭히는 소송에 대해서는 생각하지 않은 채 콘데 나스트의 기혼 CFO가 동성애자라는 폭로 게시글을 올렸다. 그는 오바마 행정부에서 잘 알려져 있고 호감을 사던 각료의 형제였으며, 세 자녀가 있고 남성 동반자에게 갈취를 당하는 상황이었다. 과거라면 경쟁자의 위선과 치부를 폭로하는, 고커 관계자들이 즐겨 쓰던 사적이고 외설적인 기사 하나에 불과했다. 하지만 이번에는 대중의 반응이 단호했고 판이하게 달라졌다. 모두가 그 기사를 끔찍하게 여겼다. 누구도 이 사안을 그저 관망하며 즐기지 않았다. '게이에게 수치감을 주는' 기사로 브랜딩을 하고 기사가 한 남자의 삶을 망쳤다고 비난했다. 잘 알려진 언론인은 '믿을 수 없을 정도로 부끄러운' 기사라고 표현했으며 고커가 이런 기사를 게시할 정도로 '미쳤다'고 비난했다.

하더가 울프 리프킨에서 일할 당시 그의 마지막 의뢰인으로서 고커와 갈등을 겪었던 레나 던햄은 "고커가 잔인하고 필요 없는 기사를 얼마나 더 써야 사람들이 이 사이트가 시리얼을 먹으면서 서평할 만한 재미있는 공간이 아니라는 것을 알게 될까?"라고 트윗했다.

고커가 런칭한 이후 여러 해가 지나며 세상이 변했다. 독자들은 누군가가 게이라는 정보가 피터 틸의 시대와 달리 폭로할 만한 비밀이 아니라고 여기기 시작했다. 부적절한 체면을 차리는 세태에 개탄하던 덴튼조차 겁에 질렸다. 그는 직원들에게 "회사가 보여줄 수 있는 최악의 모습이다. 정신 나간 녀석이 우리 가운데 있는 것을 원하지 않는다"고 말했다. 덴튼은 이 사건이 어떻게 비칠지 잘 알았기에 더 두려움에 사로잡혔다. 이는 그가 원했던 고커가 아니었으며, 특히 지금은 더더욱 때가 안 좋았다. 그는 법률 비용으로 수백만 달러를 지출하면서 고커가 훌륭하고 중요하며 윤리적 기준을 지키는 평판이 좋은 웹사이트임을 입증하려 애썼다. 수정헌법 제1조의 범위를 벗어나지 않는 언론사이자 언론인임을 부각시키려 했다. 그러한 전략이 더없이 중요한 때에 한 기자가 전략을 훼손했을 뿐만 아니라 노력을 무위로 만들었다.

덴튼은 재빠르게 움직였다. 게시물을 내리고 짧은 설명을 올린 것이다. "대중의 분위기는 우리 모두에게 비밀이 있으며 모든 비밀이 폭로할 만한 내용은 아니라는 인식을 반영한다고 믿는다. 기사의 요점이 기사의 대상이 된 사람과 그 가족이 느꼈을 당황스러움을 상쇄하기에 충분하지 않았던 것으로 보인다." 덴튼의 조치에 고커 기자들은 반란을 일으켰고 일부는 회사를 떠났다. 그들은 바로 이런 글을 쓰기 위해 고커가 설립되었다고 생각했고 그런 기사를 게시할 권한을 얻기 위해 입사했던 것이다. 덴튼은 편집 담당자들을 대상으로 다음과 같은 게시물을 작성했다.

> 고커는 내가 만든 회사입니다. 내 이름이 올라 있고 고커가 일각에서는 관심을 줄 만한 인물이 아니라고 여기는 게이 남성의 사생활 관련 기사를 고커에 연루시켰다는 점에 부끄러움을 느낍니다. 법적 권한 내에서 글을 게시한다고 생각했지만, 해당 기사는 자부심을 고양하는 기사를 작성한다는 2015년 편집 방침을 어겼으며 그런 저널리즘을 수호하려는 대다수의 일자리를 위협했습니다.

덴튼의 입장에서 아이러니한 부분을 음모론자들이 놓칠 리 없었다. 또한 덴튼이 몰래 녹화된 유명인과 일반 여성의 동영상을 게시한 것에 대해 취해온 입장을 다시 점검해볼 기회였다. 하지만 덴튼은 그렇게 하지 않았다. 소송에 이미 너무 많은 자원을 쏟아부은 터였다. 공개적으로 오랫동안 싸웠기 때문에 지금 와서 포기할 수 없었다. 그의 미사여구가 자신을 꼼짝 못하게 만든 것이다.

하지만 하더와 틸이 덴튼의 곤경을 고소하게 여기고 그의 당황한 모습을 지켜보며 부인할 수 없이 드러난 위선을 바라보는 것도 오래 가지 못했다. 며칠 지나지 않아 공모자들도 스스로의 덫에 걸리게 되었다.

음모자들의 깊숙한 과거에 있는 위선에서 시작된 문제였다.

헐크 호건이 침실에서 내뱉은 발언, 절대 입 밖으로 내지 않았기를 바랐던 발언이 담긴 오디오가 결국 공개된 것이다. 부바 클렘이 자신은 은퇴할 수 있겠다고 말한 그 테이프에는 호건이 사적인 장소라고 여기고 내뱉은 지독히 끔찍한 말이 담겨 있었다. 무방비상태에서 그는 자신이 마음에 들어 하지 않던 딸의 남자친구에 대해 반복적으로 '검둥이'라는 단어를 썼다. "어느 정도는 내가 인종주의자란 말이지"라며 "망할 검둥이"라고 덧붙였다. "나는 우리 모두가 인종주의자라고 생각해"라며 생각을 정리할 때 쓰기에 좋은 말인 양 "망할 검둥이"라는 표현을 반복했다.

그 테이프가 어떻게 공개되었을까? 녹취록이 어떻게 언론에 유출됐을까? 누구도 확실히 알지 못한다. 키스 데이비드슨의 의뢰인이 웹사이트에 구매 의사를 타진하면서 테이프의 존재에 대해 루머가 돌기는 했었다. 데이비드슨의 의뢰인이 유출했을 수도 있고 지난 수년 중 어느 시점에 부주의하게 파일을 공유했을 수도 있다. 데이비드슨이 그랬을 가능성도 있다. 우리는 고커가 그 자료를 입수하기 위해 계략을 썼다는 사실을 알고 있다. 고커는 조정, 심리에서 언젠가 호건의 발언이 공개될 가능성이 있음을 반복적으로 경고한 바 있었다. 덴튼은 재판 직전에 블로그 게시물에서 소송의 '3막'이 올랐음을 알렸다. 결국 고커는 FBI가 수사 증거를 전달했을 때 루머가 사실임을 확인했고 내용에 접근할 수 있었다. 수사 테이프에는 호건과 휴스턴이 호텔 방에서 강탈당하는 동안 강제로 재생되던 인종차별 발언이 마이크로 녹음되어 있었다. 고커가 테이프를 입수한 며칠 후 고커도 스스로 놓은 덫에 걸려 붕괴하는 와중 호건의 발언이 세상에 공개되었고 이제 판도가 바뀌었다.

누가 테이프를 유출했는지는 크게 중요하지 않았다. 영향은 어마어마했다. 호건은 또다시 부인할 수 없이 나쁜 사람이 되었다. 고커는 이를 이용했으며 결국 사건에 관한 흥미로운 스토리를 들려주었다. 테이프 유출 이후 호건의 발언에 대해 작성된 기사는 75만 회의 페이지 조회수를 기록했다.

한 친구는 덴튼에게 윤리가 없었던 것은 아니지만 때때로 그가 의식을 못할 뿐이라고 말했다. 〈내셔널 인콰이어러National Enquirer〉가 호건의 발언을 폭로하는 기사를 게시하고 14분 뒤 돌레리오가 만든 블로그 '래터Ratter'는 호건에게 'XO-XOXO'를 트윗하고 기사 링크를 공유했다(돌레리오의 블로그는 닉 덴튼에게 50만 달러의 투자를 받았다). 나중에 그는 직접 내용을 폭로하는 방안을 오랫동안 고민했다는 것을 인정했다. 그가 충분히 그럴 수 있음을 알고 있다. 재판 후 녹화된 덴튼의 영상에는 그가 호건의 테이프에 대해 발언하는 장면이 나온다. 거기에는 1년 동안 홍보 전문가들이 애써온 노력이 사라지고 덴튼의 음습하고 사악한 면모가 몸동작으로나마 드러나는 것을 알 수 있다. 덴튼은 "아이러니한 사실은 테이프가 절대 공개되지 않았을 수 있다는 것"이라고 말했다. 여기에서 그가 암시하는 바가 있다. 만약 호건이 덴튼을 재판으로 밀어붙이지 않았다면, 호건이 덴튼과 헤더 디트릭이 보내준다고 말했을 때 물러났다면 테이프는 묻혔을까? 덴튼은 잠시 멈추더니 어깨를 으쓱했다. "나도 모르겠지만 세상에 나오지 않았을 것"이라고 말했다. 하지만 고커에 책임이 있고 덴튼이 상대의 의지를 꺾으려는 최후의 시도로 V1 로켓을 쏘아올렸더라도, 테이프가 당장 재판과 무관하더라도 호건이 인종차별적인 발언을 했다는 사실은 변하지 않는다. 이미 수년 전 그는 자신에게 덫을 놨으며 이제 거기에 걸려들었다.

호건의 가족들은 굴욕감을 느꼈고 WWE 명예의 전당에서는 호건의 이름이 사라졌다. 그는 남아 있던 지지도 잃었다. 사람들은 그의 동영상에 실망했지만 이번 사건은 혐오를 느끼게 했다. 고커가 수천 킬로미터를 신고 온 신발은 이제 다른 발에 가 있었다. 그 신을 신고 있는 사람은 다른 사람들처럼 자신을 혐오했다. 그는 다른 사람들의 시선이 옳다는 것을 알았다. 그의 표현은 내뱉을 수 있는 최악의 발언이었으며 어떤 일로도 주워 담을 수 없었다.

하더는 호건에게 문제의 발언이 공개될 가능성을 경고했었다. 그런데도 호건은 소송을 진행했으며 상관없다고 반응했다.

"그 일이 벌어질 수 있음을 알고 있고 계속 밀어붙인다면 어떤 일이 일어날지 알지만 싫소. 그냥 포기할 수 없소."

그는 소송에서 반드시 이기기를 바랐고 위험을 감수할 가치가 있다고 생각했다. 하지만 어디까지나 이론에 해당했다. 이제 그는 위험해졌고 주사위는 그의 편으로 굴러가지 않았다.

고커의 법무팀이 언제나 합리적으로 기본 가정을 설정했다고 봐야 한다. 소송 시스템을 뒷받침하는 가정은 '사람들이 합리적인 자기 이익에 따라 행동한다'는 것이다. 거의 모든 동료와 가족과 관계를 끊은 호건은 남은 소득도 사라지고 있었고 두 번이나 치부가 드러나고 취약한 상태였기에 이제 그만둬야만 했다. 이성적으로 생각하면 소송을 철회해야 한다는 것이 고커의 판단이었다. 어느 시점에서 상대는 얻어맞는 일에 신물이 났으며 반격할 에너지를 잃었다. 이때 고액의 수임료를 받는 법률 자문인들은 의뢰인에게 합의를 권한다.

하지만 호건의 경우에는 다르다. 피터 틸이 보이지 않는 곳에서 소송 비용을 대주기 때문만은 아니었다. 모든 것을 잃을 때의 장점이 한 가지 있었다. 그게 무엇일까? 이제 공모자들에게는 잃을 것이 남아 있지 않았다.

아이네아스, 코르테스에 대한 유명한 이야기가 전해 내려온다. 항우의 경우 선박을 불태우거나 침몰시키라고 명령하는데 병사들의 퇴로를 차단해 앞으로 나아가게 만들기 위해서였다. 틸과 하더는 호건이 계속 전의를 불태우도록 특별히 계획을 의도하지 않았다. 덴튼이나 테이프를 유출한 사람이 그런 역할을 대신해줬다.

호건은 더 이상 물러설 수 없었다. 다시 마키아벨리의 말을 인용하겠다. "행동에 나서지 않으면 고통에 내몰리는 위협을 받고 억압받는 사람들이야말로 군주에게 가장 위험한 사람이다." 모욕을 당하고 치부를 폭로 당했을 때도 호건은 위험한 적이었다. 하지만 그때는 이성이 승리할 기회가 있었다. 사과 한마디면 수치심을 엷게 하고 합리적인 합의 제안은 남아 있던 상처를 치유했을 것이다. 고커는 그가 포기하는 것에 매달렸다. 심지어 호건의 후원자들도 그가 결국 합의하고 떠나버리는 긴급상황을 고려해야 했다. 이는 항상 의뢰인이 계획을 실천에 옮길 때 위험 요인으로 작용했다. 호건이 전화를 걸어 그만두겠다고 말하는 상황이 올 수 있었다. 하지만 그런 기회는 사라졌다. 그에게는 아무것도 남아 있지 않았다. 로버트 프로스트Robert Frost의 표현을 빌리자면, 헤어날 길이 없이 고커를 향해 가는 길뿐이었다.

덴튼 역시 고커가 지고 있는 위험을 감당할 수 있다고 여겼다. 재판을 앞두고 그는 자신에게나 다른 언론에 "우리는 대다수의 조직보다 더 큰 위험을 감수할 수 있다"고 자신했다. 항상 고커는 다른 기업이 마주하지 않는 위험을 기꺼이 감수했다. 다른 매체에서 쓰지 않는 이야기를 썼다. 다른 기업이라면 합의할 일을 맞붙어 싸웠으며 다른 매체에서 건들기 두려워하는 조직과 전쟁을 벌였다. 하지만 이 경우 고커 팀은 현실에서 그 위험을 직시하게 되었고 역풍이 불고 있었다. 비로소 압박감을 느낄 수 있었고 곤경에 처했을 때의 진짜 비용을 실감하게 되었다. 마찬가지로 틸은 역투자를 강행하고 다른 사람들이 몰리지 않는 거래를 추구했으며 자신이 옳다고 생각하면 조롱당하고 거절당하는 일도 감수했다. 그의 베팅이 세상에 알려지지는 않았지만 그가 건 말을 대중이 어떻게 생각하는지 알 수 있었다.

이제는 더 이상 이기고 지는 것이 문제가 아니었다. 양측은 이제까지 수백만 달러를 지출했고 각자의 평판을 걸고 엄청난 도박을 벌이고 있었다. 틸은 포기할 수 없었다. 만약 고커가 틸이 배후에 있음을 밝혀내고 계속 주위를 맴돌면서 앙갚음을 한다면 어떻겠는가? 앞으로 10년 이내에 언론에서 그가 음모를 계획했다가 실패를 거두고 말았다는 것을 발견하면 어떻게 될까? 그는 형편없이 비춰질 것이다. 또한 무시할 수 없는 고려사항도 있다. 틸이 호건과 다른 사람들을 설득해서 여기까지 온 마당에 그만둘 수는 없었다.

고커의 평판은 위태로운 상황이었다. 닉 덴튼, A. J 돌레리오, 존 쿡, 맥스 리드, 이제는 조던 사전트까지 가세했다. 모두 명시적으로나 암시적으로 고커가 이길 것이라는 공언을 해왔다. 이 사안은 수정헌법 제1조와 관련이 있다는 점을 매번 강조하여 대중의 인식을 변화시키는 동시에 스스로 그렇게 믿으려는 것처럼 보였다. 그저 이런 미사여구에서도 물러설 수 없었다. 아마 맞서 싸우는 상대가 평범한 적이 아니며 고커가 압승하지 않으면 멈춰 세울 수 없음을 무의식적으로라도 인지하기 시작했는지 모른다.

사일로에서 율리시스Ulysses S. Grant는 깜짝 놀라고 말았다. 두 번의 승리에 자원과 전술이 우세하다고 확신한 그는 전쟁에서 이길 것을 확신했다. 하지만 가진 모든 것을 남부 연합에 양보하고 물러나야 했다. 하룻밤을 묵으려는데 비가 내리기 시작했다. 몇 주 전 그는 낙상으로 다리가 크게 다친 상태였다. 게다가 증강 병력이 절실하게 필요한 상황이었다. 윌리엄 셔먼은 퇴각을 논의하기 위해 조용히 그를 찾아왔다. "운이 나쁜 날 아닙니까?"라고 하자 야영지의 불빛을 배경으로 그는 시가 꽁초를 밟으면서 눈을 가늘게 떴다.

"그렇지. 그래도 내일 꽁초를 피우자고."

그리고 실제로 그렇게 되었다. 나폴레옹 역시 전쟁을 단순하게 묘사했다. 양 군대가 서로 맞붙어 충돌이 일어나면서 혼란과 혼돈이 빚어진다. 승리는 간단하다. 먼저 전열을 가다듬고 다시 힘을 내는 쪽이 이기는 것이다. 어느 쪽이든 쉴 기회가 찾아왔다고 생각하면 틀린 것이다.

이제 고커, 틸, 호건은 모두 재빠르게 움직이기 시작했다. 우위를 점하기 위해서가 아니라 그저 살기 위해서였다. 상대의 거대한 힘에 부딪혀 혼란스러운 상태였다. 공개적으로 매도당하고 인사불성이 될 수 있었다. 이들을 계속 앞으로 나아가게 한 건 고집이었을까, 만용이었을까? 아니면 투지나 용기인가? 무의식적인 바람 때문이었나? 남은 것은 단순했다. 먼저 두 발을 딛고 서서 "내일 꽁초를 피우겠다"고 자신 있게 말하는 자가 이기는 것이다.

누가
더
원하는가

모든 음모와 전쟁은 의지의 싸움이다. 공모자들, 방어, 자연의 법칙이 모두 여기에 해당한다. 모든 힘은 서로 교차하며 힘을 주고받는다.

우리는 계획과 자원(혹은 올바름과 가치)이 승패를 결정짓는다고 생각하려 하지만 그렇지 않다. 많은 경우 간단한 요인에서 결정된다. 바로 '누가 더 이기기를 원하는가?'이다.

힐러리 클린턴Hillary Clinton은 평생 대통령이 되기 위해 노력했다. 그녀는 대선이 열리기 2년 전부터 마지막 캠페인을 시작했다. 내부에서 자신에게 심각하게 도전하는 세력은 그게 누구든 사전에 잘라냈다. 사람들이 필요로 하는 것보다 훨씬 더 많은 자금을 모금했다. 도널드 트럼프는 전례 없는 유형의 후보였고 변덕스러웠으며 시종일관 멋대로 행동했다. 하지만 그가 승리를 별로 원하지 않았다고 말할 수는 없다. 그는 힐러리보다 더 원했다. 대선 마지막 몇 주 동안의 행보가 이를 잘 보여준다. 힐러리는 이미 승리했다고 판단했고 자신이 승리할 만하다고 느꼈다. 반면 트럼프는 힐러리를 누르고 이기는 일이라면 무슨 일이든 하고 어디든 가고 수치를 견디며 거짓을 말하고 어떤 집단과도 같은 편이 될 의지가 있었다.

그리고 그는 해냈다.

고커 역시 과신하고 예상하는 여론조사를 등에 업은 정치인이자 4쿼터에서 크게 앞서는 집단 같았지만 예기치 못했던 요소가 계속 발목을 잡으면서 고생했다. 2015년 초 고커의 최고전략책임자는 소송 건으로 물러나게 되었는데 테리 볼리아 같은 소송을 잘 알고 있는지 질문을 받았다. "이런 소송에는 익숙합니다만 그 사람 이름은 잘 모르겠다"고 그녀는 답했다. 소송에 대해 개인적으로 아는 바가 없었으며 변호사들에게 "내가 이해하기로는 게시물이 문제가 되었고 일종의 법적인…"이라고 말하고는 중단했다. 그리고는 "소송 절차를 잘 알지 못한다"고 덧붙였다. 회사의 최고전략책임자가 무려 1억 달러가 걸린 소송의 일부분만 어렴풋이 이해할 뿐이었다. 그녀는 고소한 사람의 이름조차 알지 못했고 그럴 필요를 느끼지도 못했다. 앞서 고커의 지도부에 경고를 보냈던 돌레리오는 플로리다에서 여름 휴가를 보낼 계획이라고 트윗했다. 닉 덴튼은 공공연하게 법정에서 재앙을 만날 확률이 10퍼센트 정도에 불과하다고 말했다.

고커는 수정헌법 제1조의 보호를 받고 있었다. 모두가 그렇게 말했다. "〈뉴욕 타임스〉 기사도 읽지 않았나? 호건은 이길 확률이 없다."

소송이 지연된 9개월이 지나고 공모자들과 음모에 대한 평결이 내려질 시간이 다가왔다. 이번에는 어떻게 임할 것인가? 이번에야말로 양 군대는 상대를 마지막으로 상대하게 될까? 이 재판을 얼마나 진지하게 생각하고 있는가? 누가 승리를 더 원하는가?

청년 시절 존 록펠러John Davison Rockfeller는 자신을 괴롭히고 부패한 사업 파트너들에게 둘러싸여 있었다. 그는 파트너들과 관계를 단절하고 싶었으나 회사의 의결권을 쥐고 있는 자들이라 그럴 수가 없었다. 그들은 회사를 사지로 몰아넣었다. 또한 록펠러를 괴롭히고 쫓아내겠다고 말했다. 그는 어떤 조치를 취했을까? 은밀하게 석유 부자에게 자금 지원을 받기로 하고 때를 기다렸다. 마침내 접전이 벌어졌다. 파트너들 중 한 사람이 "정말 갈라서기를 원하는가?"라고 위협했다. 그렇소. 그는 할 테면 해보라고 도전했다. 파트너들은 회사의 자산이 경매에 나올 것을 알고 강행했다. 록펠러에게는 돈이 없을 테니 자신들이 이길 것을 확신했다. 그런데 경매에서 록펠러가 입찰에 참여했고 파트너와 번갈아 가며 가격을 올린 끝에 록펠러가 승리했다. 몇 주 뒤 신문에서는 그의 새로운 파트너십을 발표했다. 누가 배후에 있는지 드러나는 순간이었다. 또한 그는 스물다섯의 나이에 세계 최대 정유사 주인으로 등극했다. 그날 파트너들은 "정신을 번쩍 차리고 처음으로 그들이 큰소리로 떠드는 순간 록펠러가 나태하게 손을 놓고 있었던 것이 아님을 깨달았다." 파트너들은 충격에 빠졌다. 자신들의 제국이 해체되고 그토록 무시했던 청년이 올라서는 모습을 봤다. 그는 승리를 더 간절히 원했던 것이다.

음모의 스토리 역시 다른 이들이 크게 떠드는 가운데 제 할 일을 하는 자의 이야기다. 한편에서는 자기 힘을 과신하고 누구도 자신이 처한 위치를 흔들 수 없다고 생각한다. 재판에서 내동댕이쳐지거나 평결이 상급 법원에서 뒤집히는 순간까지 그런 착각에 빠져 있다. 반면 다른 편은 스스로의 약점을 고통스러울 정도로 자각하고 승리를 위해 노력과 자금을 쏟아붓는다.

고커는 합의를 여러 번 제안했다. 2015년 2월 기밀로 진행된 조정에서 처음으로 제안했으며 그해 9월에 두 번째 재판이 열리기 약 1달 전인 2016년 1월 28일에 마지막으로 제안이 있었다. 처음에는 합의금 400만 달러를 제시했으나 러시아 올리가르히에서 외부 투자를 최초로 유치한 시점에는 1000만 달러 이상으로 뛰었다. 이때까지 고커는 호건을 사정없이 몰아붙였다. 끝없이 청구를 제기하고 그의 가장 깊은 곳에 있는 치부와 비밀을 들췄다. 하지만 이제는 지치고 신물이 난 상태에서 덴튼이 당근을 내밀었다. 그것도 무척 큰 당근이었다.

고커팀은 지난 3년 동안 손쉬운 승리를 얻으리라 의심치 않았다. 그러기 위해서는 오로지 호건 한 사람의 마음만 얻으면 될 일이었다. 그들은 그를 위협하고 사기를 꺾고 단념시키기 위해 애썼다. 여기에 수십만 달러를 쓰기까지 했다. 그의 변호사가 의뢰인은 파산에 이를 때까지 포기할 의사가 없다고 밝히자 고커는 "그렇게 해주겠다"며 응수했다. 고커는 서서히 호건의 삶을 잠식하고 혼란에 빠뜨렸으며 압박하고 100건의 청구를 제기했으며 결국 소송 과정에서 그의 인종주의 관련 비밀을 만천하에 공개했다. 사실은 해당 오디오는 고커가 연예인의 성관계 동영상을 게시할 권리가 있느냐를 다투는 사건과 무관한 파일이었다. 그런데도 호건의 경력을 끝내는 데 일조했다. 효과가 있을까? 호건이 포기할까? 고커는 호건이 포기하지 않더라도 변호사들은 포기하리라 판단했다. 그 어떤 변호사도 의뢰인이 1000만 달러의 합의금을 제안받았는데 그냥 놔두지는 않는다. 사실상 선량한 관리자 의무를 저버리는 행위다. 신뢰를 시험할 뿐만 아니라 패기를 시험하는 일이다.

고커의 제안이 합법적으로 이뤄졌고 호건이 유혹을 느낀 것과는 별개로 1000만 달러는 결이 다른 액수다. A는 음모에 대해 이야기하며 "이것은 배우자의 게임이기도 하다"라고 말했다. "주인공에 대한 이야기라고 생각하지만, 만약 배우자가 합의해야 한다고 말하면 상황이 끝날 수도 있다." 합의금이 계속 증가하자 호건의 아내는 약속을 받아냈다. 만약 고커가 2000만 달러를 제시하면 받아들이라는 것이었다. 그의 아내는 이번 싸움과 상관이 없었다. 하지만 모욕감을 느끼고 남편이 다른 남자의 아내와 성관계를 맺는 영상을 법정에서 시청하게 되고 사건 관련 보도를 전국에 중계되는 모든 뉴스 채널에서 접하게 될 사람이었다. 그런 일을 막을 수 있는 기회였다. 언론의 관심을 받고 다시 큰 부자가 될 기회였다. 물어야 할 법률 비용도 없으니 언제든 털고 나갈 수 있었다.

음모가 끝나고 오랜 시간이 흐른 뒤에도 고커는 게임에서 호건을 공모자들로부터 분리시킬 수 있는 전략이 무엇이었는지 모르는 듯했다. 내가 대화를 나눴던 한 변호사는 다른 유명 연예인이 사생활을 심각하게 침해당한 사건을 맡고 있었는데 이 부분에 틸이 개입한 것이 아닌가 생각했다. 어떤 변호사도 의뢰인이 모종의 보호를 받는다는 것을 알지 않는 이상, 의뢰인이 거액의 합의금 대신 배심원의 평결을 받는 불확실성에 노출되기를 조언하지 않는 것이다. "제안된 금액이 수천만 달러라면 이야기는 끝난 것이나 다름없다"고 그는 말했다. 많은 사람이 호건과 하더 못지않게 상대방에게 적의를 품더라도 호건보다 더 나은 입장에서도 적은 합의금을 받는 경우가 허다하다. 따라서 호건이 자기 입장에 확신을 가지고 소송 의지를 계속 불태울 수 있게 한 모종의 인센티브가 주어졌을지도 모른다. 호건이 합의 의지가 더 강했거나 합의금이 그보다 더 많은 천문학적 금액이었다면 승리로 점철된 고커의 역사에서 또 다른 법적 발자취를 남겼을지 모른다. 그 경우 음모는 실패로 돌아가고 틸은 다른 사건이나 고커의 다른 실수를 찾되 재판에 이르기까지 한 개인에게만 의존하지 않는 사례를 찾아야만 했다.

비공식 협상에서 합의금의 숫자가 계속 올라가기는 했으나 합의는 이뤄지지 않았다. 최후의 순간에 호건은 '돈을 받을 수 없다'고 자신에게 말했다. 고커가 협박을 하고 그의 경력을 무너뜨린 마당에 숫자는 의미 없었다. 그는 내게 아내가 무슨 이야기를 했든 상관없이 "상대방은 나를 단념시키려 하고 재판 전에 그만두라고 말하고 그 대가로 보상을 제안했다"고 말했다. 시종일관 지속된 고커의 설득은 오히려 역효과를 낳았다. 호건의 분노를 부채질하고 마음을 더 단단히 먹게 만들 뿐이었다. 그는 언제나 공격적이었으며 그렇지 않았다면 그런 위치까지 올라오지도 못했을 것이다. 이제는 그의 성격에 더해 4년간 고커를 향한 증오가 더해졌다. 블로그 게시물부터 법적 명령을 따르기를 거부하는 모습과 증언 녹취, 해안가에서 오랜 시간을 걸으면서 내놨던 불쾌한 제안에 이르기까지 호건의 화를 키웠다. 고커를 벌하고 앞으로 이런 사건이 일어나지 않도록 막으려는 의지가 강했다. 고커에 대해 모두가 바랐던 정의를 저버리고 중단할 수는 없었다. 여기서는 틸이 아닌 그가 지휘하는 입장이었으니 중단할 수 있었지만 그렇게 하지 않았다. 게다가 고커는 여전히 호건에게 사과하지 않았다. 게시물을 삭제하거나 사과의 말이 없었다. 합의금을 받는 것이 승리라고 느낄 만한 구석이 없었고 법정 바깥에서 이뤄진 은밀한 합의가 그의 팬들에게 승리로 비춰질 리도 만무했다. 그는 최소 1000만 달러를 거절했고 하더와 휴스턴을 향해 웃어 보였다.

그는 끝까지 갈 것이며 이제 희망도 생겼다. 거액의 제안을 받으면서 분명해진 사실이 있었던 것이다. 고커는 재판에 가는 것을 원하지 않았다. 반복적으로 재판을 지연한 것은 고커가 아니었던가? 자신의 입장이 확고하게 옳다면서도 그에게 1000만 달러의 합의금을 제시하면서 단념하라고 하는 것도 고커 아닌가? 그는 가식 뒤에 숨겨진 두려움을 얼핏 느낄 수 있었다. 그에게는 보였다.

틸은 이 장애물을 넘는다면 결국 고커가 탈진할 것을 알았다. 그는 팀원들에게 "마라톤이 될 싸움"이라면서 "멈출 수 없으며 고커는 우리가 사력을 다해 싸우지 못하도록 온갖 시도를 할 테지만 그들이 우리에게 손을 쓰도록 할 수 없다. 협상에 이르지 않을 것이며 대화하려 하지 않을 것이다"라고 강조했다. 재판에서는 어떤 일이든 벌어질 수 있기 때문에 회사의 운명을 플로리다의 일반 몇몇 시민 손에 맡기는 방안을 선택하는 기업은 거의 없다.

틸이 보인 굳은 의지는 내내 흔들리지 않았던 것으로 보인다. 그는 호건의 치부가 드러났을 때 그만둘 수도 있었다. 호건이 내려놓게 만들고 기회가 사그라들게 놔두며 자신이 고커에 그 누구보다 더 많은 출혈을 일으키게 했다는 점에 자위할 수도 있었다. 그는 누구보다도 센 공격을 날렸으며 고커는 앞으로 겸허하고 변화된 모습을 보일 수 있었다. 합의를 받아들인다면 그가 연루된 것을 비밀로 간직할 수 있었고 평판에 관련된 우려를 불식시킬 수 있었다. 하지만 계속 강행하려는 의지가 강해졌다. 상대를 녹아웃시키려는 시도를 계속할 것이다.

하지만 덴튼과 달리 틸은 개략적인 확률 계산에 만족하지 않았다. 그는 사건이 끝까지 갈 수 있는 성격인지 입증하기를 원했다. 상대가 모르는 무엇을 알 수 있는가? 우리의 우위는 어디에 있는가? 그는 거의 10만 달러를 들여 변호사들에게 플로리다에서 두 건의 모의재판을 시켰다. 배심원에 들 가능성이 있는 사람들을 모아 시간당 임금을 주고 재판을 진행해본 것이다. 모든 반응을 살피고 그들이 좋아하는 것과 싫어하는 모든 요소를 파악했다. 자기에게 이로운 가정을 세우지도, 자기 힘을 관대하게 평가하지도 않았다. 그 목적이 무엇이었을까? 하더가 평범한 호텔 회의룸에 모인 배심원들에게 사건을 설명하는 동안 확실한 정보를 얻고자 했다. 우리가 마주칠 수 있는 최악의 경우는 무엇이고 최고의 사례와 비교하면 어떤가? 고커의 강점은 무엇이며 우리의 약점은 무엇인가? 상대를 이기기 위해서는 어떤 조치를 취해야 하나? 모의 재판을 통해 일부 장점을 고커에 내주더라도 호건 사건의 승리 가능성이 높은 것으로 판단되었다. 내가 알기로는 고커는 최소한 탬파베이 지역에서는 모의재판을 실시한 적이 없었다. 해당 지역에 모의재판에 관련된 업체가 두 곳뿐이었는데 고커와 일할 수 없도록 A가 두 업체 모두를 고용했기 때문이다. 이같이 단순한 조치로 고커는 더 짙은 전운에 둘러싸였다. 마지막 순간에 깨달음을 얻을 가능성은 없었다.

탬파의 회의룸에서 내려진 평결은 압도적이었다. 1억 2000만 달러와 1억 4900만 달러의 배상을 예상한 것이다.

뒤집힐 기회가 아직 없는 것은 아니었다. 양측은 실수나 판단 착오로 실패하거나 새로운 충격적인 사실을 꺼내들 수도 있었다.

나중에 닉 덴튼과 일부 기자들은 억만장자가 오래전부터 재판에 자금을 지원한다는 소문이 돌았다고 말했다. 일부 기자는 덴튼 자신이 그런 루머를 알려줬다고 털어놨다. 사건이 다 지난 후에 어느 정도 각색된 이야기인지는 알 수 없다. 하지만 사실이라면 왜 고커의 전략이 변하지 않았는가? 덴튼이 출처를 밝히기 위해 애썼다면 상황이 얼마나 달라졌겠는가? 고커의 변호사는 그런 문제를 청구로 제기하지 않은 이유가 무엇인가? 2013년에 헤더 디트릭은 '법정 문서'와 관련된 의문을 제기하는 선서 진술서에서 서명했으나 그 문제는 제기하지 않았다. 덴튼은 틸의 친구가 밸리왜그의 보도 이후 2007년에 보복을 위협했다고 주장했지만 멈춰서서 조각을 맞추는 수준에 이르지는 못했다. 재판을 일주일 앞두고 한 법률 블로그에 "고커 안티가 헐크 호건의 법률 비용을 대고 있을까?"라는 의문을 제기했다. 하지만 페이스북에서 스무 번 공유되는 정도에 그쳤고 고커조차 그 글을 무시했다. 말이 안 되는 이야기였다. "덴튼은 얼마나 이상한 소리로 들리는지 잘 알고 있었고 떠도는 그런 소문에 귀를 기울인다면 고커가 얼마나 절박한지를 드러내는 꼴이었다"고 돌레리오는 말했다. 하지만 여기에는 덴튼이 사전에 알았으며 입 밖으로 내지 않았다는 가정이 깔려 있다. "그는 어떤 종류든 음모론에 휩싸이는 것을 원치 않았기 때문에 믿으려 하지 않았다"고 당시 고커의 주필이었던 존 쿡이 말했다. 하지만 정말 음모론에 불과할까? 실제로 일어난다면 왜 미친 짓일까? 누군가가 고커를 노리는 것이 피해망상과 같은 생각은 아니다.

틸은 "논쟁을 일으키는 방향으로 이야기하자면 자신을 향한 음모를 적극적으로 조사하지 않는 탐사보도 매체가 있는가?"라고 물었다. 고커의 임무는 다른 사람들이 말하기 두려워하는 것을 말하고 세상이 어떻게 돌아가는지를 적나라하게 보여주는 것이었다. 하지만 정작 스스로 위험에 처했을 때는 침묵하고 눈을 감았다.

재판이 다가오면서 틸은 시장 조사에 수십만 달러를 썼다. 전화 설문조사도 실시했고 대면조사도 했다. 재판에 대한 소셜 미디어 댓글도 수집했다. 언론 보도도 분석했으며 법률 자문도 받았다. 파산 변호사에게 고커가 처참한 평결을 피하기 위해 시도할 일에 대처할 사항을 물었다. 이 모든 돈과 방안이 여지를 남기지 않고 모든 우위를 발견하며 타격을 날릴 모든 기회를 살리기 위해 추진되었다. 1년 가까이 그는 A에게 거의 매주 전화해서 한 가지 핵심 문제를 제기했다. "고커가 패할 경우 보증증서 문제에서 빠져나갈 수 없는 것이 맞는가?"를 물었다. 팀원들은 어느 하나 놓치지 않기 판례를 샅샅이 뒤졌다. 그냥 이기는 정도가 아니라 확실하게 승리를 거둬야 했다.

덴튼은 어떤 상황이었을까? 이기려고 노력하는 대신 그저 패하지 않기를 바랐다. 자신이 가지고 있지 않은 기회에 대한 환상을 품고 있었다. 그는 알아서 실수를 저지르고 상대가 활용할 수 있는 기회를 마련해줬다. 아마 누적되어 온 압박과 씨름하고 있었을 것이다. 1억 달러 소송으로 인한 정신적 부담이 오랫동안 그를 짓눌러왔다. 형편없는 법적 자문을 산발적으로 받으면서 정작 그에게 필요한 통찰력을 놓치고 있는지도 몰랐다. 아니면 그저 피곤했는지도 모른다. 정작 중요한 순간에 덴튼에게는 싸울 힘이 없는 것으로 보였다.

호건의 사건에 오점이 없는 것은 아니었다. 절친의 아내와 외도하는 영상이 남았을 뿐만 아니라, "망할 검둥이!"로 끝나는 문장으로 인종차별 성향을 드러낸 것은 부인할 수 없었다. 고커가 이용할 수 있는 기회도 많았다. 호건은 자신의 성생활에 대해 공개석상에서 여러 번 언급한 적이 있었다. 만약 고커 법무팀이 플로리다에

일찍 도착해서 여론의 지지 기반을 만들었다면 기회가 있었는지도 모른다. 전략을 수정할 만한 여유가 있었을 때 추문에도 불구하고 고향 출신의 영웅을 숭배하고 뉴욕 언론사를 의심 가득한 눈길로 바라보는 플로리다의 평범한 카운티에서 고커가 마주칠 수 있는 장애물이 무엇인지 파악해야 했다. 플로리다에 관한 농담이 있는데 북쪽으로 갈수록 남쪽 깊은 곳으로 가게 된다는 말이다. 피넬러스 카운티는 마이애미가 아니었다. 템파의 서쪽에 위치해 걸프만을 면하고 있었다. 대도시 엘리트의 웹사이트가 목표로 삼는 시장도 아니었다. 배심원으로 선발될 만한 풀을 조사했다면, 고커의 마이클 설리번Michael Sullivan 변호사가 해당 풀을 상대로 돌레리오나 덴튼에 대해 들어본 일이 있는지 물을 기회가 있었다. 답이 없었다. 그는 고커가 홍보 담당자들에게 이런 문제를 알려야 할 것이라고 농담을 했다. 긴장감이 팽팽하게 돌던 법정에서 웃음이 터져 나왔고 피고 측에서 웃는 사람들도 있었다. 잠재적인 배심원 중한 사람은 분위기를 이어받아 "아니면 남부에 사무실을 열어야 할지도 모르겠네요"라고 말했다. 이 역시 웃음을 유발했지만 뒤돌아보면 그리 재미있는 상황만은 아니었다.

양측은 2주 동안 집처럼 드나들 작은 법정의 음향과 프레젠테이션 환경이 열악하다는 것을 알았다. A와 하더는 수만 달러를 써서 인쇄된 대형 패널을 만들고 정교한 시청각자료를 만들었으며 기술자들이 시연하도록 했다. 하더가 고커를 위선자라고 주장하려는 경우 A는 이를 말로 하지 않고 보여주기를 원했다. 고커의 헤드라인인 '당해도 싼 계집들', '결국 이 리벤지 포르노의 중심인물에게 제동이 걸렸다'를 직접 보여주는 것이다. 이들은 배심원에게 고커의 동영상이 443만 9425분(3082일) 시청되었음을 제시할 것이다. 몰래 카메라를 보여주고 고커 기자들의 내부 채팅 내용을 제시하며 거대한 평면TV와 스피커, 디자인이 잘된 보드를 통해 보여줄 것이다. 만약 고커가 배심원들에게 비호감을 샀다면 이런 브랜딩을 거치면 회복이 불가능할 것이다.

고커의 프레젠테이션은 시청각자료를 주로 활용했고 여기에 투자했지만 결과물은 실망스러웠다. 중요한 주장을 펼치며 변호사가 말하려는 순간 화면이 사라졌다. 또한 엉뚱한 클립이 재생된 후에는 "생각했던 것보다 어렵군요", "혼란을 드리지 않았기를 바랍니다"라고 말했다. 고커의 한 변호사는 배심원의 시간을 낭비해서는 안 되는 일인데 그들은 중요한 순간에 실수를 하고 말았다고 지적했다.

한편에서는 단어, 이미지, 디지털기기로 서술을 제시했으나 다른 편에서는 절차를 무시하며 강연 분위기를 이어갔다. 거대도시의 언론사에서 온 사람들이 잘난 체하는 강연에 청중은 귀를 닫기 시작하는 일이 법정에서는 벌어져서는 안 된다. 피넬러스 카운티는 영원한 스윙 카운티에 속하며 이미 워싱턴 D. C.의 변호사들이 설득하려는 메시지를 꺼내 들었을 때 다른 쪽으로 움직이기 시작했다. 항상 고커는 디자인과 프레젠테이션에서 업계 선두였다. 덴튼의 사이트가 인기가 좋았던 요인도 일부분은 손쉽게 사용할 수 있고 읽는 재미가 있었기 때문이었다. 큼직한 그래픽이 상단을 도배하고 동영상과 많은 게시물이 배치되었고 게시물에 댓글을 올리는 일은 중독성이 있었다. 호건의 동영상을 편집해서 기사와 함께 내보낸 이유도 그들이 온라인에서 마련한 기준으로 압박을 느꼈기 때문이었다. 알고 있는 바를 말로만 해서는 안 되고 보여주기도 해야 한다는 것이었다. 지금은 어떤 기준이 있는가? 돌레리오가 1년 전 물었듯 그들에게 스토리텔링 능력이 있는가?

수백만 달러의 합의금을 놓고 협상하는 중에 덴튼은 2016년 1월, 사상 처음으로 외부에서 투자를 유치했다. 러시아 억만장자에게 지원을 받으면서 그의 사이트는 소송전을 이어갈 수 있었다. 하지만 훌륭한 프레젠테이션에는 투자할 여력이 없었던 것일까? 고커는 5번가의 새로운 사무 공간을 마련했는데 3개 층을 15년간 임대하는 비용이 7500만 달러에 달했다. 건물에는 고커 직원 전용 출입구가 있어서 폭도들과 마주칠 일도 없었다. 하지만 고커 자체의 삶을 전달할 만한 금전적 여유는 없었던 것일까?

어쩌면 승리를 지나치게 확신한 나머지, 시도조차 하지 않았는지 모른다. 물론 고커가 합의를 시도하는 청구를 진행하기는 했다. 사건에서 손을 놓고자 했지만 패배하리라는 생각은 하지 않았다. 아마 그런 이유에서 더 많이 밀어붙이지 못하고, 호건과 당시에는 알려지지 않았던 후원자 사이의 약한 끈을 끊을 기회를 살리지 못했을 것이다. 고커는 모두가 합의했으므로 호건 역시 합의에 응하리라 생각했다. 합의가 전혀 말도 안 되는 상황이 아니었기 때문에 그런 방향으로 호건을 몰고 가기 위해 모든 조치를 취했다. 문제는 자신들의 가정이 옳다고 여겼으며 가설을 사실로 받아들인 것이다. '이 사건은 합의에 이를 것이다.'

당시 헤더 디트릭은 배심원단에 대한 생각을 기자들에게 설명했다. "상식적인 사안이므로 그가 과거에 어떤 말을 했는지 볼 것이다"라고 말했다. "그는 자신의 성생활을 매우 구체적이고 반복적으로 이야기했고, 충격적인 발언을 일삼는 프로그램에도 나갔다. 배심원은 현실적인 사람들이기 때문에 그에 대해 알고 '잠깐, 당신이 했던 일에 책임을 지세요'라고 말할 것이다."

세상에, 어떻게 그런 생각을 했을까? 그녀는 상사에게 합의를 권하고, 너무 늦기 전에 처음 중지 서한이 도착했을 때 덴튼과 법무팀이 호건을 '인간'으로 바라보지 않은 실수를 바로잡으려는 노력을 기울여야만 했다. 하지만 디트릭은 오히려 언론을 통해 피해자의 신경을 건드렸다. 자신을 속이고 고커에서 일하는 사람들을 속였다. 그녀의 행동은 모든 일을 망가뜨렸다.

틸은 고커에 대해 "재판을 앞두고 1년 반 동안 외부적으로 호건의 소송 제기가 형편없고 호건이 이긴다 해도 배상액이 불과 얼마 안 될 것이며 항소를 통해 뒤집을 것이라는 입장을 취했다. 선전을 통해 사람들에게 계속 말하다 보면 어느 시점에는 자신의 말을 믿을 수밖에 없다"고 말했다.

재판을 앞두고 덴튼은 많은 말을 하며 고커의 소송에 자신감을 드러냈다. 호건을 위협하기 위해서였을 수도 있고 고커의 충성파들에게 만족을 주기 위해서였을 수도 있다. 고커에서는 덴튼에게 다른 모습을 기대하지 않았다. 그들의 지도자는 자신들과 마찬가지로 자신만만하고 건방지게 굴어야만 한다. 그런 지도자를 원했다. 한동안 이런 전략은 먹혀들었고 2015년에도 제법 그럴싸하게 보였다. A가 설전에서 맞받아칠 홍보 전문가를 기용하는 방안을 고려할 정도였다. 하지만 틸이 반대했다. 그냥 인사불성 상태에서 떠들도록, 이길 것이 확실하다고 병사들을 안심시키도록, 우리를 어리석다고 얕잡아 보도록, 끝내 승리를 거두리라 생각하도록 놔두라는 것이었다. 자신감에 차서 "승리하자!"를 외치기 위해 필요한 모든 에너지를 써버리도록 두는 전략이었다. 나폴레옹이 남긴 또 다른 격언으로 "적이 실수를 저지를 때 절대 방해하지 말아라"라는 말이 있다.

돌레리오는 내게 "누구도 재판을 원하지 않았다"고 했다. "그점은 여러 번 이야기가 됐었다. 대체 우리가 무엇을 준비하고 있었는지 모르겠다. 누구도 법정에 서는 것을 원하지 않았는데 왜 법정에 서려고 안달 난 사람들처럼 굴었을까?"

자신의 선전과 법률 전문가들의 과신으로 안심한 덴튼은 준비되어 있지 않았던 재판을 향해 갔다. 여기까지가 재판이 열리게 된 배경에 대한 하나의 설명이다. 또 다른 설명에 따르면 그는 많은 준비를 거쳐 압도적으로 이기는 것을 원치 않았다는 것이다. 마음 한구석에서 보호해야 한다고 믿는 무언가를 방어할 필요를 느꼈다는 것이다. 나중에 틸은 덴튼이 압도적인 승리를 원하지 않은 것이 아니라 사실은 지기를 원했는지도 모른다고 말했다. 어쩌면 덴튼은 차량이 나를 향해 달려올 때, 낭떠러지에서 아래를 엿볼 때 이따금씩 품게 되는 모든 것을 놓아버리는 달콤한 상상을 하기 시작했는지도 모른다.

과거를 돌아보며 덴튼은 자신을 둘러쌌던 상황과 재판이 불가피했다는 사실을 볼 수 있게 되었다. 체념 섞인 말로 그는 "호건이 아니었더라도 다른 소송을 당했을 것이다. 하더는 수십, 어쩌면 수백 건의 사례를 검토해 원고가 될 만한 이들을 찾았고 5~6건을 후원하거나 소송을 부추겼다. 게다가 쓸 수 있는 재정이 무한대였다. 일은 2010년부터 진행되고 있었던 것이다"라고 말했다. 당시 덴튼은 그 일이 벌어지고 있음을 몰랐으며 어찌 됐든 맨해튼에서는 그걸 알 길이 없었다.

그런 깨달음은 나중에야 찾아왔다. 언젠가 합의가 거부되자 고커에 다른 계획이 없고 배심원단에 대한 지식이 없다는 것을 알아차렸고 이제껏 고커가 써왔던 전략과 강경한 태도로 진행했던 협상이 불리한 증거로 쓰일 수 있음을 깨닫게 되었다. 배심원들은 "대체 이 사람들은 어떤 자들이기에 이 사내에게 한 짓에 일말의 후회도 보이지 않는 것인가?"라고 의아해할 것이다. 고커가 내보냈던 헤드라인, 덴튼의 인터뷰 모두 재판에서는 형편없게 보일 것이다. 그런 깨달음을 얻었을 때는 이미 너무 늦어버린 시점이었다. 공판 전 신청 절차에서 고커의 변호인들은 덴튼의 발언이 재판에서 사용되지 못하도록 차단하려 했다. 일부는 차단하는 데 성공했지만 모든 발언을 막지는 못했다. 마치 사전에 이런 상황을 전혀 생각하지 못한 것 같았다. 무척 어렵고 불쾌한 절차가 되어 결국 호건이 손을 들어버리는 상황 외에는 고려하지 않았던 것이다. 그들은 자신들이 약자라고 굳게 믿으면서 가해자로 보이리라는 생각을 하지 못했다. 어느 시점에는 궤도를 완전히 이탈했다는 것을 깨닫기 시작했고 돌레리오는 법원 계단에서 합의를 보는 것만이 고커의 유일한 희망이라고 믿게 되었다. 그럴 가능성이 사라지자 이제 남은 것은 그저 희망뿐이었다.

희망을 품는 것만으로는 부족하다. 특히 대의를 이루려는 의지가 가득하고 이제 승리를 눈앞에 두고 있으며 승리를 굳히기 위해서라면 무슨 일이든 할 상대를 대상으로는 더더욱 그렇다.

틸의 팀은 내게 자신들이 발견한 정보가 전체 사건에서 결정적인 요인이 될 수 있음을 여러 번 말했는데, 심술궂게 희열을 느끼는 모습은 사실 그 누구보다 고커에게서 잘 드러나는 특징이었다. 많은 비용을 들여 진행한 모의재판에서 공모자들은 특정 유형의 배심원이 손을 들어줄 가능성이 높다는 것을 발견했다. "우리가 원하는 배심원 유형은 비만 여성이었다. 대다수의 사람이 성관계 테이프에 공감하지 않지만, 비만 여성은 신체에 민감하며 자신이 인터넷에서 괴롭힘을 당한다고 느낀다"고 A는 자랑스럽게 내게 설명했다. 가상의 배심원 3번의 경우 리벤지 포르노 피해자가 아니었고 유명인의 사생활에 관심도 없었던 것으로 보인다. 헐크호건의 인생을 산다는 것에 대해서도 별다른 생각이 없었던 것 같다. 하지만 인터넷에 자신의 못난 모습이 게시되는 기분이 어떤지는 잘 안다. 당황스럽고 수치스러운 기분이 어떤지를 잘 알고 있다. 바로 그런 이유에서 공모자들이 그녀를 선택한 것이다.

A나 테리 볼리아, 찰스 하더, 피터 틸이 2011년과 2012년 처음 음모를 꾸밀 때 자신들의 대의가 도덕적으로 옳다고 확신하고 여기까지 오리라 예상하지는 못했을 것이다. 가장 사적인 신체 이미지 문제를 파고들어 매우 구체적인 유형의 배심원을 선택하기

위해 독단적인 배심원 배제jury strike를 하며 마음이 편안했는지 알 수 없는 일이다.

하지만 소송으로 다시 돌아오면 공모자들은 배제가 필요한 일이라고 스스로에게 되뇌었다. 혹은 이미 그런 일로 마음이 무너져 있으니 그럴 필요를 느끼지 못했는지도 모른다. 영화 〈성공의 달콤한 향기Sweet Smell of Success〉에서 사람들을 노리개 취급하는 두렵고 영향력 막강한 가십 칼럼니스트에게 동안의 주인공이 맞서는 장면을 떠올리게 한다. "당신 같은 사람이 정말 무서운 건 괜찮은 사람이 당신을 멈춰 세우고 살아남기 위해선 당신처럼 되어야 한다는 것입니다."

피넬러스 카운티 법원의 물결 모양 잔디에는 더글러스 콘펠드가 디자인한 빨간색 의자가 다양한 크기와 모양으로 놓여 있다. 모퉁이의 가장 작은 의자에는 이 의자들이 피넬러스 카운티의 다양성을 상징한다며 '배심원석에 앉아 판결을 내리는 사람들'이라고 새겨진 작은 명판이 있다. 2016년 3월 3일, 오랫동안 진행된 이 사건의 배심원 후보군으로 뽑힌 시민 몇백 명이 소집되었다. 캠벨 판사가 입장하자 변호사들과 기자들이 일어섰고 판사가 정숙을 명령하며 배심원 선발 과정이 시작되었다. 결과적으로 최종 배심원 중 3명은 비만 여성이었고 네 번째는 보수적인 성향의 기혼 여성으로 보였다. 두 남성은 유행에 관심 있는 청년들이 아니었고 한 사람은 예비 심문에서 스스로를 '고루한 사람old school'이라고 불러 그런 별명이 생겼다. 능글맞게 웃는 청년들의 문화는 여기에서 찾아볼 수 없다. 선발 과정에서 배심원들은 블로그나 트위터가 아닌 폭스뉴스, 지역 뉴스, 야후, MSN에서 뉴스를 접한다고 답했다. 이들의 이웃은 8개월 후 48퍼센트가 넘는 투표율로 대선에서 도널드 트럼프를 대통령으로 뽑게 된다.

배심원단은 고커의 무리와 달랐다. 물론 덴튼이나 변호사들은 호의적인 대접을 받으리라 믿었으며 그렇지 않았다면 여기까지 올 일도 없었을 것이다. 배심원단은 호건의 무리와도 달랐다. 적어도 오랫동안은 그랬다. 피넬러스 카운티의 중위 가구 소득은 (최소한 헐크 호건이 활동한 동안에는) 미국 전체 가구의 평균 소득을 밑돌았다. 그렇긴 해도 호건은 피고석의 그 누구보다도 더 유리한 입장에 있었다. 그가 기꺼이 함께 하고 싶은 상대였다. 이 시점에서 그는 어떤 일이라도 할 마음이 있었다. 그가 바라는 건 오직 승리였다.

게다가 그는 반드시 이겨야 했다. 다른 선택사항이 없었다. 고커는 그가 빠져나갈 수 있는 방법을 주지 않았다.

린든 존슨은 세련되고 신중한 느낌을 주었는데 언젠가 그의 보좌관은 실용적이고 가차 없는 면모에 대해 언급했다. "'모든 수단을 강구했다면 이겼겠지'라는 분위기가 있었다." 어떤 수단을 써서라도 해내야 했다. 반드시 필요한 일이 아니었다 해도 도움은 될 수 있기 때문이다. 정상에 있는 사람들은 그렇게 해왔고 그런 전략으로 정상을 지킬 수 있었다. 힐러리 클린턴이 이겨야만 한다고 강조할 때와는 무척 다른 느낌이다. 혹은 이길 수도 있었으리라는 앨 고어 주변의 분위기와도 다르다. 중요한 것은 일을 마무리 짓기 위해 누가 어떤 일을 해야 하는가다.

재판을 앞두고 마지막 며칠 동안 양측 모두 호텔 방을 서성였는데 이들의 마음속에는 단 하나의 질문이 맴돌았다. 누가 더 간절한가? 누가 진정으로 승리를 갈구하는가? 물론 이 재판에서 중요한 다른 질문도 있고 이들이 얻을 답이 선례로 남기도 할 것이다. 어느 편이 더 설득력을 갖췄는가? 누구의 권리를 보호하는 것이 더 중요한가? 침실의 연예인인가, 아니면 기사를 게재하는 기자인가? 논쟁을 불러일으키고 사정없이 공격당하고 흠집이 난 원고 호건과 피고 고커 중 누가 더 동정심을 얻을 것인가? 단도직입적으로 표현하자면 누가 덜 비열한가?

하지만 본질적으로 배심원과 판사, 대중이 무엇을 보게 될지 결정하고 10년간의 계획과 모의 끝에 여기까지 오게 만든 요인은 보다 단순한 의지의 문제였다.

여파

마음을
얻기 위한
전쟁

프로레슬링은 가짜다. 결과의 각본이 작성되며, 레슬링 선수들은 이를 '케이페이브kayfabe'라고 부른다. 대다수의 소송도 케이페이브다. 양측은 포즈를 취하고 연기를 한다. 험한 말이 오가고 때로는 훌륭한 쇼가 펼쳐진다. 하지만 결국에는 미리 정한 결과가 나오기 마련이다. 판례법이 있기 때문에 합의를 하고 양측의 변호사들은 윈윈한다.

그런데 레슬링에는 '슛shoot'이라는 단어도 있다. 드물기는 하지만 각본을 어기고 무대에서 진짜 싸움을 벌이는 상황을 가리킨다. 고커는 과거에 접했던 소송과 상대가 써준 각본에 안주한 면이 있었다. 법정 계단에서 합의에 이를 것으로 봤다. 배심원을 볼 일이 없을 줄 알았고, 진짜 주먹이 날아올 것을 예상치 못했다. 가식은 전혀 효과가 없었다.

피터 틸은 2016년 봄, A와 찰스 하더를 통해 테리 볼리아에게 "고커는 이 사건이 케이페이브라고 생각하지만 슛이 될 것이다"라는 메시지를 전했다.

3월 7일 오전, 재판이 열리기 직전에 피넬러스 카운티 법원의 4층에 있는 A법정을 문에 있는 직사각형 모양의 창문을 통해 들여다봤다면 수용 가능 인원보다 훨씬 많은 방청객이 앉아 있는 것을 봤을 것이다. 휑한 공간에서 목소리가 울렸으며 배심원석은 다소 비어 보였다. 플로리다 민사 재판을 위해 6명의 배심원이 참석했고 3명은 대리인이 참석했다. 이 사건에 어울릴지도 모르겠지만 기이하게도 배심원 바로 뒤에 있는 거대한 녹색 대리석에는 한 여성의 나신이 조악하게 새겨져 있었다. 판사를 바라보고 양측이 각각 앉아 있었으며 이들은 소송에 오기 전까지 1000만 달러를 지출한 것으로 추산되었다. 고커가 왼편에, 호건이 배심원석과 가까운 오른편에 앉았다. 돌레리오와 덴튼은 나무로 된 방청석 첫 줄에 앉아 있어 팀원들 뒤에 가려져 있었다. 고커의 변호사이자 대표인 헤더 디트릭만 회사를 대표해 법정 앞에 앉았다. A는 실제 소송이 진행되는 동안 자신이 필요하지 않다고 여기고 마을을 떠났고, 심지어 틸은 전문가의 손에 맡긴 결과를 자신하며 북미 대륙을 떠나 있는 상황이었다.

모든 인물의 운명이 녹색 카펫이 깔린 방에서 2주간 진행되는 증언과 평의에 달려 있었다. 절차 초반에는 2개 층으로 이뤄진 법정에서 둔탁하고 울리는 소리가 났는데 노후한 건물의 깊은 곳에서 나는 소음이었다. 판사는 놀란 배심원들에게 "미안합니다. 무슨 소리인지 모르겠군요"라고 말했다. 어디에서 나는 소리인지 몰랐을 수도 있지만 수평선에 천둥이 치는 것과도 같았다. 테리 볼리아는 자신을 향해 메모를 했다. "오늘에 감사한다." 세상을 향해서는 "다 잘될 겁니다, HH"라는 트윗을 남겼다.

하더는 2012년 10월 플로리다에서 인생 최대의 사건을 법정 계단에 모인 카메라 앞에서 발표하던 날을 기억하며 진술을 모두 작성하느라 몇 주를 보냈다. 하지만 원고의 연단에 접근하게 된 것은 찰스 하더가 아니었다. 호건의 요청에 따라 다른 변호사를 세운 것이다. 키가 크고 호리호리하고 파란 눈을 하고 베벌리힐스의 로데오 드라이브에 있는 로펌으로 옮긴 지 얼마 안 되는 하더가 옥스퍼드 출신의 닉 덴튼이나 워싱턴 기반의 고커 변호사들보다 플로리다에서 더 나은 결과를 낼 것인가? 그렇지 않을 것이다. 호건은 전략적으로 현지 변호사가 법정에서 나서야 한다고 말했다. 그는 불쑥 "찰스 하더는 재판을 하는 변호사가 아니다. 그는 재판을 한 적이 없었다"고 말했다. 정확한 말은 아니었지만 호건에게는 연기자의 눈썰미가 있었다. 그는 엔터테인먼트 산업의 '교묘한 눈속임' 장치에 대해 알고 있었고 어떻게 하면 청중의 애정을 얻을 수 있는지 알았다. 그는 증언 녹취 과정과 판사 앞에서 하더가 유능하게 자신을 변호하는 모습을 여러 번 목격했다. 하지만 재판에서 판사는 그저 법률적 사안의 결정권자라 배심원이 중요했다. 이들은 사실관계의 결정권자로서 평결을 내렸다. 모든 인간이 그렇듯 감정에 따라 움직였다. 호건은 청중에 대해서도 잘 알았다. 찰스 하더는 '플로리다 사람'이 아니었던 것이다. 이에 재판일에 하더는 호건 뒤에 있는 속을 두툼하게 채운 가죽의자에 앉아 다른 변호사가 그가 하려던 진술을 하는 모습을 지켜봤다.

"10월 4일….”

판사가 찰스 하더 대신 발언을 하려는 셰인 포크트를 저지했다. "크게 말해주세요." 포크트는 다시 발언을 이어갔다.

그는 "2012년 10월 4일 피고"라고 말하더니 잠시 쉬었다가 "닉 덴튼"(멈춤) "A. J. 돌레리오"(멈춤) "고커닷컴"(멈춤) "고커 미디어는 의도적인 결정을 내렸습니다. 테리 볼리아가 나체로 사적인 침실에서 사적인 대화를 하고 성관계를 맺는 모습을 공개하는 의도적인 결정을 내린 것입니다. 그는 해당 침실에서 인간의 가장 친밀한 행위를 했습니다. 피고는 그런 상태를 전 세계에 폭로하는 의도적인 결정을 내렸습니다. 몰래 녹화된 동영상에는 닉 덴튼이 증언 녹취 선서에서 '포르노와 같고' '직장에서 시청하기에 불쾌하다'라고 표현한 내용이 담겨 있으며, 6개월 동안 고커닷컴에 게시되었습니다. 그 6개월 동안 이 사람(호건을 가리키며), 바로 저기 서 있는 사람의 벌거벗은 모습이 세상에 공개되었습니다. 6개월 동안 500만 명이 넘는 사람이 이 페이지를 방문했으며 6개월 동안 250만 명이 넘는 사람이 동영상을 시청했습니다. 203일 동안 그는 세상 사람이 나체를 볼 수 있는 상태에 있었습니다. 이들은 A. J. 돌레리오의 초대로 이 웹사이트를 찾게 된 것입니다"라고 말했다.

틸은 "이기려는 사람에게는 '자존심이 적'"이라고 말했다. "우리가 자존심을 버린 것은 재판에서 하더의 역할을 축소한 것이었다. 거기에 대해 하더는 불만이 있었다. 그에게는 인생 재판이었는데 원래 생각했던 것보다 훨씬 적은 부분을 기여하게 되었다니? 하지만 우리가 이긴다면 그에게 공로가 돌아간다."

포크트는 베벌리힐스의 변호사보다 이 사건을 설명하는 데 훨씬 유리한 입장이었다. 5번가에 사무실이 있는 언론사와 블루칼라 운동선수 사이의 전쟁에서 그는 배신당하고 괴롭힘을 당해온 사면초가에 몰린 아이콘을 대변했다. 포크트는 스텟슨 로스쿨을 졸업했으며, 세인트피터즈버그에서 대학교를 다녔고, 스타 농구 선수이기도 했다. 맵시를 살려주는 정장을 입었고 벗겨지기 시작한 머리는 깨끗하게 밀었다. 딸들과 소를 키우고 있기도 했다. 그는 플로리다의 같은 주민으로서 겸손한 운동선수인 의뢰인의 입장을 잘 전달할 수 있었다. "프로 세계에서 헐크 호건으로 알려졌지만, 원고는 테리 볼리아라는 남성인 동시에 한 인간이기도 합니다."

포크트는 배심원들에게 고커의 변호사들과 언론이 자유로운 언론에 대한 공격으로 인식되는 사건에 흥분한 나머지 간과한 부분을 지적했다. 이 사건, 플로리다주에서 일어나는 모든 민사 사건에서 증거의 기준은 그리 높지 않다는 점을 환기시켰다. 합리적인 의문점 이상의 것을 따지는 것이 아니었다. 고커는 동영상이 동의 없이 촬영된 것을 알았나? 무모하고 냉담하게 행동했는가? 그게 문제였다. 그점을 입증하기만 하면 될 문제였다. 포크트는 발언을 마쳤다.

고커 법무팀은 호건과 틸이 현지 변호사를 내세우는 상식적인 결정을 내렸음을 나중에 인정하기는 했지만 직접 시도하지는 않았다. 셰인 포크트에 이어 20분 동안 모두 진술을 한 것은 탬파의 그렉 토마스가 아니라 마이클 베리였다. 필라델피아 출신으로 옅은 갈색 머리를 한 젊어 보이는 변호사로, 첫인상은 마치 이 사건의 논지를 그대로 보여주는 모습이었다. 틸이 치밀한 조사를 실시하고 공모자들이 구체적인 법적 주장에 따라 전략을 실행했지만 고커에도 기회가 있었다. 아직 시간이 남아 있었고 이 음모가 진행되는 동안 여러 번 그랬듯 고커도 구원받을 수 있었다. 마이클 베리가 배심원들에게 의뢰인도 실수를 저지르는 인간이며, 하더가 플로리다 계단에서 오래전 언급했듯 재정적인 사형을 받을 정도의 일을 하지 않았음을 확신시킬 수 있었다면, 고커가 배심원들의 마음에 호소했다면, 승리를 쟁취할 수 있었을 것이다.

조지 워싱턴은 미국 독립혁명 말미에 뉴욕 뉴윈저에서 단순하면서도 능숙하게 그런 일을 했다. 전쟁에 이겼지만 평화가 깨진 상태였고 분노한 참전용사들은 연금을 받지 못하고 있었다. 그들은 계획을 꾸미며 의회 전복을 기도했다. 워싱턴은 초조해졌고 뒤편에서 상황을 살폈다. 의회는 상황에 책임을 지지 않았고 위협을 진지하게 받아들이지 않았다. 군대의 모든 장교가 소집되었고 긴장감이 감돌았다. 미국에서 시민을 대표하는 기관이 위태로운 상황이었다. 워싱턴은 시간이 많지 않음을 알았고 회의장으로 걸어 들어가 사람들을 놀라게 했다. 그는 청중에게 조용히 질문을 던지고 열정적으로 말을 이어가며 사악한 계획에 흔들리지 말 것을 당부했다. 그러고는 주머니에 손을 뻗어 의회에서 온 서신을 읽었다. 그는 의도적으로 느리게 더듬거리면서 "여러분, 안경을 쓰겠습니다. 나이 탓도 있겠지만 나라를 위해 일하다 보니 거의 눈이 안 보이지 뭡니까"라고 말했다. 그의 행동은 분노에 찬 사람들을 진정시켰다. 그들의 지도자 역시 고통받고 있었던 것이다. 그들이 보상을 요구하는 그 복무로 인해 워싱턴도 쇠약해졌지만 한 마디 불평도 하지 않았다. 워싱턴이 의회에서 자신감을 내보이고 의견을 개진하는 사이 음모는 무너졌다. 시기상으로도 절묘했으며 공감을 얻었고 해결책이 신속하게 효과를 냈다. 훗날 '뉴버그 음모'라고 불린 이 사건은 미국이 탄생하기 전에 사라질 한 위기였지만 역사에서 각주로 소개될 정도의 사건으로 마무리되었다.

하지만 친근하고 동안인 베리가 배심원을 향해 말하는 순간 그에게는 의뢰인의 운명을 결정짓는 사람들의 마음을 사로잡을 진중함이 없다는 사실이 드러났다. 그는 배심원들에게 '당신들'이라는 어색한 표현으로 진술을 시작했다. 조용하고 생기 없는 말투로 이 사건을 위해 가족을 떠나 플로리다로 이동하던 순간을 설명했다. 그는 "아빠, 왜 그렇게 오래 가 있어야 하는데?"라는 딸의 발언을 소개했는데 마치 모두에게 호의를 베푼다는 듯, 이 재판이 그에게 불편을 초래한 점이 최종 평결에 반영되어야 할 요소라는 인상을 주었다. 주장의 확고한 근거를 대기 위해 애쓰는 인터넷 논객처럼 그는 도를 넘어 홀로코스트를 언급하기에 이르렀다. 배심원들에게 "덴튼 씨는 언론이 억압받는 일을 직접 목격한 부모 밑에서 자랐습니다"라고 말했다. "고커는 헐크 호건의 동영상을 게시한 것이 아닙니다"라는 대목에서 배심원들이 관심을 보이자 "하이라이트 영상"만 올렸다고 말했다. "따분한 영상에서 하이라이트만 모은 영상입니다." 긴 발언 끝에 비로소 자기 페이스를 찾아 발언을 이어가려는 순간 호건의 변호사들이 절차상에 이의를 제기했다. 그는 판사를 바라보고 원고 측을 살핀 후 다시 판사를 응시했다. '무슨 일이 일어나는 거지? 통제가 안 되는데'라는 표정이었다. 그는 셰인 포크트와는 대조적으로, 공감대를 얻지 못했고 자신감이 없었다. 하더가 모두 진술을 했다면 받았을 선입견을 그대로 가지고 있었다. 외국인에 이 카운티에 연고가 없었으며 좋은 감정이 드는지 알 수 없는 유형이었다. 게다가 통제력을 잃은 듯했는데 아직도 진술에 10분이 남았다.

"그들은 내 링 안에 있었고 망쳤다. 진짜 사람들 앞에 서서 망친 것이다"라고 호건은 말했다. 이런 인식과 더불어 자신감이 상승했다. 고커가 피하고 무시했던 바로 그 순간이었으며 공모자들이 기대했던 것보다 더 나은 방향으로 진행되었다. 틸은 재판에 대해 몇 번이나 고커가 법을 따진 반면, 호건 측은 사실을 다뤘다는 점을 강조했다. "법에 대해 얼마나 잘 알고 있는지 보여주기 위해 법을 거론하지만 배심원을 상대로 소송에 이길 수 있는 방법은 아니다"라고 말했다. 그는 개업하지는 않았어도 변호사로서 이를 본능적으로 간파했고 프로 변호사의 변호가 분명히 어긋났음을 알 수 있었다. 사실은 완고한 성질의 것이며 법적인 조종을 아무리 기울여도 사실의 힘을 완벽하게 약화시킬 수는 없다. 배심원의 마음을 얻는 사람은 가장 설득력 있는 발언을 하는 사람이다. 가장 인간적이고 개인적으로 호소하는 사람이 승리한다. 고커는 호건이 절대 공개되지 않기를 바라는 영상을 게시했고, 그 사실이 법정에서 제시되었다. 그들이 한 일은 사실이었으며 반박할 수 없었다. 고커의 전략은 그런 행위를 할 수 있는 권한이 있다는 점이며 그에 따른 판단은 내리지 않았다. 부인하지 않았으며 그런 시도도 하지 않았다. 그저 테이프를 게시했으며 테이프에 대한 확인 노력을 기울이지 않았고 흐리게 처리하지도 않았으며 컴퓨터 화면 속의 사람, 이제 법정에 함께 나와 있는 사람에 대한 배려는 없었다. 그런 행동을 왜 하지 않았는지의 설명은 없었다. 그들은 법에서 그렇게 강제하지 않는다고 생각했다. 이는 운명이 6명의 보통사람 손에 달린 상황에서는 치명적인 판단 실수였다. 배심원들은 비도덕적인 일과 불법을 구분하지 않는 경향이 있었으며 수정헌법 제1조가 아닌 누군가의 사생활이 심각하게 침해되었는지에 대해 물었다.

고커의 온갖 지연 전략은 재판에서 역효과를 냈다. 덴튼의 변호사들이 이 재판이 일어나는 것을 필사적으로 막은 것을 배심원들이 알아서가 아니었다. 지연되는 동안 발생한 변화 때문이었다. 인터넷은 더 이상 새롭고 흥분되는 공간이 아니라 일상의 일부가 되었다. 기술과 사생활에 대한 새로운 규범, 새로운 우려가 제기되었고 배심원들은 보수적인 규범을 가지고 있었다. 블로그와 소셜 미디어에서 일어나는 끔찍한 사건들에 대응하는 많은 조치가 취해졌다. 타일러 클레멘티라는 젊은 남성은 2010년 그가 다른 소년과 키스하는 모습을 대학교 룸메이트가 웹캠으로 촬영해 트위터에 올려 조롱하자 목숨을 끊었다. 수년 동안 그를 괴롭힌 룸메이트에 대한 기소 소식이 뉴스를 달궜고 점차 사람들의 태도도 변했다. 각 주에서는 리벤지포르노를 금하는 법을 제정하기 시작했다. 심지어 호건과 고커의 재판이 시작될 때도 다른 배심원이 에린 앤드류스라는 스포츠 캐스터를 호텔 방 벽틈으로 몰래 촬영한 남성의 판결을 위해 자리를 비운 상태였다. 그들은 5500만 달러를 배상하라는 판결을 내렸다. 고커가 아직 작은 회사였던 2007년에는 틸의 성적 지향성을 폭로했던 것을 정당화할 수 있었고, 2012년 호건의 동영상을 게시할 때도 마찬가지였으나 2015년 재판이 열리는 시점에는 상황이 이전과 달랐다. 세상이 변했고 고커의 위상도 달라졌다. 매출액이 수백만 달러에 이르렀고 회사 가치도 그에 이르렀던 것이다. 궁극적으로 고커가 실패한 원인은 진정으로 동조하는 모습을 보이지 않았다는 데 있었다. 배심원들, 동료들, 실시간 스트림으로 헤드라인을 통해 사건을 지켜보던 대중이 보기에 고커의 입장은 이해할 수 없는 것이었다.

모두 진술이 끝난 후 양측은 변호사를 교체했지만 여전히 불균형이 도드라졌다. 고커를 대변하는 마이클 설리반은 할아버지와 같은 인상에 차분한 변호사였다. 유능하고 고커를 대신하는 변호사에게 예상되는 사나운 면모는 없었다. 중서부 출신으로 부드럽고 달래는 화법을 구사했다. 호건을 변호한 또 다른 현지 변호사인 켄 터켈은 체격이 우람하고 걸걸했다. 자신감이 차 있었고 합리적이었지만 젊었다. 두 사람 모두 학장 이미지를 풍겼지만 한쪽은 학생이 문제를 털어놓고 존경할 수 있는 인물이라면, 다은 한쪽은 손쉽게 거짓말을 하고 시선이 다른 곳에 있을 때 낄낄대며 비웃을 대상처럼 보였다.

증인들이 배심원 앞에 섰다. 첫 번째 증인은 헤더 클렘으로 증언 녹취 영상이 제시되었다. 그다음은 호건으로, 전체 검은 의상을 입고 직접 배심원 앞에 섰다. 일반적으로 레슬링 선수들의 비즈니스 복장인지, 아니면 상식적인 상실을 애도하는 옷차림인지는 알 수 없었다. 그는 청중을 움직이는 법을 알고 있었다. 느린 동작으로 걸어가 법정 앞에서 통증이 있음을 내비쳤는데 척추와 무릎 수술의 흔적을 여실히 보여주었다. 그는 비좁은 증인석에 들어갔는데, 많은 배심원에게 그는 가장 가까이에서 본 연예인이었을 것이다. 며칠 전 하더는 준비자료로 가드한 바인더를 들고 호건의 호텔 방을 찾아가 질문을 던졌는데 좋지 않은 소식을 들었다. 호건은 "당신이 마음에 들지 않는다"며 "승리의 기운이 느껴지지 않는다"고 했다. 그가 켄 터켈이나 6명의 배심원에게 느끼는 감정이 느껴지지 않았다. 증인석의 호건은 청중 앞에서 보이던 모습과 다른 연기를 했다. 부드럽게 말했고 연약해 보였다. 그는 연예인이 아닌 한 남자로서 서 있었고 초조하게 손을 맞잡고 있었다. 그는 자신을 소개했다. "제 이름은 테리 진 볼리아로 조지아 오거스타에서 1953년 8월 11일에 태어났습니다." 증인대에서 그가 할 일은 인간적인 면모를 내보이는 것이었다. 가장 낮은 모습을 보이고 주신문과 반대신문 모두를 제대로 해내야 했다. 그는 두 임무를 모두 수행했다. 고커 변호사가 움찔할 정도였다.

재판에서는 새로운 일이라고는 거의 일어나지 않는다. 모든 정보가 미리 제시되며 다시 제출되고 논의되고 100번 가까이 다툼을 거친다. 모두 거울 앞에서 연습한다. 재판은 모든 연습을 퍼포먼스로 보이는 현장인 것이다. 시저는 원로원의 단검에 죽었지만 그의 운명은 훨씬 전에 결정되어 있었다. '만약'의 문제가 아니라 '언제'가 문제였다. 유일한 의문은 '어떻게'와 '무엇을'이었다.

고커에 재판은 '어떻게'에 해당했다. 이미 운명지어진 사건을 현실로 만드는 것에 불과했다. 돌레리오가 증언대에 섰을 때 바로 현실이 되었고 '무엇'을 밝힐 시간이었다. 늑골 밑으로 단검을 찔러넣어 숨통을 끊을 차례였다. 먼저 고커 측의 변호사가 그를 심문했다. 표면적으로는 치열한 교차 심문이 일어날 것을 기대할 기회였다. 공격을 받기 전에 의뢰인의 인간적인 면을 배심원에게 부각시켜야 했지만 그런 일은 일어나지 않았다. 설리번의 배심원에게 호소하는 데 실패하고 있음이 점점 분명해졌다. 질문을 할 때조차 의도와 다르게 강연을 늘어놓는 분위기가 되었고 문장 끝마다 불쾌하게 "맞습니까?"와 "기억하십니까?"를 덧붙였다. 배심원의 관심이 흐트러졌고 앞에 제시된 물건을 구입하는 데 흥미가 없었다. 지루함을 없애야 했다.

1시간 반 동안 느린 속도로 피고 측의 질문이 제기된 후 포크트가 표적 앞에 섰다.

"몇 분 전에 하신 증언을 이해하기로는 4세가 넘은 아동 연예인에 대한 뉴스 가치의 기준을 언급할 때 농담이었습니까? 그렇게 말씀하신 게 맞습니까?"

"그렇게 말했습니다."

"아동 포르노가 농담을 할 만한 우스운 주제라고 생각하시는군요?"

"전혀 아닙니다."

"그 농담을 한 것이 증언 녹취 때였죠. 그렇습니까?"

"네."

"증언 녹취 중이었고 이 사건의 중요한 사안에 대해 질문을 받았습니다. 그렇지 않습니까? 뉴스 가치가 증인의 항변이었는데요, 농담을 한 뉴스 가치에 대해 질문을 받았을 때 오늘 배심원에게 말하는 내용이 그것입니까?"

"아닙니다."

"방금 농담을 한 것이라고 하셨습니다. 아동 포르노에 대해 농담을 하고 있었던 것이죠. 맞습니까?"

증인석에서 그가 어떤 상황에 처했을지 상상해보라. 3년도 전에 작성한 게시물에 대해 항변하고 있고, 증언 녹취에서 한 거의 잊어버린 발언을 두둔하고 있으며, 더 이상 일하지도 않는 회사의 입장을 항변하고 있다. 물론 성관계 동영상 클럽을 게시하기는 했지만 그 영상을 녹화한 당사자는 아니며, 연예인과 성관계의 속성에 대한 논점을 제시할 때는 어느 정도의 진지함이 있었다. 그런데 이제 악한 행동원이자 무법의 독불장군으로 묘사되고 있다. 하지만 실제로는 창업한 회사를 운영하고 있으며 무법과 경솔함은 고용되기 전부터 발생한 일이었다. 대부분의 일자리와 마찬가지로 직원이 아닌 상사에게 대다수의 책임이 있는 것이다.

"마치 전 우주가 제게 거대한 장난을 치는 것으로 느껴지는군요"라고 돌레리오는 말했다. "이제 술이 깨려는 시점에 이 모든 일이 일어나다니 어떻게 된 일일까요?" 전체 법정의 적대감이 당신을 향하다니 알코올 (혹은 어떤 물질의) 힘이 얼마나 대단한가. 긴장의 순간을 지나야 비로소 기자에게 그 순간이 느껴지기 시작하며 이전에 숱하게 봐왔던 과정에서 자신이 다른 편에 서 있는 것을 발견하게 될 것이다. 바로 기삿거리가 되는 것이다. 트윗이 되고 TV에서 분노를 일으킨다. 돌레리오는 내게 "마치 〈블랙미러Black Mirror〉 드라마에 들어와 있는 기분이 들었다. 나의 고커 스토리에 갇혀서 아무 말도 할 수 없었다"고 털어놨다. "내가 이해할 수 없던 부분은 변호사들이 그런 일이 일어나게 놔뒀다는 것이다."

이런 해석은 자기에게만 유리한 것이지만, 그의 말이 틀린 것도 아니었다. 포크트가 돌레리오에게 "수정헌법 제1조를 그리 진지하게 여기지 않았기 때문에" 증언 녹취 중에 히죽거리면서 웃었다는 사실을 인정하게 만들고 나서야 고커의 변호사들이 끼어들어 이의를 신청했다. 수정헌법 제1조를 변호하는 것이 의뢰인을 변호하는 것보다 쉬운 일이었다. 심지어 상대는 그를 애처롭게 여겼고 그의 희생으로 점수를 얻기까지 했다. 고커의 한 변호사는 내게 사건에 연루된 모든 사람 중 돌레리오가 가장 혹독한 대접을 받았다고 평했다. 하지만 그런 대접은 상당 부분 그가 자초한 것이었다.

포크트는 "그럼에도 2012년 3월 보도에서 볼리아 씨가 몰래 촬영됐다고 주장하는 것을 알고 있었지요?"라고 물었다. 포크트는 이미 답을 알고 있었고 증언 녹취록에서 테이프를 보고 질문서를 읽기도 했으나 배심원들에게 충격 요법을 쓰려는 듯했다.

"뭐, 그렇죠."

"볼리아의 모습이 담긴 DVD를 건네준 사람이 어떤 의도로 그랬는지 조사하지 않았고요, 그렇죠?"

"네."

"관심도 없었죠?"

"기사를 쓸 이야기와 관련해서는 관심을 두지 않았습니다."

셰인 포크트는 젊은 여성이 돌레리오에게 자신이 술에 취해 (아마도 비자발적으로) 인디애나의 스포츠 바 화장실 바닥에서 성관계를 갖는 모습이 담긴 동영상을 내려달라고 사정하는 내용의 이메일을 읊었다. 나중에 돌레리오가 동영상을 내려주었고 그 영상을 게시한 것을 후회하기는 했지만 이 사건은 하더와 A가 발굴한 이후 법정에서 터트릴 기회를 찾기까지 마치 오랫동안 인내심을 가지고 잠자는 시한폭탄처럼 묻혀 있었다.

여성의 아버지는 돌레리오에게 "지난 이틀 동안 딸이 오줌이 흥건한 바닥에서 그 짓을 하는 장면을 봐야만 했던 애비의 심정이 어떨지 알리라 생각합니다"라며 호소했다. 그러자 돌레리오는 부녀에게 "유난 떨지 마세요"라며 이런 일은 지나가기 마련이라고 답했다. 이 모든 대화는 사적으로 진행되었고 사실 돌레리오 입장에서 보면 합리적으로 처신했다고 판단되는 부분도 있었다. 그런데 막상 사건의 내막이 공개되자 돌레리오가 합리적으로 처신한다고 말할 만한 구석이 없어 보였다. 한 기자는 돌레리오가 증언하는 중 이메일 사건이 폭로되자 "법정에 충격파가 뚜렷하게 감지되었다"고 표현했다. 만약 그 순간을 더 가까이에서 살펴봤다면 한 배심원이 피고가 불과 몇 발자국 앞에서 모욕적인 말을 내뱉는 순간 가까스로 분노를 억누르는 듯 배심원석 앞에 놓인 가로대를 힘껏 쥐고 있는 모습을 포착할 수 있었을 것이다.

돌레리오가 내놓은 대답에 대해 그의 변호사들을 비난할 수는 없다. 설사 그가 뒤늦게 후회했더라도 자신이 저지른 짓에 대해 변호사들을 비난할 수도 없는 노릇이다. 고객의 발언을 방어하는 것이 그들의 일인데 고객이 그런 방어를 쉽지 않은 일로 만들었을 뿐이었다. 고커의 변호사들은 돌레리오가 사석에서 나눈 대화에 관여할 수 없으며 사건을 구성하는 증거를 선택한 당사자도 아니다. 그저 태도가 불량한 형편없는 고객을 나쁜 시기에 만났을 뿐이다. 그럼에도 변호사는 법정에서 증거가 어떻게 전달되고 고객이 어떻게 대비해야 하는지를 선택한다. 그런 일을 하도록 수백만 달러의 수임료를 받기에 변호사들에게도 책임이 있는 것이다. 돌레리오의 말투는 경솔했다. 심지어 그는 몸짓을 통해 일이 진행되어가는 모양새에 대해 반항과 무시의 기색마저 내비쳤다. 그가 대답을 하기 위해 목을 앞으로 뺄 때마다 무슨 잘못을 했는지 이해하지 못하겠다는 십대처럼 보였다. 앞날을 위해서라도 한 대 때려주고 말귀를 알아듣게 만들고 싶은 그런 십대의 모습이었다. 변호인단은 어떻게 일이 이 지경이 되도록 놔두었는가? 문제를 전략적으로 고려했어야 하지 않은가? 증인은 이런 사태에 대비하고 있어야 하지 않았는가?

돌레리오가 자신이 받은 지침을 설명한 바에 따르면 법정에서기 위해 플로리다에 도착했을 때에야 안내를 받았다고 한다. 안내받은 시간에 맞춰 약속 장소에 나가자 과거에 자신이 작성했던 기사 뭉치와 함께 혼날 각오를 하라는 경고를 들었다. 그러고는 "증언대에서 최대한 신속하게 내려오라"는 주문을 받았다는 게 그의 주장이다. 제1차 세계대전에 참전한 신병이 참호에서 위험지대로 나가기 직전에 실낱같은 전략이라도 들을 수 있을까 싶어 지휘관을 바라보자 "살아 돌아오게"라고 당부하는 상황과 다름없었다. 돌레리오의 변호사들은 "당신이 벌인 일입니다. 신이 함께 하길"이라고 했는지 모른다. 덴튼은 네 살 아이와 테이프에 대한 돌레리오의 발언을 듣고 아연실색한 것은 배심원만이 아니었다고 내게 말했다. 그 역시 모르고 있던 내용이었던 것이다. 변호사들은 덴튼에게 돌레리오가 증언한 내용을 전하지 않았으며 돌레리오가 스스로를 변호하도록 내몰릴 때 그 발언이 문제될 것이란 점을 덴튼에게 알리지 않았다. 변호사들은 모두가 편견 없이 증언하기 위해서였다고 설명했지만, 그저 시한폭탄을 붙들고 불발탄이기를 기도하는 상황과 같았다.

언젠가 프리드리히 대왕은 지도자의 대죄란 패배하는 것이 아니라 놀라는 것이라고 말한 적이 있다. 덴튼은 어떻게 이런 일이 벌어질 줄 몰랐을까? 고커의 최고 전략 담당자는 이길 수 없는 싸움을 하고 있다는 사실을 왜 몰랐을까? 대체 홍보 담당자는 어디에 있었는가? 회사를 대표해 법정에 서도록 선택받아 처음부터 이 사건의 모든 정보를 공유 받은 헤더 디트릭은 어디에 있었는가? 당시를 뒤돌아보며 덴튼은 "윌리엄즈버그에서 고커의 인기가 호의적인 수준이 아니었다"고 평했다. 맨해튼에 어떤 지인이 있는지, 브루클린의 독자들이 소송을 어떻게 생각하는지는 중요하지 않았다. 배심원들의 생각이 중요했다. 또한 그들이 증언대의 호건을 신뢰한다는 사실이 중요했다. 덴튼은 자기편이 자멸한 원인에 대해 "호건은 그들의 언어를 구사했고 호건이라는 브랜드가 불러일으키는 믿음이 더해져 유리한 입장에 서게 되었다"고 분석했다. "호건이 배심원이나 대중에게 고커보다 더 많은 지지자가 있다는 점을 알게 되었다."

틸은 "홍보가 강력하고 효과도 있지만 맹신하면 반드시 역효과가 난다. 고커는 잘못했다고 말했어야 한다. 그랬다면 살아남을 수는 있었을 것이다. 하지만 그들은 악마가 되는 길을 고집했다"고 설명했다. 고커를 묘사할 때 '소시오패스'라는 단어가 종종 쓰이는데, 일반적으로 소시오패스도 상황을 판단하고 사람의 마음을 읽고 일이 어떻게 전개될지 추정하는 데 있어 당시 고커 팀에 있던 누구보다도 더 뛰어나다.

이 소송은 우둔함을 연습하는 장이었다. 똑똑한 사람이라면 진실성 없는 사과라도 결과를 완전히 뒤바꿔놓는다는 것을 알았을 것이다. 똑똑한 사람이라면 상황을 여기까지 끌고 오지도 않았을 것이다. 음모를 꾸민 자들이 명석한지 아니면 그저 돈이 많은 것인지와 관계없이 부인할 수 없는 사실은 음모의 피해자들이 자신의 운명이 전혀 다른 방향으로 향해가는 것을 모르고 확신에 찬 행진을 했다는 것이다. 문제의 테이프가 불법으로 촬영되고 불법으로 입수되었으며 피해자의 동의를 구하지 않았는데 보도 가치가 있다고 주장하는가? 이 사내는 유명인이라는 이유만으로 가장 사적인 순간에도 사생활을 보호받을 권리가 없는가? 소송 초반에 고커의 변호인들은 법정의 관리인과 직원 몇몇이 헐크 호건이 대화를 나누는 모습을 목격했다. 사람들이 얼마나 그를 아끼는지, 호건이 자신의 이미지를 통해 그런 유대감을 얼마나 키웠는지 확인했다. 배심원 앞으로 사건을 가져가는 데에는 항상 위험이 따른다. 하지만 이 사건의 경우 이런 피고와 함께 배심원들 앞에 서는 것은 자살행위나 다름없다.

이제 방향을 돌리기에는 너무 늦어 버렸다.

증언이 며칠 더 이어졌고 증언 녹취록에서 인용된 돌레리오의 발언이 유발한 분노가 점점 쌓이면서 법정에는 고커에 대한 반감이 눈에 띄게 형성되었다. 증언대에서 덴튼은 기사의 일부분을 읽고, 돌레리오의 기사가 흠 없는 판단 아래 게시되었고 다정하며 호의적이고 인간적이라는 자신의 태평한 증언 녹취록에 대해 설명해야 했다. 그는 무슨 생각에서 자신이 완전한 자유와 투명성을 지지하는 사람이라고, 자신이 그런 가치에 대해 극단주의자라고 말했을까? 이제 덴튼은 자신의 발언에 대한 반감을 감지할 수 있었다. 배심원들이 '대체 이자들은 어떤 사람인가? 어떤 세계에서 온 것인가?'를 자문하고 있음을 느낄 수 있었다. 자신의 메시지가 전달되지 않으며 자신과 같이 언론 자유나 투명성을 개의치 않음을 알 수 있었다. 배심원들은 덴튼이라는 사람이나 그가 한 일의 중요성을 이해하지 못하며, 고커가 게시한 루머가 다음날이 되면 뉴스로 확인되어 보도되는 경우가 많았다는 사실에 아무도 관심을 두지 않는다는 것을 알 수 있었다. 덴튼은 배심원들을 바라보며 그들의 위선에 분노했다. 배심원석에 있는 사람마다 지금 그가 설명해야만 하는 유형의 기사를 클릭하거나 공유한 적이 있을 것이기 때문이다.

훗날 덴튼은 당시에 얼마나 압도적인 느낌을 받았는지, 얼마나 감정이 한쪽으로 치우쳐 있었는지를 설명했다. 압박은 2014년 홍보전쟁에서 시작되었다. 고커를 무리에서 떼어내 언론계 동료들이 등을 돌리게 만드는 시도는 법정에서 정점에 이르렀다. 지금까지 고커가 했던 모든 수고, 고커 기자들이 터뜨렸던 진짜 특종, 덴튼이 자랑스러워하던 업적이 사라져버렸다. 그 자리를 대신 채운 것은 수년 전 덴튼 자신이 내뱉은 자극적이고 단조로운 사색, 그리고 자신이 한 발언으로 인해 "'아동 포르노 제작을 꿈꾸는 자'라는 오명을 쓴" 돌레리오의 경솔한 발언이었다고 덴튼은 말했다. 덴튼에게는 이 부분에 대해서도 할 말이 있었다. 물론 그 할 말이란 "속기된 내용을 제대로 전달하기란 아주 복잡하다"는 점을 인정한 것이다. 고커는 과거에 저지른 일의 대가를 치르고 있었다. 그럼에도 그 과정은 불공정하고 낯설게 느껴졌다. 맞서 싸우는 일은 불가능했다. 돌레리오가 그랬듯, 당시 덴튼은 고커의 기사가 다뤘던 많은 사람이 수년 동안 느꼈던 감정을 느꼈을까? 이제 자신이 처방한 약이 어떤 맛인지 알게 되었을까? 이게 중요하게 생각될까?

법정에서 변호사들의 몸짓은 피터 틸 같은 사람이 단서를 얻는 시장 예측 지표와 같은 기능을 하기 시작했다. 한쪽에서는 절차 전반에 대해 분개하는 기색이 역력한 반면, 다른 쪽은 슬슬 무대를 즐기는 모양새다. 한쪽에서는 점점 자신감이 차오르지만 다른 쪽에서는 어떤 운명을 맞게 될지 보다 분명하게 깨닫고 있다. 한쪽에서 비로소 부담감이 사라지고 압박을 덜 느끼게 되었다면 다른 쪽은 수년 동안 써온 계책의 무게를 한 번에 느끼고 만다. 마주치기를 미뤄왔던 현실을 더 이상 피할 수 없는 시점이 온 것이다. 데이비드 소송이 진행됨에 따라 상대방이 혼란에 빠지는 모습을 지켜봤다. 그는 '패배의 잔해'가 남아 있을 뿐이었다고 표현했다.

마음을 얻은 자들이 이겼다. 마음을 얻는다는 것은 어찌됐든 중요한 일인 것이다. 이제 누가 이기느냐가 아닌 얼마나 압도적으로 이겼느냐가 중요했다. 마키아벨리는 국민의 뜻을 자기편으로 끌어들이지 않고서는 쿠데타나 음모에 성공할 수 없다고 했다. 틸은 내게 "탬파의 배심원단에게 기술의 미래란 이런 모습이 아니라는 점을 납득시킬 수 있다면 그들은 역사를 멈추라고 말할 것"이라고 말했다.

이제 남은 일이란 입지를 굳히고 배심원단에게 이 사건이 얼마나 형편없는 일인지, 뉴욕시에서 온 이 자들이 처벌받아야 마땅한 이유가 무엇인지를 전하는 것이다. 테리 볼리아를 위한 최종 변론의 기회는 하더가 아닌 터켈에게 돌아갔다. 그는 동정심을 원하지 않는다면서 그저 법이 준수되기를 바란다며 법이 있기에 저들이 법정에 서게 된 것이라고 강조했다. 물론 그가 배심원단에게 원한 것은 바로 동정심이었다. 그의 전략은 모두 동정심을 사는 데 있었고 변론을 진행하면서 동정심을 부추겼다.

터켈은 법정 반대편을 가리키며 다음과 같이 말했다.

"돌레리오는 '인터넷으로 인해 모두가 수치심 없는 남의 사생활을 들여다보고 일탈을 즐기는 일이 쉬워졌다'고 말합니다. 저는 우리 모두가 정말 수치심 없이 남의 사생활을 엿보고 일탈을 즐기는지 모르겠습니다. 5번가의 고커에는 그런 사람들이 많을 수도 있으나 전 세계 나머지 사람들에 대해서는 미약한 가정입니다. 또한 저들은 우리가 봐서는 안 되는 장면이기 때문에 시청하게 된다고 말하는데 이러한 주장이야말로 그 영상이 불필요함을 인정하는 것 아닐까요?"

이어 설리반이 이 소송에서 고커를 위해 마지막이 될 변론에 나섰다.

"저희가 여러분께 요청하는 것은 어려운 일입니다. 아주 어려운 일이지요. 하지만 결국에는 옳은 일입니다. 여러분 안에 있는, 남들로부터 인기가 없는 자질을 보호하자고 요청드리는 것입니다. 열정과 편견, 동정심을 내려놓고 법을, 건국 이래 우리나라를 지켜온 법을, 시민들이 주제에 상관없이 글을 쓰고 발언할 수 있게 하며 대중이 부여한 특권을 얻은 공인이 책임을 지도록 하는 법을 따르기를 요청드립니다. 어려운 요청일 수 있음을 알지만 장기적으로 우리의 자유를 위해서는 옳은 일입니다."

설리반의 변론은 요청이라기보다는 강의였으며, 그 자신조차 배심원단의 반응에서 이를 감지할 수 있었다. 어쩌면 최종 변론을 작성하는 순간에 이를 예상했을지도 모를 일이다. 그가 마지막에 덧붙인 말은 고커가 이 감흥 없는 사건을 일으킨 방식에 대한 사과에 가까웠기 때문이다. 설리반은 "곧 우리는 변호인들의 목소리가 결국 잦아드는 시점에 이를 것입니다."

마침내 모든 것이 끝났다. 판사는 배심원에게 설시문을 읽어주었다. 자리를 뜨기 전에 질문이 나왔고 양측 변호사들은 의자에 앉았다. 한 배심원이 지역 봉사활동을 옵션으로 고려할 수 있는지 물었던 것이다. "지금까지 괜찮은 옵션 아니었나요? 관련된 모두가 언론사 집단에 재정적인 사형선고를 내릴 생각이 아니라면 말이죠." 배심원의 제안은 헤밍웨이가 언젠가 말했듯 생각하기에는 좋은 방안이나 그 이상은 될 수 없는 말이었다.

판사는 한숨을 쉬면서 "제 생각에는 그럴 만한 사건은 아닌 것 같군요"라고 답했다. 평결 역시 마찬가지일 것이다.

여진을
관리하다

방아쇠를 당겨 어깨에 반동이 느껴진 후, 골대를 향해 돌진해 골을 넣은 후, 논쟁이 이뤄진 후 활동이 중단되고 나면 이후의 상황을 예측할 수 없는 잠깐의 시간이 있다. 총알이 표적을 꿰뚫을 것인지, 공이 들어갈 것인지, 배심원이 원하는 평결을 가지고 돌아올지 알 수 없는 일이다.

탄환을 발사하는 경우 이 기간은 찰나에 불과하며 총성이 잦아드는 동안 눈은 다시 초점을 맞춘다. 농구의 경우라면 공이 다른 골대에 도달해 들어가기까지 초 단위의 시간이 걸릴 것이다. 재판에서는 배심원이 숙의를 거치는 데 시간이 걸리겠지만 아무튼 평결은 내려지게 마련이다.

음모는 실현되었고 결과는 두고 볼 일이다. 1944년 7월, 히틀러의 회의실에서 폭탄이 터졌을 때 창문이 날아가고 대부분의 지붕이 무너졌다. 모두가 땅바닥을 나뒹굴었고 생존자들은 비틀거리며 일어나 연기 사이를 응시했다. 회의실 탁자가 폭발의 충격을 흡수했고 히틀러는 목숨을 건졌다. 타박상을 입고 그을리기는 했지만 목숨은 부지했다. 오히려 폭발 덕분에 팔과 손의 중풍이 나았고 이제 그는 신이 자신의 목숨을 구했다고 믿게 되었다. 음모를 모의한 혐의가 있는 7000명을 게슈타포가 에워쌌고 5000명 가까이 처형당했다. 히틀러와의 싸움은 9개월 더 이어졌다.

피넬러스 카운티에서 3월 18일, 호건은 배심원에게 호소했고 이제 실행과 결과 사이의 기간에 변호사와 함께 기다리며 신에게 호소했다. 142만 팔로워에게 그는 '기도 중'이라는 한 단어를 트윗했다.

공모자들은 답을 오래 기다리지 않았다. 6시간이 걸렸다. 해마다 틸은 공모와 계획을 짜는데 1시간 미만의 시간을 썼다. 운전해서 호텔에 도착하자마자 소파에 쓰러져 지난 2주 동안 무슨 일이 벌어졌는지, 평범한 사람들이 내리는 결정에 무엇이 달려 있는지를 생각했다. 양측은 보안검색대를 지나 차례로 엘리베이터에 오른 다음 A법정으로 들어섰다. 배심원은 복도의 작은 구역을 벗어났고 집행관의 인도를 받아 법정으로 다시 돌아왔다. 배심원석으로 돌아오며 불확실성은 사라졌고 고커도 마찬가지였다.

평결이 내려지기 전의 마음가짐에 대해 덴튼은 "우리는 치명타를 입기보다는 엉덩이를 맞는 정도의 체벌을 예상했다"고 말했다. "발생한 피해에 비례하는 정도의 체벌이었다."

법정에 긴장감이 흘렀다. 그때 한 배심원이 호건에게 윙크를 했다. 5명 모두 호건의 손을 들어주었던 것이다. 배상액은 1억 1500만 달러였다. 어마어마한 액수였다. 일주일 내에 2500만 달러의 징벌적 손해 배상이 추가되었고 그중 1000만 달러는 덴튼에게, 10만 달러는 돌레리오에게 배상 명령이 내려졌다. 재판 후에 한 배심원은 돌레리오가 이미 파산한 상태가 아니었다면 배상액이 더 많았을 것이라고 말했다. "A. J. 돌레리오에게 더 많은 배상액을 책정하려 했으나 지불 여력이 있어 보이지 않았다."

공모자들은 사람들의 마음을 얻는 데 성공했을 뿐만 아니라 그들을 사형 집행인으로 만들었다. 고커를 향한 메시지, 호건의 약점이 노출되고 평결이 가까워지면서 고커에 동조했던 언론에게 던지는 메시지가 울려퍼졌다. '우리는 이런 자들이 사라지기를 원한다.'

고커는 망연자실했지만 내색하지 않으려 했다. 그토록 많은 게시물 중 하나가 그들을 여기까지 오게 했다. 상대를 이길 가능성이 높다고 확신했다. 반면 고커의 상대는 이길 가능성이 있다고 예상하지 않았고 그런 예상에 따라 행동했다. 덴튼은 "돌레리오의 농담이 얼마나 파괴적인지, 틸의 변호사들이 문화 전쟁에 얼마나 능한지 알지 못했다"고 설명하며 비난의 대상을 다른 곳으로 옮겼다. "고커의 변호사들은 전통적으로 수정헌법 제1조를 변호하는 이들로 이 사안에 준비가 되어 있지 않았다."

심판의 시간은 서서히 다가왔다pedo poena claudo(고대 로마
의 시인 호라티우스가 쓴 표현이며, 소설《지킬 박사와 하이드》에서도 인용
되었다-역자주). 고커의 원죄에 대한 처벌이 오랫동안 미뤄지고 지
연되었으며 잊혀지기까지 했다. 하지만 화약가루는 이미 오래전
에 흩뿌려져 있었으며 지금에야 터져 무려 1억 4100만 달러라는
파괴력을 발휘한 것뿐이다. 그들로서는 마련할 수 없는 자금이었
다. 어떤 기업인들 감당할 수 있겠는가?

덴튼은 돌레리오의 다리를 토닥였다. "항소하겠네." 하지만 그
런 일은 일어나지 않았다. 그럴 수 없었기 때문이다. 덴튼은 플로
리다에서 항소를 승인받기 위해서는 평결에서 결정된 배상액에
준하는 공탁금이 있어야 하며, 최고액은 5000만 달러라는 사실을
잊었거나 잘못 알고 있었다. 이토록 참혹하게 패배하는 위기 상황
에 대처가 되어 있었다면 회피할 방법을 마련했을 것이다. 현금 대
신 고커가 케이맨 제도에 가진 주식을 담보로 잡거나, 병력을 증강
할 때까지 오래 살아남는 방법을 강구하거나, 그토록 무시했던 판
사를 설득해 항소할 수 있도록 공탁금을 마련할 방법을 찾거나 자
존심을 삼키고 사과하는 방법도 있었을 것이다. 하지만 그렇게 하
지 않았다. 고커는 한 번의 기회에 모든 것을 걸었다. 이제 다른 기
회는 없을 것이다.

판사는 수고한 배심원들에게 감사장을 전달했고 모두 집으로
돌아갔다.

호건은 지난 2주간 그가 차지했던 탁자에 앉아 조용히 흐느꼈

다. '그들이 나를 믿어줬다'고 중얼거렸다. '마침내 사람들이 나를 믿어줬다. 내 손으로 테이프를 유출한 것이 아니며 이런 상황을 원한 것이 아님을 믿어주었다.' 실패로 돌아간 수사도 이제는 흐릿한 기억이 되었고 1000만 달러의 합의금에 대한 결정도 뒤안길로 멀어졌다. 모든 위험도 역사 속으로 사라졌다. 가장 먼저 여정에 동참한 데이비드 휴스턴 변호사는 호건의 등을 토닥였다. 마침내 호건이 일어섰고 휴스턴과 얼싸안았다. 그들의 뒤에 하더가 서서 의뢰인과 축하를 나눌 준비를 했다. 하더가 호건에게 다가가 악수를 나눴다. 그는 가슴을 붙잡고 하더에게 말했다. "고맙습니다. 고마워요." A는 법정을 생중계하는 온라인 방송으로 그 모습을 지켜봤다. 조용한 정보원은 희열과 기쁨으로 정신이 아득해질 지경이었다. 그는 틸에게 전화를 걸었다. 법정에서 은신처까지 모든 일이 전화로 이뤄졌다. 중국에 머물고 있던 지휘자는 교수가 어떤 일을 꾸미고 있는지 전혀 알지 못하는 대학생들에게 강의를 하고 있었다.

아직 할 일이 많았다. 서류를 준비하고 비용을 결제하며 심리에 참석할 더 많은 변호사를 고용해야 했다. 하지만 그 모든 일을 해냈고 마침내 끝이 났다. 그들의 베팅은 결실을 얻었다. 《위대한 개츠비》에서 캐러웨이는 울프심에게 경탄한다. 1919년 월드시리즈 음모에 대해 물으며 "대체 어떻게 해낸 겁니까?"라고 묻는다. 이에 개츠비는 "기회를 본 거지"라고 답한다. 틸은 아무도 그렇게 하지 않을 때 기회를 엿봤고 쟁취했다. 법적인 기회를 파고들어 승리를 거뒀다. 그는 "그 일에 대해 할 수 있는 일이 없다"는 말은 그저 어떤 조치도 취하고 싶지 않아 하는 사람들이 대책없음에 대해 더 나은 기분을 느끼기 위해 하는 말에 불과함을 입증했다. 틸은 대통령, 강도 귀족, 민중의 영웅도 할 수 없는 일을 해냈다. 잉크를 통째 사들이는 사람들을 상대로 싸워 더 나은 결과를 얻어냈다. 평결이 내려진 후 어느 날 〈뉴욕 타임스〉는 칼럼 섹션에 이 사건의 함의에 대한 전문가 토론을 게재했다. 3명 중 2명의 전문가는 고커에 반기를 들고 헐크 호건의 편을 들었다. 그러면서 틸이 초반에 접근했듯 언론 자유가 아닌 사생활에 대한 문제로 접근했다. 나머지 한 전문가인 법학 교수이자 전직 언론인은 다음과 같이 말했다. "인간의 존엄성이 성, 누드, 의학적 조건의 묘사에 따라 훼손된다면 '저널리즘'을 뉴스 가치가 있다고 불러서는 안 된다."

이튿날 또 다른 기사에는 〈뉴욕 타임스〉의 법무 자문을 지낸 한 전문가의 발언이 인용되었다.

"배상액이 말도 안 되는 수준이지만 수정헌법 제1조에 심각한 타격을 주는 사건이라고 보지 않는다."

이 기사에서는 캘리포니아대학교 어바인 캠퍼스 로스쿨 학장의 말도 인용했다. "이 사건은 매우 제한적인 주장을 다룬다고 생각한다. 당사자의 동의 없이 해당 개인이 성관계를 갖는 영상을 공개하여 사생활을 침해한 사건이다. 그 이상을 다룬다고 보지 않으며, 그럴 권리가 있다고 주장하는 데 수정헌법 제1조가 근거가 된다고 생각하지 않는다."

이상하고도 비슷한 2명이 옥신각신하며 시작된 일은 거대한 사건이 되었으며, 공적 영역에서 무엇이 허용될 수 있는지 기준을 마련할 계기가 되었다. 틸은 그가 생각하기에 사회의 중요한 부분인 문화를 파괴하는 일을 멈추게 하려 했다. 물론 여기에는 복수도 포함되었다. 닉 덴튼은 "피터 틸은 나를 역겹게 만든다"라고 말해 서로가 그런 감정을 품었음을 드러냈다. 이제 틸은 세상이 덴튼과 고커에 대해 그런 감정을 느끼도록 만들었다. 그는 수년 전 덴튼이 그를 모욕했듯 덴튼에게 수치감을 줬다. 심지어 한발 더 나아가 그 누구도 틸이 이 일에 책임이 있다는 사실을 모르게 했다. 그저 사람들은 정의가 내려진 것이라고 생각할 뿐이었다.

이제 누가 우위에 있는 인물인가?

만약 여기에서 이야기가 끝난다면 역사상 가장 놀라운 음모로 막을 내릴 것이다. 하지만 지금 멈춘다면 일이 진행된 연유를 절대 알 수 없기 때문에 이렇게 끝낼 수는 없다.

음모는 비밀을 유지할 때만 가능하다. 하지만 비밀은 모든 일이 그렇듯 주관적이며 엔트로피 법칙이 적용된다. 한동안 틸의 비밀은 부패했고, 이 사안에 대한 그의 절대적인 장악력도 느슨해졌다. 그는 자신이 꾸미는 일을 극소수에게만 알렸지만 10년이라는 세월이 흐르며 비밀을 공유하는 목록이 길어졌다. 승리가 다가오자 경계심이 옅어지고 자신감으로 변했고, 결국에는 부주의함으로 바뀌었다. 틸은 언제나 "해서는 안 되는 일을 한 것을 자랑하려는" 충동을 느꼈다고 털어놨다. "3월에 승리를 거둔 후에는 집중적인 관심이 쏟아지지 않으니 조금은 안전해졌다고 생각했다"고 말했다. 어쩌면 그는 사람들이 알기를 원했을지 모르며 그가 하고 있던 일을 감탄하고 경외심을 품길 바랐는지 모른다. A는 다음과 같이 말했다.

"틸 자신이 인지했는지는 모르지만 그는 이 일이 알려지기를 바란다는 느낌을 받았다. 그는 조용히 실행하고자 했지만 큰 승리를 거둔 후에는 알려지기를 바랐다."

대체 틸은 종종 저녁 식사 자리에서 고커가 1년 안에 문을 닫을 것이라는, 그 자신조차 거의 아무도 믿지 않으리라 생각하는 어리석은 예측을 왜 하기 시작했을까? 대체 왜 남들이 들을 수 있을 정도로 큰소리로 지인들에게 "우리 일이 어떻게 되어가는 것 같은가?"라고 능글맞게 물어서 그가 꾸미고 있는 수수께끼 같은 일에 궁금증을 품게 만들었을까? 2015년에는 이 일이 해롭지는 않지만 분명 위험이 존재하는 장난이었으며, 빠르게 잊혀졌다. 2016년 초가 되자 그의 발언은 일어날 가능성이 없으나 그저 반대하는 사람의 의견으로 들렸다. 그러다 2016년 3월에 지난 일을 돌아보니 앞서 들었던 말이 다른 맥락으로 다가왔다. 틸이 뭔가를 알고 있었던 것인가? 그가 이 일과 관계가 있는 것인가?

어쩌면 틸은 "돌아보면 끔찍한 실수였다"고 표현한 이런 엉성한 일처리를 피해갈 수도 있었을 것이다. 하지만 틸뿐 아니라 공모자들도 오판했다. 소송이 끝나고 몇 주 뒤 고커를 대상으로 또 다른 소송이 제기됐다. 하더는 시바 아야두라이의 변호를 맡게 되었는데 자신이 진정으로 이메일을 창안했다고 주장하는 사람이었다. 그는 본인이 법률 비용을 낸다면서 고커가 2012년, 2014년에 자신의 명예를 훼손했다고 밝혔다. 2016년 1월, 하더는 대다수의 사람이 조잡한 소송이라고 여긴 또 다른 소송이 고커를 상대로 진행됐다. 이번에는 의뢰인이 기자였다(두 사례 모두 명예훼손 사건으로 틸이 앞서 정한 전략에 위배되었다). 누가 비용을 치르든 공모자들이 승인해서 진행된 사건임에는 의문의 여지가 없다. 고커가 파산을 선언하기 전에 서둘러 더 많은 소송을 진행해 사살하려는 의도적인 시도였다. 고커 사이트가 결정적인 평결 이후 다시 일어나 전투 태세를 정비해서 싸움에 나서지 못하게 만들려는 의도였다. "하더가 대단한 승리를 거뒀고 더 많은 사람들과 원고가 그를 찾아와 소송을 제기하리라 가정했기 때문에 합리적인 결정이라고 생각했다"고 틸은 말했다.

하지만 과신으로 인해 의도하지 않은 결과가 일어났다. 2건의 소송은 동영상 유출 건보다 동정심을 얻기 훨씬 힘들었고, 단순한 정의를 내세워 상대를 완파하기도 힘들었다. 혼돈을 틈타 빠져나가는 것이 아니라 오히려 음모에 대해 많은 정보를 흘리게 될 가능성이 높다는 경계심이 틸을 사로잡았다. 그러면 그가 저지른 최악의 실수가 될 것이었다. 그가 상대하는 적은 특히 의혹과 추측에 능한 사람들이었기 때문이다.

마키아벨리는 과신이 마음에 깃들면 "선을 넘어서 더 낫지만 불확실한 것을 꿈꾸게 함으로써 확실하고 좋은 것을 가질 기회를 잃게 된다"고 했다. 쉬운 말로 옮기자면, 완벽함이야말로 (적당히) 좋은 것의 적이다. 클라우제비츠는 장군들에게 '승리의 작전한계점'에 대해 경고의 말을 남겼다. 승리를 거두고 강점이 많은 과거에 매몰되어 있는 순간 이미 달성한 모든 것을 위험에 빠뜨린다는 경고다. 도시 하나만 더 공격하려는 결정, 퇴각한 적군을 뒤쫓는 결정, 전투를 하루 더 연장하는 결정은 단순히 결실을 줄이는 것이 아니라 다 잡은 승리를 패배로 만들 가능성이 있다. 모든 음모에는 이런 위험이 따르며 공모자들이 손을 쓰기에는 이미 너무 늦어버린 시점에야 이를 깨닫는 경우도 많다.

연합국은 작전 개시일이 지난 후에도 나치가 연합국이 노린 진짜 상륙장소가 노르망디가 아니라고 믿도록 작전을 계속 이어갔다. 독일 장교들이 정말 중요한 장소를 방어하는 데 전력을 다하지 못하도록 다른 장소에 상륙할 것을 암시한 것이다. 하지만 틸에게는 이미 이긴 마당에 추가적인 소송은 가치가 없게 보였다.

덴튼이 궁극적으로 어디에서 힌트를 얻었는지는 지금도 미스터리다. 어쩌면 디너 파티에서 경망스럽게 말을 전하는 사람들이 있었을지도 모른다. 누군가가 하더의 사무실에서 나오다 목격이 되었을 수도 있다. 변호사 중 하나가 실수로 뭔가를 흘렸을 가능성도 있다. 아니면 비밀을 지키기에는 이제 너무 많은 사람이 개입되어 있는지도 모른다. 과학에서 패러다임 전환이 일어나듯 이 모든 요소가 조합된 결과일 수도 있다. 서로 무관한 요소들이 축적되어 어느 순간 깜짝 놀랄 만한 새로운 이론이 탄생하는 것이다. "유레카, 이제 알겠군! 이 모든 일의 배후에 누군가가 있어!" 이 모든 고객을 한 변호사가 대리한다고? 그럴 가능성이 얼마나 되지? 내가 알기로는 틸의 지인 중 적어도 한 사람이 2015년 언젠가 음모의 존재에 대해 추론하는 데 성공했다. 탐정 같은 유형은 아니었으나 로스앤젤레스에 위치한 틸의 자택에서 A를 마주치면서 퍼즐이 생겼다. 몇 달 후 이 지인은 A의 페이스북 페이지에 올라온 사진을 봤는데 플로리다 피넬러스 카운티였던 것이다. 그 순간, 별 생각

없이 내뱉은 것 같았던 고커가 망하리라는 예측이 모두 근거 있는 말이었다는 생각이 들었다. 이제 비밀은 점점 옅어져 결국 눈으로 볼 수 있을 정도가 되었다.

고커와 미디어에 대한 질문은 이제 '누구'로 옮겨갔다. 누가 이런 일을 할 수 있는가? "우리 모두는 가만히 앉아 기억을 더듬었다"고 돌레리오는 회상했다. "각자 파멸적인 방법으로 열 받게 만든 사람들 중에 돈 많고 힘 있는 사람이 누군가?" 한 관계자가 내게 전한 바에 따르면 이 시점에도 칼에 지문을 남겼을 법한 용의자가 넘쳐났다고 한다. 이런 질문은 2012년부터 2016년 초까지 매해 물었어야 했지만 '누군가가 분명하다', '누구일 수 있다'를 논할 만한 시간은 이미 지나버렸다. 이제는 손쓸 방법이 남아 있지 않았다.

법원의 결정이 있은 후 1달 뒤 덴튼은 기자들에게 음모론을 들추기 시작했다. 사이언톨로지일까? 그는 개인적으로 복수심에 불타고 보호심이 강한 이 종교 집단에 대해 기사들을 쓴 적이 있었다. 이 종교 시설의 본부는 법정에서 그리 멀지 않은 플로리다 클리어워터에 있었다. 자금력을 동원해서 소송의 배후가 되었을까? 그럴 여지가 있었다. 하지만 그는 비공개를 조건으로 친구들에게 의심이 가는 한 인물을 언급했다. 바로 피터 틸이었다.

5월 말 〈뉴욕 타임스〉는 "덴튼은 하더에게 후원자가 있는 것이 아닌지 의문을 품기 시작했다. 고커에서 시달린 여러 사람 중 하나가 후원자일지 모른다"고 전했다. 이와 관련해 덴튼은 "개인적인 예감으로는 실리콘 밸리와 연결되어 있는 것 같지만 그저 직감일 뿐 그 이상의 증거는 없다. 만약 억만장자이면서 자신에 대한 보도를 탐탁지 않게 여겼다면 공적인 스캔들에 휘말리기보다는 다른 소송에 자금을 대는 편이 훨씬 합리적일 것이다"라고 말했다.

'언제', '무엇을'에 대한 부분을 짐작했다면 이제 '누가'를 찾는 것은 시간문제였다.

2016년 5월 24일 〈포브스〉도 다음의 기사로 경쟁에 뛰어들었다―실리콘 밸리 억만장자가 헐크 호건이 고커에 제기한 소송에 은밀히 자금을 대다.

덴튼의 밥 먹듯 내뱉는 슬로건에 '오늘의 가십이 내일의 뉴스다'라는 말이 있다. 〈포브스〉가 기사를 게재하고 이틀 뒤 틸은 자기 입으로 〈더 타임스〉에 고해성사를 했다. 즉시 엄청난 논쟁이 벌어졌다. 처음으로 그해 대다수 언론의 보도가 연예인의 시시콜콜한 사생활이나 성관계 동영상의 보도 가치가 있는지 여부에서 멀어졌다. 대신 분노와 염려로 도배되었다. 〈로스앤젤레스 타임스 The Los Angeles Times〉는 '사람들이 틸과 같은 행동을 할 수 있어야 하는가? 언론 자유에 대한 권리는 위기에 빠졌는가?'라는 질문을 던졌다. 역사적으로 명예훼손법에 보다 호소하기 쉬운 대서양 건너편 나라에서 발행되는 〈가디언The Guardian〉은 틸이 다른 억만장자들에게 플레이북을 제시했으며 이 사건이 '앞으로 벌어질 일에 대한 으스스한' 경고가 되리라 예상했다. 〈뉴욕 타임스〉는 몇 주 전만 해도 평결의 긍정적이거나 최소한의 효과에 대해 거론하는 전문가의 말을 인용했으나 7일 동안 대부분 부정적인 (때로는 히스테리가 담긴) 내용으로 점철된 6편의 기사를 게재했다. 보도에서는 오로지 한 가지 사실인 찰스 하더의 수임료를 누가 지불했는지에 대한 내용만 변했을 뿐이었다.

오랫동안 그늘 속에 있던 공모자들도 뉴스를 보고 깜짝 놀랐다. '페이팔의 그 사람이라고? 자유의지론을 믿는 억만장자가 이런 일을 벌였다고?' '보다 단순한 설명이 더 낫다'는 오컴의 면도날 원칙이 공모자들 사이에 무의식적으로 자리 잡아, 사실은 미스터리한 배후는 존재하지 않으며 A가 후원자라고 믿기 시작했는지도 모른다.

10년 동안 지켜왔던 비밀이 단 96시간 만에 풀렸다. 이와 동시에 고커가 악이며 정의의 심판을 마땅히 받아야 할 대상이자 문화가 쇠퇴하는 것에 대해 민초들이 본질적으로 거부하는 현상이라는 정교한 논리가 무너졌다. 공들여 짠 각본은 각본가가 "이런, 설득력이 없군"이라며 내놓기를 주저하는 이야기가 되어 버렸다.

존 쿡은 사건에 대해 동조적인 다큐멘터리 제작진에게 "영화에 나올 법하게 앙심을 품고 비밀리에 음모를 꾸민 사건이 실제로 일어났다는 것을 믿기 어렵다"고 했다. 하지만 바로 그런 이유에서 일이 일어난 것이다. 사건이 전개되는 동안 쿡과 덴튼, 다른 세계인들에게도 모든 일이 안개에 싸여 있었다. 하지만 이제 내막이 분명하게 드러났으며 사건을 바라보는 관점도 바뀌었다.

틸은 준비되어 있지 않았다. "이런 일이 일어나리라 생각지도 않았고 놀랐다"고 말했다. 그는 뉴스뿐 아니라 뉴스가 이어지는 방향성에도 놀랐다. 5월 25일 '#고마워요피터'라는 해시태그가 트위터에 등장했는데 대안우파와 게이머게이트 계정에서 주로 사용했다. 실리콘 밸리의 많은 동료는 그가 보인 대범함에 환호를 보냈다. 반면 대다수의 언론은 압도적으로 부정적인 반응이었다. 피터 틸의 이름은 즉시 많은 기자와 평론가가 써왔던 기사의 흐름을 바꿨다. 한순간에 괴롭히는 주체가 헐크 호건을 두들겨 패는 고커가 아닌 언론 자유를 위협하는 과대망상에 빠진 억만장자로 바뀌었다. 고커가 재판에서 더 나은 법 전략으로 손쉽게 이길 수 있었다는 생각은 순식간에 고커가 승리할 기회가 애초에 없었다는 생각으로 변했다.

한때 천하무적이었던 소련이 붕괴하자 냉전시대에 일어났던 모든 일이 갑자기 어리석고 극도의 흥분상태에서 일어난 일로 보였다. 모든 두려움은 잘못된 대상을 향했던 것으로 보였고 마치 위협이 실재하지 않았던 것으로 느껴졌다. 히로시마에 원자탄이 떨어지며 전쟁이 끝났다. 일본의 침공으로 최대 100만 명의 사상자가 발생할 것으로 염려하던 나라, 벌써부터 전투 중에 부상을 입을 병사의 가족에게 지급할 퍼플 하트Purple Hearts 훈장을 만들기 시작하던 나라는 이제 어떻게 그토록 잔인한 결정을 내렸는지를 해명해야만 했다.

덴튼은 자기가 일군 옛 제국의 실패 신화를 더 발전시켜 "틸이 고커의 다음 기사에 겁을 먹었다는 아이디어는 지금도 말이 안 된다고 생각한다. 일이 어떻게 흘러갔는지 드러난 지금 우리가 그를 두려워해야 할 일이 훨씬 더 많으며 그 반대는 아니다"라고 말했다. 호건은 이제 그들이 싸워 승리를 거뒀던 하찮은 사내가 아니었다. 고커가 동의없이 녹화된 것으로 알려진 성관계 동영상을 고의로 게시했고 영상을 삭제하고 수백만 달러에 호건이 법원에서 승리할 기회를 차단할 모든 기회를 걷어찼다는 사실은 잊혀졌다. 얼마 전까지만 해도 고커는 소송을 강행해 법정에서 승리하리라 자신하는 아둔한 집단으로 간주되었다. 판사가 소송 요건이 갖춰졌다고 판단하고 배심원단이 고커의 피해자들 손을 들어줬다는 사실은 얼마 전에 벌어진 일임에도 사람들의 뇌리에서 사라졌다. 이와 함께 깨끗한 승리를 향한 희망도 사라졌다. 고커는 배심원 협의실에 들어설 당시 가해자였다. 하지만 법정 바깥에서는 더 이상 가해자가 아니라 피해자였다. 새로운 내러티브가 형성된 것이다.

마키아벨리는 음모자들에게 가장 위험한 시간은 행위가 완료된 후라고 경고했다. 틸과 하더는 이 경고를 제대로 새겨듣지 않은 모양새였다. "우리는 재판이 진행될 때가 긴장이 최고조에 이르는 시점이라고 판단했고 재판이 끝나자 소송 중에 비밀이 드러나지 않았다면 앞으로도 계속 그러리라 생각했다"고 틸은 말했다. 또한 재판이 종결되면서 '가장 위험한 순간'이 지나갔다고 생각했다고 털어놨다. 사실 이때야말로 가장 취약한 시점이다. 본질적으로 패배는 패배자에게 동정심을 일으킨다. 설사 방금 전까지 인과응보라고 생각했더라도 재앙을 당하게 된 편을 안쓰럽게 여기는 것이다.

틸과 A는 모두 해외에서 태어난 사람들이라 약자 편을 드는 경향이 있는 미국인들의 특이한 성질을 잊고 있었다. 만약 틸이 호건과 더 많은 대화를 나눴다면 그런 실수는 피할 수도 있었을 것이다. 쇼맨이자 미국인인 호건은 이 나라 사람들이 얼마나 변덕스러운지, 얼마나 태도가 금방 바뀌는지 잘 알았다. 레슬링 경기에서 한 선수가 상대방을 너무 부당하게 공격하는 일이 벌어지면 관중은 다른 편을 응원한다. "헐크, 헐크, 헐크"를 연호하던 소리는 잦아들고 맞고 있는 상대를 외치는 목소리가 커진다. 음모자들은 도가 지나쳤던 것이다. 바닥에 쓰러져 있는 상대에게 너무나 많은 킥을 날리고 말았다. 그들이 어떤 일을 왜 했는지에 대해 알려진 이야기는 없었다. 물론 호건에게는 스토리가 있었다. 말하자면 고커가 호건을 링 한가운데에 쓰러뜨려놓고 수치심을 주었고 그는 법정에서 명예를 회복하고자 했다. 하지만 틸은 그렇지 않았다.

틸의 정체가 공개되고 3개월 가까이 흐른 8월에야 그는 〈뉴욕타임스〉 칼럼을 통해 작업에 나섰다. 공화당 전당대회에서 연설을 하고 훨씬 더 많은 관심이 쏟아진 음모에 대해 공개하며 고커 소송에 참여한 동기를 밝혔다. 처음으로 그는 이 사건을 악의적인 행동이 아닌 자선활동이라고 생각한다는 점, 파괴가 아니라 자유를 실현하기 위해서였다는 점, 파괴는 건설적인 결과를 낳았다는 점을 강조했다. 처음으로 틸의 사건이 직접적으로 알려졌고, 처음으로 플로리다 배심원이 아닌 사람들에게 공개되었다. 10월에 그는 워싱턴 D.C.의 내셔널프레스클럽에서 기자회견을 열어 사건에 대한 질문에 답하고 자신의 생각을 변호했으며, 고커를 '철저한 소시오패스 가해자'라고 묘사했다. 두 경우 모두 그는 방어적인 자세를 취했고 더 이상 내러티브를 지배하는 입장이 아니라 대응하는 입장에 섰다. 자신이 악당이나 앙심을 품은 사람이 아니라고 부인하는 그의 모습은 그리 좋아 보이지 않았다.

천재적으로 계획되고 조정되었으며 소수점의 확률까지 모든 변수를 계산했고 비용을 아끼지 않고 진행되었던 음모에서 현재 벌어지고 있는 일은 결코 사소하거나 늦었다고 무시할 수 없는 수준이었다. A와 하더가 처음으로 만나고 틸이 먼 곳에서 이들과 함께 전략을 짜던 2012년을 되돌려보면 실수의 근원을 찾을 수 있다. 이들은 너무나 많은 변수를 고려했다. 고커의 약점을 파악하고 그 약점을 파고들 방법을 찾았다. 종반전을 향해 가는 10가지 경로를 탐색한 끝에 고커에 결정적인 법적 승리를 거뒀다. 하지만 다수의 음모자들과 마찬가지로 "자, 그럼 다음에는 어떤 일이 벌어질 것인가?"를 간과하고 말았다.

틸과 가까운 지인에 따르면 몇몇 친구들이 틸에게 고커를 상대로 소송을 진행하는 것에 대해 경고하며 만약 소송에서 이긴다면 나머지 언론사에게 미움을 살 것이라고 설명했다고 한다. 틸은 이를 감안하지 않았으며 언론이 다른 집단처럼 부족과 같은 성격이라는 것을 이해하지 못했다고 그 지인은 전했다. 틸은 일반적인 시민들의 생각을 정확하게 읽었다. (〈바이스Vice〉: "대다수의 미국인들은 피터 틸이 고커를 무너뜨린 것에 관심이 없다.") 하지만 그는 한 언론사를 무너뜨리면 고커를 전혀 마음에 들어 하지 않던 언론사를 비롯한 나머지 모든 언론사의 적이 된다는 사실을 놓쳤다. 그가 한 행위는 응징으로 비춰지고 또 다른 응징이 그에게 내려진다. "그는 언론에서 자신에게 환호를 보낼 것이라고 진심으로 믿었다"고 지인은 말했다. 틸은 언론에서 고커를 자기 무리로 여긴다는 것을 생각하지 못했다. 그저 자신이 한 일을 인정해주리라 생각했다. 틸은 긴급상황을 비논리적인 결과라고 여겼기 때문에 그런 상황에 대한 대책이 없어 보였다.

또한 그는 승리가 또 다른 면에서 상황의 종결이라고 생각하고 대중은 이 일이 어떻게 벌어지게 된 것인지 궁금하게 여기지 않으리라 생각한 것 같다. 우리가 더 이상 음모가 판치는 세상에 사는 것은 아닐지라도 음모론에 대한 욕구는 언제나 끝이 없다. 호건 같은 사람이 고커 같은 상대를 공격하면 사람들은 어떻게 그렇게 할 수 있었는지 알고 싶어 하며 만족스러운 답을 얻기 전까지 멈추지 않는다. 역사를 공부한 사람이라면 이를 잘 알 것이다.

틸은 정말로 사건이 잠잠해지고 과거로 돌아갈 수 있으리라 생각했던 것일까? 자신이 가진 돈과 권력으로 세상이 2007년 말 밸리왜그가 틸을 보도하기 이전의 평온한 시절로 돌아갈 수 있으리라 믿었던 것일까? 덴튼이 고커를 만든 2002년 이전으로 돌아갈 수 있을까? 음모를 꾸미던 초창기에 틸과 A는 틸의 말처럼, 비밀에는 유효기간이 있는 경우가 많으므로 고커를 상대로 도덕적이고 합법적인 수단만 강구하자고 결심했다. 2015년 초 A는 우호적인 평결이 날 것을 예상하고 파산법 전문 변호사들을 찾았다. 하지만 우호적인 평결이 난 이후 커튼이 젖혀지고 꼭두각시 조종자들의 정체가 밝혀지는 상황에 대해서는 거의 준비하지 않았다. 긴급상황에 대한 계획은 무엇이었는가? 오래전에 기고문 초안을 미리 작성하지 않은 이유는 무엇인가? 종반전에 대한 완벽한 홍보 계획을 세우지 않은 이유는 무엇인가? 이들의 주장에는 설득력이 있었다. 고커가 호건에게 했던 짓을 당신에게 한다면, 이 소송을 끝까지 끌고가 상대방을 무너뜨리는 데 수백만 달러가 든다면 호건이 당한 일이 내게 일어날 수 있다는 데 어떤 생각을 하겠는가? 하더가 동영상에 등장하는 또 다른 인물인 헤더 클렘을 또 다른 희생자로 내세운다면 법률 전략적으로 더 많은 공감을 얻어낼 수 있음을 깨달았다면 소송이 끝난 이후 호건의 존재가 그토록 커 보이지 않았을 것이다. 만약 틸이 강제 커밍아웃이 자신의 사생활에 어떤 영향을 미쳤는지에 대해 글을 게시했더라면, 기사가 나간 직후 호의적인 언론과 인터뷰를 했더라면 그런 내러티브를 구축할 수 있었을 것이다. 하지만 그런 일은 일어나지 않았다. 고커가 이 사건으로 법정에 서게 될 것을 전혀 예상하지 못했듯 틸은 소송 이후의 일을 생각하지 않았다고 할 수 있다. 그 결과, 틸은 사적인 원한에 사로잡혀 사람들에게 상처를 주고 가진 것을 빼앗는 옹졸한 사람이 되었고 그의 이미지는 기술 혁신을 선도하는 천재 억만장자에서 무자비한 재벌이자 언론 자유의 적이 되었다. 간계와 자원으로 전쟁을 이길 수 있지만 누가 승리해 마땅한 자인지를 결정하는 것은 그 이후의 스토리와 신화다.

혼돈의 여진에서 잘 빠져나가는 것이 무엇보다 중요하다. 이기고 승리하고 복잡한 작전에서 발을 빼는 것은 여정의 마지막 단계이지만 다음 여정의 첫걸음이기도 하다. 혹자는 이전보다 이 단계가 더 중요하고 어렵다고 주장할 것이다. 다음 단계는 승리를 유지하는 것이다. 얼마나 똑똑하든, 얼마나 인상적인 음모를 계획했든, 그다음에 어떤 일을 하느냐에 따라 정의될 것이다. CIA에서 일했던 찰리 윌슨은 아프가니스탄에서 게릴라가 소련군에 맞서 싸우는 데 자금을 댔고 승리를 거뒀다. 하지만 전쟁이 끝난 후 훈련 받은 무장전사들을 데리고 무슨 일을 할지에 대해서는 마땅한 계획이 없었다. "어떤 일이 일어났는가 하면, 그들은 영광을 누리고 있었고 세상을 변화시켰다. 공로를 받아 마땅한 사람은 희생자들이었다. 그리고 우리는 종반전을 개판으로 만들어버렸다." 바로 그 무장전사들이 탈레반이 되었고 오사마 빈 라덴Osama Bin Laden에게 은신처를 제공한 것이다. 얼마 지나지 않아 이들은 과거에 소련군을 괴롭혔듯 미군의 골칫거리가 되었다. 그들의 조상들이 영국을 괴롭힌 것과 다르지 않았다.

틸은 마무리의 중요성을 잘 알았다. 그는 《제로 투 원》에서 첫 번째 주자가 아니라 "마지막으로 움직이는 사람이 훨씬 낫다"고 말했다. 틸이 가장 존경하는 체스 선수 호세 라울 카파블랑카는 '성공하려면 무엇보다 종반전을 연구해야 한다'고 했다. 공모자들은 이를 연구했지만 계략은 다른 남자의 킹을 옆에 두는 결과로 이어졌다. 이들이 미처 고려하지 못했던 것은 마스터 간의 체스 경기에서는 언제나 2판 이상의 게임이 벌어진다는 것이다. 게임마다 저마다의 계획이 존재한다.

청산의
기술

지라르 주의자가 보기에 폭력은 상호 간에 일어나며 모방이 일어
난다. 절대 끝나지 않는 사이클로 치달으며 종종 사회에 피해가 야
기된다. 햄릿은 살해당한 아버지를 위해 복수에 나섰지만 결국 그
도 죽음에 이른다. 사담 후세인Saddam Hussein과 아버지 부시, 아
들 부시의 관계를 보라. 올가미가 사담의 머리를 덮어씌웠으나 시
아파와 수니파 간 불화가 이어졌다. 피의 맹세를 한 반목이 여러
세대에 걸쳐 이어졌다.

그렇다면 이 갈등을 어떻게 끝낼 수 있을까? 이제 공공의 전

쟁으로 번진 덴튼과 틸 사이의 싸움이 더 고조될 것인가? 결말을 맺을 수 있을까? 아니면 얻어낸 것을 돌려주게 될까?

마키아벨리는 성공적인 음모 뒤에는 "오로지 한 사람만 남으며 죽은 군주의 복수를 하기 위해 남은 자"라고 말한다. 그래서 로버트 그린은 "적을 완전히 궤멸해야 한다"고 강조한다. 다윗이 골리앗을 물맷돌로 쓰러뜨렸을 때 이야기는 거기에서 끝나지 않았다는 것을 기억해야 한다. 이후 거인의 머리를 그 거인 자신이 쓰던 칼로 베어내는 섬뜩한 일이 이어졌다. 요지를 말하자면, 상대가 되돌아올 여지를 조금도 남겨서는 안 된다는 것이다.

틸은 처음부터 결정적인 승리를 원했다. 하지만 현대는 살인이나 구금이라는 방법을 쓸 수 없기 때문에 적을 완전히 침묵시키기란 불가능하다. 덴튼은 공개적으로 발언할 수 있는 권한을 계속 누렸고, 그의 기자들은 무모했으며 복수에 불타올랐다. 사건과 평결의 자세한 사항이 최종 결정되기까지 고커는 강력한 언론 플랫폼으로서의 위상을 유지했다. 틸은 법정에서 승리를 거뒀으나 승리를 거둔 그의 모습은 어떠한가? 패배한 덴튼은 어떻게 행동하고 있는가?

틸이 〈뉴욕 타임스〉에 자신의 역할을 밝힌 후 2016년 5월 덴튼은 틸에게 보내는 공개 서한을 고커에 게시했는데 지라르가 경고했던 바로 그 불길한 사이클의 전조였다. 서신에서 덴튼은 "당신이 전쟁터로 보낸 우리는 발가벗겨졌고, 문자, 온라인 채팅, 재무 상태가 언론과 법정을 통해 만천하에 알려졌다"고 말했다. 하지만 "다음 단계에서는 당신 역시 그런 투명성의 대상이 될 것이다. 당신의 의도가 얼마나 박애주의적이든, 얼마나 정교한 계획을 세웠든 관계없이 당신이 개입한 결과는 끔찍할 것이다. 당신에게 당신의 무기가 있듯 우리에게도 나름의 무기가 있다"고 경고했다.

월터 윈첼은 회고록의 앞머리에서 "나는 전사가 아니라 기다리는 사람"이라고 쓰고는 성급하게 그의 경력을 끝내고 권좌에서 끌어내린 적들을 묘사했다. "나는 배은망덕한 자들이 날개를 활짝 펴고 날아갈 때까지 기다렸다가 사진을 찍었다." 가십 칼럼 기자인 루엘라 파슨스는 그녀의 독재에 신물이 난 스튜디오 대표들로 인해 밀려난 데 이어 말년에는 소송으로 몰락했으며, 이에 대한 항거의 표현으로 침묵을 고수했다. 숨을 거두기 전 10년 동안 그녀는 한마디도 하지 않았다고 한다. 덴튼은 둘 중 어떤 길을 가게 될까?

평결이 내려진 이후의 보도는 그가 어떤 무기를 가졌는지를 보여주었다. 덴튼은 언론에 영향을 행사할 수 있었고 그의 지인들은 한 사람의 인생을 비참하게 만들 수 있었다. 〈와이어드〉는 '피터 틸 씨, 오늘은 어떻게 만족을 드릴 수 있을까요?'라고 비꼬았으며 〈배니티 페어〉는 '피터 틸은 청년들의 피를 주입하기를 원한다', 〈페이스트〉는 '피터 틸은 옹졸하고, 복수심이 강하고, 위험한 사람'이라고 썼다. 〈애드버킷〉은 '피터 틸은 우리에게 게이 섹스와 게이 간에 차이가 있음을 알려준다'고 보도했다. 틸은 고커의 영향력을 축소하고 사생활을 되찾으려 했는데 전자를 이루기 위해 후자가 희생되기 시작한 꼴이었다.

언론이 보기에 패배한 덴튼은 자기 무리 중 하나였다. 그 전에는 아니었더라도 그가 처한 상황으로 인해 동정심을 샀다. 언론계의 중심 인물이었던 자는 이제 마지못해 터전에서 떠나야 하는 신세가 되어 납부금을 내기 위해 맨해튼 고급 주택을 에어비앤비를 통해 임대했고, 그동안 평결의 세부사항이 정리되었다. 하더는 내게 언론이 까마귀떼 같다는 말을 했다. "집 밖에서 까마귀 한 마리를 죽이면 무리가 달려들어 절대 가만히 두지 않는다. 산책을 가면 공격할 것이다. 고커를 돕는 언론의 모습이 이와 다르지 않다."

음모에 대한 소식이 알려진 후 틸은 개인적으로 CEO, 연예인, 배우, 투자자, 심지어 다른 기자들에게 감사의 메시지를 받았다. 하지만 시간이 흐르며 억만장자들이 그에게 반기를 들기 시작했다. 아마존의 창업자인 제프 베이조스Jeff Bezos는 틸의 캠페인에 대해 물었다. 그가 답을 할 수 있을까? 까마귀를 집으로 불러들일 생각이 아니라면 억만장자가 그런 일을 해서는 안 된다고 해야 할 것이다. 그는 반 진심을 담아 "정말 그런 일에 시간을 썼단 말인가?" 라고 물었다. "공인으로서 원하지 않는 발언을 방어하는 최선책은 얼굴을 두껍게 만드는 것이다." 맞는 말이지만 베이조스조차 "치타가 병약한 가젤을 쫓듯" 상대방을 추격해야 할 때가 있다고 말한 적이 있다. 출판업에 대한 아마존의 정책을 설명할 때였다.

권력의 균형이 지속적으로 변화하는 가운데 덴튼은 그토록 원하던 대중의 지지를 등에 업었다. 이제 그는 자신이 취할 수 있는 최상의 조치는 패배를 안겨준 설계자를 직접 마주하는 것이라고 생각했다. 그리하여 6월 말 틸과 덴튼은 한 공간에서 마주하게 되었다. 앞서 2014년에 두 사람을 연결하려는 마지막 시도를 했던 한 지인의 집이었다. 당시 덴튼의 변호사들은 음모가 벌어지고 있는 것이 아닌가 의심했고, 그는 시험삼아 틸에게 커피를 마시자고 제안하는 이메일을 보냈다. 그런데 지금 두 사람이 만난 이유는 무엇인가? 어느 한편이라도 이런 만남을 원하는 이유가 무엇인가? 아마 호기심 때문일 것이다. 또한 자신의 이익을 위해서일 것이 거의 분명하다.

"우리가 서로에게 파괴적인 길을 가고 있었다는 걸 알 것입니다. 당신이 피해를 입었다면 나는 치명타를 입었다고 할까요."

덴튼이 말했다.

"당시 우리보다 다른 사람들이 싸움에 더 관심이 많았고 공통의 관심사가 있었죠."

덴튼은 재정적 어려움을 벗어나길 원했고 틸은 대중의 시선을 무시했다. 덴튼이 싸우려는 의지가 꺾이지 않았다면 틸이 승리를 거뒀고 고커가 법정에서 망신을 당했다는 사실이 그리 중요하지 않았다. 덴튼은 공개적으로 틸을 계속 괴롭힐 수 있었고 2007년에 틸을 부당하게 찔렀던 바로 그런 종류의 가십을 연이어 내보내 계속 상처를 줄 영향력도 있었다. 하지만 틸도 대단한 영향력을 가지고 있었다. 그는 틸이 계속해서 자신에게 달려들 수 있음을 알 수 있었다. 이제 틸과 호건이 파산한 고커의 주채권자가 될 것이고 틸이 그저 고커를 벌하기 위해 모든 노력을 기울일 수도 있고, 실제로 그렇게 했다. 파산 법원 판사는 틸의 변호사들이 고커의 송별회 예산을 차지하기 위해 수천 달러의 수임료를 쓰는 것을 책망했다. 결과적으로 한때 3억 달러에 육박했던 덴튼의 제국은 1000달러로 쪼그라들었고 술값만 남은 지경이었다. 덴튼과 변호사들은 퇴각하며 도시에 불을 지르듯 자기들 편의 수임료 수백만 달러를 호건의 소송에 지불할 비용까지 포함해 남김없이 써버려 굴욕감을 갚아줄 수도 있었다. 틸에게는 평생 덴튼을 뒤쫓을 만한 자원이 있었다. 양쪽은 자기 쪽에 있는 전쟁의 밧줄을 계속 당겨서 매듭을 더 단단하게 만들 수도 있었다. 아니면 만나는 방법도 있었다. 그래서 두 사람이 샌프란시스코의 한 가정집에서 처음으로 만나게 된 것이다. 나중에 두 사람은 뉴욕의 로펌 사무실에서도 만나게 된다.

역사는 우리에게 비교할 만한 순간이 있었음을 알려준다. 오손 웰스와 윌리엄 랜돌프 허스트는 역대 최고 영화의 운명을 놓고 공개적으로 전쟁을 벌였다. 한 사람은 영화를 만들어 세상에 알리고자 했다. 다른 한 사람은 영화가 도난당했고 자신의 취향을 왜곡했다고 생각해 사람들이 보지 못하도록 하려고 갖은 노력을 다했다. 허스트는 영화를 사들여 파괴하고자 했고 웰스가 포기하고 중단할 때까지 자신의 신문으로 그를 공격했다. 그러다 우연히 두 사람이 샌프란시스코 페어몬트 호텔의 엘리베이터에 함께 타게 되었다. 한 사람은 다른 사람에게 주먹을 날릴 것인가? 아니면 평화를 제안할 것인가? 웰스가 침묵을 깼다. 그는 자신을 괴롭히는 상대를 〈시민 케인Citizen Kane〉 시사회에 초대했다. 그가 파괴하려 애쓰던 바로 그 영화였다. 허스트는 거절했다. 덫을 놓는 것인가? 진심을 담은 제안인가? 웰스는 엘리베이터에서 내리며 허스트를 모델로 만든 인물로서 케인이 혐오하던 찰스 포스터 케인이 오기로 했다고 말했다. 두 사람은 다시는 얼굴을 마주치지 않았다.

아포맷톡스 정부 청사에서 율리시스 장군과 리 장군이 만났다. 율리시스는 더러운 전투복에 진흙이 묻은 군화 차림으로 나타난 반면, 리는 여러 훈장을 달고 허리띠에 검을 차고 나타났다. 전장과 사랑하는 조국 곳곳에 위치한 숲에서 서로 맞서 싸웠던 두 사내는 그 어느 편도 원치 않던 대학살과 죽음을 목격한 터였다. 이제 두 사람이 한자리에 모였다. 율리시스는 리에게 멕시코 전투에서 만난 적이 있었다면서 그의 인상적인 모습이 얼마나 오래 뇌리에 남았는지를 말했다. 그 말에 약간 당황한 리는 자신도 그 만남에 대한 기억을 종종 더듬었다면서 길을 같이 걸었지만 기억해내는 데 늘 어려움이 있었다고 털어놨다. 두 사람은 오랜 논의 끝에 항복 조건을 완결지었다. 얼마나 중요한 순간이었는지 한 부관이 심하게 몸을 떠는 바람에 글씨를 침착하게 쓰지 못할 정도였다. 침통한 마음으로 자리에서 일어난 리가 병사들에게 돌아가 오랜 전쟁이 막을 내렸고 남군이 패배했다는 소식을 전했고, 율리시스는 리에게 경의를 표했다. 그는 체면을 지켰고 율리시스는 나라를 지킨 셈이었다.

한 사례는 엔터테인먼트 업계 역사의 재미있는 단면을 보여주고 다른 이야기는 미국 역사상 가장 중요한 장면에 해당한다. 한편은 성공을 거두지만 다른 한편은 그러지 못했다. 두 사례 모두 근본적으로 거북한 이야기라는 공통점이 있으며, 두 사람이 갑자기 가까운 곳에서 마주하게 되는 이례적인 장면이 있다는 점에서도 유사하다. 따라서 덴튼과 틸이 나눈 순간을 특별한 전당에 기록한다 해도 과장은 아닐 것이다. 덴튼이 먼저 입을 열었다. 인생에서 그토록 큰 부분을 차지하고 재정을 파탄내 버린 고통을 끝내려는 마음도 있었고, 한편으로는 그저 호기심에서 이 모든 일에 책임이 있는 남자를 만나려는 마음도 있었다. 틸은 자신이 해야만 하는 일이라고 느꼈다면서 인간으로서 덴튼에게 해야 할 일이었다고 말했다. 덴튼은 변호사들을 통해 할 수 없던 것을 개인적으로 해낼 수 있으리라는 감정이 들었다. 어쩌면 그저 인간의 얼굴을 마주하고 자신에게 이런 짓을 한 사람을 만나보길 원했는지도 모른다. 마음 한구석에서는 틸에게서 여기까지 오게 만든 보호장치를 빼앗으려는 마음이 있었을 것이다. 고커를 MBTO로 바라보고 자신과 덴튼이 공유하는 신념, 성격, 배경을 인정하지 않으려는 보호막 너머의 인간을 보고 싶었던 것이다.

서로 마주 보고 앉아 있는 모습을 그려보라. 두 남자는 서로를 증오하고 있으며 상대를 괴롭혔고 총 2000만 달러의 소송 비용이 들었고 끔찍한 기사를 작성했다. 한 사람은 다른 사람을 괴롭히고 시달리게 만들었다. 그러자 다른 편은 그의 터전을 빼앗고 인생을 파멸 직전으로 몰았다. 여전히 서로의 의도를 판단하고 있으며 이 싸움의 끝이 어떻게 될지 궁금해했다. 상대가 지칠지 아니면 계속 이어질지 궁금했다. 틸은 유리한 위치에 있었지만 덴튼에게도 자원이 없었던 것은 아니다. 그만의 무기가 있었다. 아직도 그는 틸에게 두려움을 불러일으키고 있는 것이 틀림없으며, 그렇지 않으면 틸이 여기에 오지 않았을 것이다. "소시오패스와는 어떻게 협상하는가? 이것이 내가 마음에 품고 있던 질문이었다"고 틸은 회상했다. 거기에 대한 답은 이미 가지고 있었다. "그들을 상자에 가

두고 힘이 없음을 알려줘야 한다. 왜냐하면 그들은 빠져나올 궁리를 하고 어떤 방식으로든 당신을 속이기 때문이다." 틸은 누군가 방안으로 들어와 맞은편에 앉으리라 기대 못했음이 분명했다. 덴튼의 경우 위압적이고 분노에 찬 사람을 마주치리라 예상했지만, 틸은 다소 수줍은 기색이었으며 거의 눈을 마주치지 않았다.

두 사람 모두 그 자리에서 일어난 신성한 일을 보호하려는 생각에 만남에 대해 별다른 설명을 하지 않을 것이다. 틸에게 먼저 떠오른 생각은 지라르의 이론과 더불어 여러 해 전에 받았던 경고였다. "적을 고를 때는 신중해야 한다. 언젠가 그 적과 같은 모습이 되기 때문이다." 즉, 개와 함께 눕는 격이다('개와 같이 누우면 벼룩이 옮는다'는 속담을 인용한 것으로, 상대방의 약점을 닮게 된다는 뜻이다-역자 주). 두 사람은 얼마나 비슷한가. 둘 다 변덕스럽고 시간이 갈수록 더 거대하고 철학적인 정당성에 얽매이는 동기에 심취했다. 덴튼은 내게 "그를 별로 싫어하지 않았다니 이상한 일이다"라고 말했다. "여러 면에서 내 짜증을 훨씬 더 많이 돋우는 사람들이 수두룩하다. 여기에는 어떤 의미가 있는지도 모른다. 우리는 어떤 면에선 비슷하고 다른 면에선 정반대다. 서사가 생기지 않는 게 이상한 일이다."

닉 덴튼이 세계의 왕좌에 있던 순간이 있었다. 언론의 왕관은 그에게 막강한 힘을 부여했고 이제는 위치가 부인할 수 없을 정도로 역전되었다. 피터 틸은 세계에서 가장 강력한 인물로서 시간이 흐르며 억만장자가 되었다. 팰런티어는 국가 보안을 지키는 거대한 권력이며 페이스북은 인간이 이제껏 모은 네트워크 중 가장 인기를 끌고 있다. 그는 상대를 향한 복수와 정의 실현에 목말라 있었고, 이를 계획했지만 지금은 이렇게 마주 보고 앉아 있는 것이다. 한 사람을 파괴하려는 시도와 상처 입은 인간을 눈앞에서 보는 건 또 다른 일이다.

이후 덴튼은 틸에게 이메일을 보내 두 사람 사이의 새로운 소통창구가 생기기를 낙관했다. '마음 내키는 대로 작전신호를 주시기 바라며 유용할 것입니다.' 덴튼은 마치 체스 게임을 하듯 제안했는데 재정적으로 곤경을 벗어나려는 시도는 아니었다. '변호사가 아닌 우두머리로서 가치를 지키고자 한다면 서로가 다른 사람의 셈법을 이해하는 것이 도움이 됩니다. (물론 게임을 내쪽으로 유리하게 만들려는 의도도 있겠지만요!)' 이에 틸도 답장에 '의견을 주고받는 도움이 되었습니다'라며 '어떤 해결책이 합리적일지 조금 더 고민해보겠습니다'라고 밝혔다. 하지만 어떤 측면에서 중재자 역할을 한 친구는 그 모임의 분위기를 정확히 간파했다. "인생은 짧으니 두 사람 모두 행복하고 멋진 삶을 오래 살기를 바랍니다. 그런 이유로 두 사람이 갈등을 빨리 해결하기를 진심으로 바랍니다."

하지만 여기에 모순이 있다. 틸이 관용을 베푼다면 이 모든 노력이 무위로 돌아가고 만다. 그는 계속 활동하며 또 다른 가십 사이트를 만들 것이다. 틸은 〈뉴욕 타임스〉 인터뷰에서 법률 용어로 '구체적인 억제책'을 찾아왔다고 표현했다. 다시 말해 고커가 이런 종류의 장난을 다시는 하지 못하게 만들 것이라는 뜻이다. 동정심에서 덴튼을 지금 겪고 있는 고통에서 놓아준다면 목표를 해치는 일이 된다. 처음부터 그는 이런 순간에 대비해 마음을 굳게 먹었고 다른 공모자들도 마찬가지여야 했다. 하지만 감정적으로 너무 세게 밀어붙이면 더 크게 목적을 해치는 일이 벌어질 수 있다. "삶이 파괴된 사람들이 많으며 어떤 면에서 내게 지나친 자비를 요구하는 것은 공정하지 않다"고 틸은 말했다.

하지만 너무 완고하고 굽히지 않는 태도는 갈등을 지속하거나 악화시킬 뿐이다. 프랭클린 루스벨트 대통령이 언론 인터뷰에서 독일로부터 무조건적인 항복을 받아내는 것 외에 다른 결과는 용납하지 않겠다고 말했을 때 카사블랑카 연합국 장군들 대부분이 분노했다. 그는 정치에 대한 생각 없이 기자회견에서 말을 내뱉은 것뿐이었으나 다시 주워담을 수 없었다. 사태를 수습하고 전장에서 직접 싸워야 하는 사람들은 그런 언어가 일을 더 어렵게 만들 뿐임을 알고 있었다. 루스벨트의 발언은 독일이 전쟁을 더 일찍 끝낼 기회를 빼앗았고 쓰러져가는 적이 절망 속에서 힘을 모으게 만들었다. 출구가 없는 상황에서 오로지 긴장이 고조되었고 전투부대는 싸움을 계속할 수밖에 없었다. 한니발을 무찔렀던 스키피오 아프리카누스 장군은 적이 퇴각할 길을 남겨둘 뿐만 아니라 그 길을 닦아야 한다고 말했다. 로마인들은 이 길에 '갈리아길'이라는 이름을 붙였다.

강력한 군대를 일으키고 팀원들을 십자군 원정에 내보낸 틸이 마지막으로 꿰어야 할 단추는 팀원들을 실망시거나 적이 모두가 가진 것을 다 잃을 때까지 싸우는 의지를 다지는 일 없이 끝을 맺는 것이었다. 틸은 "닉 덴튼을 구빈원에 보내는 것이 목표가 아니었다"라며 아직 나눠 가질 전리품이 있을 때 종전 협상을 통해 위대한 공훈spolia opima(로마에서 싸움에 이긴 장군이 패전 지휘관에게 빼앗은 무기란 뜻에서 유래-역자주)을 마무리 지을 것이라고 말했다.

두 사람이 만난 것은 6월이었으며 10월에는 3일간 모든 변호사가 뉴욕시에 모여 마무리를 하게 되었다. 11월에는 모두 제자리로 돌아갔다. 고커 미디어는 테리 볼리아와 3100만 달러에 합의했고, 틸과 하더의 또 다른 피고인인 애슐리 테릴과 시바 아야두라이는 틸의 정체가 드러나며 암초에 부딪혀 각각 50만 달러, 75만 달러의 배상을 받았다. 돌레리오는 실질적으로 재정 부담이 가중되지 않고 사건에서 해방되었다. 2017년 3월 덴튼은 볼리아와 합의했고, 볼리아는 덴튼을 상대로 1000만 달러의 배상을 취하했다. 덕분에 고커 미디어 주식 약 1500만 달러를 기반으로 일어설 수 있었다. 미디어 기업인 유니비전이 고커 미디어를 파산 경매에서 1억 3500만 달러에 인수했다. 틸은 자신의 계획을 언급하며 "호건이 덴튼에게 더 많은 돈을 받았다면 압도적인 승리라고 말할 수 있었을 것"이라고 밝혔다.

고커닷컴은 2016년 8월 22일 자로 운영이 중단되었다. 덴튼의 50세 생일을 이틀 앞둔 날이었다. 가장 문제가 심각한 몇몇 게시물을 제외하면 나머지는 다시 접근할 수 없으며 덴튼은 "웹에서 선원도 빠져나간 유령선 같은 존재로 남아 있다"고 표현했다.

그는 아직 회복할 여력이 있었고 똑똑한 사람이었기에 결과를 받아들였다. "일이 얼마나 더 나쁘게 흘러갈 수 있었는지 자문하곤 한다"라고 내게 말했다. "후원자들이 아직 그늘 속에 있으면서 모습을 드러내지 않는다. 가정을 이끌고 내 아이디어를 펼치기에는 수익이 넉넉하지 않다. 4년을 더 또 다른 소송으로 보내야 한다면….” 이 문제에 대해 그는 체념하면서 아직 끝이 오지 않았다면 곧 다른 일로 끝을 맞았으리라고 생각했다.

틸은 그에게 퇴로를 남겨두고 품위를 지키며 떠날 수 있게 해주었고, 덴튼은 그 제안을 받아들였다. 덴튼이 틸에게 끔찍한 일이 생기기를 바라는 환상을 한두 번 품은 게 아니다. 하지만 상상으로 남겨두는 편이 낫다고 판단했다. 고커 사이트 댓글란에서 남들이 틸의 사생활에 대해 알도록 상단에 고정해야 할 댓글이 아니었다.

로마의 내전 말미에 폼페이가 시저군에게 패한 사건이 있었다. 폼페이 대제라고 불렸던 폼페이는 전장에서 걸어 나가는 편을 택했다. 하지만 가야 할 곳도 나라도 없었으며 그가 사라지는 모습을 지켜본 병사들도 없었다. 그는 하루아침에 일평생 누려온 권력을 잃었다. 2016년 11월 2일 닉 덴튼은 자신의 블로그에 ‘대서사시가 막을 내렸고 합의에 이르렀으며, 자신은 평범한 시민의 삶으로 돌아간다’고 밝혔다. 그는 ‘어렵게 얻은 평화’라고 불렀다. 항복이었다.

몇 달의 고통을 겪고 남은 사람은 돌레리오뿐이었다. 그는 데탕트에 초대받지 못했는데 안정을 해치거나 미미한 가치를 더할 뿐이라는 판단이 깔려 있었을 것이다. 평결과 관련해서 그에 대한 헤드라인은 ‘고커의 전 편집장, 피터 틸을 맹비난하고 계좌 동결이 “터무니없다”고 말해’, ‘A. J. 돌레리오가 피터 틸에게: 밥솥과 접시 원하시나요?’(《포브스》), ‘백만 달러의 배상금을 지불하기에는 너무

나 가난한 전직 고커 편집장이 밥솥과 접시를 제안하다'(《어보브더
로Above the Law》) 돌레리오는 어느 날 은행 계좌에서 2억 3020만
달러가 법적 정지된 것을 발견했다.[*] 그는 잃을 것이 없는 사람이
아니었다. 점점 더 빠져나갈 수 없는 사람이 되었다.

그는 '롱폼Longform' 팟캐스트와 9월에 가진 인터뷰에서 대부
분의 시간을 틸, A, 호건을 겁주는 데 썼다. 코너에 몰려 절박한 듯
했다. 광기에 사로잡힌 것으로도 보였다. 그들은 너무 멀리 간 걸
까? 그는 새로운 적으로서 덴튼보다 더 경계해야 할 대상이 되었
을까? 평결이 나고 1년 뒤에도 돌레리오는 여전히 자신의 계좌에
접근할 수 없었다. 얼마나 참담한 심정이었을까? 앞으로 이런 일을
얼마나 더 겪어야 할까? 아니면 증언 녹취가 제정신과 겸허함을
갖추고 인생을 역전하는 데 도움이 되는 계기가 되었을까? "복수
하는 환상에서 벗어나기 위해 날마다 열심히 일했지만 소용이 없
었다. 틸과 덴튼은 원래 화해했고 그렇게 되어야 했던 일이다"라고
말했다. 앞으로 계속 홀로 복수를 계획할 것인가? 그건 그가 마음
먹기에 달려 있다. 틸이 항상 경계하며 지켜볼 문제일 것이다.

하지만 적어도 닉 덴튼 문제만은 해결되었다.

2016년 말을 사흘 앞두고 찰스 하더는 웨스트코스트에서 가
족들과 시간을 보냈다. 은행에서 이메일 알림이 왔다. 로펌의 의뢰

---

[*] 그가 지불해야 할 금액보다 훨씬 컸는데 심각한 은행 오류로 문제
가 가중된 것으로 보인다. 정지 금액이 평결에서 결정된 금액의 정확
히 2배였다.

인 계좌로 약 3200만 달러가 이체되었다는 알림이었다.

포상금이 지급되었다. 하지만 당사자나 동료들이 아직 살아 있는 한 어떤 음모도 깔끔하게 끝나지는 않는다. 고커의 재정을 인계 받은 채무자들은 조용히 넘어가지 않을 생각이었다. 2017년 초부터 몇 달 동안 이들은 (닉 덴튼이 더 이상 개입하지 않은 상태에서) 피터 틸이 고커를 상대로 한 소송에 자금을 지원한 것을 문제 삼아 소송을 제기하는 논의를 시작했다. 합의를 무시했고 판을 뒤엎으려 했다. "적대감이 사라진 후 섬에 홀로 남은 병사들처럼 채무자들은 전쟁이 끝난 후에도 전의를 불태웠다"고 하더는 기록했다. 2017년 말 고커의 파산을 감독하던 자문단은 틸이 회사를 파괴시키려 시도한 것에 대해 수백만 달러의 손해배상 청구권을 매각할 계획 중이라고 밝혔다. 또 다른 후원자, 또 다른 이해관계자가 역할을 바꿔 고커를 대신해 틸을 상대로 소송을 제기할 수 있음을 의미했다. 정의감에서 그랬다기 보다는 돈이 걸려 있어 벌어진 문제였다. 즉 전쟁이 실제로 벌어지지 않을 수도 있었다.

공모자들은 여전히 승리를 방어할 필요가 있음을 깨달았다. A는 논의한 사항에 기록을 남기지 말아 달라고 요청했다. 법정에서 그에 대한 소송 자료로 활용될 것을 경계했기 때문이다. 한때 유명인이었던 헐크 호건은 계속 진행 중인 소송 절차를 복잡하게 만들까 두려워 인터뷰를 피하고 있다. 피터 틸조차 말을 아끼기 시작했다.

"여기서 내가 무슨 말을 할 수 있겠습니까?"

"어떻게 표현해야 할까요?"

틸은 끝없이 계속되는 일을 피하기를 바랐다. 내게 "덴튼에 대해 어떤 의혹을 가지고 있든 상관없이 결국에는 그 역시 이 일을 끝내고 싶어 한다는 것이 내 판단"이라 했다. 어쩌면 그의 생각은 중요하지 않을 수도 있다. 끝이 없는 그런 싸움이 될 여지가 있으며, 그가 경계하던 해결 불가능한 갈등이 될 여지가 있기 때문이다.

Conspiracy 18장

언제나
의도치 않은
결과가
생긴다

역사학자 E. P. 톰슨은 역사는 행위자들의 예상대로 절대 흘러가지 않으며 '의도하지 않은 결과의 기록'이라고 말했다. 줄리어스 시저의 암살은 로마 공화국을 부활시키지 못했고 잔인한 내전으로 이어졌으며, 결국 또 다른 황제가 나타났다. 연합국은 히틀러와 독일을 물리쳤지만 러시아와 스탈린의 힘을 키웠고 열전에 이어 새로운 냉전 시대가 열렸다. 언제나 예상치 못한 일이 2, 3차 결과를 낳는다.

피터 틸의 음모는 기대한 결과를 얻었다. 협상을 통해 평화가 찾아왔고 고커닷컴은 운영이 중단되었다. 새로운 리더가 나머지 사이트의 운영을 맡았고 불쾌한 기사 일부는 삭제했다. 하지만 의도했든 아니든 마지막에는 어떤 결말이 날까? 명석하고 독립적인 사고의 소유자가 미처 예견하지 못한 부분이 있을까? 만약 깜짝 놀랄 일이 벌어진다면 어떨까? 우선 틸 자신의 권력과 힘이 그런 놀라움의 대상이었다.

19세기 프랑스 경제학자이자 자유의지론자인 프레데릭 바스티아는 훌륭한 경제학자와 형편없는 경제학자 사이에 단 하나의 차이점이 있다고 말했다.

"형편없는 경제학자는 가시적인 효과로 자신을 규정하지만 훌륭한 경제학자는 볼 수 있는 것과 보이지 않는 효과 모두를 고려한다."

많은 사람이 틸의 고커를 향한 음모에서 드러난 사실을 접하고는 분노했다. 그들은 언론의 '사기 저하'를 우려했다. 사람들이 책임을 지게 될까 두려워서 생각하고 느끼는 바를 자유롭게 말하지 못하게 될 것을 경계했다. 기자들이 중요한 기사에 위험을 무릅쓰지 않게 될까봐 우려했다. 고커가 5000만 달러의 공탁금을 제공하지 못해 항소할 헌법에 보장된 권리를 박탈당한 것을 우려했다. 이는 비합리적인 우려가 아니었다. 고커의 한 기자는 사이트에 고커의 부고를 올리며 "우리는 억만장자가 언론사를 문 닫게 할 수 있는 나라에 살고 있다"고 썼다. "억만장자는 특정 기자를 골라 무일푼으로 만들고 법적 보호를 받지 못하게 만들 수도 있다."

고커에 대한 음모를 진행하고 여러 해가 흐른 뒤 틸은 미국의 법체계를 다른 시각에서 보게 되었다. 나중에 그는 미국의 문제가 소송과 변호사가 너무 많은 데 있다고 지적했다. 언론사와 마찬가지로 고커의 법 전략은 그런 이해에 기대고 있다. 시간과 돈이 무한히 들어가다 보니 누구도 감히 법적으로 맞설 수 없는 것이다. 막대한 자원을 갖춘 그는 등식을 간단히 변화시킬 수 있다고 믿었다. 헐크 호건이 '백만장자'임에도 이 같은 소송을 감당할 수 없었을 것이라는 사실은 두려움이나 자금 부족으로 인해 진행하지 못한 합법적인 소송 절차가 많으리라는 것을 시사한다(돌레리오와 덴튼이 '법적 보호'를 받지 못한다고 직접적으로 말할 수는 없다). 실제로 법 절차를 겪은 틸은 소송이 충분히 제기되지 않을 수도 있다고 생각하고 사람들이 더 많이 소송을 시도해야 한다고 생각했다. 이에 따라 그는 지인의 아이디어를 얻어 2016년 리걸리스트Legalist라는 스타트업을 만들고 승소할 가능성이 높은 소송에 자금을 대는 일을 하고 있으며 새로운 선례를 만들 가능성이 있다.

그는 플로리다 법정에서 또 다른 교훈을 얻었다. 이 교훈은 미국에 대한 깨달음이었는데, 평범한 시민들이 이른바 엘리트의 전횡에 무관심하다는 것이었다. 내 생각에 틸은 그 자신조차 엘리트들을 향해 가운뎃손가락을 날리고 싶은 생각이 든다는 것을 느끼고 엘리트가 얼마나 취약할 수 있는지 깨달았을 것이다. 사람들은 엘리트가 법석을 떨게 만들고 행동을 취하고 '역사에 멈추라고 말할' 능력이 있음을 깨닫고 희열을 느꼈다.

그런 일을 하고 나면 더 이상 다른 사람과 같이 현상에 안주하지 않으며 일이 되어온 경위를 따르지 않게 된다. 현실은 이전보다 잘 변하는 것으로 인식된다.

아마 이러한 초현실성이 있기에 도널드 트럼프의 세상에 순응한 것인지도 모른다. 도널드 트럼프는 트럼프 타워 로비에서 캠페인이 시작된 순간부터 캠페인을 사로잡은 유일한 단어였다. 트럼프는 에스컬레이터에서 내려온 이후 멕시코인들을 강간범으로 매도하고 분열을 일으키는 사안을 연이어 늘어놨다. 적어도 틸과 트럼프는 한 가지에 의견을 같이 했다. 미국은 위대함을 잃었지만 다시 위대해질 수 있다는 것이다. 트럼프는 지지자들 중 그나마 어느정도 정상이고 존경도 받던 틸에게 전당대회에서 연설해 달라고요청했다. 그는 텔레비전에서 약 3000만 시청자를 향해 6분가량열정적인 연설을 했다. 그를 아는 많은 사람은 틸이 그토록 흥분한모습을 처음 봤는데 에너지로 끓어올라 숨이 가빴을 정도였다. 그가 열정을 뿜어낼 수 있는 일이 있다면 바로 이런 연설이 가장 근접한 일이었을 것이다.

트럼프를 지지하는 기업 지도자이면서 고커라는 문화적 위협을 상대로 싸움을 벌인 사건이 결합되어, 틸을 향한 대대적인 반감이 일어났다. 그의 트럼프 지지는 놀라울 정도로 원한에 찬 반응으로 이어졌었다. 미국에서 실제 소송이 진행되는 경우는 드물지 모르나 분노만큼은 널리 퍼져나간다.

틸은 트럼프를 지지하는 것이 논쟁을 촉발하고 그의 후원에대가가 따르리라는 것을 인지했을 것이다. 이어진 보도에서는 부정적인 내용이 압도적으로 많았고, 지인들과 실리콘 밸리의 동료들의 의견도 마찬가지였다. 페이스북 이사회에서는 그를 이사회에서 축출해야 한다는 목소리가 제기되었다. 유명 스타트업은 그의 투자를 받지 않겠다고 공언했고 심지어 그와 간접적으로 연계된 자금도 고사했다. 틸이 고커의 뒤를 쫓았던 것은 자신이 개인으로서 사생활을 누릴 권리가 있다고 믿었기 때문이다. 하지만 그가 덴튼에게 거둔 승리의 이면에는 거대한 모순이 있었다. 이 사건으로 틸은 유명인이 되어 이제 모든 행동이 뉴스가 되었다. 그가 누구에게 기부하는지, 어떤 대의를 지지하는지, 심지어 그의 주치의가 안티에이징 처치로 환자에게 신선한 혈액을 주입하는 개체결합parabiosis을 지지한다는 사실까지 알려졌다. 틸이 고커를 대상으로 거둔 승리는 고커의 예지력을 입증했다. 그가 보도될 만한 인물이며 사람들이 기꺼이 그에게 증오심을 품는다는 것이다.

소설가 워커 퍼시는 "미움을 받는 것보다 더 나쁜 일이 있다. 이는 사람에게 활력을 불어넣고 깨어 있게 만든다"는 글을 쓴 적이 있다. 선거 몇 주 전 샌프란시스코의 사무실에서 틸을 만났을 당시 트럼프에 대한 그의 베팅은 거의 가망이 없어 보였다. 그는 다소 지친 기색이었고 최근 사건에 압도되어 있었지만 한편으로는 에너지로 충만하고 들떠 있기도 했다. 그는 자신이 설사 틀렸다고 해도 즐길 준비가 되어 있었고, 지뢰를 밟았을 수도 있지만 그렇지 않을 수도 있다고 여겼다. 이내 그는 트럼프를 전폭적으로 지지했고 선거 캠프에 125만 달러를 기부했다. 제프 베이조스 역시 틸의 정치활동에 대해 의견을 밝혔다. "피터 틸은 무엇보다 남들과 다른 의견을 가진 사람이다. 역투자자는 대체로 빗나간다는 것을 기억하면 된다." 그 말이 일리가 있는 것으로 보였으나 11월 10일에 틸은 내게 다음과 같은 이메일을 보냈다. "역투자가가 대부분의 경우 빗나갈 수 있지만 옳은 경우에는 완벽하게 옳다."

이번에도 틸은 유리한 고지에 서서 세상을 놀라게 만들었다. 앞서 그는 개인이 언론사의 문을 닫게 만드는 음모를 꾸밀 수 있는 나라에 살고 있음을 입증했다. 이제는 언론이 말 그대로 수십억 달러의 무료 홍보를 사람들이 경멸하는 후보에게 제공하고 실제로 당선까지 시켜 충격에 빠뜨릴 수 있는 나라에 살고 있음을 보여줬다.

운명적인 선택, 즉 소수의 지인과 언론의 괴롭힘에 맞서 은밀한 캠페인을 펼친 데 이어 이제는 역사상 가장 논쟁이 많았던(심지어 친구도 적은) 대통령 후보의 선거 활동을 공개적으로 지지하는 선택을 내린 것을 되돌아보자. 처음 보기에는 홍보 활동에서 재앙과 같은 실수를 저지른 것으로 느껴진다. 하지만 이 선택은 두 사건이 별개의 행동이며 서로 구분되고 선택이 개입되었음을 보여준다. A는 당시를 돌아보며 트럼프로 얼룩지지 않았다면 고커 사건에 대한 대중의 반응이 더 나았을 것이라고 생각했다. "하지만 틸은 트럼프를 소송 때문에 지지했다. 이를 계기로 국정운영과 미국 중산층을 이해하게 되었다. 소송에서 승리했으나 트럼프를 지지하지 않는 대안적인 현실은 가정할 수 없다고 생각한다. 소송이 없었다면 피터 틸이 트럼프와 엮이지 않았으리라 생각하기 때문이다." 로버트 머서라는 역만장자가 대선 후 주최한 코스튬 파티에서 틸을 촬영한 사진은 이 관계를 가장 잘 보여준다. 트럼프는 본래대로 입고 등장했고 틸은 붉은 색 반다나에 금발의 가발을 썼다. 바로 헐크 호건으로 분장한 것이다.

하지만 틸이 두 사안에 보인 노력이나 성격 사이에 나타나는 차이점은 짚고 넘어갈 만하다. 고커를 쫓을 당시 그는 인내심과 섬세함을 발휘했고 도덕적인 선을 정해 조력자들을 현명하게 선발했다. 반면 트럼프를 지지할 때 그는 성급했으며 비밀 없이 공개적으로 행동했고, 이길 가능성이 있어 보이는 편과 자신이 생각하기에 기업인이자 시민, 역발상 투자가로서의 남다른 목표를 추진하는 데 도움이 될 것으로 보이는 편과 어울렸다. 전당대회에서 평소 그답지 않은 모습으로 연설을 한 것이나 무대에서 바보들의 목록을 공유한 것이 이를 단적으로 보여준다. A가 어떻게 해석하든 관계없이 트럼프를 지지하는 데 거창한 목적은 없었다. 다만 이전과는 다른 점이 있었고, 틸뿐 아니라 모두에게 주홍글씨가 새겨진 상황이었다. 하나는 음모에 관한 것이었고 또 다른 하나는 우발적 범죄에 관한 것이었다.

하더 역시 틸을 통해 트럼프의 궤도에 안착해 몇 건의 소송에서 대통령 일가를 변호했다. 멜라니아 트럼프가 주도한 사이버 괴롭힘에 반대하는 캠페인을 도운 것은 그녀의 남편이 백악관에서 트위터로 사람들을 괴롭히던 상황에서 모순의 극치를 이뤘으나 하더는 그런 모순을 발견하지 못한 게 분명했다. 선거 기간 동안 그는 고커가 도널드 트럼프의 부분가발을 기사로 쓴 것에 대해 위협을 담은 서신을 보냈다. 성폭력 혐의를 받는 영화 제작자를 대리해서 〈뉴욕 타임스〉에 소송을 제기하겠다는 협박을 하기도 했다. 러시아와 손잡고 미국에 반란을 꾀한 혐의를 받는 재러드 쿠슈너를 대리하기도 했다. 언론사 킬러라는 명성을 얻은 덕분에 나쁜 짓을 한 힘 있는 사람들이 선호하는 변호사로 떠올랐으니 틸을 위해 일한 것은 사업적 측면에서 이익이었던 셈이다.

A에게 트럼프에 대해 어떻게 생각하는지 물은 적이 있었다. 그는 웃으면서 "정치에는 관심이 없으며 그저 내 지인들이 권력의 자리에 있는 것에 관심을 둘 뿐"이라고 답했다. 틸은 지인들에게 트럼프의 대통령 임기가 끔찍한 결말을 맞을 가능성이 50퍼센트라고 조심스럽게 예측했다고 한다. 자신에게 잘못한 사람에게 잘못을 갚아준다고 상황이 나아지지 않듯, 옳은 일을 옳은 일로 갚는 것이 부정적인 결과에 대한 변명이 될 수 없다.

그리하여 우리는 신만이 아는 도덕의 궤적을 구부리는 의도치 않은 결과를 향해 거침없이 나아갔다. 청년과 야심 찬 변호사가 억만장자와 짝을 이뤄 가십 블로그를 손봤는데 어느새 대선 후보를 지지하는 상황이 이어졌다. 다른 환경에서라면 그런 지지는 상상할 수 없었다. 그들은 자신이 거의 이해할 수 없는 힘에 말려든 것을 발견했다. 고커와의 전쟁에서 틸이 장난스럽게 엮이기는 해도 대안우파가 되는 '#게이머게이트'와 교류한 적은 없었다. 그들의 공격 스타일은 시끄럽고 일관성 없으며 망상적이었다. 인구 구조를 보면 불만을 품은 백인 남성이 압도적으로 많았다. 이들의 도구는 소셜 미디어, 트롤링, 비밀 협력, 자금이었다. 이 모든 전략은 트럼프의 캠페인에도 활용되었다. 같은 성향을 가진 다수가 불쑥 나타났다. 마이크 세르노비치, 밀로 이아나풀로스, 복스 데이*를 생각해보라. 이러한 게릴라 전사들은 그저 한 전장에서 다른 전장으로 옮겨 다녔다. 2016년 대선에서 힐러리 클린턴 역시 전방에서 날아드는 공격에 휘청댔으며, 적들은 힐러리가 한 공격보다 훨씬 강한 공격을 가했다. 18년 전 그녀는 '거대한 우파 음모'의 희생자라고 주장했는데, 그런 에너지가 다시 돌아왔을 때 그녀를 거의 방어해주지 못했다.

하지만 덴튼이 수년간 고커의 발전을 지켜보며 깨달았듯 틸은 음모가 알려진 후 몇 개월 동안 거칠고 혼란스러운 힘이 위험한 흥정이라는 것을 발견했다. 틸은 게이이고 이민자에 자유의지론자다. 일반적인 시민 의식을 가지고 있고 사려 깊지만 대안우파의 사람들은 그렇지 못한 경우가 많았다. 전당대회에서 틸이 트럼프를 지지하며 펼친 주장은 합리적이면서도 반직관적이었다. 하지만 대안우파는 그렇지 않았다. 트럼프의 지지자들은 과거에 고커가 그랬던 것과 같이 남을 속이기 위한 반쪽 진실과 정체성을 따지는 정치에서 똑같이 지저분한 전략을 썼다.

트럼프의 임기가 6개월을 맞던 시점에 그는 마주쳤던 대안 우파 지도자들에 대해 한탄하며 "이 사람들은 고커와 거의 비슷하다. 이념을 내걸고 모든 일이든 한다는 의미가 아니라 목적이 수단을 압도한다는 것이다. 허무주의도 공통적이다. 이데올로기의 부재를 가리고 있는 마스크다"라고 말했다.

틸은 고커와 싸우는 음모에서 법적, 도덕적 수단을 강구했다.

---

* #고마워요피터(#ThankYouPeter) 해시태그를 만든 것도 이들로, 2016년 5월 트위터에서 한때 유행했다.

하지만 모든 사람이 그런 일을 할 수 있는 건 아니다. 마찬가지로 고커를 고소했던 척 존슨은 트럼프와 매우 가까운 사이라고 주장했는데, 내게 틸이 그랬듯 닉 덴튼을 그냥 두는 것으로 만족할 수 없다고 했다. "목표는 고커와 닉 덴튼, 피터 틸을 모조리 파산시키는 것이므로 이제 내가 쓸어버릴 일이 남았다"고 말했다. "공정한 세상이라면 나는 그들을 죽였겠지만 우리는 아직 그런 세상에 살고 있지 않다."라고도 했다. 반동적인 열광에 휩싸여 있는 것은 존슨만이 아니었다. 내가 〈뉴욕 옵서버New York Observer〉에 칼럼을 기고한 일이 있는데 틸이 이 칼럼이 자신의 눈에 들면서 결국에는 호건의 사건이 행동에는 결과가 있음을 끊임없이 상기시키는 예라는 교훈을 담은 이 책을 쓰기에 이르렀다. 복스닷컴Vox.com 사이트 게시자는 다른 시각을 가지고 있었고, 트위터에 글을 올려 내가 그런 칼럼을 쓴 것에 대해 비밀 소송을 제기하는 데 동참하라며 반복적으로 촉구했다(틸은 내게 "그런 일이 보기보다 쉽지 않습니다. 절대 쉽지가 않죠"라고 이메일을 보냈다). 나중이 게시자는 선거 중 트럼프 진영에 폭력행위를 조장한 혐의로 처분을 받았다. 고커의 또 다른 게시자는 판사에 대해 자격을 박탈해야 한다며 틸은 그가 저지른 짓(민사 재판 제도의 이용)으로 감옥에 가야 한다고 주장했다.

많은 사람이 음모와 캠페인으로 인해 급진화되었다. 에너지가 흘러가는 곳에는 알 수 없는 두려움이 생긴다. 틸은 해방자로서 환영받는다고 생각했으며 고커는 한때 사라졌던 열린, 공동의 토론을 허용하는 골칫거리라고 여겼다. 오히려 반대의 일이 일어났다. 그가 도왔던 후보는 백악관에서 틸이 혐오하던 괴롭힘을 자행하고 있다. 트럼프는 또한 적극적으로 표현을 가로막고 미국에서 반역법을 '열겠다'라고 위협하며 NFL 소유주를 압박해 국가가 나올 때 무릎을 꿇었던 선수들을 해고하라고 요구했다. 때때로 이런 점은 틸이 걸프만에 있는 조용한 오두막집에서 생각에 잠기게 만들 것이다. 백악관에 있는 그 사람은 기본적으로 그가 인생에서 믿어온 바와 모든 면에서 대척점에 있으며 트럼프는 자유를 위협하고 틸이 보호하기 위해 돈을 써왔던 시민의 담론 형성을 위협한다.

틸의 자택이 있고 많은 시간을 보내는 마우이에서 공무원들이 쥐를 잡기 위해 몽구스를 들여온 적이 있었다. 몽구스를 풀어놓자마자 사람들은 쥐가 야행성이고 몽구스가 주행성이라는 사실을 깨달았다. 설상가상으로 쥐 문제에 몽구스 문제까지 겹쳤다. 당신은 사생활을 보호하기 위해 음모를 꾸미고 유명세를 얻는다. 세상에서 괴롭힘을 퇴치하려는 중에 트럼프를 지지하게 된다. 좌파의 허무주의자들은 고커에서 다른 매체로 디아스포라를 떠나고 우파의 허무주의자들과 겨룬다. 게다가 대다수의 사람이 당신을 싫어한다.

CIA는 이를 '역타격blowback'이라고 불렀다. 이 단어가 처음 사용된 것은 1954년으로 알려져 있으며, 향후 50년 동안 분명하게 인식되었다. 개입하지 않는 이유, 엮이지 않는 이유를 가르치는 데 음모의 끝은 그 시작과 다를 수도 있기 때문이다. 견딜 수 없는 현상 유지가 이어진다. 심지어 동일한 사람들에게도 해당하는 말이다. 하지만 틸은 이런 일이 일어날 줄 알고 있었다. 그는 불을 끄는 것에 관련된 셰익스피어의 구절을 읽은 적이 있었고 위험을 질 가치가 있음을 깨달았다.

대중은 여기에서 일어난 일에서 뭔가 깨달은 것이 있는가? 아니면 고커의 게시물을 아무 생각 없이 읽는 행동에서 고커가 벌을 받는 모습을 관전하는 태도로 옮겨갔는가? 우리는 현실판 고커 스토리 악몽에서 돌레리오가 받는 고통이 정의이거나 즐겁기 때문에 좋아했는가? 나중에 덴튼은 "판이 뒤집혔을 때 사람들이 희열을 느낀 것이나 언론이 자기가 만든 약의 맛을 알게 된 것을 비난하지 않는다"고 했다. "독자들이 자신이 어떤 기여를 하는지, 자신이 클릭하고 화두로 삼는 바로 그런 언론을 만나게 된다는 것을 깨닫는다면 좀 더 품격이 생길 것이다." 그런 일이 일어났는지 확신할 수는 없지만 그랬으면 좋겠다는 생각이 든다.

이제 모든 것을 정화할 시간이다. 어쩌면 고커의 종말은 더 이상 고커가 동성애자 폭로를 하지 않으며 언론에 오르내리기 바쁠 일이 없다는 뜻일 수도 있다. 그럼에도 일어난 사건은 여전히 중요성이 있다.

전쟁이 끝날 무렵 발명된 무기는 그 다음 전쟁에서 주된 살상 무기로 사용된다고 한다. 고커를 쫓는 동안 틸은 무기를 만들지 않았다. 직접적인 관련이 없는 소송에 자금을 대는 행위는 최소한 중세시대로 거슬러 올라간다. 끈질기게 쫓고 소모전을 일으키는 전략은 인류가 처음 나타난 시기에서도 일어났다. 희생양은 지라르가 제시한 가장 기본적인 이론 중 하나다. 하지만 이 사건은 모든 요소를 조합해 언론을 겨냥하고 법정과 은밀한 곳에서 전투를 벌인 일로서 새로운 결과를 도출했다. 새로운 방식으로 체스 말을 움직였으며 아주 오래된 수단을 써서 변화를 만들어내는 새로운 모델을 정립했다. 예측할 수 없음은 이 음모의 효과를 극대화시켰다. 배후에 이 모든 일을 움직이는 실력자가 정말 존재했고 사람들은 현상을 바꾸기 위해 노력하고 있다.

그렇다면 남는 것은 음모의 이 각본이 어디로 흘러갈 것이며 미래에 어떻게 사용될까다. 사회에 어떤 비용을 물게 하며 사람들에게 어떻게 사용되며 음모를 계획한 사람들에게는 어떻게 작용할까? 한번 발생한 힘은 억제될 수 없다. 지니를 호리병에 다시 가둘 수는 없는 법이다. 현명한 사람은 정치에서 관성을 극복하기 어렵지만, 한번 고삐가 풀리면 모멘텀을 멈추는 일이 더 어렵다. 다음에는 어떤 일이 벌어질까? 자유의 전사들은 새로운 탈레반이 될까? 전쟁 후에는 게릴라가 농장으로 돌아갈까, 아니면 싸움을 즐겼다는 사실을 뒤늦게 깨닫게 될까? 군중은 창조자에게 반기를 들까?

변함없이 제기되는 허를 찌르는 질문이 있는데, 과연 공모자들이 권력을 잡으면 어떤 일이 벌어질까다. 군주도 사망하기 마련이다. 군주여, 장수하소서. 과연 틸과 트럼프의 관계는 어떻게 될까? 틸은 세상을 변화시킨다는 원대한 아이디어를 품고 있으며 트럼프와 같은 아웃사이더야말로 누구보다 그 계획을 실행하기에 적임자라고 여긴다. 틸은 트럼프가 또 다른 호건으로서 자신의 목표를 실현시킬 수단으로 생각했을까? 트럼프가 그의 계획을 추진하고 가장 경험이 많은 사람의 의견을 들을까? 똑똑하다는 사람들 중 이러한 의견에 동조했다가 나중에 그런 믿음을 가졌던 것을 후회하는 경우가 틸만은 아닐 것이다. 결국 트럼프는 전당대회에서 틸이 비난했던 전임 대통령들과 마찬가지로 (다른 이유로) 무능함을 보일 것이다. 틸이 보다 신중하고 윤리적으로 접근한다면 더 이른 시기에 이를 발견할 것이다. 아니면 자신의 베팅이 어떤 결실을 얻었는지 확인하고 싶은 유혹을 느끼거나 만족감을 느끼는지에 상관없이 아예 회피해 버리는 방법이 있다.

틸과 A, 찰스 하더는 각자 자기가 원하는 수준과 종류의 힘을 얻었다. 틸은 실세가 되었고 A는 이제 가장 가치 있는 작전 실행자가 되었다. 실력이 입증된 데다 은밀하게 움직인다. 하더는 명성을 쌓고 있으며 새로운 의뢰인들을 만나고 있다. 이들은 이전에 상상하지 못한 힘을 경험하고 있으며 이제는 자연스럽게 그 힘을 사용할 또 다른 기회를 찾고 있다. 힘으로 그들은 어떤 일을 할까? 그것이 이들을 부패시킬까? 소포클레스는 "독재자와 거래하는 자들은 자유인으로서 찾아가지만 결국 노예가 되고 만다'고 했다. 이 책을 쓰면서 이 구절에 대해 생각해보곤 한다. 내가 대화를 나누고 있는 사람들은 어떤 일을 할 수 있는 사람들인가? 자신이 어찌할 수 없는 책이 발간되는 것에 어떻게 반응할 것인가?

정의의 망치를 벼려 적을 무너뜨리는 힘을 느끼고 적의 소유를 자기 것으로 만들어본 사람은 그런 일에 중독될 것인가? 끝이 없는 사이클이 이어질지도 모를 일이다. 이는 자신을 변화시키고 망가뜨리는 일이다. 리더에게 일어날 수 있는 최악의 일은 자신도 모르는 사이에 저항과 비판을 기회와 연결짓는 것이다. 모두가 내 말이 틀렸다고 했지만 결국 내가 옳았던 것으로 드러나면 위험한 교훈을 얻는다. "절대 경고를 듣지 말아야지." 같은 이유에서 음모가 또 다른 성공적인 음모로 이어지는 일은 거의 없다. 권력이 만들어내는 변화 때문이다.

덴튼은 무엇을 깨달았을까? 이 모든 일을 지나면서 그는 어떤 교훈을 얻었을까? 스토아 철학으로 돌아가 언론 집착을 정화하고 유럽으로 돌아간 그에게, 많은 면에서 더 나은 사람이 된 그에게 무슨 일이 있었을까? 흔히 회자되는 그에 대한 농담으로 그가 더 행복해지고 인간적으로 됐다고 하지만 사실이 아니었다. 그가 자신에게 일어난 일에 감사한다는 것은 헛소리다. 누구도 자기 일생의 작품이 망가진 일을 달가워하지 않는다. 그럼에도 안도할 요소는 있다. 그는 운명애amor fati, 즉 사랑하고 일어난 일에서 좋은 점을 받아들임으로써 스토아 학파의 주장을 온전히 이해할 수 있었다. 돌레리오에게도 새로운 출발 기회가 생겼다. 2012년 고커를 떠났지만 소송에 묶여 전 고용주에게서 완전히 떠날 수도 없이 매인 상황이었다. 거대한 실패로 인해 온전한 정신을 유지하는 데 어려움을 겪기도 했다. 언론인으로서의 경력을 다른 사람의 자존감을 공격하는 데 썼던 그는 패배와 역경을 직접 부딪치고 보니 겸허한 마음이 들었다고 내게 털어놨다. "그저 한 발 물러나 '일은 벌어졌지만 그래도 정신을 차리고 살아야 할 남은 생이 있다'고 말했다. 별로 달갑지 않은 방식으로 일어난 변화였지만 내가 저지른 일이라는 점을 인정하지 않는다면 내면의 평화를 찾을 수 없을 것이다."

덴튼도 돌레리오도 이 이야기에서 당당하고 승리에 찬 모습은 아니지만 그나마 나은 결말을 맞은 것 아니냐 묻는 사람도 있을 것이다(음모의 특성상 종종 일어나는 일이다). 모든 역경이 그렇듯 두 사람이 고군분투한 과정에도 특징이 있다. 재앙과도 같은 판결을 향해 간 여정이 덴튼과 돌레리오의 자기인식 부재에서 벌어진 일이라고 한다면, 시련을 통해 얻은 것이 있다는 사실이 다소 모순처럼 보이기도 한다. 내가 덴튼을 처음 만났던 것은 이 모든 일이 일어나기 몇 년 전이었는데 이 일을 겪은 후 덴튼은 겸허해졌으며 보다 자기 성찰적이고 공정하고 공감하는 사람이 되었다. 그는 고커에 가려져 있던 자신의 다른 면모도 발견했다. 덴튼이 만든 고커는 만족을 모르는 괴물이었던 것이다. 설사 자초한 면이 있다 하더라도 그런 재앙에서 살아남고 역경으로 더 나은 사람이 되었다는 것은 대단한 일이라고 하더라도 지나치지 않을 것이다.

반면 승리와 관련해서는 그런 특징이나 자기 성찰을 찾기 어렵다. 한때 대중이 보기에는 챔피언이었던 호건의 경우 그럴 자격이 있는지의 여부를 떠나 죄를 용서받았다. 레슬링을 하던 가짜 영웅은 법체계에서 적어도 누군가에게는 진짜 영웅이 되었다. 아무리 많은 돈을 얻고 시간이 흐른다 해도 자신이 말하고 행동한 바로 빚어진 끔찍한 스캔들을 잊는 것은 거의 불가능하다. 그는 돈을 필요로 하지 않지만 클리어워터를 비롯한 해변에 자신이 직접 운영하는 가게를 냈다. 팬들이 다가와 고커를 무너뜨린 것을 축하하면 그가 앙드레 더 자이언트에게 보디 슬램 기술을 쓴 것을 축하하는 것과 다른 기분이 들게 한다. 등의 통증은 모든 기억, 배신, 수치, 내면의 어두움, 그가 잃은 모든 것에 대한 기억을 되살려준다. 하지만 소송에서 자신이 해낸 일에 자부심을 느끼며 끝까지 버티는 의지를 가진 사람이 거의 없다는 그의 생각은 틀리지 않았다. 그는 덴튼과 돌레리오가 벌어진 일에서 긍정적인 점을 찾고 재능을 보다 위대한 일에 사용할 수 있도록 기도한다고 했다. 하지만 마음 한구석에서는 분명 그런 일이 자신에게도 일어나기를 바랄 것이다. 린든 존슨이 1948년 상원 의원 선거에서 코크 스티븐슨에게 승리하기 위해 모의를 꾸민 것은 유명한 일화다. 선거에서 이긴 덕분에 존슨은 대선으로 향할 수 있었다. 하지만 일이 벌어진 방식을 보나, 코크가 자신을 사랑하고 존경하는 사람들에 둘러싸여 천수를 누렸다는 점을 보나, 린든 존슨이 진정한 승자라고 말할 수 있을까?

가장 흥미롭고 의도치 않았던 결과는 가장 분명하게 드러나는 곳에서 찾을 수 있지 않나 싶다. 누구도 진지하게 생각하지 않았던 일이 실제로 벌어질 수 있는 것이다. 우선, 호건의 동영상이 정말로 사라졌다. 한번 찾아보라. 감히 말하지만 찾을 수 없을 것이다. 이제 스트라이샌드 효과는 최소한 예외가 되었다. 시도에 항상 역풍이 따르는 것은 아니다.

괴테는 많은 사람이 언론의 자유를 남용하기 위해 요구한다고 말했다. 고커가 그런 사례였다. 피터 틸이 한 음모가 개인적이고 비윤리적이고 옳지 않으며 그가 세상을 더 나쁜 곳으로 만들고 기자 집단에 심각하게 나쁜 짓을 저질렀다고 비난하는 사람들이 있지만 놀라운 일이 벌어졌다. 언론이 실제로 변한 것이다. 그럴 필요성을 느꼈기 때문이다. (덴튼의 결혼식에서 사진을 몰래 촬영했던) 고커의 전직 기자는 틸이 내세운 대의에 동의할 수 없지만 변화가 있었음을 인정했다. 시간이 흐르자 자신이 고커에서 작성한 기사에 대해 생각하게 되었고, 2017년에는 한때 치마 속 사진을 신이 나서 게재했던 영화배우를 인터뷰하려고 앉아 있는 자신을 발견했다. 다음은 그가 작성했던 기사다.

입수되자마자 게시해서 히트를 친 또 다른 콘텐츠였다. 연초 고커는 케이트 미들턴의 상반신 누드를 포착한 파파라치 사진을 게시했고 헐크 호건의 성관계 동영상 장면을 게시했는데 2건 모두 반응이 뜨거웠다. (호건의 사례와 관련해 어떤 일이 뒤따를지 우리는 거의 알지 못했다.) 지금은 기억하기 어렵지만 파파라치가 찍은 연예인 사진은 속옷을 입지 않은 상태로 스커트를 걸치고 차에서 나오는 모습이었는데, 2000년대 중후반에 워낙 빈번하게 일어나는 일이라 그런 사건 자체가 별일 아닌 것으로 보였다. 당시에는 리벤지 포르노법이 적용되는 경우가 드물었다. 그러다 2014년에 이른바 '패프닝(fappening, 마스터베이션의 속어인 fap과 happening의 합성어로, 특히 여성 셀러브리티의 누드 사진 또는 영상이 불법으로 유출되는 일을 뜻함-편집자주)' 사건으로 몇몇 연예인들의 은밀한 누드 사진이 유출되었다. 덕분에 문화 전반에서 이런 일이 얼마나 끔찍한지에 대해 인식하기 시작했다. 그렇다. 그런 일은 항상 끔찍했다. 사람들이 깨닫는 데 시간이 걸렸을 뿐이다. 필자도 그 사람들 중 하나로서 부끄러움과 당황스러움을 느낀다. 변명을 하려는 것이 아니라(변명의 여지가 없다) 설명을 하려는 것이다.

흥미로운 자기성찰이기는 했으나 더 흥미로운 점은 여기에 빠진 정보가 있다는 것이다. 기자는 자신의 지나간 행동이 생각 없는 짓이었으며 사람들에게 상처를 줬음을 인정할 수 있다. 하지만 자기연민 어린 고백을 제외하면 그는 그로 인해 벌어진 결과에 대해서는 인식이 없다. 찰스 하더에게 이러한 인식 전환이 그가 바랐던 변화인지 물었다. 그는 한 가지 질문을 던졌다. "왜 그렇게 오래 걸렸을까?" 그럼에도 모든 싸움이 지나간 후, 많은 저항과 불신에 부딪친 모든 시도 끝에 누군가가 마침내 제정신을 찾는 것은 설사 그가 수많은 사람 중 한 사람의 블로거에 불과하더라도 어느 정도 만족감이 따르는 일이다. 더 많은 사죄와 깨달음이 이어질지는 두고 볼 일이다. 여기에 대해 하더는 특별히 괴로워하거나 마음 쓰지 않았다. 그에게는 기분을 누그러뜨릴 만한 수많은 이유가 있었다.

증언 녹취에서 덴튼은 자신이 발행인일 뿐이며 기자가 지켜야 할 윤리적, 법적 규범을 정립하는 것은 다른 사람들이 할 일이라고 말했다. 그런데 그런 일이 일어났다. 틸과 공모자 팀, 판사, 플로리다의 배심원이 말하기를 "우리는 누군가가 자신의 성생활에 대해 대중에게 언급했더라도 언론이 그가 성관계를 맺는 콘텐츠(그게 '하이라이트' 부분뿐이래도)를 보도할 수 있는 세상을 원치 않는다고 했다. 한 고커 기자에게 시작된 떨떠름한 인정만으로는 찰스 하더가 보기에 충분하지 않을 수 있지만 진전이 일어나고 있는 것이다. 그들은 새로운 규범을 만들었으며 저항하겠다고 밝히고 끝까지 싸우겠다고 맹세한 사람들이 최소한 규범을 따르고 있다. 이에 더해 또 다른 교훈도 상기되고 있다. 바로 "행동에는 결과가 따른다"는 것이다. 그 결과는 공정할 수도 있고 그렇지 않을 수도 있다. 덴튼의 말마따나 사과나 체벌로 모든 일이 해결될 수 있는 것은 아니다.

이러한 새 규범이 언론의 자유를 '얼어붙게 하는 효과'가 있을까? 그럴지도 모르며 우리는 사려 깊은 언론이 어떤 모습일지 아직 모른다. 덴튼은 내게 "기자들에게 공감을 보이라는 압력에는 대가가 따른다"고 했다. 영향력 있는 사람들이 책임감을 덜 느끼게 만들 수도 있고 진실을 간접적으로 말하게 만들 수도 있다. 이는 민주주의에 위험한 방식으로 파급효과를 일으킬 수 있다. 고커의 스타일이 때때로 결과를 도출한다는 점에는 의문의 여지가 없다. 하지만 고커의 파괴는 곧 몰래 촬영한 동영상, 의미 없이 '잔인함을 휘두르는' 기사, 불필요한 사생활 침해가 줄어드는 효과를 낳았다. 인종주의자라 해도 그 누구의 침실에 카메라를 설치해서는 안 된다. 그런 일이 가능한 세상에는 남용 여지가 충분하다.

틸의 지인인 에릭 와인스타인은 "자신에게 해악을 끼치지 않으면서 똑같이 갚아줄 수는 없다"고 말했다. 틸이 의도하지 않은 결과가 거기에 있었으며 그 대가는 가볍지 않았다. 하지만 한편으로는 성공이기도 했다. 그는 자신이 계획한 일을 완수했고 사실은 합리적으로 기대할 수 있는 수준보다 더 많은 것을 이뤘다. 그는 언론을 변화시켰다. 문화에 구심점을 만들었으며 효과를 발휘했다. 그는 자신이 가장 좋아하는 소설의 마무리 부분으로 이 이야기를 끝맺으려 했다. 아서 C. 클라크Arthur C. Clarke의《도시와 별

The City and the Stars》에는 "성취를 이뤄 오래 품어온 목표가 마침내 이뤄진 것을 알게 되면 그 나름의 슬픔이 따른다. 이제 인생이 새로운 목표를 향해 나아가야 할 때인 것이다"라는 말이 있다.

다음에는 어떤 새로운 음모를 계획할 수 있을까? 아니면 다음 계획이 이미 진행 중인가? 다른 종류의 슬픔, 패배의 슬픔을 경험한 덴튼은 어떤 목표를 향해 모의할 것인가? 우리는 어떤 일을 해야 하는가? 우리의 처음, 그다음의 음모에는 무엇이 있을까?

나가며

　　2017년 초에 로스앤젤레스에 위치한 피터 틸의 자택을 방문할 기회가 있었다. 그가 음모의 상당 부분을 계획한 그 장소였다. 다이닝룸에 모인 스무 명은 편안하게 앉아 저녁을 함께 먹었는데 음모에 가담했던 거의 모두가 한자리에 모인 셈이었다. 변호사들뿐 아니라 호건도 함께였다. 모두가 같은 시간에, 같은 장소에 모인 것은 처음이었다. 틸의 개인 요리사가 준비한 스테이크를 서민들이 둘러앉아 즐겼다. 테이블에서 서로 마주앉은 호건과 틸을 위해 거대한 토마호크 스테이크가 준비되었다. 500달러짜리 와인이 자유롭게 제공되었고 무제한으로 마실 수 있는 듯했다. 각 공모자는 일어난 일을 큰소리로 나누며 즐거워하고 성취에 건배를 들었다.

　　그 자리에서 틸은 가장 조용한 사람이었다. 나중에는 벽난로를 지나 모든 방향에서 도시의 전경을 바라볼 수 있는 발코니로 향했다. 늦은 시간이었지만 몇 분 후면 그는 내일 오전에 있을 회의를 위해 샌프란시스코로 돌아가는 전용기를 타야 했다. 이미 공

376

항으로 갈 자동차가 진입로에 들어서고 있었다. 한동안 그는 발코니에 홀로 서서 생각에 잠겼다. 혹은 이미 다른 생각에 잠겨 원유 선물 거래에 대해 고민하거나 다음날 자금을 지원할 회사에 대해 생각하거나 이미 진행 중인 새로운 음모에 대한 계획을 세우고 있는지도 모른다.

몇 발짝 뒤에서 그런 모습을 보고 있는 동안《햄릿》의 구절이 떠올랐다.

어느 점으로 보나 훌륭한 분이셨지.
이 세상에 둘도 없는 분이실 거야.

틸뿐만 아니라 2007년에 시작되어 10년 뒤에 막을 내린, 거의 믿을 수 없는 일련의 사건에 해당하는 말이라면 수치스러울 것이다. 여러 대륙을 오가고 수백 만 달러가 소요된, 수많은 가정이 뒤집혔으며 좋든 싫든 논란이 되는 이야기는 이 글을 쓰기 위해 앉아 있는 모든 기자와 자신이 누군가가 휘두르는 펜이나 블로그, 기타 플랫폼에서 괴롭힘을 당했다고 여기는 모든 이에게 당분간 회자될 것이다.

관련된 사람들을 자극한 특징이나 사건이 그렇게 특별할 필요는 없다. 오바마 전 대통령의 "그들이 비열하게 굴더라도 우리는 품위를 지킨다"는 이 만트라가 품위 있고 인상적인 이유는 좋든 싫든 우리가 '그들을' 따랐다는 점을 부인할 수 없기 때문이다. 하지만 이제는 진부해져 버린 이 발언은 한 가지 치명적인 누락사항이 있으므로 단정적으로 받아들여서는 안 된다. 인생은 때때로 누군가를 꾸짖어야 할 때가 있다는 점을 우리는 잊는다는 것을 말이다.

그것을 어떻게 잊을 수 있는가. 우리는 얼마나 결백하게 구는가. 우리는 종종 가장 효과적인 행동 중 하나를 맹목적으로 악마처럼 매도한다. 이런 무지가 우리를 몇 안 되는 진짜 음모에(그 성공 여부를 떠나) 얼마나 취약하도록 만들었는가. 드문 경우지만 이번 기회에 커튼 뒤에서 고커의 마지막 게시물 제목처럼 '일이 어떻게 벌어지는가'를 엿봤다. 이제 우리는 안다. 피터 틸이 그 과정을 보여주었다. 하지만 우리의 본능은 거기에서 멀어지고 손으로 귀를 막으려 한다. 이것이 거의 10년 동안 집중적으로 자신의 끝없는 증오를 공개적으로 드러낸 적에게(또는 단 1명의 구경꾼이나 희생자, 다른 많은 관계자에게) 이 책에 쓰인 내용 중 어떤 것도 의심을 받지 않은 이유다. 틸이 수년 동안 벌인 일은 탁월하고 정교하며 무자비했음에 의문의 여지가 없다. 또한 고커가 대부분 교만하게 군 것도 사실이다. 덴튼과 그의 회사가 이런 일이 벌어지도록 자초했다. 심지어 지구상에서 가장 시니컬하고 공격적인 언론조차 자기 눈 앞에서 벌어지고 있는 일을 놓쳤다. 자신을 구하려는 어떠한 조치도 취하지 않았다. 틸은 "음모에 대한 아이디어는 장기적인 목표를 향해 의도적으로 계획하고 노력하는 것과 연관된다. 음모가 벌어지지 않는 세계에서는 그런 일도 사라질 수 있다"고 말했다. 진실을 말하자면 고커는 이미 우리가 그런 세상에 살고 있다고 믿었고, 다른 많은 사람도 마찬가지다.

나의 개인적인 의견과 무관하게 이 책이 전하려는 비극적이고도 어처구니없는 메시지가 이것이다. 우리는 피터 틸 같은 사람만 의도적이고 장기적으로 움직일 수 있는 사회에 살고 있다. 이는 고커가 그렇게 보이려고 노력했듯, 그가 부자이기 때문이 아니다. 그가 그런 일이 가능하다고 믿는 몇 안 되는 사람 중 하나이기 때문이다. 《제로 투 원》을 인용하자면 음모를 믿는 것은 효과적인 진리다. 불가능하다고 치부하는 것 역시 마찬가지다.

앞에서 우리는 음모가 매우 많지 않은, 꽤나 적은 세상에 사는지도 모른다고 말한 바 있다. 우리 주변에는 많은 의견이 제기되고 인간이 얼마나 끔찍하고 형편없는지에 대해 역사적으로 많은 불만이 제기되었다. 하지만 많은 사람이 그런 상황에 대해 인내하고 협력하고 야망을 품고 개선하려 하지 않는다. 과거에는 폭탄을 던졌다면 이제는 성질을 부리거나 트윗을 날릴 뿐이다. 고대의 어리석은 궤변가들은 모든 문제가 충분히 논의되고 설명되면, 논리적이고 명쾌하며 올바른 결론이 나리라 믿었다. 하지만 현실주의자들은 실제로 일은 그렇게 돌아가지 않으며 현실 정치가 어떻게 이뤄지는지 알고 있다.

이 책을 위해 조사를 하고 집필을 하면서 틸이 고커에 했던 행동에 동의하는지에 대해 여러 번 오락가락했다. 그의 발코니에서 음모의 밤이 새벽으로 향해가는 가운데 그것을 마지막으로 기념하는 장면을 바라보는 틸을 보며 그 생각을 했다. 로버트 카로가 모든 작가에게 했던 말을 집필 활동 내내 생각했다. 그는 칼을 휘두르는 사람이 아닌 그 칼에 베임을 당하는 사람들을 생각하라고 했다. 나는 그들에게 들었던 말에 공감하고 때로는 설득을 당했다. 수백 개의 각도로 생각했다. 만약 피터 틸이 '브라이트바트 Breitbart'라는 웹사이트에서 끔찍한 공격을 당하고 형편없는 대우를 당했던 USDA 직원 셜리 셰로드의 소송에 자금을 댔다면 어땠을지, 브라이트바트가 문을 닫았다면 어땠을지, 음모의 낙수효과는 무엇인지, 의도치 않은 결과는 무엇이 있는지 생각했다. 언론의 많은 사람은 고커의 소송에 대해 분노케 했던 그 일을 자축했을까? 피터 틸이 후원했던 원고가 호건이 아니라 화장실 바닥에서 강간을 당했던 피해자나 돌레리오와 고커가 흠집을 내고 방치한 피해자였다면 어땠을까? 재앙과도 같은 평결이 호건이 아닌 고커가 2015년 동성애자임을 폭로한 콘데 나스트의 기혼 임원이었다면 어땠을까? 이런 기사를 쓴 기자들은 당당하게 글을 게시하고선 덴튼이 내렸을 때 회사를 나갔다. 혹은 평결 후에 틸이 자유의지론자로서의 충동을 발휘하고 플로리다에서 얻은 교훈을 활용해 트럼프를 지지하는 대신 그를 저지했다면 어땠을까? 그런 변화가 독자들의 인식을 바꿨을까? 나의 시각도 바꿀 수 있었을까?

덴튼과 틸을 모두 아는 친구이지만 어느 편에도 치우치지 않는 한 사람은 시나리오를 다음과 같이 표현했다. 당신은 집에서 길 건너에 있는 식당이 직원을 함부로 대하고 손님에게 썩은 음식을 제공한다고 생각한다. 식당 주인에게 말해보지만 무시를 당한다. 이번에는 현지 당국에 의견을 내지만 어떤 답변도 돌아오지 않는다. 이제 지역 언론사에 연락해 기사가 보도되지만 영향력이 없다. 그렇다면 내 손으로 해결해야 할까? 순자산에서 0.3퍼센트에도 못

미치는 돈이면 된다(피터 틸이 자신의 순자산에서 고커를 쫓는 데 쓴 돈의 비율이다). A가 집행하거나 찰스 하더의 새로운 로펌에서 미수금으로 기록되지 않는 이상 은행에 예치해두면 며칠 안에 이자 비용으로 건질 수 있는 수준이다. 크게 부담되지 않는 돈을 써서 중요하다고 생각하는 일을 하는 것이 나쁜 일일까? 만약 그런 일을 한다면 박애주의자라고 불릴까?

그럼에도 내게는 특정 음모의 장점에 대한 투표가 의미 없다는 생각이 든다. 마가렛 애트우드의 말을 빌려, 최종 결정을 내리는 대신 전략을 받아들이기로 했다. 의미를 곡해하는 일 없이 다른 전문가들이 이 사건이 정확히 시사하는 바가 무엇인지 살피도록 할 것이다. 여전히 틸의 승리가 부당하며 사람들이 원하는 바에 배치되는지 의구심이 들지만 오래 가지 않을 것이다. 고커의 파멸이 그가 할 수 있는 "가장 박애주의적인" 일이라는 피터 틸의 주장에는 반박의 여지가 있다(내 생각이지만 뒤마가 《몽테크리스토 백작》을 쓴 것은 복수의 일환이나 자신을 일종의 '박애주의자'라고 칭했다). 하지만 부인할 수 없는 사실은 그가 자신의 행동을 사회적 선으로 인식했으며 그런 점에서 존중할 부분이 있다는 것이다. 그는 사회를 위협하는 존재를 제거하고 변화를 일으키면 세상이 더 나은 곳이 되리라 생각했다. 이에 세상을 변화시키기로 모의했으며 그것도 법 정신을 지키는 범위에서 수행했다(무한한 자원을 가진 사람이 조치를 취함에 있어 부정하고 보복을 가하는 방법은 많다). 그래서 나는 음모가 어떻게 진행되었는지에 집중했다.

이 책에서 소개한 일에 분노하고 화가 나는 사람들은 이렇게 자문해보라. 무엇에 그리 화가 났는가? 언론에 공격을 받았을 때 법체계에서 법적 구제 수단을 이용하려 했는가? 아니면 언론이 어리석고도 극악무도하게 누군가의 사적인 성생활을 침해하고 사과하고 바로잡으려는 시도를 보이기는커녕 공격적이고 자멸적인 법적 전략을 써서 배심원이 플로리다 유권자들이 통과시킨 법에 따라 법적 조치를 취할 수밖에 없게 만든 것에 분노하는가? 고커의 기자들이 어떤 훌륭한 일을 했더라도 그 무모함과 오만은 피터 틸과 헐크 호건의 법 호소에 따라 보호받을 가치가 없는 것인가? 부유하기 때문에 법적 권리를 박탈당해야 하는가? 다른 사람들과는 다른 삶을 살기 때문인가? 그들의 정치적 성향을 마음에 들어하지 않기 때문인가?

틸의 돈을 더 바람직하게 쓸 방법도 있다. 고커보다 더 시급하게 해결해야 할 대의가 있고 더 나쁜 괴롭힘을 행하고 문화적으로 더 나쁜 완충장치도 있다. 세상은 틸처럼 똑똑한 사람이 보다 생산적인 프로젝트에 시간을 썼다면 더 큰 이익을 얻었을 것이다. 그런데 더 많은 사람이 상황을 바꾸기 위한 노력을 기울이고 부당하고 불공정하며 부도덕하다고 여기는 상황을 바꾸기 위해 모의했다면 세상은 어떤 모습일까?

미국의 건국 자체가 일종의 음모 아니었던가? ("우리가 힘을 모으지 않는다면 한 사람씩 교수형을 당할 것이 분명하다.") 링컨은 수정헌법 제13조를 통과시키기 위한 모의가 유일한 기회이자 방법이라 생각하지 않았던가? 미국이 제2차 세계대전에 참전한 것은 프랭클린 루스벨트와 처칠의 모의 덕분 아니었던가? 보이지 않는 손을 사용하기 버거웠던 불안정한 독재자 닉슨을 끌어내린 것도 음모 아니었던가? 70년대 후반과 80년대에 알려지지 않은 몇몇 대령과 대위가 국방부의 오만함과 탁상행정에 반기를 들고 무기조달법안을 개정하고 F-16과 F-18 전투기를 제작한 것이 아닌가? 법원에서 동성결혼에 반대해 법제화를 가로막은 것도 음모 아니었던가? 이 사건은 인종차별에 반기를 든 호머 플레시Homer Plessy라는 혼혈이 개입된, 참신하지만 불발되었던 음모와 비슷했다. 브랜치 리키Branch Rickey와 재키 로빈슨Jackie Robinson은 많은 사람의 반대에도 불구하고 흑인과 백인이 함께 야구를 할 수 있도록 모의하지 않았던가? 우리는 인류를 화성에 보낸다는 일론 머스크Elon Musk의 공공연한 옹호가 실제로 우리를 화성에 대려다줄 은밀한 계획, 막후 협상, 복잡한 단계로 무색해지기를 바라지 않는가?

물론 루스벨트 역시 대법원을 지체시키기 위한 모의를 했다. 이른바 '사업 모의'로 미국에 파시즘이 발붙이지 못하도록 노력했으나 실패했다. 링컨의 암살은 성공한 모의로서 백인 우월주의를 굳건하게 만들었으며 그토록 많은 북군의 희생을 무색하게 만들었다. 히틀러 암살을 모의했던 자들은 엄밀히 말하면 영웅이 아니었다. 모의자의 대다수는 전쟁 운용과 관련해 히틀러의 무능함에 분노하던 이들이었다. 남아메리카에서는 낯부끄러운 공작이 수없이 시도되었고 중동에서 CIA가 벌인 끔찍한 음모도 마찬가지다. 최근 내 주변에 있었던 사례를 들자면 애플과 빅파이브 출판은 온라인 서적 시장에서 아마존을 꺾기 위해 모의했지만 덜미가 잡혀 법무부로부터 과징금 조치를 받았다. 이밖에도 범죄 행위를 덮고, 다른 사람을 해치고, 정당한 몫 이상을 차지하기 위해 수많은 모의가 벌어진다.

음모에는 훌륭한 음모가 있고 형편없는 음모, 복잡한 음모도 있다. 도입부에서 언급했듯 '음모'라는 단어 자체는 중립적이지만 실제 적용된 결과는 그렇지 않다.

피터 틸이 도널드 트럼프를 지지한 일에서 가장 큰 모순은 대통령에 반대하는 사람들에게 어떤 일을 해야 하는지 그가 직접 플레이북을 제시했다는 것이다(트럼프를 지지한 일은 날이 갈수록 패착으로 보인다). 그럼에도 불구하고 우리는 미래에 대해 여전히 무기력하며 좋은 놈이 끝내 이기고야 말리라는 순진한 확신을 품고 있다. 위험하고 모순적이며 비합리적인 태도다. 다른 세상을 꿈꾼다면 그렇게 만들 책임은 자기 자신에게 있다. 변화를 일으키는 일은 쉽지 않을 것이며 생각하기도 싫은 일을 해야만 할 수도 있다. 항상 그래왔다. 게다가 더 중요한 임무를 맡게 되면 의무적으로라도 그렇게 해야 한다. 필요한 일을 해내려면 우선 그 일의 본질을 간파해야 한다.

틸은 평결이 내려지고 약 1년 후 우리의 마지막 인터뷰에서 "관건은 사람들이 교훈을 얻기 원하는지, 아니면 교훈을 가르치려 하는지다"라며 "이 사안에 대해 쓴 많은 사람은 배우기보다는 가르치려는 편이었다"고 말했다. 언젠가 덴튼은 내가 어느새 즐기기까지 하게 된 주간 채팅에서 자신이 얻은 교훈이 있다면 언론의 자유가 그 자체로 고귀하다고 할 수는 없으며 연민과 이해가 수반

되어야 한다는 점이라고 말했다. 그는 고커의 접근 방식을 떠올리며 "한 사람의 자유가 다른 사람에게는 억압이 될 수 있다"고 말했다. 분명 틸도 덴튼의 말에 공감했을 것이다. 다른 관점에서 보자면 틸과 호건이 꿈꾼 자유 역시 다른 누군가의 발언을 억제함으로써 가능한 것일 수 있으며, 덴튼의 경험에서 이를 알 수 있다.

틸의 말뿐만 아니라 행동을 통해 가장 분명하고도 명쾌하게 얻을 수 있는 교훈이 있다면 비밀, 협력, '아무 것도 할 수 없는' 상황을 극복하는 의지가 얼마나 힘이 있느냐다. 컴퓨터가 인간의 많은 기능을 대체하고 있는 시대에 대담함, 비전, 용기, 창의성, 정의감이야말로 우리 인간에게 남겨진 유일한 특징일 수 있다. 컴퓨터는 비밀리에 일을 꾸미거나 잘못된 지시를 내리거나 세상을 뒤엎고 새로운 판을 짜야 한다는 욕구를 느낄 수 없다. 그런 미친 짓을 할 수 있는 것은 인간뿐이다.

이 책에서 얻은 교훈으로 어떤 일을 해낼지, 어떤 목적을 위해 사용할지는 독자들의 손에 달려 있다. 내가 해줄 수 있는 말이 있다면 오늘날과 같이 변덕스럽고 거대한 변화가 일어나는 시기에 우리에게 가장 필요한 것이 바로 그런 포부일지 모른다는 것이다.

감사 말씀과 출처 정보

•

끝으로, 이 책은 닉 덴튼과 피터 틸을 비롯해 관련된 많은 인물과의 만남이 전례 없고 예상치 못한 수준으로 허용되었기에 탄생할 수 있었다. 책에 기록된 대부분의 내용은 당사자들과의 대화를 바탕으로 수집되었다. 다만 사안을 다루는 데 급급한 언론의 특성 덕분에 많은 실시간 보도를 참고할 수 있었다. 이 책을 위해 시간을 내준 틸과 덴튼, 돌레리오에게 감사의 말을 전한다. 우리가 나눈 대화는 책을 쓰는 데에도 도움이 되었지만 내 자신에게도 자극이 되고 호기심을 불러일으켰으며 지면에 담기지 않은 그 너머의 일에 대해 많은 생각을 하게 만들었다. 찰스 하더, 테리 볼리아, A, 오웬 토마스 역시 너그럽게 시간을 내주었다. 이들 모두가 이전에 수많은 언론이 다루었던 사안에서 새로운 통찰력을 얻을 수 있도록 도와주었다. 이 책에 기록된 인용과 세부사항에서 다수는 독점적인 인터뷰(공식 발표와 비공개 정보 포함), 수천 건의 법률 문서 검토, 여러 매체의 기자들이 작성한 훌륭한 보도에서 발췌한 것이다. 많은 사람의 도움이 있었기에 이 책이 완성되었으며 이어지는 페이지에 이름을 열거했다. 그럼에도 밝혀두고 싶은 점은, 투명성과 정직을 공공연하게 내세웠던 장본인인 고커의 기자들과 변호사들이 수차례의 요청과 익명 처리 제안에도 불구하고 끝내 인터뷰를 거절한 것이다.

이 책과 수정본에 대해 여러 차례에 걸쳐 긴 대화를 나눠준 닐스 파커에게 감사드린다. 이 프로젝트를 지원해주고 제안을 아끼지 않은 나의 대리인 스티븐 한셀만과 그의 아내 줄리아 세레브린스키, 재능 넘치는 연구자로서 사실 확인을 도와준 흐리스토 바실레프에게도 감사의 말을 전한다. 눈을 굴리면서 '좋네요, 이제 첫 애가 나오려는데 또 다른 책을 짜내려 한다니 말이 되네요'라고 말해준 아내 사만사에게 특별히 고마움을 느낀다. 클라크, 이 책은 너와 나이가 같단다. 얼마나 멋진 일인지 모른단다.

끝으로, 포트폴리오의 편집인과 발행인을 비롯해 지난 1년 반 동안 이 책에 대한 비밀을 지킬 수 있도록 도와준 모두에게 감사드린다. 우리만의 작은 음모였다고나 할까.

• 출처 •

저자의 한마디

• Dwight D. Eisenhower, *At Ease: Stories I Tell to Friends*, Doubleday, 1967.
• Ezra Klein, "Washington Is Bad at Scheming," *Washington Post*, March 4, 2011, http://voices.washingtonpost.com/ezra-klein/2011/03/washington_is_bad_at_scheming.html.
• F. Scott. Fitzgerald, *The Great Gatsby*, Scribner, 2013.

들어가며

• Harold Lamb, *Genghis Khan: Emperor of All Men*, Bantam Books, 1995.
• Niccolò Machiavelli, *The Discourses*, Penguin, 1970.

1부 – 계획 The Planning

1장 자극적인 사건

• abalk, "Stubborn Jew Rolled by More Stubborn Jewier Jew," *Gawker*, July 17, 2007, http://gawker.com/279169/stubborn-jew-rolled-by-more-stubborn-jewier-jew.
• abalk2, "Joe Dolce: Portrait of an Asshat," *Gawker*, October 24, 2006, http://gawker.com/209822/joe-dolce-portrait-of-an-asshat.

- Belinda Luscombe, "Gawker's Nick Denton: Peter Thiel, Rupert Murdoch and Trolls," *Time*, June 22, 2016, http://time.com/4375643/gawker-nick-denton-peter-thiel.

- Choire, "Andy Dick Gets The Beat-Down We've All Craved," *Gawker*, July 17, 2007, http://gawker.com/279165/andy-dick-gets-the-beat-down-weve-all-craved.

- De La Rochefoucauld, François duc, *Reflections; Or, Sentences and Moral Maxims*, Brentano's, 1871.

- Emily Gould, "Nightmare Online Dater John Fitzgerald Page Is the Worst Person in the World," *Gawker*, October 11, 2007, http://gawker.com/309684/nightmare-online-dater-john-fitzgerald-page-is-the-worst-person-in-the-world.

- Ernest Lehman, *Sweet Smell of Success, and Other Stories*, New American Library, 1957.

- George Eells, *Hedda and Louella*, Warner Paperback Library, 1973.

- George W. S. Trow, *My Pilgrim's Progress: Media Studies, 1950~1998*, Vintage, 2000.

- Hamilton Nolan, "Morley Safer Is a Huge Asshole," *Gawker*, February 14, 2011, http://gawker.com/5759958/morley-safer-is-a-huge-asshole.

- James Silver, "Gawk, Don't Talk," *Guardian*, December 11, 2006, http://theguardian.com/technology/2006/dec/11/news.mondaymedia section.

- Jay Yarow, "Gawker Reports Earnings!" *Business Insider*, July 2, 2015, http://businessinsider.com/gawker-revenue-profits-2015-7.

- Jessica, "Fred Durst: Touch My Balls and My Ass and Then Sue Gawker," *Gawker*, March 4, 2005, http://gawker.com//fred-durst-touch-my-balls-and-my-ass-and-then-sue-gawker.

- Jessica, "Gawker Stalker: Elijah Wood Emphatically Not a Gay," *Gawker*, September 14, 2005, http://gawker.com/125547/gawker-stalker-elijah-wood-emphatically-not-a-gay.

- Johann Wolfgang von Goethe, *Faust I & II*, Princeton University Press, 1994.

- Joshua David Stein, "Which NYC Food Critic Is an Idiot? (Hint: Danyelle Freeman!)," *Gawker*, January 15, 2008, http://gawker.com/5002264/which-nyc-food-critic-is-an-idiot-hintdanyelle-freeman.

- Joshua Stein, "Danyelle Freeman Sucks: The Marrow Out Of Life, In General," *Gawker,* November 20, 2007, http://gawker.com/324827/danyelle-freeman-sucks-the-marrow-out-of-life-in-general.

- Joshua Stein, "Elijah Pollack Is Going to Be a Horror," *Gawker,* September 27, 2007, http://gawker.com/304568/elijah-pollack-is-going-to-be-a-horror.

- JP. Mangalindan, "So Who's Making Money Publishing on the Web?", *Fortune,* May 10, 2013, http://fortune.com/2013/05/10/so-whos-making-money-publishing-on-the-web.

- Kevin Roderick, "Gawker Way to Blog, by the Book," *LA Observed,* February 14, 2008, http://laobserved.com/archive/2008/02/gawker_way_to_blog_by_the.php.

- Lloyd Grove, "The Gospel According to Nick Denton–What Next for the Gawker Founder?", *Daily Beast,* December 14, 2014, http://thedailybeast.com/the-gospel-according-to-nick-dentonwhat-next-for-the-gawker-founder.

- Marcus Tullius Cicero, *On Moral Ends,* Cambridge University Press, 2013.

- Maureen O'Connor, "Peaches Geldof's Heroin-Fueled One-Night Stand at Hollywood's Scientology Center–with Pictures," *Gawker,* March 25, 2010, http://gawker.com/5502453/peaches-geldofs-heroin-fueled-one-night-stand-at-hollywoods-scientology-centerwith-pictures.

- Mickey Kaus, "The Shame of the Whitney," *Slate,* May 11, 2004, http://slate.msn.com/id/2099881.

- Mobutu Sese Seko, "It's Not That Adam Carolla Isn't Funny, It's That Adam Carolla Is a Dumbfuck," *Gawker,* June 21, 2012, http://gawker.com/5920141/its-not-that-adam-carolla-isnt-funny-its-that-adam-carolla-is-a-dumbfuck.

- Owen Thomas, "Does Nick Denton Wish He Were Peter Thiel?", *Gawker,* July 11, 2008, http://gawker.com/5024376/does-nick-denton-wish-he-were-peter-thiel.

- Owen Thomas, "Peter Thiel Is Totally Gay, People," *Gawker,* December 19, 2007, http://gawker.com/335894/peter-thiel-is-totally-gay-people.

- Owen Thomas, "Peter Thiel to Move His Hedge Fund to New York," *Gawker*, January

- Paul Boutin, "Peter Thiel Is Totally Objectivist, People," *Gawker*, December 20, 2007, http://gawker.com/336024/peter-thiel-is-totally-objectivist-people.

- Rich Juzwiak, "On Outing, Not Outing, and Working for Gawker," July 21, 2015, http://richjuz.kinja.com/on-outing-not-outing-and-working-for-gawker-171901404.

- Sam Biddle, "It's OK to Be a Hater Because Everything Is Bad," *Gizmodo*, August 10, 2012, http://gizmodo.com//5933688/its-ok-to-be-a-hater-because-everything-is-bad.

- Sara Ashley O'Brien, "Who Is Silicon Valley Billionaire Peter Thiel?", *CNNMoney*, May 26, 2016, http://money.cnn.com/2016/05/25/technology/who-is-peter-thiel/index.html.

- Scott Beale, "Nick Denton Takes Over Valleywag," *Laughing Squid*, November 13, 2006, http://laughingsquid.com/nick-denton-takes-over-valleywag.

- Scott Rosenberg, *Say Everything: How Blogging Began, What It's Becoming, and Why It Matters*, Three Rivers Press, 2009.

- Steven Levy, "How Can I Sex Up This Blog Business?", *Wired*, June 1, 2004, http://wired.com/2204/06/blog.

- Vanessa Grigoriadis, "Everybody Sucks-Gawker and the Rage of the Creative Underclass," *New York*, October 14, 2007, http://nymag.com/news/features/39319.16, 2008, http://gawker.com/345811%2Fpeter-thiel-to-move-his-hedge-fund-to-new-york.

2장 행동 결정

- Connie Loizos, "Peter Thiel on Valleywag: It's the 'Silicon Valley Equivalent of Al Qaeda,'" PE Hub, May 18, 2009, http://pehub.com/2009/05/peter-thiel-on-valleywag-its-the-silicon-valley-equivalent-of-al-qaeda.

- George Packer, "No Death, No Taxes," *New Yorker*, November 28, 2011, http://newyorker.com/magazine/2011/11/28/no-death-no-taxes.

- Kyle DeNuccio, "Silicon Valley Is Letting Go of Its Techie Island

Fantasies," *Wired*, May 16, 2015, http://wired.com/2015/05/silicon-valley-letting-go-techie-island-fantasies.

- Michael Arrington, "Engadget Knocks $4 Billion Off Apple Market Cap on Bogus iPhone Email," *TechCrunch*, May 16, 2007, http://techcrunch.com/2007/05/16/engadget-knocks-4-billion-of-apple-market-cap-on-bogus-iphone-email.

- Neal Gabler, *Winchell: Gossip, Power and the Culture of Celebrity*, Vintage Books, 1995.

- Nitasha Tiku, "Peter Thiel's Dream of a Lawless Utopia Floats On," *Gawker*, September 23, 2013, http://valleywag.gawker.com/peter-thiel-s-dream-of-a-lawless-utopia-floats-on-1368141049.

- "'Out' Magazine Releases Power List, Underestimates 'Times' Gaiety," *Daily Intelligencer* (blog), *New York*, April 7, 2008, http://nymag.com/daily/intelligencer/2008/04/out_magazine_releases_power_li.html.

- Owen Thomas, "Facebook Backer Wishes Women Couldn't Vote," *Gawker*, April 28, 2009, http://gawker.com/523190/facebook-backer-wishes-women-couldnt-vote.

- Owen Thomas, "Peter Thiel to Move His Hedge Fund to New York," *Gawker*, January 16, 2008, http://gawker.com/345811%2Fpeter-thiel-to-move-his-hedge-fund-to-new-york.

- Peter Thiel, "The Education of a Libertarian," *Cato Unbound*, April 13, 2009, http://cato-unbound.org/2009/04/13/peter-thiel/education-libertarian.

- Richard Branson, "The Fears Are Paper Tigers," *Virgin*, November 6, 2015, http://virgin.com/richard-branson/fears-are-paper-tigers.

- Ryan Tate, "Facebook Backer Peter Thiel Escapes New York," *Gawker*, June 17, 2010, http://gawker.com/5566532/facebook-backer-peter-thiel-escapes-new-york.

- Samuel D. Warren and Brandeis Louis D, "The Right to Privacy," *Harvard Law Review*, vol.4, no.5(1890): 193~220.

- Søren Kierkegaard, *The Present Age, and Of the Difference Between a Genius and an Apostle*, Translated by Alexander Dru, Harper Torchbooks, 1962.

- St. Clair McKelway, "Gossip Writer," *New Yorker*, June 15, 1940, http://newyorker.com/magazine/1940/06/15/gossip-writer.

- Thucydides, *History of the Peloponnesian War*, Translated by Rex Warner with an Introduction and Notes by M. I. Finley (Revised, with a new introduction and appendices), Penguin, 1972.

3장 음모를 꾸미다

• Alexandre Dumas, *The Count of Monte Cristo*, Penguin, 2006.
• Ben McGrath, "Search and Destroy," *New Yorker*, October 18, 2010, http://newyorker.com/magazine/2010/10/18/search-and-destroy-ben-mcgrath.
• Christian Schmidt-Häuer, Gorbachev: *The Path to Power*, Pan Books, 1986.
• Craig Silverman, "How Lies Spread Faster Than Truth: A Study of Viral Content," *MediaShift*, February 18, 2015, http://mediashift.org/2015/02/how-lies-spread-faster-than-truth-a-study-of-viral-content.
• Edward Shepherd Creasy, *Fifteen Decisive Battles of the World: From Marathon to Waterloo*, Da Capo, 1994.
• Erica Benner, *Be Like the Fox: Machiavelli in His World*, W. W. Norton, 2017.
• German Lopez, "Meet the 16-Year-Old Canadian Girl Who Took Down Milo Yiannopoulos," *Vox,* February 24, 2017, http://vox.com/policy-and-politics/2017/2/24/14715774/milo-yiannopoulos-cpac-pedophile-video-canada.
• James Silver, "Gawk, Don't Talk," *Guardian*, December 11, 2006, http://theguardian.com/technology/2006/dec/11/news.mondaymediasection.
• Jeff Bercovici, "'Gawker Is Snarkier Than I'd Like': Outtakes from My Playboy Interview with Nick Denton," *Forbes*, February 28, 2014, http://forbes.com/sites/jeffbercovici/2014/02/28/gawker-is-snarkier-than-id-like-outtakes-from-my-playboy-interview-with-nick-denton.
• Niccolò Machiavelli, *The Discourses*, Penguin, 1970.
• Niccolò Machiavelli, *The Portable Machiavelli*, Translated by Peter Bondanella, Penguin, 2005.
• Nick Denton, "How Things Work," *Gawker*, August 22, 2016, http://gawker.com/how-things-work-1785604699.
• Owen Thomas, "Does Nick Denton Wish He Were Peter Thiel?",

Gawker, July 11, 2008, http://gawker.com/5024376/does-nick-denton-wish-he-were-peter-thiel.

- Timothy Ferriss, "Eric Weinstein," Tools of Titans: The Tactics, Routines, and Habits of Billionaires, Icons, and World-Class Performers, Houghton Miffl in Harcourt, 2017.

4장 팀을 모으다

- Alexandra Wolfe, Valley of the Gods: A Silicon Valley Story, Simon & Schuster, 2017.
- Laura Roe Stevens, "Spurned New Hires Have Their Say," New York Times, July 31, 2001, http://nytimes.com/2001/08/01/jobs/spurned-new-hires-have-their-say.html.
- Lawrence Freedman, Strategy: A History, Oxford University Press, 2015.
- Michael Cieply, "Guard Dog to the Stars (Legally Speaking)," New York Times, May 21, 2011, http://nytimes.com/2011/05/22/business/22singer.html.
- Mick Brown, "Peter Thiel: The Billionaire Tech Entrepreneur on a Mission to Cheat Death," Telegraph, September 19, 2014, http://www.telegraph.co.uk/technology/11098971/Peter-Thiel-the-billionaire-on-a-mission-to-cheat-death.html.
- Rich Cohen, The Fish That Ate the Whale: The Life and Times of America's Banana King, Picador, 2013.
- Robert A Caro, The Path to Power: The Years of Lyndon Johnson, Vintage, 1983.

5장 뒷문을 찾아서

- A. J. Daulerio, "Brett Favre's Cellphone Seduction of Jenn Sterger (Update)," Deadspin, October 17, 2010, http://deadspin.com/brett-favres-cellphone-seduction-of-jenn-sterger-upda-5658206.
- B. H. Liddell Hart, Strategy: The Indirect Approach, Pentagon Press, 2012.
- Brian Moylan, "Anderson Cooper Is a Giant Homosexual and Everyone Knows It," Gawker, October 29, 2009, http://gawker.com/5392766/

anderson-cooper-is-a-giant-homosexual-and-everyone-knows-it.
- Brian Moylan, "People Who Need to Finally Come Out of the Closet," *Gawker*, March 29, 2010, http://gawker.com/5504885/10-people-who-need-to-finally-come-out-of-the-closet.
- Carl von Clausewitz, *On War*, Princeton University Press, 1989.
- Fred I. Greenstein, *The Hidden-Hand Presidency: Eisenhower as Leader*, Johns Hopkins University Press, 1994.
- Gina Serpe, "McSteamy Sex Tape Goes Offline...Forever," *E! News*, August 4, 2010, http://eonline.com/ca/news/193659/mcsteamy-sex-tape-goes-offline-forever.
- Jesse Baker, "Gawker Wants to Offer More than Snark, Gossip," NPR, January 3, 2011, http://npr.org/2011/01/03/132613645/Gawker-Wants-To-Offer-More-Than-Snark-Vicious-Gossip.
- John Hudson, "Nick Denton's Done Defending Himself," *Atlantic*, March 8, 2011, http://theatlantic.com/entertainment/archive201103/nick-denton-done-defending-himself/348665.
- Julia Marsh, "Gawker's Internal Emails Show Callous Response to 'Rape' Victim," *New York Post*, March 11, 2016, http://nypost.com/2016/03/11/blah-blah-blah-gawker-editor-blew-off-woman-who-begged-him-to-remove-possible-rape-video.
- Lawrence Freedman, *Strategy: A History*, Oxford University Press, 2015.
- Liz Goodwin, "Silicon Valley Billionaire Funding Creation of Artificial Libertarian Islands," *Yahoo! News*, August 16, 2011, http://yahoo.com/news/blogs/lookout/silicon-valley-billionaire-funding-creation-artificial-libertar ian-islands-140840896.html.
- Maureen O'Connor, "Christina Hendricks Says These Giant Naked Boobs Aren't Hers, but Everything Else Is," *Gawker*, March 5, 2012, http://gawker.com/5890527/christina-hendricks-says-these-giant-naked-boobs-arent-hers-but-everything-else-is.
- Nick Denton, "To quote the great Marty Singer-Eric Dane's lawyer-if you don't want a sex tape on the internet, 'don't make one!'" Twitter, September 23, 2009, http://twitter.com/nicknotned/ status/4325607614.
- Rich Juzwiak, "On Outing, Not Outing, and Working for Gawker," July 21, 2015, http://richjuz.kinja.com/on-outing-not-outing-and-working-for-gawker-1719014904.

6장 심장을 도려내다

- Alexandre Dumas, *The Count of Monte Cristo*, Penguin, 2006.
- Eric M. Jackson, *The PayPal Wars: Battles with eBay, the Media, the Mafia, and the Rest of Planet Earth*, WND Books, 2012.
- Harold Deutsch, *The Conspiracy Against Hitler in the Twilight War*, University of Minnesota Press, 1970.
- Matt Kibbe, *Don't Hurt People and Don't Take Their Stuff: A Libertarian Manifesto*, William Morrow Paperbacks, 2015.
- Nick Bilton, *American Kingpin: The Epic Hunt for the Criminal Mastermind Behind the Silk Road*, Portfolio/Penguin, 2017.
- St. Clair McKelway, "Gossip Writer," *New Yorker*, June 15, 1940, http://newyorker.com/magazine/1940/06/15/gossip-writer.
- William James, *The Letters of William James: Volumes Combined*, Cosimo, 2008.
- William T. Sherman, "Letter to James M. Calhoun, et al., September 12, 1864," Wikisource, http://en.wikisource.org/wiki/Letter_to_James_M._Calhoun,_et_al.,_September_12,_1864.

7장 칼을 쥐다

- A. J. Daulerio, "Some Additional Notes About the Hulk Hogan Sex Tape We Should All Take Into Consideration as Things Fall Apart," *Gawker*, October 5, 2012, http://gawker.com/5949317/some-additional-notes-about-the-hulk-hogan-sex-tape-we-should-all-take-into-consideration-as-things-fall-apart.
- Celena Chong, "Nick Denton Is Confident Gawker Will Win Its $100 Million Lawsuit over Hulk Hogan's Sex Tape," *Business Insider*, June 17, 2015, http://businessinsider.com/nick-denton-confident-gawker-will-win-hulk-hogan-sex-tape-lawsuit-2015-6.
- Charles Harder, Transcribed from press conference on Monday, October 15, 2012, at the United States Courthouse in Tampa, Fla.
- David Bixenspan, "Moments That Led to Hulk Hogan's Bankrupting Gawker Media," *Death and Taxes*, June 15, 2016, http://deathandtaxesmag.com/290581/hulk-hogan-bankrupting-gawker-timeline.
- David Folkenflik, "On the Demise of Gawker.com: Unsparing, Satiric

and Brutal," NPR, August 19, 2016, http://npr.org/sections/thetwo-way/2016/08/19/490657591/on-the-demise-of-gawker-com-unsparing-satiric-and-brutal.

- DeadspinVideos, "NBC Rock Center March Feature on Gawker Media's Nick Denton," YouTube, March 7, 2012, http://youtube.com/watch?v=ferrE5gSeeY.
- Gabriel Sherman, "Gawker Ex-Editor A. J. Daulerio: The Worldwide Leader in Sextapes," GQ, January 19, 2011, http://gq.com/story/aj-daulerio-deadspin-brett-favre-story.
- Gawker, "Hulk Hogan's Sex Tape Is the Heavyweight Champion..." Facebook, October 4, 2012, http://facebook.com/ Gawker/posts/431273250268865.
- Gawker, "It's Probably Time You Watched This Snippet from..." Facebook, October 4, 2012, http://facebook.com/Gawker/posts/454145771295146.
- Hulk Hogan, "Now my actions will speak louder than my words. HH," Twitter, October 15, 2012, http://twitter.com/hulkhogan/status/257870787346853889.
- "Hulk Hogan Betrayed by Best Friend: 'I'm Sick to My Stomach'," TMZ, October 9, 2012, http://tmz.com/2012/10/09/hulk-hogan-tmz-live-sex-tape-bubba-the-love-sponge.
- "Hulk Hogan: I Have NO IDEA Who My Sex Tape Partner Is," TMZ, March 7, 2012, http://tmz.com/2012/03/07/hulk-hogan-sex-tape-partner-tmz-live.
- "Hulk Hogan: I'm the VICTIM in a Sex Tape Setup," TMZ, March 7, 2012, http://tmz.com/2012/03/07/hulk-hogan-i-had-no-idea-sex-was-being-filmed.
- Hulk Hogan, My Life Outside the Ring, Hodder & Stoughton, 2011.
- "HULK HOGAN Sex Tape Being Shopped," TMZ, March 7, 2012, http://tmz.com/2012/03/07/hulk-hogan-sex-tape.
- J. K. Trotter, "This Is Why Billionaire Peter Thiel Wants to End Gawker," Gawker, May 26, 2016, http://gawker.com/this-is-why-billionaire-peter-thiel-wants-to-end-gawker-1778734026.
- Jim Romenesko, "Gawker's Nick Denton: We Hire People Who Detest Bullshit," JimRomenesko (blog), October 15, 2012, http://jimromenesko.com/2012/10/15/gawkers-nick-denton-we-hire-

people-who-detest-bullshit.

- Kyle Munzenrieder, "Bubba the Love Sponge: 'F•ck Haiti,' " *Miami New Times*, January 20, 2010, http://miaminewtimes.com/news/bubba-the-love-sponge-f-ck-haiti-6561737.
- Matt Marshall, "Why Valleywag's Nick Douglas Got Fired: He Wanted Lawsuit," *VentureBeat*, November 15, 2006, http://venturebeat.com/2006/11/15/why-valleywags-nick-douglas-got-fired-he-wanted-lawsuit.
- Maureen O'Connor, "Christina Hendricks Says These Giant Naked Boobs Aren't Hers, but Everything Else Is," *Gawker*, March 5, 2012, http://gawker.com/5890527/christina-hendricks-says-these-giant-naked-boobs-arent-hers-but-everything-else-is.
- Maureen O'Connor, "Olivia Munn's Super Dirty Alleged Naked Pics: 'Lick My Tight Asshole and Choke Me'," *Gawker*, March 5, 2012, http://gawker.com/5890506/olivia-munns-super-dirty-alleged-naked-pics-lick-my-tight-asshole-an-choke-me.
- Max Read, "Ladies: 8000 Creeps on Reddit Are Sharing the Nude Photos You Posted to Photobucket," *Gawker*, August 8, 2012, http://gawker.com/5932702/ladies-8000-creeps-on-reddit-are-sharing-the-nude-photos-you-posted-to-photobucket.
- Mike Johnson, "Complete Details on Hulk Hogan's $100 Million Lawsuit Against Gawker Media and Others, Why Gawker Didn't Pull the Sex Tape Footage and Much More," *PWInsider*, October 19, 2012, http://pwinsider.com/ article/72757/complete-details-on-hulk-hogans-100-million-lawsuit-against-gawker-media-and- others-why-gawker-didnt-pull-the-sex-tape-footage-and-much-more.html.
- Natalie Finn, "Hulk Hogan Sex Tape a Best-Seller? Adult Video Honcho Thinks It Could Be!" *E! News*, March 8, 2012, http://eonline.com/ca/news/299792/hulk-hogan-sex-tape-a-best-seller-adult-video-honcho-thinks-it-could-be.
- Niccolò Machiavelli, *The Portable Machiavelli*, Translated by Peter Bondanella, Penguin, 2005.
- Rich Juzwiak, "I'm Not Straight, But My Boyfriend Is," *Gawker*, February 14, 2013, http://gawker.com/5983927/im-not-straight-but-my-boyfriend-is.
- Tracy Moore, "Trans Woman Commits Suicide amid Fear of Outing

by Sports Blog," *Jezebel*, January 18, 2014, http://jezebel.com/trans-woman-commits-suicide-amid-fear-of-outing-by-spor-1503902916.

2부 – 실행 The Doing

8장 후퇴를 준비하다

• Andrew Chen, "After the Techcrunch Bump: Life in the 'Trough of Sorrow,'" *@andrewchen* (blog), September 10, 2012, http://andrewchen.co/after-the-techcrunch-bump-life-in-the-trough-of-sorrow.

• Cairnes William E., editor. *Napoleon's Military Maxims*, Translated by Lt. Gen. Sir George C. D'Aguilar, Dover Publications, 2004.

• Caity Weaver, "The Most Deranged Sorority Girl Email You Will Ever Read," *Gawker*, April 18, 2013, http://gawker.com/5994974/the-most-deranged-sorority-girl-email-you-will-ever-read.

• Camille Dodero, "Many People Asked This Hulk Hogan Cosplayer About His Sex Tape This Weekend," *Gawker*, October 15, 2012, http://gawker.com/5951695/many-people-asked-this-hulk-hogan-cosplayer-about-his-sex-tape-this-weekend.

• Carl von Clausewitz, *On War*, Princeton University Press, 1989.

• Emma Bazilian, "In Experiment, Gawker Goes 'Traffic Whoring'," *Adweek*, January 31, 2012, http://adweek.com/digital/experiment-gawker-goes-traffic-whoring-137801.

• Erica Benner, *Be Like the Fox: Machiavelli in His World*, W. W. Norton, 2017.

• Eriq Gardner, "Gawker Beats Hulk Hogan: Appeals Court Reverses Sex Tape Injunction," *Hollywood Reporter*, January 17, 2014, http://hollywoodreporter.com/thr-esq/gawker-beats-hulk-hogan-appeals-671950.

• Eriq Gardner, "Hulk Hogan Brings Second Lawsuit Against Gawker," *Hollywood Reporter*, May 2, 2016, http://hollywoodreporter.com/thr-esq/hulk-hogan-brings-second-lawsuit-889386.

• Eriq Gardner, "Why Hulk Hogan Is Likely to Lose Sex Tape Lawsuit Against Gawker (Analysis)," *Hollywood Reporter*, January 4, 2013,

http://hollywoodreporter.com/thr-esq/why-hulk-hogan-is-lose-408595.
- John Cook, "A Judge Told Us to Take Down Our Hulk Hogan Sex Tape Post. We Won't," *Gawker*, April 25, 2013, http://gawker.com/a-judge-told-us-to-take-down-our-hulk-hogan-sex-tape-po-481328088.
- "Keith A. Davidson Attorney Bio," Albertson & Davidson, LLP, http://aldavlaw.com/attorneys/keith-a-davidson.
- Kris Frieswick, "Why Hulk Hogan's Sex Tape Might Undo Gawker Media," *Inc.*, January 20, 2016, http://inc.com/magazine/201602/kris-frieswick/how-gawkers-nick-denton-is-stepping-into-the-ring-against-hulk-hogan.html.
- Maria Bustillos, "FBI Documents Strongly Suggest Hulk Hogan Lied in Court," *Death and Taxes*, March 21, 2016, http://deathandtaxesmag.com/284541/fbi-documents-hulk-hogan-lied-gawker-sex-tape.
- Paul Carroll AND & Chunka Mui, *Billion-Dollar Lessons: What You Can Learn from the Most Inexcusable Business Failures of the Last 25 Years*, Penguin, 2010.
- Paul Thompson, "Hulk Hogan Branded 'Ultimate, Lying Showman' as Former Best Friend Accuses Wrestler of Being Behind Leak of Sex Tape," *Daily Mail Online*, October 16, 2012, http://dailymail.co.uk/tvshowbiz/article-2218646/Hulk-Hogan-branded-ultimate-lying-showman-bes-friend-accuses-wrestler-leak-sex-tape.html.
- Sam Biddle, "Tech Bros' Google-Sponsored Trip to India Turns into Naked Beach Romp [UPDATE]," *Gawker*, February 18, 2013, http://gawker.com/5985094%2Ftech-bros-google-sponsored-trip-to-india-turns-into-naked-beach-romp.
- Titus Lucretius Carus, *The Nature of Things*, Translated by A. E. Stallings Penguin, 2007.
- Tom Scocca, "Is the *New York Post* Edited by a Bigoted Drunk Who Fucks Pigs?", *Gawker*, April 18, 2013, http://gawker.com/5994999/is-the-new-york-post-edited-by-a-bigoted-drunk-who-fucks-pigs.

9장 적을 알라

- Ben McGrath, "Search and Destroy," New Yorker, October 18, 2010, http://newyorker.com/magazine/2010/10/18/search-and-destroy-ben-mcgrath.

- Brandon Lowrey, "Gawker Editors Scrutinized in Hulk Hogan Privacy Trial," Law, March 14, 2016, http://law360.com/articles/771169/gawker-editors-scrutinized-in-hulk-hogan-privacy-trial.

- Brian Knappenberger, director, Nobody Speak: Trials of the Free Press, Netflix & First Look Media, 2017.

- Eriq Gardner, "Dr. Phil Sues Gawker for Copyright Infringement," Hollywood Reporter, May 6, 2013, http://hollywoodreporter.com/thresq/dr-phil-sues-gawker-copyright-501905.

- Eriq Gardner, "Gawker's Nick Denton Explains Why Invasion of Privacy Is Positive for Society," Hollywood Reporter, May 22, 2013, http://holly woodreporter.com/thr-esq/gawkers-nick-denton-explains-why-526548.

- Gary Wolf, "Utopian Pessimist Calls on Radical Tech to Save Economy," Wired, January 25, 2010, http://wired.com/2010/01/st_thiel.

- Herodotus, The Histories, Penguin, 2015.

- John Cook, "A Judge Told Us to Take Down Our Hulk Hogan Sex Tape Post, We Won't," Gawker, April 25, 2013, http://gawker.com/a-judge-told-us-to-take-down-our-hulk-hogan-sex-tape-po-481328088.

- John Koblin, "Nick Denton's Secret Weapon: Gaby Darbyshire Is Gawker's Chief Enforcer," Observer, July 7, 2010, http://observer.com/2010/07/nick-dentons-secret-weapon-gaby-darbyshire-is-gawkers-chief-enforcer.

- Lloyd Grove, "A. J. Daulerio Doesn't Regret Child Sex Quip at Hogan-Gawker Trial," Daily Beast, March 23, 2016, http://thedailybeast.com/aj-daulerio-doesnt-regret-child-sex-quip-at-hogan-gawker-trial.

- Nicholas Carlson, "Gawker Sued for $1 Million over McSteamy Sex Tape," Business Insider, September 23, 2009, http://businessinsider.com/gawker-sued-for-1-million-over-mcsteamy-sex-tape-2009-9.

- Richard Horgan, "Slandered Schwarzenegger Flight Attendant Goes After Gawker," Adweek, August 4, 2011, http://adweek.com/digital/arnold-schwarzenegger-love-child-gawker-john-cook-tammy-tousignant-lawsuit.

- Sam Thielman, "Nick Denton Grilled in Gawker-Hogan Trial: 'We're Dependent on Leaks'," Guardian, March 15, 2016, http://theguardian.com/media/2016/mar/15/nick-denton-testimony-gawker-hulk-hogan-sex-tape-trial.

- Sarah Kaplan, "Gawker on Trial: Hulk Hogan Sex Tapes 'Very Amusing' and 'Newsworthy,' "*Washington Post*, March 11, 2016, http://washingtonpost.com/news/morning-mix/wp/2016/03/10/gawker-on-trial-hulk-hogan-sex-tapes-very-amusing-and-newsworthy.
- Shushannah Walshe, "HarperCollins Sues Gawker: What's Their Case?", *Daily Beast*, November 22, 2010, http://thedailybeast.com/harpercollins-sues-gawker-whats-their-case.
- Sun Tzu, *The Art of War*, Filiquarian, 2006.

10장 비밀의 힘

- Anthony Cave Brown, *Bodyguard of Lies*, Harper & Row, 1975.
- Ben Smith, "Uber Executive Suggests Digging Up Dirt on Journalists," *Buzz-Feed*, November 17, 2014, http://buzzfeed.com/bensmith/uber-executive-suggests-digging-up-dirt-on-journalists.
- Connie Loizos, "Peter Thiel on Valleywag; It's the 'Silicon Valley Equivalent of Al Qaeda,'" PE Hub, May 18, 2009, http://pehub.com/2009/05/peter-thiel-on-valleywag-its-the-silicon-valley-equivalent-of-al-qaeda.
- François duc de la Rochefoucauld, *Reflections; Or, Sentences and Moral Maxims*, Brentano's, 1871.
- Frontinus, *The Stratagems: And the Aqueducts of Rome*, Translated by Charles Edwin Bennett, Harvard University Press, 1925.
- Janet Malcolm, *The Journalist and the Murderer*, Knopf Doubleday, 2011.
- Jon Stock, "JK Rowling Unmasked: The Lawyer, the Wife, Her Tweet-and a Furious Author," *Telegraph*, July 21, 2013, http://telegraph.co.uk/culture/books/10192275/JK-Rowling-unmasked-the-lawyer-the-wife-her-tweet-and-a-furious-author.html.
- Niccolò Machiavelli, *The Portable Machiavelli*, Translated by Peter Bondanella, Penguin, 2005.
- Peter A. Thiel, and Blake Masters, *Zero to One: Notes on Startups, or How to Build the Future*, Crown Business, 2014.
- Robert Greene, *The Strategies of War*, Profile, 2008.

- Ryan Tate, "Peter Thiel: 'Valleywag Is the Silicon Valley Equivalent of Al Qaeda'," *Gawker*, March 18, 2009, http://gawker. com/5259805/peter-thiel-valleywag-is-the-silicon-valley-equivalent-of-al-qaeda.
- Sigmund Freud, *Dora: An Analysis of a Case of Hysteria*, Simon & Schuster, 1997.
- Stefan Zweig, Magellan, Pushkin, 2011.

11장 혼란과 무질서의 씨앗을 심다

- "Adobe Distances Itself from Gawker After Writer's Gamergate Tweet," *Recode*, October 22, 2014, http://recode.net/2014/10/22/11632146/adobe-distances-self-from-gawker-after-writers-gamergate-tweet.
- Christie Barakat, "Gawker's Unpaid Intern Saga: Do as I Say, Not as I Do," *Adweek*, May 30, 2014, http://adweek.com/digital/gawker-unpaid-intern-lawsuit.
- Charles C. Johnson, "I Want to Make You a Promise: Gawker..." Facebook, October 17, 2015, http://facebook.com/charles.c.john son/posts/10205138718487766.
- Dan Prochilo, "Gawker's Unpaid Interns Are Legally Employees, Suit Says," Law, June 24, 2013, http://law.com/articles/452365/gawker-s-unpaid-interns-are-legally-employees-suit-says.
- Demosthenes, Complete Works of Demosthenes, Delphi Classics, 2011.
- Eriq Gardner, "Quentin Tarantino Files New Gawker Lawsuit over 'Hateful Eight' Script Leak," *Hollywood Reporter*, May 1, 2014, http://hollywoodreporter.com/thr-esq/quentin-tarantino-files-new-gawker-700605.
- Fred Nickols, "Eight Maxims of Strategy from Sir Basil H. Liddell-Hart," Distance Consulting, 2012, http://nickols.us/strategy_ maxims.htm.
- Gawker Media Staff, "Gawker Media Votes To Unionize," *Gawker*, June 4, 2015, http://gawker.com/gawker-media-votes-to-unionize-1708892974.
- Jeff Blumenthal, "Mitch Williams Sues MLB Network, Deadspin, Gawker for Defamation," *Philadelphia Business Journal*, September 24, 2014, http://bizjournals.com/philadelphia/news/2014/09/24/mitch-williams-sues-mlb-network-deadspin-gawker.html.
- John Cook, "Here Is Lena Dunham's $3.7 Million Book Proposal [UPDATE],"

Gawker, December 7, 2012, http://gawker.com/5966563/here-is-lena-dunhams-37-million-book-proposal.

- Jonathan Mahler, "Gawker's Moment of Truth," *New York Times*, June 12, 2015, http://nytimes.com/2015/06/14/business/media/gawker-nick-denton-moment-of-truth.html.
- Katie Sola, "Conservative Blogger Sues Gawker For $66 Million Over Public Pooping Rumors," *HuffPost*, June 19, 2015, http://huffingtonpost.ca/entry/chuck-johnson-sues-gawker_n_7616756.
- Lawrence Freedman, *Strategy: A History*, Oxford University Press, 2015.
- Matt Drange, "Peter Thiel's War on Gawker: A Timeline," *Forbes*, June 21, 2016, http://forbes.com/sites/mattdrange/2016/06/21/peter-thiels-war-on-gawker-a-timeline/#fb9c6d51c591.
- Max Read, "Did I Kill Gawker?", *New York*, August 19, 2016, http://nymag.com/selectall/2016/08/did-i-kill-gawker.html.
- Max Read, "How We Got Rolled by the Dishonest Fascists of Gamergate," *Gawker*, October 22, 2014, http://gawker.com/how-we-got-rolled-by-the-dishonest-fascists-of-gamergat-1649496579.
- Nathan McAlone, "Now the Daily Mail Is Suing Gawker," *Business Insider*, September 4, 2015, http://businessinsider.com/now-the-daily-mail-is-suing-gawker-2015-9.
- Niccolò Machiavelli, *The Discourses*, Penguin, 1970.
- Nick Wingfield, "Intel Pulls Ads from Site After 'Gamergate' Boycott," *New York Times*, October 2, 2014, http://bits.blogs.nytimes.com/2014/10/02/intel-pulls-ads-from-site-after-gamergate-boycott.
- Osita Nwanevu, "Gamergate Showed How to Kneecap a Website. Now This Group Is Trying to Do the Same to Breitbart," *Slate*, December 14, 2016, http://slate.com/articles/news_and_politics/politics/2016/12/sleeping_giants_campaign_against_breitbart.html.
- Paul Bradley Carr, "Disgruntled Former Gawker Exec: Nick Denton Is a Coward, Here Are the Company's Financials," *Pando*, June 4, 2015, http://pando.com/2015/06/04/disgruntled-former-editorial-boss-nick-denton-is-a-coward-here-are- gawkers-financials.
- Paul Bradley Carr, "Gawker Is Being Sued for Trying to Scam Its Own Legal Insurers(Here Are the Court Docs)," *Pando*, August 5, 2014, http://pando.com/2014/08/05/gawker-is-being-sued-for-trying-to-

scam-its-own-legal-insurers-here-are-the-court-docs.

- Paul Bradley Carr, "Gawker No Longer Even Trying to Pretend It's Not Grotesquely Hypocritical on Tax," *Pando*, July 4, 2015, http://pando. com/2015/06/04/gawker-no-longer-even-trying-to-pretend-its-not-grotesquely-hypocritical-on-tax/essays+montaigne.
- Paul Bradley Carr, "Revealed: Gawker's Sworn Affidavits Explaining Why Its Greedy Interns Didn't Deserve to Be Paid," *Pando*, February 21, 2014, http://pando.com/2014/02/21/revealed- gawkers-sworn-affidavits-explaining-why-its-greedy-interns-didnt-deserve-to-be-paid.
- Peter Kafka, "Gawker Media Shuffl es Org Chart, Names Tommy Craggs Top Editor," *Recode*, December 10, 2014, http://recode. net/2014/12/10/11633692/gawker-media-shuffles-org-chart-names-tommy-craggs-top-editor.
- Sun Tzu, *The Art of War*, Filiquarian, 2006.
- Tom Kludt, "Hulk Hogan Sex Tape Trial Could Destroy Gawker," *CNNMoney*, June 18, 2015, http://money.cnn.com/2015/06/17/media/hulk-hogan-gawker-lawsuit/index.html.
- William B. Breuer, *The Secret War with Germany: Deception, Espionage, and Dirty Tricks, 1939~1945*, Jove Books, 1989.

12장 서로를 묶는 연대

- Alex Abad-Santos, "The Gawker Meltdown, Explained," Vox, July 21, 2015, http://vox.com/2015/7/21/9011045/gawker-outing-resignations.
- Brian Stelter, "Founder of Gawker Media Nick Denton: '... In This Particular Instance, the Judgment Call Was Wrong, and I Had It Reversed,'" CNN, July 26, 2015, http://cnnpressroom.blogs.cnn. com/2015/07/26/founder-of-gawker-media-nick-denton-in-this-particular-instance-the-judgment-call-was-wrong-and-i-had-it-reversed.
- E. L. Godkin, "The Rights of the Citizen," *Scribner's Magazine*, July 1890.
- Jonathan Mahler, "Gawker's Moment of Truth," *New York Times*, June 12, 2015, http://nytimes.com/2015/06/14/business/media/gawker-nick-denton-moment-of-truth.html.

- Niccolò Machiavelli, *The Discourses*, Penguin, 1970.
- Nick Denton, "The Purpose of Gawker," *Gawker*, October 15, 2012, http://gawker.com/5951868/the-purpose-of-gawker.
- Peter Sterne, "Gawker's Denton: 'This Is Not the Company I Built'," *Politico*, July 20, 2015, http://politico.com/media/story/2015/07/gawkers-denton-this-is-not-the-company-i-built-003979.
- Rachel Kaufman, "The Real Reason John Cook Left Yahoo?", *Adweek*, September 23, 2010, http://adweek.com/digital/the-real-reason-john-cook-left-yahoo.
- Samantha Murphy, "Gawker's Nick Denton Instates 'No Social Media' Rule at His Wedding," *Mashable*, May 14, 2014, http://mashable.com/2014/05/14/gawker-nick-denton-wedding-no-social-media.
- Tom Scocca, "How Can You Mend a Broken Shitheart?", *Special Projects Desk*, October 13, 2017, http://specialprojectsdesk.kinja.com/how-can-you-mend-a-broken-shitheart-1819115519.
- William Manchester, *The Last Lion Box Set: Winston Spencer Churchill, 1874~1965*, Little, Brown, 2012.

13장 시험대에 오른 신뢰

- Brian Knappenberger, director, *Nobody Speak: Trials of the Free Press*, Netflix and First Look Media, 2017.
- Bruce Catton, *Grant Moves South*, Castle Books, 2000.
- Eriq Gardner, "Hulk Hogan Sex Tape Trial Delayed After Appeals Court Intervenes," *The Hollywood Reporter*, July 2, 2015, http://hollywoodreporter.com/thr-esq/hulk-hogan-sex-tape-trial-806550.
- Eriq Gardner, "Hulk Hogan's Lawyers Seize on Nick Denton Blog Post in Bid for More Secrecy," *Hollywood Reporter*, July 2, 2015, http://hollywoodreporter.com/thr-esq/hulk-hogans-lawyers-seize-nick-808679.
- J. K. Trotter, "Hulk Hogan Refers to 'Fucking Niggers' in Leaked Transcript," *Gawker*, July 24, 2015, http://gawker.com/hulk-hogan-refers-to-fucking-niggers-in-leaked-transc-1719933145.
- J. K. Trotter, "Tommy Craggs and Max Read Are Resigning from Gawker," *Gawker*, July 24, 2015, http://gawker.com/tommy-craggs-and-max-read-are-resigning-from-gawker-1719002144.

- Jeffrey Toobin, "Gawker's Demise and the Trump-Era Threat to the First Amendment," *New Yorker*, December 19, 2016, http://newyorker.com/magazine/2016/12/19/gawkers-demise-and-the-trump-era-threat-to-the-first-amendment.
- Julia Marsh, "Hulk Suing Gawker for Allegedly Leaking His Racist Tirade," *New York Post*, May 2, 2016, http://nypost.com/2016/05/02/hulk-hogan-hits-gawker-with-another-lawsuit.
- Nick Denton, "Hulk v. Gawker, the Story So Far," *Nick Denton* (blog), July 10, 2015, http://nick.kinja.com/hulk-v-gawker-the-story-so-far-1716479711.
- Nick Denton, "Taking a Post Down," *Nick Denton* (blog), July 2, 2015, http://nick.kinja.com/taking-a-post-down-1718581684.
- Scott Rafferty, "Hulk Hogan Fired by WWE Over 'Racial Tirade'," *Rolling Stone*, July 24, 2015, http://rollingstone.com/sports/news/hulk-hogan-fired-by-wwe-over-racial-tirade-20150724.
- Tim Baysinger, "Gawker Removes Gossip Item That Outed Condé Nast CFO,"*Adweek*, July 17, 2015, http://adweek.com/digital/gawker-removes-gossip-item-outed-cond-nast-cfo-165954.
- William Manchester, *The Last Lion Box Set: Winston Spencer Churchill, 1874~1965*, Little, Brown, 2012.

14장 누가 더 원하는가

- Brian Knappenberger, director, *Nobody Speak: Trials of the Free Press*, Netflix and First Look, 2017.
- Dan Abrams, "Might a Gawker Hater Be Covering Hulk Hogan's Legal Bills?", *LawNewz*, March 9, 2016, http://lawnewz.com/high-profile/might-an-anti-gawker-benefactor-be-covering-hulk-hogans-legal-bills.
- Ernest Lehman, *Sweet Smell of Success, and Other Stories*, New American Library, 1957.
- Les Neuhaus and Julia Marsh, "'We Needed to Send a Message': Hogan Jury Slams 'Arrogant' Gawker," *New York Post*, March 24, 2016, http://nypost.com/2016/03/24/we-needed-to-send-a-message-hogan-jury-slams-arrogant-gawker.
- Mathew Ingram, "Gawker Gets Its First Outside Investment Ever,

from a Russian Oligarch," *Fortune*, January 20, 2016, http://fortune.
com/2016/01/20/gawker-funding.

- Peter Sterne, "Gawker in the Fight of Its Life with Hulk Hogan Sex-
Tape Suit," *Politico*, June 12, 2015, http://politico.com/media/
story/2015/06/gawker-in-the-fight-of-its-life-with-hulk-hogan-sex-
tape-suit-004004.
- Reut Amit, That Type of Girl Deserves It," *Gawker*, September 27,
2014, http://gawker.com/that-type-of-girl-deserves-it-1639772694.
- Robert A. Caro, *The Path to Power: The Years of Lyndon Johnson*,
Vintage, 1983.
- Ron Chernow, *Titan: The Life of John D. Rockefeller Sr*, Little, Brown,
1999.

3부 – 여파 The Aftermath

15장 마음을 얻기 위한 전쟁

- Ed Pilkington, "Tyler Clementi, Student Outed as Gay on Internet,
Jumps to His Death," *Guardian*, September 30, 2010, http://
theguardian.com/world/2010/sep/30/tyler-clementi-gay-student-
suicide.
- Gabriel Sherman, "Gawker Ex-Editor A. J. Daulerio: The Worldwide
Leader in Sextapes," *GQ*, January 19, 2011, http://gq.com/story/aj-
daulerio-deadspin-brett-favre-story.
- Hulk Hogan, "All is well. HH," Twitter, March 7, 2016, http://twitter.
com/hulkhogan/status/706782227905060864.
- Les Neuhaus, "Ex-Gawker Editor Backs Off Testimony in Hulk
Hogan Case," *New York Times*, March 14, 2016, http://nytimes.
com/2016/03/15/business/media/ex-gawker-editor-backs-off-
testimony-in-hulk-hogan-case.html.
- Meghan Keneally, "Erin Andrews Awarded $55 Million in Lawsuit,"
ABC News, March 7, 2016, http://abcnews.go.com/US/erin-andrews-
jury-set-deliberate-75-million-lawsuit/story?id=37460110.
- Nick Madigan, "Gawker Editor's Testimony Stuns Courtroom in
Hulk Hogan Trial," *New York Times*, March 9, 2016, http://nytimes.

com/2016/03/10/business/media/gawker-editors-testimony-stuns-courtroom-in-hulk-hogan-trial.html.

16장 여진을 관리하다

- Amy Gajda, "The Threat to Dignity Should Be the Criterion in Privacy Cases Like Hulk Hogan's," New York Times, March 18, 2016, http://nytimes.com/roomfordebate/2016/03/18/should-the-gawker-hulk-hogan-jurors-decide-whats-newsworthy/the-threat-to-dignity-should-be-the-criterion-in-privacy-cases-like-hulk-hogans.
- Andrew Ross Sorkin, "Gawker Founder Suspects a Common Financer Behind Lawsuits," New York Times, May 23, 2016, http://nytimes.com/2016/05/24/business/dealbook/gawker-founder-suspects-a-common-financer-behindlawsuits.html.
- Andrew Ross Sorkin, "Peter Thiel, Tech Billionaire, Reveals Secret War with Gawker," New York Times, May 25, 2016, http://nytimes.com/2016/05/26/business/dealbook/peter-thiel-tech-billionaire-reveals-secret-war-with-gawker.html.
- Brendan James, "Most Americans Don't Care That Peter Thiel Crushed Gawker," VICE News, August 9, 2016, http://news.vice.com/article/most-americans-dont-care-that-peter-thiel-crushed-gawker.
- Brian Knappenberger, director, Nobody Speak: Trials of the Free Press, Netflix and First Look Media, 2017.
- Carl von Clausewitz, On War, Princeton University Press, 1989.
- Erik Eckholm, "Legal Experts See Little Effect on News Media from Hulk Hogan Verdict," New York Times, March 19, 2016, http://nytimes.com/2016/03/20/business/media/legal-experts-see-little-effect-on-news-media-from-hulk-hogan-verdict.html.
- F. Scott. Fitzgerald, The Great Gatsby, Scribner, 2013.
- George Crile, Charlie Wilson's War: The Extraordinary Story of How the Wildest Man in Congress and a Rogue CIA Agent Changed the History of Our Times, Grove Press, 2007.
- Hulk Hogan, "Praying HH," Twitter, March 18, 2016, http://twitter.com/HulkHogan/status/710899185768382467.
- Les Neuhaus and Julia Marsh, "'We Needed to Send a Message': Hogan Jury Slams 'Arrogant' Gawker," New York Post, March 24, 2016,

http://nypost.com/2016/03/24/we-needed-to-send-a-message-hogan-jury-slams-arrogant-gawker.

- Lloyd Grove, "Gawker Hit by Another Lawsuit-This Time from a Journalist," *Daily Beast*, January 20, 2016, http://thedailybeast.com/gawker-hit-by-another-lawsuitthis-time-from-a-journalist.
- Marina Hyde, "Peter Thiel's Mission to Destroy Gawker Isn't 'Philanthropy', It's a Chilling Taste of Things to Come.", *Guardian*, May 27, 2016, http://theguardian.com/commentisfree/2016/may/27/peter-thiel-gawker-philanthropy-paypal-mogu-secret-war-billionaire.
- Michael Hiltzik, "Peter Thiel, Gawker, and the Risks of Making the Courthouse a Private Sandbox for the Wealthy," *Los Angeles Times*, May 25, 2016, http://latimes.com/business/hiltzik/la-fi-hiltzik-thiel-gawker-20160525-snap-story.html.
- Mike Cernovich, "Why Peter Thiel Is a Hero #ThankYouPeter," *Danger & Play*, May 26, 2016, http://www.dangerandplay.com/2016/05/26/why-peter-thiel-is-a-hero-thankyoupeter.
- Nellie Bowles and Danny Yadron, "Billionaire's Revenge: Facebook Investor Peter Thiel's Nine-Year Gawker Grudge," *Guardian*, May 25, 2016, http://www.theguardian.com/technology/2016/may/25/peter-thiel-gawker-hulk-hogan-sex-tape-lawsuit.
- Peter A. Thiel and Blake Masters, *Zero to One: Notes on Startups, or How to Build the Future*. Crown Business, 2014.
- Peter Thiel, "Peter Thiel: The Online Privacy Debate Won't End with Gawker," *New York Times*, August 15, 2016, http://nytimes.com/2016/08/16/opinion/-thiel-the-online-privacy-debate-wont-end-with-gawker.html
- Robert Hackett, "Gawker Sued for Defamation by Fran Drescher's Husband," *Fortune*, May 12, 2016, http://fortune.com/2016/05/12/gawker-lawsuit-shiva-ayyadurai.
- Ryan Mac, "This Silicon Valley Billionaire Has Been Secretly Funding Hulk Hogan's Lawsuits Against Gawker," *Forbes*, May 24, 2016, http://forbes.com/sites/ryanmac/2016/05/24/this-silicon-valley-billionaire-has-been-secretly-funding-hulk-hogans-lawsuits-against-gawker/1.
- Niccolò Machiavelli, The Portable Machiavelli, Translated by Peter Bondanella, Penguin, 2005.

17장 청산의 기술

- Andrew Ross Sorkin, "Peter Thiel, Tech Billionaire, Reveals Secret War with Gawker," New York Times, May 25, 2016, http://nytimes. com/2016/05/26/business/dealbook/peter-thiel-tech-billionaire-reveals-secret-war-with-gawker.html.

- Brian Raftery, "How Can We Make You Happy Today, Peter Thiel?", Wired, May 25, 2016, http://wired.com/2016/05/three-cheers-for-peter-thiel.

- David Lat, "Peter Thiel Had No Reason to Be Angry at Gawker for Writing That He's Gay," Washington Post, May 27, 2016, http://washing tonpost.com/ posteverything/wp/2016/05/27/peter-thiel-had-no-reason-to-be-angry-at-gawker-for-writing-that-hes-gay.

- Eriq Gardner, "Peter Thiel Objects to Investigation into How He Funded Gawker's Demise," Hollywood Reporter, April 19, 2017, http://hollywoodreporter.com/thr-esq/peter-thiel-objects-investigation-how-he-funded-gawkers-demise-995400.

- Jeff John Roberts, "Gawker's Nick Denton Is Set to Exit Bankruptcy," Fortune, March 23, 2017, http://fortune.com/2017/03/23/gawker-nick-denton-peter-thiel-2.

- Jim Downs, "Peter Thiel Shows Us There's a Difference Between Gay Sex and Gay," Advocate, October 14, 2016, http://advocate.com/ commentary/2016/10/14/peter-thiel-shows-us-theres-difference-between-gay-sex-and-gay.

- Jonathan Randles, "Gawker Adviser to Market Potential Claims Against Peter Thiel," Wall Street Journal, November 2, 2017, http://www.wsj. com/articles/ gawker-adviser-to-market-potential-claims-against-peter-thiel-1509658396.

- "Longform Podcast #213: A. J. Daulerio," Longform, September 28, 2016, http://longform.org/posts/longform-podcast-213-a-j-daulerio.

- Matt Drange, "A. J. Daulerio to Peter Thiel: Do You Want My Rice Cooker and Dishes?", Forbes, August 23, 2016, http://forbes.com/ sites/mattdrange/2016/08/23/a-j-daulerio-to-peter-thiel-do-you-want-my-rice-cooker-dishes-and-books.

- Matt Drange, "Former Gawker Editor Lashes Out at Peter Thiel, Calls Freeze on His Checking Account 'Ludicrous'," Forbes, August 18, 2016, http://forbes.com/sites/mattdrange/2016/08/18/former-gawker-

editor-lashes-out-at-peter-thiel-calls-freeze-on-his-checking-
account-ludicrous.

- Maya Kosoff, "Peter Thiel Wants to Inject Himself with Young
  People's Blood," *Vanity Fair*, August 1, 2016, http://vanityfair.com/
  news/2016/08/peter-thiel-wants-to-inject-himself-with-young-
  peoples-blood.
- Nancy Caldwell Sorel, "When Hearst Met Welles," *Independent*,
  September 22, 1995, http://independent.co.uk/life-style/when-hearst-
  met-welles-1602576.html.
- Nellie Bowles, "Jeff Bezos on Peter Thiel: 'Seek Revenge and You
  Should Dig Two Graves',"*Guardian*, June 1, 2016, http://theguardian.
  com/technology/2016/jun/01/jeff-bezos-on-peter-thiel-seek-
  revenge-and-you-should-dig-two-graves.
- Niccolò Machiavelli, The *Discourses*, Penguin, 1970.
- Nick Denton, "A Hard Peace," Nick Denton.org (blog), November 2,
  2016, http://nickdenton.org/a-hard-peace-e161e19bfaf.
- Nick Denton, "An Open Letter to Peter Thiel," *Gawker*, May 26, 2016,
  http://gawker.com/an-open-letter-to-peter-thiel-1778991227.
- Nick Denton, "How Things Work," *Gawker*, August 22, 2016,
  http://gawker.com/how-things-work-1785604699.
- Robert Greene, The Laws of Power, Profile, 2010.
- Staci Zaretsky, "Too Poor to Pay Million-Dollar Judgment, Former
  Gawker Editor Offers Up Rice Cooker, Dishes," *Above the Law*, August
  24, 2016, http://abovethelaw.com/2016/08/too-poor-to-pay-million-
  dollar-judgment-former-gawker-editor-offers-up-rice-cooker-
  dishes.
- Sydney Ember, "Gawker and Hulk Hogan Reach $31 Million Settlement,"
  New York Times, November 2, 2016, http://nytimes.com/2016/11/03/
  business/media/gawker-hulk-hogan-settlement.html.
- Sydney Ember, "Gawker Is Said to Be Sold to Univision in a $135
  Million Bid," *New York Times*, August 16, 2016, http://nytimes.
  com/2016/08/17/business/media/gawker-sale.html.
- Walter Winchell, *Winchell Exclusive: Things That Happened to Me and
  Me to Them*, Prentice-Hall, 1975.

18장 언제나 의도치 않은 결과가 생긴다

- Alexander Nazaryan, "Meet Charles Harder, the Gawker Killer Now Working for Melania Trump and Roger Ailes," *Newsweek*, October 14, 2016, http://newsweek.com/charles-harder-gawker-melania-trump-roger-ailes-people-magazine-509926.
- B. R. Cohen, "The Confidence Economy: An Interview with T. J. Jackson Lears," *Public Books*, May 7, 2013, http://publicbooks.org/the-confidence-economy-an-interview-with-t-j-jackson-lears.
- Frédéric Bastiat, *That Which Is Seen, and That Which Is Not Seen, Frédéric Bastiat* (blog), originally published July 1850, http://bastiat.org/en/twisatwins.html.
- Dylan Byers, "Vox Suspends Editor for Encouraging Riots at Donald Trump Rallies," *CNNMoney*, June 3, 2016, http://money.cnn.com/2016/06/03/media/vox-editor-suspended-trump-riots/index.html.
- Edward Palmer Thompson, *Zero Option*. Merlin Press, 1982.
- Emmett Rensin, "Anybody want to fund a covert lawsuit to destroy @Ryan Holiday? Don't worry, he approves of such 'consequences'," http://T.co/qz7hqZSvaV, Twitter, May 26, 2016, http://twitter.com/emmettrensin/status/735931850623975424.
- "Hillary Clinton: Public Will Find Out President Is Innocent," CNN, January 28, 1998, http://cnn.com/ALLPOLITICS/1998/01/28/hillary.gma.
- Maya Kosoff, "Jeff Bezos: Peter Thiel Is 'a Contrarian,' and Contrarians 'Are Usually Wrong,'" *Vanity Fair*, October 20, 2016, http://vanityfair.com/news/2016/10/jeff-bezos-peter-thiel-trump-contrarian.
- Nick Statt, "Reporting on Donald Trump's Hair Might Get You Sued," *Verge*, June 14, 2016, http://theverge.com/2016/6/14/11938310/gawker-media-donald-trump-hair-report-lawsuit.
- Plutarch, *Age of Caesar: Five Roman Lives*, W. W. Norton, 2017.
- René Girard, *The Scapegoat*, Johns Hopkins University Press, 1992.
- Republican National Convention, "Peter Thiel, Full Speech, Republican National Convention," YouTube, July 21, 2016, http://youtu.be/UTJB8AkT1dk.
- Rich Juzwiak, "Consider the Hathaway," *The Muse* (blog), *Jezebel*, April 3, 2017, http://themuse.jezebel.com/consider-the-

hathaway-17939601748.
- Robert A. Caro, *The Path to Power: The Years of Lyndon Johnson*, Vintage, 1983.
- Ryan Holiday, "Peter Thiel's Reminder to the Gawker Generation: Actions Have Consequences," *Observer*, May 27, 2016, http://observer.com/2016/05/peter-thiels-reminder-to-the-gawker-generation-actions-have-consequences.
- Tom Scocca, "Gawker Was Murdered by Gaslight," *Gawker*, August 22, 2016, http://gawker.com/gawker-was-murdered-by-gaslight-1785456581.
- Walker Percy, *Lancelot*, Picador, 1999.

나가며

- Alexandre Dumas, *The Count of Monte Cristo*, Penguin, 2006.
- Margaret Atwood, *Morning in the Burned House*, McClelland & Stewart, 2009.
- William Shakespeare, *Four Tragedies: Hamlet, Othello, King Lear, and Macbeth*. Penguin, 1996.

미디어제국을 무너뜨린
보이지 않는 손

컨스피러시

초판 1쇄 발행 2021년 10월 7일

지은이 라이언 홀리데이
옮긴이 박홍경

펴낸이 김현태
펴낸곳 책세상
등록 1975년 5월 21일 제2017-000226호
주소 서울시 마포구 잔다리로 62-1, 3층(04031)
전화 02-704-1250(영업), 02-3273-1334(편집)
팩스 02-719-1258
이메일 editor@chaeksesang.com
광고·제휴 문의 creator@chaeksesang.com
홈페이지 chaeksesang.com
페이스북 /chaeksesang 트위터 @chaeksesang
인스타그램 @chaeksesang 네이버포스트 bkworldpub

ISBN 979-11-5931-730-9 03300

*잘못되거나 파손된 책은 구입하신 서점에서 교환해드립니다.
*책값은 뒤표지에 있습니다.